植物学拉丁文

第4版

沈显生　（意）Antonio Ziosi / 编著

LINGUA
LATINA
BOTANICA

中国科学技术大学出版社

内 容 简 介

本书主要介绍植物学拉丁文的发展历史、拉丁文字母的发音与拼读、拉丁文的词类、国际植物命名法规和植物学名,以及植物的科名、属名、种加词的来源、特点与书写要求,通过举例详细解析植物形态和特征简介的拉丁文描述,以及中药材拉丁名的命名方法与结构组成。另在附录中通过举例解释了《中国植物志》植物学名的文献引证,并附有植物学拉丁文常用词汇及常用词汇缩写。

意大利博洛尼亚大学的 Antonio Ziosi 博士为书中的拉丁文字母名称和读音,以及部分植物科名、属名、植物学名等进行了经典拉丁文配音,可扫描二维码进行听读。

本书适合高等院校植物学、生态学、林学、农学、园艺学、环境科学和中药学等专业的研究生使用,也可供相关专业的高校教师和科研人员参考。

图书在版编目(CIP)数据

植物学拉丁文/沈显生,(意)蔡斯(Antonio Ziosi)编著. —4 版. —合肥:中国科学技术大学出版社,2021.11
ISBN 978-7-312-05320-7

Ⅰ. 植… Ⅱ. ① 沈… ② 蔡… Ⅲ. 植物学—拉丁语 Ⅳ. H771

中国版本图书馆 CIP 数据核字(2021)第 201114 号

植物学拉丁文
ZHIWU XUE LADINGWEN

出版	中国科学技术大学出版社 安徽省合肥市金寨路 96 号,230026 http://www.press.ustc.edu.cn https://zgkxjsdxcbs.tmall.com
印刷	安徽国文彩印有限公司
发行	中国科学技术大学出版社
经销	全国新华书店
开本	787 mm×1092 mm 1/16
印张	16.5
字数	423 千
版次	2005 年 1 月第 1 版 2021 年 11 月第 4 版
印次	2021 年 11 月第 4 次印刷
定价	60.00 元

序

　　拉丁文是古代拉丁民族建立的罗马帝国的国语。罗马帝国灭亡后,拉丁文由其他语言文字所替代,不再被使用。但由于其语法严谨,词汇明确、固定,却被植物学、药理学、药剂学等一些学科继续应用下来。例如,瑞典博物学家 C. Linnaeus 于 1753 年编写出版的《植物种志》(*Species Plantarum*)、瑞士植物分类学家 A. P. de Candolle 及其子 A. de Candolle 从 1824 年开始陆续主编出版的 17 卷巨著《植物界自然系统初编》(*Prodromus Systematis Naturalis Regni Vegetabilis*)(以上两部著作分别是 18 世纪和 19 世纪的世界植物志)、英国植物分类学家 G. Bentham 和 J. D. Hooker 于 1862 年编写出版的《植物属志》(*Genera Plantarum*)以及德国植物分类学家 A. Engler 于 20 世纪初主编出版的包括被子植物多科专著的《植物界》(*Das Pflanzenreich*)等有关植物分类学的重要著作都是用拉丁文写成的,它们是我们现在研究各科、各属有关植物时必须参考的重要文献。这里,我想介绍上述 de Candolle 父子的巨著中的一个例子,就是大戟科的大戟属(*Euphorbia*),此属载于该巨著的第 15 卷,于 1866 年出版,此属的作者是瑞士植物分类学家 E. Boissier,他在该卷中收录了当时世界上已知的大戟属植物约 800 种,将这些种划分为 14 个组。至今已过去了一百余年,现在大戟属已知的种类已增至 2000 余种,但却没有第二部大戟属的专著或修订版问世。所以,现在如要研究或鉴定大戟属植物,还需参阅 1866 年出版的 Boissier 的专著。从上述情况可以明白,为了看懂有关用拉丁文写的重要植物分类学著作,以便顺利进行研究工作,植物分类学研究工作者必须学习拉丁文。下面谈第二个原因,那就是《国际植物命名法规》有关规定的要求。为了植物学名的统一与稳定,在 A. de Candolle 的努力下,在 1867 年于巴黎召开的第 1 届国际植物学会会议上制定了《植物命名法规》(第 1 版),以后又在各届国际植物学会会议上继续不断地进行了修改和补充。在其条文中有一条规定,即植物各等级的科学名称必须用拉丁文或由其他词源处理成的拉丁文。这条规定对于植物学、农学、药学等学科的国际交流起到了极为重要的作用。由此,拉丁文成了植物学的国际语言。

　　19 世纪末 20 世纪初,由于当时在发表新种等分类群时,形态描述可以用拉丁文,也可以用其他各国文字,没有统一规定,这样,人们就必须学习各国文字才能读懂不同文字的描述,这对研究工作的顺利开展颇为不利。一些学者感到这是一个问题,于是在1905年于维也纳召开的第3届国际植物学会会议上提出了关于发表新种等分类群时必须伴有拉丁文描述的提案,这个提案在表决时以微弱的多数获得了通过。但由于反对的人数不少,会后这个提案并未得到贯彻执行。这个问题后来一直拖到1930年在剑桥召开的第5届国际植物学会会议(我国的陈焕镛教授参加了这届大会)上再被重新提出,这次讨论的结果很好,提案表决时以绝对多数的优势通过。新的条文规定,从1935年1月1日起,发表新分类群必须伴有拉丁文描述。

在第16届国际植物学会会议上通过并于2000年出版的《国际植物命名法规(圣路易斯法规)》有关发表新分类群的规定如下:"规则36.1:自1935年1月1日起,新分类群的名称必须伴有拉丁文描述或特征集要,或引用已被有效发表的拉丁文描述和特征集要时才能算合格发表。""辅则36.A:发表非化石植物新分类群名称的作者应除了特征集要外,再给出或引证完整的拉丁文描述。"1930年制定的这条新规定进一步巩固了拉丁文为植物学国际语言的地位,对植物分类学研究起到了积极的促进作用。

我国近代植物分类学研究在20世纪20年代才开始起步,以后数十年没有植物学拉丁文的著作问世。一直到20世纪70年代,英国植物分类学家W. T. Stearn的名著《植物学拉丁文》(*Botanical Latin*)引入我国,中国科学院植物研究所著名蕨类植物专家秦仁昌教授将此书的重要部分译为中文,于1980年由科学出版社出版,立即受到各方面的欢迎,以后重印数次,都很快脱销。此外,原北京大学医学院拉丁文专家任波涛教授在20世纪70年代查阅了多数植物分类学著作,编写出了一部水平很高的植物学拉丁文讲义。从那时起到80年代,任教授在全国各地多次讲授植物学拉丁文,培养了不少人才。极为遗憾的是,由于缺乏出版资金,这部优秀的讲义未能公开出版。近年来,我了解到一些青年同行和不少研究生都想购买有关植物学拉丁文的书籍,但苦于无处购买。

最近,我了解到中国科学技术大学沈显生先生编写出一部新的植物学拉丁文著作,书中对拉丁文各种词类的变格和用法,以及有关植物形态描述的撰写范文,均做了详细的解释和说明。此外,书中还对拉丁文的起源和发音、国际植物命名法规的主要内容、植物拉丁文科名、植物学名和《中国植物志》文献引证等做了介绍,内容十分丰富。此书的编写和出版,正满足了目前各方面的迫切需要,我得知后感到十分高兴,并在此向本书作者预先表示我的衷心祝贺。

中国科学院院士
王文采
2004年9月12日

第 4 版前言

《植物学拉丁文(第 3 版)》自 2015 年发行以来,因书末附有意大利博洛尼亚大学 Antonio Ziosi 博士的标准拉丁文配音光盘,更加深受读者的青睐。但光盘在邮寄过程中容易受损,或因现在有些计算机缺少光驱,会给一些读者阅读光盘带来不便,所以本版特采用了扫码听读方式来替代光盘播放。《植物学拉丁文》阅读材料与第 2 版和第 3 版相同,共计 14 课,分别用 14 个二维码印刷在书中阅读材料的起始处。唯有第 14 课是视频材料,无纸质材料,扫描后在手机上直接收看。配音制作说明请用微信或 QQ 扫描右侧二维码进行听读。总之,最新版《植物学拉丁文》会给广大读者的使用带来诸多的方便。

配音制作说明

植物学拉丁文不仅用在植物分类学中,而且在中药材(生药)拉丁名的命名方面也具有重要的应用。为了帮助大家学习和掌握中药材拉丁名的命名方法,促进我国中医中药的国际化交流以及中药材的国际贸易,在新版的第八章结尾处增加了一节,即"第五节 中药材拉丁名的实例解析"。通过在《中华人民共和国药典》(主要参考 2020 版)中列举一些具代表性的中药材拉丁名,并进行拉丁文语法解析,介绍从基原植物的拉丁学名到中药材拉丁名的词尾是如何转换的。恳切希望我国广大中医中药工作者给予指正。

另外,特别感谢湖北省十堰市的熊松林先生来信指出了《植物学拉丁文》书中的若干错误,像苹果和臭椿的拉丁学名,以及一些属名的性属问题,借此机会,在新版中给予修订。

在书稿修订过程中,得到了安徽省图书馆、安徽医科大学图书馆和中国科大图书馆的帮助,提供了一些极有价值的典籍资料,在此表示感谢。

再次感谢广大读者长期以来对《植物学拉丁文》一书的认可与厚爱。我想,在新的版本中仍难免存在一些错误和不足,敬请大家批评指正。

沈显生

2021 年 9 月 7 日

第3版前言

2010年，笔者曾对《植物学拉丁文》进行了修订再版。近些年来，有些年轻读者来信反映，希望能够学习到标准的拉丁文发音，建议笔者为该书配备发音光盘。由于国内各外国语学校都没有设置拉丁文小语种专业，我们难以学到拉丁文的标准发音。在国内，经常出现同一种植物的拉丁文学名有不同发音的现象，许多植物学工作者不能准确地甚至不敢读出植物的拉丁文学名，这会直接影响到植物分类学的教学和学术交流。虽然第18届国际植物学大会通过的《墨尔本命名法规》规定，自2012年1月1日起，发表新种时可用拉丁文或英文进行特征描述，但这个规定不会影响拉丁文在植物分类学中的重要地位。

意大利是拉丁文的故乡。在中国驻意大利大使馆教育处的热情帮助下，笔者十分荣幸地联系到意大利博洛尼亚大学(1088年创立，为欧洲大学之母)的Antonio Ziosi博士，他长期教授拉丁文。当Antonio Ziosi博士得知将为中国的《植物学拉丁文》一书配音时，他觉得这对于普及和学习标准经典拉丁文是很有意义的，十分乐意地接受了邀请，并与笔者一起对书中的拉丁文发音进行了修订。2014年4月，他携夫人专程来到合肥为《植物学拉丁文》(第3版)完成了拉丁文配音。配音光盘共分14课。各课的内容如下(为方便读者在播放光盘时能快速查找书中对应的文字内容，特意标出页码)：

第1课　拉丁文字母 …………………………………………………………… 8
第2课　元音 …………………………………………………………………… 12
第3课　辅音 …………………………………………………………………… 13
第4课　重读音节 ……………………………………………………………… 16
第5课　植物的科名 …………………………………………………………… 16
第6课　植物的属名(1)(单、双音节词) …………………………………… 18
第7课　植物的属名(2)(三音节词) ………………………………………… 20
第8课　植物的属名(3)(多音节词) ………………………………………… 21
第9课　种加词 ………………………………………………………………… 24
第10课　拉丁文名词各格的发音举例 ……………………………………… 33
第11课　拉丁文形容词各格的发音举例 …………………………………… 44
第12课　拉丁文基数词发音举例 …………………………………………… 51
第13课　植物分类单位等级的发音 ………………………………………… 90

第 14 课　种子植物学名标准发音举例 ……………………（该课为 PPT 视频格式）

本次修订工作中，拉丁文的发音与拼读，由意大利博洛尼亚大学的 Antonio Ziosi 博士负责。此外，对第三章中的部分内容做了改动。附录二中的拉丁文词汇按照中文笔画顺序进行排列，以便于读者查找。

最后，特别感谢中国驻意大利大使馆教育处以及中国科学技术大学对《植物学拉丁文》配音工作给予的大力支持。再次感谢 Antonio Ziosi 博士所给予的无私帮助。

中国科学技术大学出版社的张莹莹担任配音光盘的中文配音，中国科学技术大学现代教育技术中心的崔峰实验师负责光盘的录音和编辑，生命科学学院的黄丽华副教授和刘志恒同学在接待外宾工作中给予热心帮助，在此一并致谢。

沈显生
2014 年 10 月于合肥

再 版 前 言

本书 2005 年 1 月出版后,得到了我国植物学界广大读者的认可和支持,发行速度比笔者预料的要快。本书已被许多大学和研究院所选作植物学专业研究生的教材。2007 年,中国科学技术大学出版社将该书申报第七届安徽图书奖,荣获三等奖。2008 年,本书荣获中国科学技术大学优秀教学成果奖二等奖。

为了继续满足我国广大读者学习植物学拉丁文的需要,借本书再版之机对其进行修订,使之更加完善。

在修订过程中,主要做了四个方面的工作。首先,考虑到原版中所列的植物学拉丁文单词数量偏少,不便于读者使用,现增加了常用专业词汇内容,并按照根、茎、叶、花、果、种子等进行分类排列,以便于读者查找和使用。其次,拉丁文的副词来源丰富,使用灵活,现对植物学拉丁文常用的副词进行了扩充,并分类排列。再次,根据第 17 届国际植物学大会出版的国际植物命名法规,对原书中植物命名法规中的部分条款进行了补充。最后,据有些读者反映,在使用计算机编写植物学拉丁文稿件时,出错率较高,针对计算机能够自动改写拉丁文单词的现象,现列举一些例子,每个例子代表一种变化类型,提醒读者在计算机上输入拉丁文单词时应特别注意,以防出错。

最后,再次感谢广大读者的支持和鼓励。

沈显生
2009 年 12 月于中国科学技术大学

封面图

前　言

标准拉丁文，或称经典拉丁文，是世界上最古老的语言之一。但是，目前很少有人将它作为正式交流语言使用。只是在意大利的某些教堂里，还有用于口头交流的拉丁文。所以，该语言多半成了死语言。然而，由于标准拉丁文具有严格的语法和句法规则，句子结构十分严谨，所以它常被用作国际上各种法律和法规的正版文书语言。除此之外，标准拉丁文还用于生物和医药的命名，并由此发展成为各种应用性的拉丁文。植物学拉丁文就是其中的一种，它在植物学、动物学、微生物学、林学、农学、园艺学、医学和中药学以及海洋生物资源开发等方面都有着广泛的用途。

植物学拉丁文起源于标准拉丁文，它是植物学工作者必须熟悉和掌握的学习工具之一。在植物学研究中，包括植物学名的书写和阅读、植物的命名和描述，以及在查阅植物学文献引证等方面，都需要有植物学拉丁文的基础知识。因此，植物学拉丁文是全世界植物学家用来给植物命名和描述植物的一种国际性语言。

对于学习植物学的学生来说，特别是学习植物分类学、植物生态学和植物区系的学生，植物学拉丁文应该成为一门必修课。因为我们在植物研究工作中，以及与国内外学者进行学术交流时，会遇到像植物学名的发音和阅读、植物新分类群的形态拉丁文描述、植物学文献的查阅和研究论文的撰写等问题，都需要使用植物学拉丁文。植物学拉丁文在词类的使用和句子的结构方面，都比标准拉丁文要简单。通过学习植物学拉丁文，我们对植物命名的规则和国际命名法规要有所了解，以便正确理解植物学名的结构组成和意义，起码应该能看懂植物分类学原始文献及《中国植物志》植物学名文献引证，并能够简要地对植物形态进行拉丁文描述。

在本书成书过程中，笔者经常通过书信向国内几位植物学老前辈们请教植物学拉丁文问题，特别感谢中国科学院植物研究所的王文采院士，他给了笔者很大的帮助。在第一稿完成后，中国科学院植物研究所王文采院士、安徽农业大学李书春教授和中国科学院南京植物研究所袁昌齐研究员均审阅了书稿，并提出了许多宝贵的修改意见和建议，在此表示衷心的感谢。

特别感谢中国科学院院士王文采先生欣然为本书作序，这对作者来说是极大的鼓舞和鞭策。

本书的出版得到中国科学技术大学教务处的大力支持，在此也表示衷心感谢。

由于水平所限，书中可能还有许多不足或错误之处，敬请批评指正。

沈显生

2004年10月于中国科学技术大学

目　录

序 ……………………………………………………………………………（Ⅰ）
第4版前言 ……………………………………………………………………（Ⅲ）
第3版前言 ……………………………………………………………………（Ⅴ）
再版前言 ……………………………………………………………………（Ⅶ）
前言 …………………………………………………………………………（Ⅸ）

第一章　植物学拉丁文的起源与发展 ……………………………………（1）
　第一节　经典拉丁文的发展简况 ………………………………………（1）
　第二节　植物学拉丁文的起源 …………………………………………（2）
　第三节　植物学拉丁文的发展 …………………………………………（3）
　第四节　植物学拉丁文的标准化和国际化 ……………………………（6）

第二章　拉丁文的发音和拼读 ……………………………………………（8）
　第一节　发音 ……………………………………………………………（10）
　　一、元音 ………………………………………………………………（12）
　　二、辅音 ………………………………………………………………（13）
　第二节　拼读 ……………………………………………………………（14）
　　一、音节与重音 ………………………………………………………（14）
　　二、长音节和短音节 …………………………………………………（15）
　　三、重读规则 …………………………………………………………（15）
　第三节　植物名称发音举例 ……………………………………………（16）
　　一、植物科名的音节举例 ……………………………………………（16）
　　二、植物属名的音节举例 ……………………………………………（18）
　　三、种加词的音节举例 ………………………………………………（24）

第三章　拉丁文的词类 ……………………………………………………（27）
　第一节　名词 ……………………………………………………………（27）
　　一、词的结构 …………………………………………………………（27）
　　二、性 …………………………………………………………………（29）

三、数 …………………………………………………………………………（29）
　　四、格 …………………………………………………………………………（30）
　　五、变格法 ……………………………………………………………………（32）
 第二节　形容词 ……………………………………………………………………（40）
　　一、形容词的特点与类型 ……………………………………………………（40）
　　二、形容词 A 类的词尾变化规律 ……………………………………………（42）
　　三、形容词 B 类的词尾变化规律 ……………………………………………（43）
　　四、形容词 C 类的词尾变化规律 ……………………………………………（46）
　　五、形容词和名词修饰名词时的区别 ………………………………………（47）
　　六、形容词的比较级和最高级 ………………………………………………（48）
 第三节　数词 ………………………………………………………………………（51）
　　一、基数词 ……………………………………………………………………（51）
　　二、序数词 ……………………………………………………………………（53）
　　三、倍数与重数 ………………………………………………………………（54）
　　四、分数与一半 ………………………………………………………………（54）
　　五、分配数词 …………………………………………………………………（55）
　　六、副词性数词 ………………………………………………………………（55）
 第四节　代名词 ……………………………………………………………………（55）
　　一、形容代词 …………………………………………………………………（55）
　　二、人称代词 …………………………………………………………………（56）
　　三、反身代词 …………………………………………………………………（57）
　　四、物主代词 …………………………………………………………………（58）
　　五、指示代词 …………………………………………………………………（58）
　　六、相关代词 …………………………………………………………………（59）
　　七、疑问代词 …………………………………………………………………（60）
　　八、否定代词和不定代词 ……………………………………………………（60）
　　九、关系代词 …………………………………………………………………（60）
 第五节　介词、副词和连接词 ……………………………………………………（61）
　　一、介词 ………………………………………………………………………（61）
　　二、副词 ………………………………………………………………………（63）
　　三、连接词 ……………………………………………………………………（70）
 第六节　动词 ………………………………………………………………………（71）
　　一、动词的语态与时态 ………………………………………………………（72）
　　二、分词 ………………………………………………………………………（72）
　　三、动词变化法 ………………………………………………………………（73）
第四章　植物特征拉丁文描述和特征简介解析 ………………………………（76）
 第一节　植物特征拉丁文描述 ……………………………………………………（76）

目 录

  第二节 植物特征简介 ·· (84)

第五章 植物命名和国际植物命名法规 ·· (91)
  第一节 植物的命名 ·· (91)
   一、双名法 ·· (92)
   二、三名法 ·· (93)
   三、学名的简写和属名的缩写 ·· (94)
   四、疑难标本的命名方法 ·· (95)
  第二节 国际植物命名法规 ·· (97)
   一、命名模式（法）和模式标本 ·· (99)
   二、学名的有效发表和合格发表 ·· (101)
   三、异名和同名 ·· (103)
   四、名称的改正与修订 ·· (104)
   五、分类群的变动 ·· (105)
   六、自动名与保留名 ·· (106)
   七、命名优先律法则 ·· (109)
   八、关于杂种的名称 ·· (110)
   九、关于栽培植物的命名 ·· (113)

第六章 植物的科名 ·· (115)
  第一节 植物科名的组成与特点 ·· (115)
  第二节 种子植物科名的词义举例 ·· (116)
   一、裸子植物 ·· (117)
   二、被子植物 ·· (117)

第七章 植物的属名 ·· (121)
  第一节 植物属名的性属 ·· (121)
  第二节 植物属名的来源 ·· (122)
   一、古希腊文来源的属名 ·· (122)
   二、经典拉丁文来源的属名 ·· (123)
   三、以古代神话命名的属名 ·· (123)
   四、以纪念某些重要人物而命名的属名 ·· (124)
   五、以植物的明显特征和特性命名的属名 ··· (127)
   六、以生长习性和生境特征命名的属名 ·· (130)
   七、以植物的用途命名的属名 ·· (130)
   八、以模式标本的原产地命名的属名 ·· (131)
   九、以植物含有的特殊化合物命名的属名 ··· (131)
   十、汉语以土名和方言的拉丁化作为属名 ··· (131)
   十一、以合成词作为属名 ·· (132)

十二、以组装拼接词作为属名 ･･ (133)
　　十三、其他语言来源的属名 ･･ (134)
　　十四、根据分类学原理命名的属名 ･･ (134)
　　十五、以颠倒地理名词构成的属名 ･･ (134)
　第三节　植物属名的创建与属名的保留 ･･･ (135)
　　一、属名的创建 ･･ (135)
　　二、属名的保留问题 ･･ (136)

第八章　植物学名的种加词 ･･･ (140)
　第一节　种加词的使用规则 ･･ (140)
　　一、种加词与属名的性、数、格绝对统一 ･･ (140)
　　二、种加词的性、数、格变化的特殊情况 ･･ (141)
　第二节　种加词的来源 ･･ (144)
　　一、纪念人名的形容词性种加词 ･･･ (144)
　　二、原产地地名拉丁化作种加词 ･･･ (145)
　　三、名词所有格作种加词 ･･ (147)
　　四、形容词或分词作种加词 ･･ (150)
　　五、地方土语拉丁化名词作种加词 ･･･ (150)
　第三节　常见的种加词举例 ･･ (151)
　第四节　植物学名解释 ･･ (153)
　第五节　中药材拉丁名的实例解析 ･･ (158)
　　一、用植物的属名命名中药材 ･･ (158)
　　二、用植物的学名命名中药材 ･･ (160)
　　三、用植物学名的种加词命名中药材 ･･ (161)
　　四、在中药材拉丁名后面添加特征附加词 ･･････････････････････････････････････ (162)
　　五、在中药材拉丁名后面添加炮制方法的附加词 ････････････････････････････････ (162)
　　六、以汉语拼音拉丁化的专有名词命名中药材 ･･････････････････････････････････ (163)

第九章　植物学名的命名人 ･･ (167)
　第一节　关于命名人的写法 ･･･ (167)
　第二节　命名人的缩写 ･･･ (168)
　第三节　合作发表与替代发表 ･･･ (171)
　第四节　新组合的发表 ･･･ (172)
　第五节　印刷和书写植物学名时常见的错误 ･･･････････････････････････････････････ (175)
　　一、植物学名书写中常见的错误 ･･ (175)
　　二、在索引中植物学名书写的规范问题 ･･ (176)

附录一　《中国植物志》植物学名文献引证 ･･･ (178)
　一、《中国植物志》植物学名文献引证 ･･ (178)

二、《中国植物志》卷册索引 …………………………………………………… (186)

附录二　常见植物学拉丁文词汇 ………………………………………………… (191)
　一、经常使用的植物学拉丁文词汇 …………………………………………… (191)
　二、来自希腊文的古拉丁文词汇（主要是植物学词汇） …………………… (218)
　三、希腊文和拉丁文重要的前缀与后缀 ……………………………………… (219)
　四、常见生物的拉丁文名称 …………………………………………………… (222)
　五、附图 ………………………………………………………………………… (226)

附录三　常见植物学拉丁文词汇缩写 …………………………………………… (234)

参考文献 …………………………………………………………………………… (244)

第一章 植物学拉丁文的起源与发展

植物学拉丁文是人们研究植物分类和描述植物必不可少的重要工具和专业语言文字,正是它才使得一个跨越国界、跨越地区的世界性植物命名工作得到统一,使得植物分类学研究的国际合作成为可能。植物学拉丁文无疑来源于经典拉丁文,但它的形成和发展却经历了一个相当漫长的历史过程,无数植物学先驱曾为此付出了艰辛的劳动。现以植物学研究历史与发展的时间为线索,对各个时期为植物学拉丁文的发展做出了重要贡献的学者们加以介绍,力求探究出植物学拉丁文形成和发展的时间性、阶段性和系统性。

第一节 经典拉丁文的发展简况

公元前2000年前后,在意大利半岛的中部有个名叫拉丁姆平原(Planum Latium)的地方,当地居民使用着原始的拉丁语(Lingua Latina)。该语言当时只有21个由希腊字母改变而成的字母。到了公元前753年,在拉丁姆平原上建立起了罗马城。当古罗马不断地发展强大起来之后,便向周围地区入侵,逐渐形成了强大的罗马帝国,原始的拉丁语便成了罗马帝国的官方语言。公元1世纪,罗马帝国吞并了古希腊,丰富的希腊民族文化为拉丁语的发展提供了充分的营养和源泉,拉丁语又从希腊字母中改变产生了Y和Z两个字母。在公元前120～公元80年,拉丁语的发展达到了极盛时期,凡是罗马帝国的势力所到之处,都要求必须使用拉丁文。公元476年以后,随着古罗马帝国的灭亡,拉丁语的发展便开始衰落,逐渐地与地方土语相结合,经过漫长岁月的演变,便形成了意大利语、法语、西班牙语、罗马尼亚语和葡萄牙语,同时它也影响到英语和俄语等语言,因而有拉丁语是西方语言之母的说法。到15世纪,当印刷术引入西方后,印刷工人才能够区分U和V两个字母,并用W代替双写的V,同时,J也由西班牙文引入到拉丁文中。至此,才形成了拉丁文现在的26个字母。

在14～16世纪欧洲文艺复兴运动期间,拉丁文之所以能够得以保留下来,主要是因为它的句法结构严谨,语法规范,语句精练准确。在文艺复兴运动之后,拉丁文仍然获得了较为广泛的应用,主要用于法律、宗教、外文、学术和事务等方面,以及生物、医药和化学元素的命名。所以,经典拉丁文的历史是古老的,其演化和发展又是漫长的。公元前75年之前的拉丁文,称古老拉丁文(Archaic Latin);公元前75年～公元175年,则称古典拉丁文(经典拉丁文)(Classical Latin);175～600年,是盛期拉丁文(Late Latin);600～1500年,为中古拉丁文(Medieval Latin);1500年至今,为现代拉丁文(Modern Latin)。目前,世界上除了梵蒂冈和教会外,拉丁文不再作为有声交流的活语言,仅作为无声的书面语而存在,但是,它却是一门十分重要的语言文字。

第二节 植物学拉丁文的起源

公元前 4 世纪,古希腊哲学家 Aristotle(公元前 384~前 322)在古雅典城建立了世界上第一个植物园,其目的是观察植物的形态特征。后来,他的学生 Theophrastus(公元前 370~前 285)继承了老师的这项事业,在园内栽植约 500 种植物。他们经过详细的观察,创立了植物形态方面的一些概念。Theophrastus 在研究哲学之余,将他和他的老师所观察到的植物形态知识用希腊文字写成了两本著作,即《植物历史》(*De Historia Plantarum*)和《植物构造》(*De Causis Plantarum*)。比如,在书中他首次认识到果实和种子的差别,理解了果皮对种子的保护作用,能够区分出羽状复叶和枝条的差别,并认为像接骨木属(*Sambucus*)、花楸属(*Sorbus*)和白蜡树属(*Fraxinus*)的羽状复叶和单叶的功能是相同的。可以说,这两本著作是人类历史上最早记述植物形态特征方面的专著。

公元 1 世纪,当罗马帝国吞并了古希腊后,罗马帝国的自然科学家 Pliny the Elder(A. D. 23~79,见图 1.1)便在希腊得到了 Theophrastus 的《植物历史》和《植物构造》这两本著作,并将其译成拉丁文,然后再把书中部分内容编入他的《自然历史》(*Historia Naturalis*)书稿中。他的这本书稿,参考了当时 473 位作者的著作,其中希腊作者 327 人,罗马帝国作者 146 人。Pliny 的书稿由于内容丰富,当时经常被转抄。当 Pliny 去世 1390 年以后,在 1469 年他的这本书才正式出版。从 1469 年到 1799 年的 330 年里,此书重版印刷 190 次。近代植物学拉丁文中大约有 200 个术语直接来源于此书,如 caulis(茎)、calyx(花萼)、corona(花冠)和 pollen(花粉)等。由于 Pliny 是植物学研究史上第一个使用经典拉丁文描述植物的学者,该书是植物学方面的重要专著,所以,Pliny 的《自然历史》一书的出版标志着植物学拉丁文的诞生。

图 1.1 Pliny the Elder 的素描画像

第三节　植物学拉丁文的发展

　　Pliny 的《植物历史》出版后,在相当长的一段时间里影响着欧洲的植物学家和本草学家。16 世纪 30 年代,罗马年轻的植物学家 Valerius Cordus(1515～1544)观察了近 500 种药用植物,其中有 66 种为当时发现的新植物。他对植物的形态特征有了一些新的认识,并以拉丁文写成《植物历史》(*Historia Plantarum*)书稿。1544 年,Cordus 因患高热病在罗马去世,年仅 29 岁,所以他的书稿未能出版。与 Cordus 同时代的罗马植物学家 Leonhart Fuchs(1501～1556)擅长木刻技术,他将 Cordus 的《植物历史》手稿用木刻图来解释,于 1552 年出版了《植物史》(*De Historia Stirpium*),在书中附有大量的拉丁文说明,其中有 49 个植物学术语沿用至今,如 aculeus(皮刺)、arista(芒)、gluma(颖片)和 bacca(浆果)等。

　　17 世纪中期,放大镜和显微镜的发明,给植物学研究工作带来了第一次革命。自 1665 年,人们可以借用镜片看到肉眼不易看见的植物微观结构。德国植物学家 Joachim Jung(1587～1657,见图 1.2)在 Hamburg 城的一所学校里讲授植物学和动物学之余,潜心钻研植物的结构。他治学严谨,善于用哲学的方法进行植物的研究,在描述植物时特别强调结构的精确性。他用拉丁文写的《植物枝条的解剖》(*Isagoge Phytoscopica*)手稿,在他去世 21 年后,由他的学生 Johannes Vagetius 于 1678 年代为出版。《植物枝条的解剖》一书中的很多植物学术语被后来的植物学家们所应用,流传至今。

图 1.2　Joachim Jung 画像

　　1660 年前后,Jung 的《植物枝条的解剖》手抄本传到了英国博物学家 John Ray(1628～1705)的手里,他觉得 Jung 的这本书稿很有价值,是植物学方面的一本重要著作。他一方面向周围的植物学同行们宣传这本书,另一方面他认真汲取其中的精华。后来他在《英国剑桥地区的植物索引》(*Index Plantarum Agri Cantabrigiensis*,1660 年)、《植物的新教程》(*Methodus Plantarum Nova*,1682 年)和《植物历史》(*Historia Plantarum*,1686 年)三部著作中,除了引用 Jung 的许多植物学术语外，还对物种的概念和世界植物区系有了一定的认识。由于 Ray 是一位有着国际主义思想的进步学者，其著作全部是用拉丁文写成的，并附有英文的等同词。在同一时期，法国植物学家 Joseph Pitton de Tournefort(1656～1708)在植物学研究领域非常活跃，他曾到欧洲南部、非洲和小亚细亚等地去旅行，并采集了大量植物标本，自己独创了一个植物分类系统，将植物界分为 18 个门。另外，由于他的细心观察和解剖，他还发现了若干个自然分类群，如十字花群、钟状花群、蝶形花群、蔷薇花群和唇形花群等。1694 年，他用法语写成的《植物学原理》(*Elements de Botanique*)一书出版。6 年后，他又修订并用拉丁文翻译此书，以《植物学基础》(*Institutiones Rei Herbariae*，1700 年)为书名再版。Tournefort 在书中澄清了一些当时比较含糊的植物学术语，并对花冠的各种形态给出了详细而完整的定义。同时，他对属的描写很重视，对当时的 698 个属进行了重新定义，这为后来人的研究工作打下了重要的理论基础。尽管他在当时也受到了前辈们某些错误观点的影响，比如对植物类群的划分仍然坚持木本和草本的区别，承认属有两个级别，一个是靠生殖器官区别的属，另一个是凭营养器官区分的属，但他仍然是一位在植物学研究史上颇有成就的学者。

在德国，植物学家 Rudolf Jakob Camerarius(1665～1721)仔细观察和解剖了玉米(*Zea mays*)、山靛(*Mercurialis annua*)和菠菜(*Spinacia oleracea*)等植物后，发现植物的花也有雌雄性别之分，并且做了蓖麻(*Ricinus communis*)去雄不育的实验。1694 年，他写了《关于植物的性》(*De Sexu Plantarum*)的论文，以公开信的形式发表。在此稍后的一段时间里，法国植物学家 Sebastien Vaillant(1669～1721)对花的结构十分感兴趣。他不仅接受了 Camerarius 关于花的性别的概念，而且提出了一些新的观点和术语，并认识到花是植物分类的最重要器官。1717 年，他用拉丁文和法文发表了一篇《关于花的结构》(*Sermo de Structura Florum*)的论文。

16 世纪和 17 世纪的植物学家和本草学家们，在植物拉丁文的应用方面已经形成了一种习惯和传统。这种习惯和传统为近代植物分类学的奠基人、瑞典植物学家 Carl Linnaeus（林奈，1707～1778，也可称为 Carolus Linnaeus，或 Karl Linne，1761 年他晋升为贵族，可称 Carl von Linné，见图 1.3）所继承下来。1707 年 5 月 23 日，Carl Linnaeus 出生于瑞典南部莫斯兰省的乡下，由于受到非常喜爱园艺的父亲影响，八岁时就获得"小植物学家"的美誉。1728 年 7 月，Linnaeus 考入 Lund 大学学习医学，一年后转入 Uppsala 大学学习植物学。在 1735 年他又去了荷兰，在 Harderwijk 大学和 Leyden 大学继续学习，并出版了《自然系统》(*Systema Naturae*)，该书使得他名声远扬。由于他对植物学非常喜爱，并有了较深的造诣，他于 1741 年开始在乌普萨拉(Uppsala)大学担任医学教授，讲授药理学、营养学、自然历史学，还负责管理大学的植物园。正是由于他的刻苦努力和坚韧毅力，经过对当时欧洲不同文字的植物学文献进行系统整理、

图 1.3 Carl Linnaeus 画像

翻译和研究，把这种早期的植物学拉丁文变成了符合语法规则、词句排列有序的一门专业语言。在 18 世纪和 19 世纪早期，由于欧洲的植物学工作者们几乎都精通现代拉丁文，他们都乐

意接受了 Linnaeus 的观点并支持其工作。所以，欧洲的植物学工作者们的开创性工作，在当时促进了植物学拉丁文向着脱离现代拉丁文的方向发展，同时，也反映出当时欧洲的植物学研究带有标准化和规范化的进步性。1737 年，Linnaeus 就强调拉丁文的重要性，他在《植物学批评》(*Critica Botanica*)中说："一个初学的年轻人，在他能够胜任任何科学研究以前，为了要学好各种文字，就会变成老人。"同时，他指出，由于植物学研究的传统和习惯，拉丁文应成为植物学研究的国际性语言。有趣的是，1736 年他出版了《植物学基础》(*Fundamenta Botanica*)，书中对植物学中的一些术语进行了革新，把他的方法列成 365 条规则。然而，时过 38 年之后，当他于 1774 年读到 Jung 的《植物枝条的解剖》这本著作时，发现他的不少规则竟然与 Jung 有相同之处。这说明在 17 世纪和 18 世纪，欧洲的植物学工作者之间的信息交流有很大的局限性。1737 年，Linnaeus 出版了《植物属志》(*Genera Plantarum*)一书，他受到 Tournefort 的启发和影响，并对 Tournefort 所定义的属进行重新研究，废弃或合并了一些属，同时他对属的描述方法也进行了改革。1738 年，当 Linnaeus 在荷兰编写《克律福特植物园》(*Hortus Cliffortianus*)的书稿时，深感植物的命名和植物学术语需要有一个统一的、精确的标准。

1747 年起，Linnaeus 的 19 名学生陆续地作为瑞典海军的随军牧师，或作为瑞典东印度公司的随船医生，前往非洲、亚洲、美洲、大洋洲以及挪威等地进行考察，采集生物标本。他们不怕危险与困难，曾经有 8 个学生病倒在考察的途中。正是由于 Linnaeus 的学生们从世界各地带回大量的标本，Linnaeus 的植物分类学研究获得了丰硕成果。

遗憾的是，1750 年夏天，Linnaeus 在晚年因患严重的痛风症，卧床不起，他的工作只好由他的儿子和他的学生 Petrus Loefling 来协助完成。他口述一切，由 Loefling 负责记录整理，将《植物学基础》一书进行扩充和修订，更名为《植物学哲学》(*Philosophia Botanica*)，于 1751 年出版，成为当时第一部描述性植物分类学和植物学拉丁文的教科书。在该书中，Linnaeus 按照植物的雄蕊数目对植物进行分类，即：1 雄蕊纲，2 雄蕊纲……24 雄蕊纲。今天看来，这是不可取的分类方法，但在当时的背景下还算得上是一种进步的思想。

1772 年，Linnaeus 再次患中风。1778 年 1 月，Linnaeus 在乌普萨拉病逝。他的所有遗产由他的家人处置。1784 年 9 月，一艘装载了约 19 000 份植物标本，3 200 只昆虫标本，2 500 枚矿石标本，1 500 枚贝壳，800 枚珊瑚标本，3 000 本书和 3 000 封信件的大船驶向英国。这些遗物至今仍保存在英国伦敦的林奈学会(Linnean Society)。

在 Linnaeus 之前，植物分类系统是极其随意的。植物命名不规范，相当混乱。例如，多刺月季的名称是 Rosa sylvestris alba cum rubore、folio glabro 或 Rosa sylvestris inodora seu canina。早在 1690 年，Rivinus 就曾提议植物命名不得多于两个词。后来人们才发现，早在 1623 年，法国植物学家 C. Bauhin(1560～1624)已经使用双名法给植物命名了，不过他不是用拉丁文，而是用法文给植物命名。Linnaeus 受到他们的启发后，花费了大量的精力来完善植物命名工作。他提出，每种植物的学名必须由两个拉丁文词组成，第一个为属名，第二个为种名形容词(种加词)，称为双名法，并将其写入了 1753 年出版的《植物种志》(*Species Plantarum*)。所以说，《植物种志》的出版，在植物分类学上有着划时代的意义。首先，它统一了植物命名问题，在不同地区、不同国家和不同民族之间，最大限度地消除了"同物异名"和"同名异物"的现象；其次，它使得植物命名向着国际化和标准化方向发展迈出了一大步。例如，多刺月季的学名是 *Rosa canina*。直到今天，Linnaeus 的双名法和分类系统仍然是瑞典 Uppsala 大学的骄傲。

在世界人民的眼里，Linnaeus 是现代植物分类学的奠基人，而在瑞典人的眼里，他是一位善于启发学生的良师、一位瑞典本土的旅行家和发现者。2007 年 5 月 23 日，在乌普萨拉大教堂里为 Linnaeus 诞辰 300 周年举行了盛大的庆祝活动，瑞典皇室成员盛装出席，日本天皇明仁夫妇应邀参加，数百名来自世界各地的 Linnaeus 追随者以及媒体记者们欢聚一堂。人们怀念的不是 Linnaeus 的一个姓名，也不是永垂青史的双名法，而是他对大自然的好奇心和不断探索的勇气与毅力。

第四节　植物学拉丁文的标准化和国际化

1797 年，德国植物学家 Heinrich Friedrich Link（1767～1851）用拉丁文出版了《植物学哲学初志》(*Prodromus Philosophiae Botanicae*)一书。1824 年，他对其进行修订后，以《植物学哲学基础》(*Elementa Philosophiae Botanicae*)为名再版，这是一部用拉丁文解释的最完善、最标准的植物形态术语学著作。1800 年，德国博物学家 Johann K. W. Illiger（1775～1813）以 Link 的《植物学哲学初志》为范例，出版了《动植物分类全部术语学的研究》(*Versuch einer Systematischen Vollständigen Terminologie für das Thierreich und Pflanzenreich*)。虽然该书是用德文写的，但附有拉丁文的等同词。遗憾的是，Link 和 Illiger 两人的著作出版后，当时在植物学界并没有引起关注和重视。直到 1813 年，人们才发现在这两本书中却有很多植物学拉丁文术语，是有很高学术价值的专著。

图 1.4　Augustin Pyramus de Candolle 画像

瑞士植物学家 Augustin Pyramus de Candolle（1778～1841，缩写为 A. P. DC.，见图 1.4）接受了 Link 的一些植物学术语，并在他于 1813 年出版的《植物学理论基础》(*Theorie Elementaire de la Botanique*)中引用了这些术语，并附有术语的详细解释。后来，有些人把该书用作植物学拉丁文入门的教科书。A. P. DC. 在他的《植物志初编》(*Prodromus Florae*，1824 年)和《植物分类系统》(*Systema Plantae Taxonomiae*，1818 年)两部著作中也都继续使用了 Link 的术语。英国植物学家 John Lindley（1799～1865）是一位杰出的植物学工作者，他精通拉丁文、德文和法文，对植物学拉丁文的发展起了重要作用。1819 年，他出版了《果实与种子结构的观察》(*Observations on the Structure of Fruits and Seeds*)，1820 年又出版了他的《蔷薇属专论》(*Monographia Rosarum*)。在他的一生中出版了许多著作，其中最重要的是 1832 年出版的《植物学概论》(*Introduction to Botany*)，他在该书中对 Link 的植物学术语作了进一步的发展和创新，其中大部分术语沿用至今。

1838 年，德国植物学家 Gottlieb Wilhelm Bischoff（1797～1854）总结了前人关于植物分

类学方面的理论知识和研究成果,写了一部极有价值的《植物术语学和分类学手册》(*Handbuch der Botanischen Terminologie und Systematik*)。该书共分3卷,第一卷是关于显花植物的术语,第二卷是关于隐花植物的术语,第三卷是到那时为止所有的各种植物分类系统和大纲。此书算得上是集植物学拉丁文术语之大成。在植物学拉丁文的发展过程中,美国植物学家 Asa Gray(1810～1888)也起了一定的作用。他在1842年出版了《植物学教科书·第一篇:结构植物学》(*Botanical Text-Book*, Part Ⅰ, *Structural Botany*),在书中同样采用并发展了 Link 的植物学拉丁文术语。

经过许多植物学先驱们长期不懈地努力,到19世纪末,植物学拉丁文的术语越来越丰富,概念越来越准确,植物形态特征的拉丁文描述日趋规范化。但是,就世界范围来看,在不少方面仍存在一些问题,主要是植物命名不统一、重复命名,在新种发表的程序和植物描述格式规范等方面尚未达到令人满意的地步,并缺乏国际性的学术交流。1866年,欧洲的许多植物学工作者曾聚集于英国伦敦,讨论植物命名等若干问题。会上,大家推选瑞士植物学家 A. P. DC 的儿子 Alphonse de Candolle(1806～1893,缩写为 A. DC.,全称为 Alphonse Louis Pierre Pyramus de Candolle,见图1.5)草拟一个国际植物命名法规(*International Code of Botanical Nomenclature*),并准备下一年在法国巴黎召开第一届国际植物学大会。A. DC. 当时已60岁,是瑞士著名的植物学家,在学术界颇有影响。1867年8月,第一届国际植物学大会在法国巴黎顺利召开,会上由 A. DC. 宣读了《国际植物命名法规》,简称为《巴黎法规》(*Paris Code*)或《得堪多法规》(*de Candolle Code*),共64页,其中接受了 Linnaeus 的双名法。

图1.5　Alphonse de Candolle 照片

至此,植物学拉丁文作为一门专业语言已基本成熟,它不仅有着丰富的专业术语和词汇,而且对使用时的性、数、格以及字母的大小写等,都一一作了具体的规定。在以后的历届国际植物学大会上,对《国际植物命名法规》都不断地进行了修改和补充,使之臻于完善。植物学拉丁文遂真正成为一门自成体系、语法结构严谨、表达简练、词句排列有序的世界性的植物学专业语言。正如英国著名植物分类学家 W. T. Stearn 在其名著《植物学拉丁文》(*Botanical Latin*)中所说:"如果认为只要有经典拉丁文基础,就足以理解植物学拉丁文的话,那就有犯极大的错误和曲解植物学拉丁文的危险。"

第二章　拉丁文的发音和拼读

令人十分惊叹的是,拉丁文字母或许是传播最广泛、持续时间最长的古罗马的文化遗产。

古典拉丁文字母是由罗马帝国时代的学者们流传下来的(参见公元5~6世纪语法学家普利西安(Priscianus)所著的《语法原理》(*Institutiones Grammaticae*)),大约在公元前1世纪即学者瓦罗(Varro)生活的时代,拉丁文字母和名称已被确定和标准化。它由23个字母组成,这些字母显然来源于古希腊的希腊字母(从腓尼基字母的派生和颠倒),特别是从大希腊的西希腊字母经过了重要的伊特拉斯坎语的过渡。最古老的古罗马拉丁文碑文可追溯到公元前7世纪末。拉丁文字母在拉丁语所经历的千年历史中只有微小的变化:正如我们将要说明的,在中世纪、文艺复兴时期和现代拉丁文中,有时采用不同的拼法和新字母去拼写现代单词。

拉丁文字母的写法,也分为印刷大写、印刷小写、书写大写和书写小写4种形式。关于拉丁文字母的印刷大写和印刷小写,以及其名称和发音,参见表2.1,请扫描右侧第1课二维码进行听读。

第1课二维码

表2.1　拉丁文字母的书写、名称和发音一览表

印刷体		国际音标			印刷体		国际音标		
大写	小写	E. 名称	L. name	L. Pron. (I. P. A)[1]	大写	小写	E. 名称	L. name	L. Pron. (I. P. A)
A	a	A	a	[a, aː]	N	n	en	en	[n, ŋ]
B	b	bee	be	[b]	O	o	o	o	[ɔ, oː]
C	c	cee	ce	[k]	P	p	pee	pe	[p]
D	d	dee	de	[d]	Q	q	cue	qu	[kw][4]
E	e	e	e	[ɛ, eː]	R	r	ar	er	[r]
F	f	ef	ef	[f]	S	s	ess	es	[s]
G	g	gee	ge	[g]	T	t	tee	te	[t]
H	h	aitch	ha	[h, —][2]	U	u	u	u	[ʊ, uː, w][5]
I	i	i	i	[ɪ, iː, j][3]	V	v	vee	—	
G	g	jay	—		W	w	double-u		
K	k	kay	ka	[k]	X	x	ex	ix	[ks]
L	l	el	el	[l]	Y	y	wy	hy	[y, yː]
M	m	em	em	[m]	Z	z	zed	zeta	[z]

第二章　拉丁文的发音和拼读

注释：

1. 国际音标(International Phonetic Alphabet,缩写 I. P. A.)；
2. 在经典拉丁文中,h 在一个单词的开头时,它是发音的(即紧接后面的元音不发音),如果 h 在单词的中间,它是无声的(即不发音)；
3. 在经典拉丁文中,i 既可作为元音([ɪ,iː]),又可作为近音(半元音[j])。在人文拉丁文和现代拉丁文中,辅音 i 有时写作 j；
4. Q 总是伴随 u 在一起(由 qu 组合的辅音可发出悦耳声)；
5. 在经典拉丁文中,只有大写字母 V(其书写的小写体是 u)。V(其大写以及小写的 u)像 i 一样,它既是一个元音([ʊ,uː])又是一个半元音[w]。而在现代拉丁文中,字母 U(以及小写 u)代表元音的发声([ʊ,uː]),而 V(以及小写 v)代表唇齿摩擦音[v]。

值得注意的是,目前在计算机的字体库软件中没有专门的拉丁文字体,只有文字处理软件 Word 在"插入"栏中的"符号"项目中有拉丁语和拉丁语扩充字母。所以,我们在用计算机输入拉丁文词语时就只能用英文字母代替拉丁文字母。在计算机里如果安装了英文自动识别软件,计算机就不"认识"大部分拉丁文单词,当输入好一个拉丁文单词并按下空格键后,它常会立即在拉丁文单词下面画上红色波浪线,以作错误拼法提示。更有甚者,计算机还会自作主张地把你刚输入的拉丁文单词的词尾或词干改写掉。例如：

输入的拉丁文单词	计算机改写并默认的单词	被改动的方式
regio	region	添加 n
habitatio	habitation	添加 n
missio	mission	添加 n
particula	particular	词尾添加 r
quater	quarter	词干添加 r
ruber	rubber	词干添加 b
carens	careens	添加 e
viviparus	viviparous	添加 o
amorphus	amorphous	添加 o
superfluus	superfluous	添加 o
indumentum	indumentums	添加 s
sententia	sentential	添加 l
provincia	provincial	添加 l
explorator	exploratory	添加 y
connatus	conatus	删除 n
rhomboides	rhomboids	删除 e
plancton	plankton	c 改为 k
cellulosa	cellulose	a 改为 e
junctura	juncture	a 改为 e
confusus	confuses	u 改为 e
maturus	matures	u 改为 e
latitudo	latitude	o 改为 e

conservo	conserve	o 改为 e
calix	calyx	i 改为 y
semper	simper	e 改为 i
pariter	partier	i 自动移位

所以，我们在使用计算机输入拉丁文单词时要特别小心，要边输入边检查。当一个单词输完后在敲空格键时，眼睛要盯住单词，看它是否发生了字母被改动或字母移位的现象。如果发现刚输入的单词词尾或词干被改动了，先别管它，应继续输入下一个单词，然后，将光标再移回到这个被计算机改动的单词，重新修改单词，并立即进行保存。另外，我们也要注意，当用计算机输入拉丁文单词的缩写形式时，由于缩写符号是英文句号，在输入英文句号后，计算机也会自动改写输入的单词。例如，输入缩写单词"descr."，在句号输入后则立即变成了"descry."，计算机自动添加了"y"。

当我们需要输入大量的拉丁文单词时，最好的办法是取消计算机字处理软件 Word 的"工具"栏中的"拼写与语法"的自动识别功能。有趣的是，如果不这样做，计算机的自动识别系统的忍耐是有限度的，当输入了 5~10 页的拉丁文语句或单词时，整个屏幕都是红色波浪线，计算机就"烦了"，它会主动弹出一个"输入错误太多，无法识别，请立即关闭自动识别系统"的对话框。关闭此对话框后，所有的红色波浪线立即消失，自动识别系统再也不会改写你输入的拉丁文单词了。

此外，必须注意的是，在"宋体"字体格式状态下输入的植物学名（拉丁文名称，即属名和种加词），当你选中后想转换为"Times New Roman"字体格式状态时，计算机也会趁机自作主张地改写植物学名的词尾。例如，在"宋体"字体格式状态下本来输入的是"黄山木兰（*Magnolia cylindraca*）"，将其转变为"Times New Roman"字体后，竟然变成了"黄山木兰（*Magnolia cylindracal*）"。所以，作者在用计算机书写具有生物学名的稿件，或出版工作者在编辑具有拉丁文的书稿时，一定要特别小心，当心计算机跟你"开玩笑"而造成错误。

为什么计算机不认识拉丁文呢？这是因为计算机的字体库中没有拉丁语，拉丁文单词的拼法不符合英文的拼写规则和习惯。看来拉丁文的使用范围的确是非常有限的。因为目前除了教堂拉丁文仍旧用作口语交流的"活语言"外，经典拉丁文基本上是"死语言"。但是，由于拉丁文的词法和语法结构十分严谨，一般不容易产生歧义，所以，现代拉丁文常作为国际上各种法律法规条文的正本文字使用。当初在生物和医药的命名方面之所以要求使用拉丁文，其目的是考虑到拉丁文是西方语言之母，便于在世界范围内进行交流和使用。

第一节 发　　音

世界上没有哪一种发音的语言像拉丁文一样，具有大约 25 个世纪的历史。拉丁文的发音方法，会随着时间、地域和社会的不同发生变化。我们已经知道，早在古罗马，讲拉丁语的剧作家普劳图斯（Plautus，公元前 3~前 2 世纪）与在几个世纪之后的奥古斯丁（Aurelius Augustine，公元 354~430），他们说着相同的拉丁语，但发音却不同。同样，我们从西塞罗（Cicero，公元前1世纪)的作品中获知,在古罗马不同省份之间所说的拉丁语也存在差异;像作家卡图卢斯(Catullus,公元前1世纪)和佩特罗尼乌斯(Petronius,公元1世纪)两人的作品也证实,有文化的和受过教育的上等阶层与一个普通人有着不同的发音。这也成了拉丁语演变成浪漫语言的证据(如意大利语、法语和西班牙语等)。

但是,后古典拉丁文时期,拉丁文的发音方式在罗马造成了相当程度的混乱。例如,在文艺复兴时期,人们"说"拉丁语时很可能相互之间一点都不理解,他们的拉丁语发音被本国的和地方的口音所淹没。这就是伟大的人文主义学者埃拉斯穆斯(Erasmus,1466~1536)在他的《论拉丁语和希腊语的正确发音》(*Dialogus de Recta Latini Graecique Sermonis Pronunciatione*,巴塞尔,1528)中所说的,试图恢复古典发音规则,找到一个拉丁语和希腊语的"古典"的共同的发音标准。然而,通过他以及其他人的一番尝试,像斯特潘努斯(Stephanus)、彼得吕斯·拉姆斯(Petrus Ramus)、尤斯图斯·利普修斯(Justus Lipsius),都没有成功。拉丁语的发音继续存在着许多不同的地方语系。

牛顿(Isaac Newton)于1687年用拉丁文发表了《自然哲学的数学原理》(*Philosophice Naturalis Principia Mathematica*),在17世纪的英国,难道要求人们应该用拉丁语发音来阅读吗?或者像18世纪瑞典绅士林奈(Linnaeus)的拉丁文著作普通人也能阅读吗?因此,一个共同的拉丁文发音标准必须要建立,特别是当今世界,凡是科技拉丁文所使用的地方(领域),作为一种语言的拉丁文在学校里从不教授,或在教育体系中还没有形成传统。

今天,在现实生活中,拉丁语发音可能有三种方式:

(1) 不同"国家(地区)"的发音:将他们各自母语的发音规则用于拉丁文发音。例如,拉丁文人名西塞罗(Cicero)和凯撒(Caesar)的发音,由一个讲英语的人发音分别是[ˈsɪsɨroʊ]和[ˈsɪːsar](按国际音标翻译),而由讲意大利语的人发音则分别为[ˈtʃitʃero]和[ˈtʃesar]。

(2) 由罗马天主教会采用的发音(称教堂或教会拉丁语):它是基于现代意大利语的发音,这也许是历史上唯一"活着的"拉丁语发音方式。

(3) 所谓的"恢复",或"经典"的发音方式:它是基于现代命名学诞生的。事实上,这种"恢复"发生在19世纪的德国,不久还在讲英语的学术界所采用。这个很可能是属于在罗马公元前1世纪曾受过教育的阶层的发音,这种活跃在罗马从公元前3世纪至公元2世纪(大约从普劳图斯(Plautus)到塔西图斯(Tacitus)时代)的发音没有什么变化。按照这种发音方式,例如,西塞罗和凯撒的发音分别是[ˈkɪkɛroː]和[ˈkaesar]。

鉴于"经典的"发音方式是最标准的,也是一个在世界各地的学术机构最为广泛接受的,最终它提供了唯一公认的标准,我们决定也采用它阅读植物学拉丁文(用于本书配音)。我们意识到有时候它的声音刺耳,尤其是在对植物的名称和纪念人名的称号发音时,因没有更好的标准,所以,要根据不同的现代语音系统进行拼读。

那么,我们今天就遇到一个问题,拉丁文该如何发音?此外,不仅是古典拉丁语,而且植物学拉丁文,一种大约250年前问世的"科技"语言,从那时起,它便从古典拉丁文中变成了一种独特的语言。就像W. T. Stearn在《植物学拉丁文》中所说:"植物学拉丁文主要是一种记载用的文字,但植物的科学名称常常会出现在讲话中。它们怎样发音实际上无关紧要,只要它们的声音是悦耳的和易被有关的人们所理解的。"然而,长期以来,植物学拉丁语该如何发音的问题一直困扰着人们。令人高兴的是,经过多方共同努力,本书从第3版起配备了比较标准的经典拉丁文发音,方便读者学习。

如果想要更完整地了解拉丁文的发音,请参见 W·西德尼·艾伦(W. Sidney Allen)所著《拉丁文发音:古典拉丁文发音指导》第 2 版(英文版)(*Vox Latina:A Guide to Pronunciation of Classical Latin*,剑桥出版社,1978)。

一、元音

拉丁文的元音有 5 个,它们是:a,o,u,e,i,(y),请扫描右侧第 2 课二维码进行听读。

第 2 课二维码

除了半元音 y 外,其他 5 个元音都有长音和短音之分。

发音及单词举例:

ā	[aː]	altus(高的),alatus(具翅的),arma(臂)
ă	[a]	acerbus(苦的),*Acanthus*(老鼠簕属),corolla(花冠)
ō	[oː]	flos(花),ovarius(子房),ostiolum(孔)
ŏ	[ɔ]	oleum(油),corolla(花冠),olentia(芬芳)
ū	[uː]	uva(葡萄),unus(一),tuber(块茎)
ŭ	[ʊ]	tabula(菌盖),tumulus(小丘),geniculum(关节)
ē	[eː]	erectus(直立的),evaporo(蒸发),metior(专业)
ĕ	[ɛ]	equus(马),epidermis(表皮),edulis(可食用的)
ī	[iː]	ibis(红鹤),*Pinus*(松属),alpinus(高山的)
ĭ	[ɪ]	decimus(第十),altitudo(高度),biennis(二年生的)
y	[ʏ]	phycos(海草),physema(珍珠),psychicus(肉体的)

拉丁文的双元音有 6 个,它们是:ae,au,oe,eu,ei,ui。

在发双元音时,第一个元音发声要长且清楚,第二个元音稍短。

发音及单词举例:

au	[aw]	australis(南方的),auctor(作者),paucus(少数的)
ae	[aj]	aequalis(相等的),Solanaceae(茄科),inaequabilis(不对称的)
oe	[oj]	oecologia(生态学),coenobium(定形群体),coeruleus(蓝色的)
eu	[ew]	euphyllum(真叶),*Euphorbia*(大戟属),*Eucommia*(杜仲属)
ei	[ej]	dein(于是),deinde(因此),*Phtheirospermum*(松蒿属),*Weigela*(锦带花属)
ui	[uj]	cui(谁),huic(这个),hui(吁)

但是,拉丁文双元音的发音有例外,在极少数情况下,ae 和 oe 它们各自都是 2 个音节,例如,芦荟属 A-lo-ë。另外,以-oides 结尾的词,可把 oi 当作双元音处理。注意,对于位于词尾的双元音的判断,一定要分清楚完整的词尾结构,例如,me-us(我的),这里的 eu 不是双元音,因为-us 是词尾。

二、辅音

拉丁文辅音的发音,请扫描右侧第 3 课二维码进行听读。

1. 单字母辅音

拉丁文的辅音有 17 个,它们是:b,c,d,f,g,h,k,l,m,n,p,q,r,s,t,x,z。

在经典拉丁文中,i[j]和 v[w]是半元音,也就是说,当它们在元音之间出现在词头,或介于两个元音之间出现在单词中间时,即作为辅音使用。

在"U,u"和"V,v"之间的拼写差异是在文艺复兴时期产生的。在经典拉丁文中,元音[uː]、[u]和半元音[w]的写法都是用"v"来表示的。在后经典拉丁文时期,除了"v"发展为摩擦音外,中世纪的教堂拉丁文也读作[v]。

J 也是在文艺复兴时期引入的,以半元音符号[j]表示。

其实,在拉丁文中并没有 w 这个字母,它只在植物学拉丁文和现代姓氏中使用。它与半元音 v[w]发音相似,均为软腭音。

拉丁文辅音的具体发音方法如下:

(1) 爆破音

齿音:**d**[d](发浊音),**t**[t](发轻浊音),**th**[th](送气发音)①

双唇音:**b**[b](发浊音),**p**[p](发轻浊音),**ph**[ph](送气发音)②

软腭音(喉间发声的):**g**[g](发浊音),**c** 和 **k**[k](发轻浊音)③,**ch**[kh](送气发音)

唇软腭音:**qu**[kw]

(2) 鼻音

唇音:**m**[m]

齿音:**n**[n]或[ŋ](软腭鼻音:发音部位在软腭或唇软腭前)。

(3) 流音

儿化音:**r**[r]④

近音:**l**[l]

(4) 摩擦音

清唇齿音:**f**[f]

清唇龈音(发咝咝声的):**s**[s]

浊音:**z**[z](在公元前 1 世纪从希腊词引用的)

喉擦音:**h**[h](当 h 在单词的开头时发音,如果不是,则不发音)

(注意:**x** 通常代表 c 和 s 的组合,发音为[ks]。)

---

① 在经典拉丁文中,送气的破裂音主要用于翻译希腊人名,只有受过良好训练的人才可发出此音。
② 双字母辅音 ph 原来是一个无声的送气唇辅音,但不久演变成摩擦音[f]。
③ 在经典拉丁文中,k 具有 c 相同的发音,这样的使用非常罕见。
④ 双字母辅音"rh"通常用于拼写希腊语的"rho",它是送气辅音。

(5) 半元音

软腭近音：i[j]

唇软腭近音：v[w]

2. 双字母辅音

在经典拉丁文中，双字母辅音（digraph）除了送气辅音 ch, th, rh, ph 外，还包括两个连在一起的相同辅音，一般比单个辅音有较长的发音。例如，*Trillium*（延龄草属），accessus（成功），其中的"ll""cc"和"ss"都是双字母辅音。

送气辅音的发音举例：

① **ch**alaza（合点），**ch**eilocystidium（缘生囊状体），**ch**lamys（斗篷），**ch**loroplastus（叶绿体），**ch**romosoma（染色体）；

② **th**alamus（花托），**th**eca（药室），**th**yrsus（聚伞圆锥花序）；

③ **rh**aphid（针晶体），**rh**izoid（假根），cor**rh**osus（具卷须的）；

ph 可以读作摩擦音[f]，它的发音举例如：

phycoma（藻体），**ph**aeophorum（载色体），**ph**ialide（小瓶）。
（注意，它们的发音一般都很轻。）

另外，一些辅音组合的发音是有规律的，如 qu[kw], gu[ku], sch[sk], chl[k], chr[k], str[tʃ]。而 gh 一般不发音。

当 cn, ct, gn, ps, pt 等位于单词的开头时，其第一个字母要读得短而轻；若它们位于单词的中间，其第一个字母要按一般情况发音。

第二节　拼　　读

一、音节与重音

一个单词的发音是由它的所有音素的发音和重音（强音）的位置决定的。在单词中，重音的位置是赋予某音节以"音量"的概念，即在发音时某一个音节该保持多长的声音。

音节是一个单词的片段，以元音（或双元音）为主体构成的发音单位，是由一个元音和一个（或两个，或几个）辅音组成的，辅音也可以在其前或在其后（或既在前面又在后面）。一个单词的最后一个音节叫末音节（ultima），例如，*Zi-zy-phus*（枣属）；在末音节之前的音节叫次末音节（penultima），例如 *Zi-zy-phus*；次末音节前的叫前次末音节（antepenultima），例如 ***Zi**-zy-phus*。

因此，在划分音节时（或确定开音节和闭音节），请记住：

（1）两个连续的元音属于两个不同的音节（如 fac-i-o），除非是双元音（ae, oe, au；极少为：ei, eu, ui），如 ros-ae。在两个元音之间的那个辅音，跟它后面的那个元音组成音节。例如 a-**c**er（尖锐），a-**c**u-tus（急尖的）。

(2) 两个连续的辅音属于两个不同的音节（如 vir-tus, sum-mus, ma-gis-ter）；x 和 z（双辅音）在技术上被视为两个辅音（如 exitus=ec-si-tus）。

(3) 如果有两个以上的连续的辅音，只有最后一个属于下一个音节（如 dexter=decs-ter）。

(4) 爆破辅音（c,g;t,d;p,b）+l 或 r（流音辅音）可当作一个单一的辅音（所谓的爆破与流音组），例如 ma-gis-trum。

(5) 位于元音之间的 i（复合元音之间 i）被当作一个辅音（半元音），可被处理为双字母（除了由希腊文派生的单词），例如 maius=mai-ius。

(6) 双字母辅音或爆破与流音组在划分音节时不能分开。如，ck, gh, gu, gn, ps, qu, sc, sp, st 不能分开。例如 *Quis-qua-lis*（使君子属），*Sa-posh-ni-ko-vi-a*（防风属）。在 qu 中的 u 不是一个元音，它始终与 q 组成一个整体，例如 a-qua。

(7) h 在划分音节时，是毫不相干的成分。

(8) 复合词的音节按照两个组成分子划分。例如，heptapetalus（七枚花瓣的）分为 hep-ta（七）+pe-ta-lus（花瓣的），pinnatipartitus（羽状分裂的）分为 pi-nna-ti（羽状的）+par-ti-tus（分裂的）。

二、长音节和短音节

在拉丁文中，有"长音节"（或"重音"，用符号"¯"标记）和"短音节"（或"轻音"，用符号"˘"标记）。这个音量的长短取决于音节中的元音（众所周知，拉丁文的元音可以是长音的或短音的）。事实上，音节也可以分为"开音节"或"闭音节"。若一个音节是以元音结尾的，它是"开音节"；若它是以一个辅音结尾的，则它是"闭音节"。

在确定一个音节是长音节还是短音节时，如果我们考虑以上规则，在开音节与闭音节或长音节和短音节之间，可以有四种不同的组合：

(1) 具短元音的开音节（**fă**-cere）=短音节；

(2) 具长元音的开音节（**fē**-ci）=长音节；

(3) 具短元音的闭音节（**făc**-tus）=长音节；

(4) 具长元音的闭音节（fac-**tōs**）=长音节。

因此，我们很容易得出结论，当一个音节是开音节，并有一个短元音时，只能是短（或轻）音节。所有其他音节是长（或重）音节，不论其元音的长短。

注意，双元音属于长音节。

在拉丁文单词拼读时，i 的用法比较特殊。i 有两种用法，既可作元音，有时也可作辅音。只有当 i 在一个元音之前时，才把它拼作"j"。例如，*Saurauia*（水东哥属）在拼读时就改为 *Sau-rau-ja*（把 i 变成 j）；还有 maiores（祖先）在拼读时改为 majores（把 i 变成 j）。

三、重读规则

当一个单词含有两个或两个以上音节时，在拼读时必有一个音节读得特别重，这个音节叫重音节。标记重读音节的符号"'"放在重读音节之前。拉丁文单词的重音（stress）分布一般是有规律的。现在，我们可根据三个非常简单的限制规则确定重音的位置：

（1）三音节规则（即关于单词的最后三个音节的规则）：一个拉丁文单词的重读音节只能在最后三个音节中。

（2）"重调"的规则：拉丁文单词的重音不能在最后一个音节（但有例外，例如单词 illice 和 istuce，由于最后一个元音"e"发音被弱化，即不发声，重读音节为 il-'lic 或 is-'tuc）。像这样的两个音节的单词其重音都是在倒数第一个音节上。

（3）"倒数第二定律"（最重要的规则）：在多音节单词中，重音落在倒数第二个音节（在拉丁文中称 penultima）上。如果倒数第二个音节是一个长音节，即为重音；如果倒数第二个音节是一个短音节，重音落在最后的第三音节，不论其音量长或短（因而，像 con-'fec-tus 在倒数第二，但是 con-'fi-ci-o 在倒数第三，它们却来自同一动词的词根）。

对于具有附属词缀（像-que）的单词，其重音在词缀前面的音节上（例如，po-pu-'lus-que，而不是 po-'pu-lus-que）。

如果想了解更多关于音节和重音的细节，可参考 W. Sidney Allen 所著专著。单词重音的发音请扫描右侧第 4 课二维码进行听读。

第 4 课二维码

'rha-phis　针晶体
o-'ri-go　起源
pro-'fes-sor　教授
di-a-'me-ter　直径
tu-bi-'for-mis　筒状的
ve-'nus-tus　美丽的
sym-'bo-lus　符号
di-dy-'na-mus　二强雄蕊的
sy-no-'ny-mum　同物异名
So-li-'da-go　一枝黄花属
Pe-ri-p'lo-ca　杠柳属

Sac-'cha-rum　甘蔗属
Rho-do-'den-dron　杜鹃属
a-na-'to-mi-a　解剖学
pro-'por-ti-o　比例
'tro-pi-cus　热带的
re-pro'duc-ti-o　繁殖
su-m'ma-ri-um　结论
Ma-g'no-li-a　木兰属
Pau-'low-ni-a　泡桐属
For-'sy-thi-a　连翘属
Ar-te-'mi-si-a　蒿属

第三节　植物名称发音举例

一、植物科名的音节举例

科名的发音请扫描右侧第 5 课二维码进行听读。

第 5 课二维码

A-i-zo-a-ce-ae　番杏科
A-ste-ra-ce-ae　菊科
A-ri-sto-lo-chi-a-ce-ae　马兜铃科
A-ra-ce-ae　天南星科
A-qui-fo-li-a-ce-ae　冬青科

Be-tu-la-ce-ae　桦木科
Bi-gno-ni-a-ce-ae　紫葳科
Bo-try-chi-a-ce-ae　阴地蕨科
Bry-a-ce-ae　真藓科
Bud-dle-ja-ce-ae　醉鱼草科

Cac-ta-ce-ae 仙人掌科
Ca-ly-can-tha-ce-ae 腊梅科
Cer-ci-di-phy-lla-ce-ae 连香树科
Ca-ry-o-phy-lla-ce-ae 石竹科
Com-po-si-tae 菊科
Daph-ni-phy-lla-ce-ae 交让木科
Denn-staed-ti-a-ce-ae 碗蕨科
Dick-so-ni-a-ce-ae 蚌壳蕨科
Di-o-sco-re-a-ce-ae 薯蓣科
Di-psa-ca-ce-ae 川续断科
E-be-na-ce-ae 柿科
E-la-ti-na-ce-ae 沟繁缕科
E-ri-ca-ce-ae 杜鹃花科
Eu-com-mi-a-ce-ae 杜仲科
Eu-phor-bi-a-ce-ae 大戟科
Fa-ga-ce-ae 壳斗科
Fi-ssi-den-ta-ce-ae 凤尾藓科
Fla-co-ur-ti-a-ce-ae 大风子科
Fru-lla-ni-a-ce-ae 耳叶苔科
Fu-na-ri-a-ce-ae 葫芦藓科
Gen-ti-a-na-ce-ae 龙胆科
Ge-ra-ni-a-ce-ae 牻牛儿苗科
Gra-mi-ne-ae 禾本科
Gram-mi-ti-da-ce-ae 禾叶蕨科
Gri-mal-di-a-ce-ae 石地钱科
Ha-lo-ra-gi-da-ce-ae 小二仙草科
Ha-ma-me-li-da-ce-ae 金缕梅科
Hu-per-zi-a-ce-ae 石杉科
Hy-dro-phy-lla-ce-ae 田基麻科
Hy-dro-cha-ri-ta-ce-ae 水鳖科
I-ca-ci-na-ce-ae 茶茱萸科
I-lli-ci-a-ce-ae 八角科
I-ri-da-ce-ae 鸢尾科
I-soe-ta-ce-ae 水韭科
I-xo-nan-tha-ce-ae 粘木科
Ju-glan-da-ce-ae 胡桃科
Jun-ca-ce-ae 灯心草科
Jun-ca-gi-na-ce-ae 水麦冬科
Jun-ger-man-ni-a-ce-ae 叶苔科
Lau-ra-ce-ae 樟科
Lem-na-ce-ae 浮萍科
Len-ti-bu-la-ri-a-ce-ae 狸藻科
Lo-ga-ni-a-ce-ae 马钱科
Ly-thra-ce-ae 千屈菜科
Ma-gno-li-a-ce-ae 木兰科
Me-la-sto-ma-ta-ce-ae 野牡丹科
Me-ny-an-tha-ce-ae 睡菜科
Me-ni-sper-ma-ce-ae 防己科
Mu-sa-ce-ae 芭蕉科
Na-ja-da-ce-ae 茨藻科
Ne-cke-ra-ce-ae 平藓科
Nym-phae-a-ce-ae 睡莲科
Nyc-ta-gi-na-ce-ae 紫茉莉科
Ny-ssa-ce-ae 紫树科
O-na-gra-ce-ae 柳叶菜科
O-phi-o-glo-ssa-ce-ae 瓶尔小草科
Os-mun-da-ce-ae 紫萁科
Or-chi-da-ce-ae 兰科
O-ro-ban-cha-ce-ae 列当科
Pal-mae(Pal-ma-ce-ae) 棕榈科
Phry-ma-ta-ce-ae 透骨草科
Pi-tto-spo-ra-ce-ae 海桐花科
Po-ly-ga-la-ce-ae 远志科
Pty-cho-mi-tri-a-ce-ae 缩叶藓科
Ra-nun-cu-la-ce-ae 毛茛科
Rham-na-ce-ae 鼠李科
Rhi-zo-go-ni-a-ce-ae 桧藓科
Ro-sa-ce-ae 蔷薇科
Ru-bi-a-ce-ae 茜草科
Ru-ta-ce-ae 芸香科
Sar-gen-to-do-xa-ce-ae 大血藤科
Sa-xi-fra-ga-ce-ae 虎耳草科
Schi-san-dra-ce-ae 五味子科
Spar-ga-ni-a-ce-ae 黑三棱科
Scro-phu-la-ri-a-ce-ae 玄参科
Ta-xo-di-a-ce-ae 杉科
Thy-me-lae-a-ce-ae 瑞香科
Ti-li-a-ce-ae 椴树科

Tra-pa-ce-ae 菱科
Tro-pae-o-la-ce-ae 旱金莲科
Ul-ma-ce-ae 榆科
Um-be-lli-fe-rae 伞形科
Ur-ti-ca-ce-ae 荨麻科
Va-le-ria-na-ce-ae 败酱科（i→j）
Ver-be-na-ce-ae 马鞭草科
Vi-o-la-ce-ae 堇菜科

Vi-ta-ce-ae 葡萄科
Vit-ta-ri-a-ce-ae 书带蕨科
Wo-od-si-a-ce-ae 岩蕨科
Xy-ri-da-ce-ae 黄眼草科
Zan-ni-che-lli-a-ce-ae 角果藻科
Zin-gi-be-ra-ce-ae 姜科
Zy-go-phy-lla-ce-ae 蒺藜科

二、植物属名的音节举例

属名的发音请扫描右侧第 6 课二维码进行听读。

第 6 课二维码

1. 单音节词

Glaux 乳草属
Lens 兵豆属

Phlox 天蓝绣球属
Rhus 漆树属

2. 双音节词

A-cer 槭属
A-brus 相思子属
Ae-gle 木橘属
Ai-ra 银须草属
Al-nus 桤木属
Be-ta 甜菜属
Be-llis 雏菊属
Bi-xa 红木属
Bly-xa 水筛属
Boe-a 旋蒴苣苔属
Can-na 美人蕉属
Ci-cer 鸡豆属
Ci-trus 柑属
Cy-cas 苏铁属
Co-cos 椰子属
Daph-ne 瑞香属
Dau-cus 胡萝卜属
De-rris 鱼藤属
Do-nax 竹叶蕉属

Dra-ba 葶苈属
Dry-as 仙女木属
E-vax 伊瓦菊属
Fa-gus 水青冈属
Fi-cus 榕属
Gau-ra 山桃草属
Ge-um 路边青属（水杨梅属）
Gin-kgo 银杏属
Glo-bba 舞花姜属
Gne-tum 买麻藤属
Hol-cus 绒毛草属
Hor-de-um 大麦属
Ho-sta 玉簪属
Hyp-num 灰藓属
Hyp-tis 山香属
I-lex 冬青属
I-ris 鸢尾属
Jug-lans 胡桃属
Jun-cus 灯心草属

第二章　拉丁文的发音和拼读

Kne-ma　红光树属	Pi-nus　松属
La-rix　落叶松属	Pi-per　胡椒属
Lau-rus　月桂树属	Pi-sum　豌豆属
Lem-na　浮萍属	Po-a　早熟禾属
Leu-cas　绣球防风属	Por-pax　盾柄兰属
Li-num　亚麻属	Po-thos　石柑属
Lit-chi　荔枝属（中国汉语拉丁化）	Prem-na　豆腐柴属
Lo-tus　百脉根属	Pru-nus　李属
Lu-ffa　丝瓜属	Pte-ris　凤毛蕨属
Lych-nis　剪秋萝属	Py-rus　梨属
Ma-ba　象牙树属	Rham-nus　鼠李属
Mae-sa　杜茎山属	Rha-pis　棕竹属
Ma-lus　苹果属	Rhe-um　大黄属
Mal-va　锦葵属	Rhoe-o　紫万年青属
Ma-zus　通泉草属	Ri-bes　茶藨子属
Men-tha　薄荷属	Ro-sa　蔷薇属
Mi-na　金鱼花属	Ru-bus　悬钩子属
Mni-um　提灯藓属	Ru-mex　酸模属
Mo-rus　桑属	Rus-cus　假叶树属
Mos-la　石荠宁属	Ru-ta　芸香属
Mu-sa　芭蕉属	Sa-lix　柳属
Myr-tus　香桃木属	Sa-sa　赤竹属
Na-jas　茨藻属	Se-dum　景天属
Nu-phar　萍蓬属	Si-da　黄花稔属
Ny-ssa　蓝果树属	Si-um　泽芹属
Och-na　金莲木属	Smi-lax　菝葜属
O-lax　铁青树属	Son-chus　苦苣菜属
Or-chis　红门兰属	Sor-bus　花楸属
Pa-dus　稠李属	Sor-ghum　高粱属（gh 不发音）
Pa-nax　人参属	Sta-chys　水苏属
Pa-ris　重楼属	Sti-pa　针茅属
Pem-phis　水芫花属	Sti-xis　六萼藤属
Pe-plis　荸艾属	Stri-ga　独脚金属（str 辅音组合）
Phle-um　牧梯草属	Sty-rax　野茉莉属
Phlo-mis　糙苏属	Ta-cca　蒟蒻薯属
Phoe-be　楠木属	Ta-xus　红豆杉属
Phry-ma　透骨草属	The-a　茶属
Phy-la　过江藤属	The-spis　歧伞菊属
Pi-cris　毛连菜属	Thla-psi　遏蓝菜属

Thu-ja 崖柏属	Van-da 万带兰属
Thy-mus 百里香属	Vi-gna 豇豆属
Tra-gus 虱子草属	Vin-ca 蔓常春花属
Tra-pa 菱属	Vi-scum 槲寄生属
Tre-ma 山黄麻属	Vi-tex 牡荆属
Tri-dax 羽芒菊属	Vi-tis 葡萄属
Tsu-ga 铁杉属	Xy-ris 黄眼草属
Ty-pha 香蒲属	Yu-cca 丝兰属
U-lex 荆豆属	Ze-a 玉蜀黍属
Ul-mus 榆属	

3. 三音节词

三音节属名的发音请扫描右侧第 7 课二维码进行听读。

第 7 课二维码

A-lli-um 葱属	Mu-ssaen-da 玉叶金花属
A-lo-ë 芦荟属	My-ri-ca 杨梅属
A-pi-um 芹属	Nan-di-na 南天竺属
A-ra-chis 落花生属	Nar-ci-ssus 水仙花属
A-ve-na 燕麦属	Ne-lum-bo 莲属
Bra-ssi-ca 芸薹属	Ne-pen-thes 猪笼草属
Ca-psi-cum 辣椒属	Ne-pe-ta 荆芥属
Co-pri-nus 鬼伞属	Ne-ri-um 夹竹桃属
E-phe-dra 麻黄属	Ni-can-dra 假酸浆属
Eu-sca-phis 野鸦椿属	Nym-phae-a 睡莲属
Hi-ppo-phae 沙棘属	O-ci-mum 罗勒属
Hu-mu-lus 葎草属	Oe-nan-the 水芹属
Jas-mi-num 茉莉属	Oe-no-the-ra 月见草属
Ke-rri-a 棣棠花属	O-ry-za 稻属
Lac-tu-ca 莴苣属	Os-man-thus 木犀属
Leu-cae-na 银合欢属	Os-mun-da 紫萁属
Li-gu-strum 女贞属	O-stry-a 铁木属(str 辅音组合)
Ma-ni-hot 木薯属	O-xa-lis 酢浆草属
Mi-mo-sa 含羞草属	Pa-li-u-rus 铜钱树属
Mi-mu-lus 沟酸浆属	Pa-ni-cum 黍属
Mi-scan-thus 芒属	Pa-pa-ver 罂粟属
Mo-llu-go 粟米草属	Pa-spa-lum 雀稗属
Mon-ste-ra 龟背竹属	Pe-ri-lla 紫苏属
Mu-rra-ya 九里香属(y＝i, i→j)	Pen-tho-rum 扯根菜属
Mu-se-lla 地涌金莲属	Phrag-mi-tes 芦苇属

Phy-llom-phax 苞叶兰属
Phy-llan-thus 叶下珠属
Phy-lli-tis 荷叶蕨属
Phy-sa-lis 酸浆属
Phy-teu-ma 牧根草属
Plan-ta-go 车前草属
Pla-ta-nus 悬铃木属
Pon-ci-rus 枳属
Po-pu-lus 杨属
Pre-nan-thes 盘果菊属
Pri-mu-la 报春花属
Pru-ne-lla 夏枯草属
Py-ro-la 鹿蹄草属
Quis-qu-a-lis 使君子属
Quer-cus 栎属(qu 辅音组合)
Ra-pha-nus 萝卜属
Rham-ne-lla 猫乳属
Ro-ta-la 节节菜属
Ru-bi-a 茜草属
Sa-bi-a 清风藤属
Sa-bi-na 圆柏属
Sac-cha-rum 甘蔗属
Sam-bu-cus 接骨木属
Sa-pin-dus 无患子属
Sar-can-dra 草珊瑚属
Sa-ru-ma 马蹄香属
Se-sa-mum 胡麻属
Sa-ssa-fras 檫木属
Sau-ru-rus 三白草属

Schef-fle-ra 鹅掌柴属(sch 辅音组合)
Schi-san-dra 五味子属
So-la-num 茄属
Swer-ti-a 獐牙菜属
Sy-nu-rus 山牛蒡属
Sy-rin-ga 丁香属
Sym-plo-cos 山矾属
Ta-ge-tes 万寿菊属
Ta-li-num 土人参属
Teu-cri-um 香科科属
Tha-lic-trum 唐松草属
The-si-um 百蕊草属
Ti-li-a 椴树属
Ti-a-re-lla 黄水枝属
To-rre-ya 榧树属
Tri-lli-um 延龄草属
Tri-ti-cum 小麦属
Tu-li-pa 郁金香属
Ver-be-na 马鞭草属
Vi-bur-num 荚蒾属
Vi-o-la 堇菜属
Vi-sci-a 蚕豆属
Wei-ge-la 锦带花属
Wol-ffi-a 芜萍属
Xan-thi-um 苍耳属
Xy-los-ma 柞木属
Zin-gi-ber 姜属
Zi-nni-a 百日菊属
Zi-zi-phus 枣属

4. 多音节词(4 个音节及其以上的词)

多音节属名的发音请扫描右侧第 8 课二维码进行听读。

第 8 课二维码

A-bel-mos-chus 秋葵属
A-can-tho-pa-nax 五加属
Ar-gy-ran-the-mum 木茼蒿属
Ben-net-ti-o-den-dron 山桂花属
Boen-nin-ghau-se-ni-a 石椒草属
Bry-o-phy-llum 落地生根属

Ca-me-lli-a 山茶属
Ca-sta-ne-a 栗属
Cu-cur-bi-ta 南瓜属
Daph-ni-phy-llum 交让木属
Del-phi-ni-um 翠雀属
Den-dran-the-ma 菊属

Den-dro-bi-um 石斛属	Me-lam-py-rum 山萝花属
E-chi-no-cac-tus 仙人球属	Me-ny-an-thes 睡菜属
E-chi-no-chlo-a 稗属（chl 辅音组合）	Mer-cu-ri-a-lis 山靛属
E-le-o-cha-ris 荸荠属	Me-ta-ple-xis 萝藦属
Eu-com-mi-a 杜仲属	Me-ta-se-qu-o-ia 水杉属（i→j）
Eu-ca-lyp-tus 桉属	Mi-che-li-a 含笑属
Eu-o-ny-mus 卫矛属	Mi-lle-tti-a 鸡血藤属
Eu-pa-to-ri-um 泽兰属	Mi-ra-bi-lis 紫茉莉属
Fa-go-py-rum 荞麦属	Mo-mor-di-ca 苦瓜属
Fi-li-pen-du-la 合叶子属（蚊子草属）	Mo-ni-mo-pe-ta-lum 永瓣藤属
Foe-ni-cu-lum 茴香属	Mo-no-cho-ri-a 雨久花属
Fon-ta-ne-si-a 雪柳属	Mo-no-tro-pa 水晶兰属
Fra-ga-ri-a 草莓属	Muh-len-ber-gi-a 乱子草属
Ga-stro-di-a 天麻属（str 辅音组合）	My-o-so-tis 无忘草属
Gar-de-ni-a 栀子属	My-o-so-ton 鹅肠菜属
Gen-ti-a-na 龙胆属	My-ri-o-phy-llum 狐尾藻属
Gly-cy-rrhi-za 甘草属	Na-noc-ni-de 花点草属
Gy-nan-drop-sis 白花菜属	Na-stur-ti-um 豆瓣菜属
Gy-no-stem-ma 绞股蓝属	Ni-co-ti-a-na 烟草属
Ha-ma-me-lis 金缕梅属	No-pal-xo-chi-a 令箭荷花属
He-li-an-the-mum 半日花属	Ol-den-lan-di-a 耳草属
He-li-an-thus 向日葵属	O-phi-o-po-gon 沿阶草属
He-mi-step-ta 泥胡菜属	O-pun-ti-a 仙人掌属
Hep-ta-co-di-um 七子花属	O-ri-ga-num 牛至属
He-te-ro-pa-ppus 狗哇花属	Or-mo-si-a 红豆属
Hi-e-ra-ci-um 山柳菊属	Or-ni-tho-ga-lus 虎眼万年青属
Hi-ppo-ly-ti-a 女蒿属	O-ro-ban-che 列当属
Ho-lo-lei-on 全光菊属	O-ro-sta-chys 瓦松属
Ho-u-ttuy-ni-a 蕺菜属（y＝i）	O-ry-cho-phra-gmus 诸葛菜属
Hy-lo-me-con 荷青花属	O-ste-ri-cum 山芹属
Im-pa-ti-ens 凤仙花属	Pa-chy-rhi-zus 豆薯属
Ka-lo-pa-nax 刺楸属	Pae-de-ri-a 鸡矢藤属
Le-spe-de-za 胡枝子属	Pae-o-ni-a 芍药属
Li-gu-la-ri-a 橐吾属	Pa-phi-o-pe-di-lum 兜兰属
Lim-no-phi-la 石龙尾属	Par-na-ssi-a 梅花草属
Li-qui-dam-bar 枫香树属	Par-the-no-ci-ssus 爬山虎属
Li-ri-o-den-dron 鹅掌楸属	Pa-ssi-flo-ra 西番莲属
Li-tho-sper-mum 紫草属	Pa-tri-ni-a 败酱属
Ma-cle-a-ya 博落迴属（y＝i, i→j）	Pau-low-ni-a 泡桐属

Pe-di-cu-la-ri-a 马先蒿属	Po-ten-ti-lla 萎陵菜属
Pe-lar-go-ni-um 天竺葵属	Pseu-do-la-rix 金钱松属
Pen-ni-se-tum 狼尾草属	Pseu-do-sa-sa 茶杆竹属
Pen-ta-pa-nax 五叶参属	Pseu-do-ste-lla-ri-a 孩儿参属
Pen-ta-pe-tes 午时花属	Pseu-do-tsu-ga 黄杉属
Pe-ra-car-pa 袋果草属	Pso-ra-le-a 补骨脂属
Pe-ri-plo-ca 杠柳属	Pte-ri-di-um 蕨属
Pe-ri-stro-phe 九头狮子草属	Pter-no-pe-ta-lum 囊瓣芹属
Pe-tu-ni-a 碧冬茄属	Pte-ro-ca-ry-a 枫杨属
Peu-ce-da-num 前胡属	Pte-ro-sty-rax 白辛树属
Pha-ce-llan-thus 黄筒花属	Pu-e-ra-ri-a 葛属
Phae-no-sper-ma 显子草属	Pul-sa-ti-lla 白头翁属
Pha-se-o-lus 菜豆属	Py-ra-can-tha 火棘属
Phe-lo-pae-a 肉苁蓉属	Psy-chro-ge-ton 寒蓬属
Phi-la-del-phus 山梅花属	Qua-mo-clit 茑萝属
Pho-ti-ni-a 石楠属	Ra-nun-cu-lus 毛茛属
Phthei-ro-sper-mum 松蒿属	Rho-do-myr-tus 桃金娘属
Phy-llo-boe-a 叶苣苔属	Rho-do-den-dron 杜鹃花属
Phy-llo-sta-chys 毛竹属	Rho-do-ty-pos 鸡麻属
Phy-sa-li-a-strum 散血丹属	Ro-bi-ni-a 刺槐属
Phy-to-la-cca 商陆属	Rud-be-cki-a 金光菊属
Pi-le-o-ste-gi-a 冠盖藤属	Sa-ge-re-ti-a 雀梅藤属
Pim-pi-ne-lla 茴芹属	Sa-gi-tta-ri-a 慈姑属
Pi-ne-lli-a 半夏属	Sal-vi-ni-a 槐叶萍属
Pi-sta-ci-a 黄连木属	San-gui-sor-ba 地榆属
Pi-tto-spo-rum 海桐花属	San-se-vie-ri-a 虎尾兰属(i→j)
Pla-ty-ca-ry-a 化香树属	Sa-posh-ni-ko-vi-a 防风属
Pla-ty-cla-dus 侧柏属	Sar-gen-to-do-xa 大血藤属
Pla-ty-co-don 桔梗属	Sa-sa-mor-pha 华箬竹属
Pleu-ro-sper-mum 棱子芹属	Sau-ssu-re-a 风毛菊属
Po-do-car-pi-um 长柄山蚂蝗属	Sa-xi-fra-ga 虎耳草属
Po-do-car-pus 罗汉松属	Sca-bi-o-sa 蓝盆花属
Po-li-o-thyr-sis 山拐枣属	Schi-zo-pe-pon 裂瓜属(sch 辅音组合)
Po-ly-ga-la 远志属	Schi-zo-phra-gma 钻地枫属
Po-ly-go-na-tum 黄精属	Scor-zo-ne-ra 鸦葱属
Po-ly-go-num 蓼属	Scro-phu-la-ri-a 玄参属
Po-ly-po-di-um 水龙骨属	Scu-te-lla-ri-a 黄芩属
Po-ly-sta-chy-a 多穗兰属	Se-la-gi-ne-lla 卷柏属
Po-ta-mo-ge-ton 眼子菜属	Se-mi-a-qui-le-gi-a 天葵属

Se-ne-ci-o　千里光属
Se-quo-ia-den-dron　巨杉属(i→j)
Se-ri-a-tu-la　麻花头属
Ses-ba-ni-a　田菁属
Sie-ges-be-cki-a　豨莶属(i→j)
Si-ma-ro-ba　苦木属
Si-na-run-di-na-ri-a　箭竹属
Sin-de-che-tes　毛药藤属
Si-no-ja-ki-a　秤锤树属
Si-no-johs-to-ni-a　车前紫草属
Si-no-me-ni-um　防己属
Si-no-po-do-phy-llum　桃儿七属
Si-pho-no-ste-gi-a　阴行草属
So-li-da-go　一枝黄花属
Sor-ba-ri-a　珍珠梅属
Spe-ran-ski-a　地构叶属
Spi-na-ci-a　菠菜属
Spi-ro-de-la　紫萍属
Spo-di-po-gon　大油芒属
Spo-ro-bo-lus　鼠尾粟属
Sta-chy-u-rus　旌节花属
Sta-phy-le-a　省沽油属
Ste-lla-ri-a　繁缕属
Ste-pha-ni-a　千金藤属
Sy-nei-le-sis　兔儿伞属
Sy-zy-gi-um　蒲桃属
Ta-ra-xa-cum　蒲公英属
Ta-xo-di-um　落羽杉属
Te-lo-so-ma　夜来香属
Tern-stroe-mi-a　厚皮香属

Te-tra-go-ni-a　番杏属
Te-tra-stig-ma　崖爬藤属
The-llun-gie-lla　盐芥属(i→j)
The-o-bro-ma　可可树属
To-xi-co-den-dron　漆树属
Tra-che-lo-sper-mum　络石属
Tra-chy-car-pus　棕榈属
Tri-cho-san-thes　栝楼属
Tri-go-ne-lla　葫芦巴属
Tri-go-no-tis　附地菜属
Trip-te-ro-sper-mum　双蝴蝶属
Trip-te-ry-gi-um　雷公藤属
Tro-pae-o-lum　旱金莲属
Turc-za-ni-no-vi-a　女菀属
Ur-tri-cu-la-ri-a　狸藻属
Va-cci-ni-um　越橘属
Va-le-ri-a-na　缬草属
Va-llis-ne-ri-a　苦草属
Ver-ni-ci-a　油桐属
Ver-no-ni-a　斑鸠菊属
Ve-ro-ni-ca　婆婆纳属
Ve-ro-ni-ca-strum　腹水草属
Vic-to-ri-a　王莲属
Wah-len-ber-gi-a　蓝花参属
Wi-ste-ri-a　紫藤属
Xan-tho-ce-ras　文冠果属
Xi-phop-te-ris　剑蕨属
Zan-te-des-chi-a　马蹄莲属
Zan-tho-xy-lum　花椒属
Zy-go-cac-tus　蟹爪兰属

三、种加词的音节举例

种加词的发音请扫描右侧第 9 课二维码进行听读。

第 9 课二维码

1. 单音节词

cor　心　　　　　　　　　　flos　花
dens　齿　　　　　　　　　lac　乳

mel 蜂蜜
nux 坚果
pes 足
rex 帝王

rhis 鼻
thrix 毛发
tres 三
tus 乳香

2. 双音节词

al-bus 白色的
a-pus 无柄的
a-spis 盾
chro-ma 颜色（chr 辅音组合）
dul-cis 甜的
fe-lix 多果实的

ful-vus 暗黄色的
le-pis 鳞片
na-ma 丝
ni-ger 黑色的
or-nis 鸟
rec-tus 直的

3. 多音节词

ae-sti-vus 夏季的
a-se-xu-a-lis 无性的
a-spi-ra-tus 培育的
bi-co-lor 二色的
bru-ma-lis 冬天开花的
cae-spi-ti-ci-us 丛生的
cam-pho-ra 樟脑
de-al-ba-tus 被白粉的
den-si-co-mus 密生冠毛的
e-la-tus 高的
e-lon-ga-tus 长的
fi-bro-sus 纤维状的
for-mo-sus 美丽的
ga-lac-te-us 乳白色的
ger-mi-na-lis 生殖的
hy-dro-phy-ta 水生植物
hy-po-gae-us 地下生的
im-per-fec-tus 不完全的
in-di-cus 印度的
i-so-la-tus 孤立的
ju-ga-tus 接合的
ju-ven-cu-lus 年幼的
ker-me-si-nus 胭脂红色的

ke-rri-oi-des 像棣棠的
lep-to-cau-lis 弱茎的
lon-gi-tu-bus 长管的
lo-phan-thus 具簇花的
ma-ci-len-tus 瘦的
mac-ran-the-rus 大花药的
me-ga-sper-mus 大种子的
mic-ro-stro-bi-lus 小球果的
mo-ni-li-oi-des 念珠状的
mul-ti-fur-ca-tus 多回分叉的
na-pae-us 林谷生的
ne-o-gae-us 新大陆的
nor-ma-lis 正常的
oc-ci-den-ta-lis 西方的
om-bro-phi-lus 喜雨的
or-ni-tho-phi-lus 鸟传粉的
ob-scu-rus 不明显的
o-ffi-ci-na-lis 药用的
pa-ci-fi-cus 太平洋的
pa-ga-nus 乡间的
pa-ren-ta-lis 亲本的
pla-ty-sti-pu-lus 宽托叶的
pseu-do-co-sta-tus 假中肋的

quae-si-tus 稀有的(qu 辅音组合)
qui-na-tus 五数的
ra-mu-lo-sus 具小枝的
re-fle-xus 曲折的
re-gu-la-ris 规则的
rhi-zo-den-dron 根状茎的
ru-be-o-lus 微红的
sa-gi-tti-for-mis 箭形的
sa-ti-va 栽培的
sin-gu-la-ris 单生的
so-la-ris 太阳的
so-le-nan-thus 管状花的
sphae-ri-cus 球形的
su-ber-cu-la-tus 具木栓的
te-nui-cau-lis 细茎的
ter-mi-na-lis 顶生的
tri-cho-ce-pha-lus 毛头的

ty-pi-cus 模式的
u-nif-lo-rus 单花的
u-ni-for-mis 葡萄形的
ve-ne-fi-cus 有毒的
ve-rif-lo-rus 早春开花的
vi-llo-sus 长柔毛的
vul-ga-tus 普通的
whang-shan-en-sis 黄山的(汉语拉丁化)
xan-tho-chro-mus 黄色的(chr 辅音组合)
xe-ro-mor-phus 旱生型的
xe-sto-phy-llus 无毛叶的
yan-tse-kiang-en-sis 扬子江的(汉语拉丁化)
zo-na-tus 具环带的
zy-go-phy-llus 对生叶的
zy-mo-ti-cus 发酵的

第三章 拉丁文的词类

拉丁文的词类(partes orationis),根据其词义和作用分为名词、形容词、数词、代名词、动词、介词、副词、连接词和感叹词共9种。后面4种词类没有词形变化,其余的词类都有词形变化。在拉丁文的词类中,名词、形容词、动词的变化最为复杂。名词、形容词、数词有性、数、格的词尾变化,称为变格(declinationes)。动词有人称、数、时态、语态、语式的词尾变化,称为变位(coniugationes)。

第一节 名 词

名词(substantiva nomina,缩写为s.)是拉丁文所有词类中最重要的,特别是在用植物学拉丁文描述植物时,句子的结构组成和性、数、格的词尾变化都是以名词为依据的。名词有性、数、格的变化,名词的这种变化影响到修饰该词的形容词的变化,在拉丁文中要求其形容词必须与被修饰的名词在性、数、格方面保持一致。名词的种类有以下几类:

普通名词,如 professor(教授)、agricola(农民)、planta(植物);
专有名词,如 Sina(中国)、Pekinum(北京)、Linnaeus(林奈);
物质名词,如 oleum(油)、ferrum(铁)、creta(粉笔);
抽象名词,如 valetudo(健康)、hones(光荣、荣誉)、hero(英雄)。

在拉丁文中规定,专有名词无论是在句首还是句中,第一个字母均需要大写。

一、词的结构

一般来说,拉丁文单词由词根、词干、前缀、后缀和词尾几个部分组成,但并不是每个单词都具有这些成分。前缀与后缀对于学习过英语的读者来说比较熟悉。但是,在拉丁文单词结构中,各个成分都有具体的位置。例如,electrocardiophonogramma(心音电图)是由词根、前缀、后缀和词尾4个部分组成的复合名词(见图3.1)。而词干包括了词根、前缀和后缀,如果单词无前缀与后缀,则词干等于词根。所以,单词由词干和词尾组成。

词根(root)是单词中无变化的部分,是单词的核心,含有单词的基本含义。一个词根可派生出几个词义相近的单词。也就是说,几个不同而词义相近的单词所共有的词干部分即词根。

例如，词干 alb-是 albus(白色的)，albumen(蛋白)，albor(洁白)，alburnum(边材)的词根；而词干 difficil-是 difficilis(困难的)，difficile(困难地)，difficiliter(困难地)的词根。

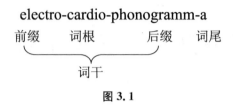

图 3.1

前缀(praeverbium 或 praepositio)是位于词根前面的部分，也称词首，使词根具有新的词义。

后缀(syllaba postpositiva)是位于词根与词尾之间的部分，以此可形成新的词类，并赋予其新的含义。

词干(thema)是单词去掉可变化的词尾所剩下的不可变化的部分。名词和形容词的单数所有格去掉变格词尾以后即为词干。既无前缀也无后缀的单词，词根等于词干。

词尾(exitus)是指单词的末尾将随其性、数、格的不同发生变化的部分。拉丁文绝大多数词类的词尾变化多端，这给学习拉丁文带来了很大困难。在学习过程中，请多注意名词词尾的各种变化。根据名词的单数所有格，能够清楚地区分出词干与词尾。例如：

名词(原形词)	单数所有格	所有格词尾	词干
anthera(花药)	antherae	-ae	anther-
pappus(冠毛)	pappi	-i	papp-
ager(田地)	agri	-i	agr-
stamen(雄蕊)	staminis	-is	stamin-
radix(根)	radicis	-is	radic-
grex(一群)	gregis	-is	greg-
sectio(组)	sectionis	-is	section-
dens(齿)	dentis	-is	dent-
propagulum(繁殖体)	propaguli	-i	propagul-(前缀 pro-)
tuberculum(小块茎)	tuberculi	-i	tubercul-(后缀-cul-)

一个只有词根和主格的词尾的单词，称原形词。由两个或两个以上独立的词共同组成一个具新词义的词，叫复合词。复合词是由说明词(前面的第一构词成分)和基本词(后面的第二构词成分)组成的，基本词是复合词的核心，而说明词进一步描述基本词。例如：filicifolium(蕨状叶)。由拉丁词和希腊词组成的复合词，称异源名词(nomen hybridum)。例如：palaeobotanica(古植物学)是由 palaeo(古)(G. 或 GK. 希腊词)＋botanica(植物学)(L. 拉丁词)组成的。在组成复合词时，词干要用单数所有格去组成复合词。例如，crux(十字)的单数所有格是crucis，它的词干是 cruc-，词尾是-is。用 cruc-组合成的复合词有 cruciformis(十字形的)，cruciatus(十字形的)，crucifer(具有十字形的)，crucilabris(具有十字形唇的)，Cruciferae(十字花科)。一般地说，通过增加前缀和后缀构成的词，叫派生词。

二、性

拉丁文的每个名词都有一种属性,它是由自然属性或语法属性所决定的。拉丁文名词的性(gender)分为阳性(masculinum,缩写为 m.)、阴性(femininum,缩写为 f.)和中性(neutrum,缩写为 n.)。自然属性是根据物体或事物原有的属性确定的,男性或雄性动物属于阳性,女性或雌性动物属于阴性。语法属性是依据名词的词尾形式确定的,以-us 或-er 结尾的绝大多数是阳性,以-a 或-es 结尾的绝大多数是阴性,以-um 或-u 结尾的是中性。名词的属性确定,要以拉丁文词典中已给出的属性为依据,是不能随意改动的。例如:

阳性名词:pater(父亲),filius(儿子),generitypus(属的模式种),caespes(簇生)等。
阴性名词:mater(母亲),filia(女儿),solutio(溶液),generatio(世代)等。
中性名词:acitum(酸),mustum(葡萄酒),solum(土地),mare(海洋)等。

植物的器官名词也有属性,例如,stylus(花柱)为阳性,corolla(花冠)为阴性,pollen(花粉)为中性。

同样,植物的属名有属性,例如,*Citrullus*(西瓜属)为阳性,*Lobelia*(半边莲属)为阴性,*Trifolium*(车轴草属)为中性。但是,像 *Malus*(苹果属)和 *Ulmus*(榆属)却为阴性。

植物的种加词是形容词,它跟在不同属性的属名后面,也有不同属性的词尾。例如,alatus(具翅的)为阳性形式,alata(具翅的)为阴性形式,alatum(具翅的)为中性形式。

在拉丁文词典中,名词和植物属名的属性,在名词后面都以 m.,f. 或 n. 等缩写形式标记出来。但是,有极少数名词是没有属性的,还有极少数名词既可为阳性,又可为阴性,这些名词称通性名词或共性名词(coensexus,缩写为 c.)。例如,silvicola(c. 林栖者)、lignicola(c. 木生生物)、sepicola(c. 篱笆边生者),这些是没有属性的名词。而 studens(c. 或 m. /f. 大学生)、professor(c. 或 m. /f. 教授)、infans(c. 或 m. /f. 婴儿)、incola(c. 或 m. /f. 居民)、collega(c. 或 m. /f. 同事)、comes(c. 或 m. /f. 同志)、custos(c. 或 m. /f. 管理员)、judex(c. 或 m. /f. 裁判官)、hybrida(c. 或 m. /f. 杂种)、spadix(c. 或 m. /f. 佛焰苞花序),这些名词既可为阳性名词又可为阴性名词,当指男性的就是阳性,指女性的就是阴性。

三、数

在拉丁文中,名词有可数名词和不可数名词之分。可数名词的数(numerus)分为单数(singularis,缩写为 sing.)和复数(pluralis,缩写为 plur. 或 pl.)两种。在植物学拉丁文中,对于植物体、器官或组织使用单数还是复数,是根据所描述的具体对象情况决定的。例如:

vacca(一头母牛,sing.),vaccae(数头母牛,pl.)
folium(一枚叶,sing.),folia(数枚叶,pl.)

注意,有些拉丁文名词是不可数的,只有复数形式,在词典中都作了标记(pl.)。例如:

thermae s. f. pl.(温泉,s. 为名词缩写)
tesca s. f. pl.(沙漠,荒地)

deliciae   s. f. pl. （快乐，喜悦）
reliquiae s. f. pl. （残余物）
villi   s. m. pl. （长柔毛）
arma   s. n. pl. （武器）
mineralia s. n. pl. （矿物）

此外，极少数拉丁文名词随词义的不同而具不同的属性。例如，acta(学报，汇报，案卷)s. n. pl. 为不可数名词，而 acta(海滨，河畔，湖滨)s. f，却为可数名词。

四、格

在拉丁文中，名词在句子中的作用或与其他单词的关系，是通过词尾形式的变化反映出来的。这些特定的词尾形式被赋予了特定的意义，我们把这些特定的词尾变化模式称为名词的格(casus)。在拉丁文中共有 6 种格，即主格(casus nominativus，缩写为 nom. ，也称第一格)、受格(casus accusativus，缩写为 acc. ，也称第三格)、所有格(casus genitivus，缩写为 gen. ，也称第二格或属格)、与格(casus dativus，缩写为 dat. ，也称第四格)、夺格(casus ablativus，缩写为 abl. ，也称第五格或工具格)和呼格(casus vocativus，缩写为 voc. ，也称第六格，此格在植物学拉丁文中不用)。下面重点介绍前 5 个格的意义与用法。

1. 主格(nom.)

主格是句子主语的格，也就是说，在拉丁文句子中作主语的单词要求使用主格。例如：

carpellum(单个心皮，sing. nom.);
carpella(多个心皮，pl. nom.);
Herba erecta, 1.5～2 cm. alta.   草本直立，高 1.5～2 cm。(sing. nom.)
Plantae erectae.   这些植物直立。(pl. nom.)

主格名词在植物命名和植物特征描述中经常使用，植物的属名和属以上的名称往往是主格形式。在拉丁文词典中，名词就是以单数主格形式列出的。

2. 受格(acc.)

受格是句子中直接宾语的格，就是指某一动作或作用的直接受体或作用对象。例如：

Radix caulem edens.   根发出一茎。(sing. acc.)
Radix caules edens.   根发出多茎。(pl. acc.)

另外，受格也用来表示空间范围，在某些介词的后面常要求使用受格。例如：介词 ad(向，在)，ante(前面)，adversus(对面)，infra(下面)，intra(里面)等(参见介词部分的介绍)。

3. 所有格(gen.)

所有格是在句子中作定语的格，表示"具有……"，"……的"或"属于……"，常置于所限定的名词之后，这相当于在英文中被"of"或"belonging to"所修饰之意。例如：

carpelli（具单心皮的，sing. gen.）
pistillum carpelli（具单心皮的雌蕊，sing. gen.）
carpellorum（具多心皮的，pl. gen.）
pistilla carpellorum（具多心皮的雌蕊，pl. gen.）
Tubus calycis. 一个花萼筒。（sing. gen.）
Tubi calycum. 多个花萼筒。（pl. gen.）

特别是用名词修饰另一个名词时，起修饰作用的名词必须用所有格。这种名词词组中的第一个名词用主格，后面的名词则用所有格，作为主格名词的定语。例如：Lingua Latina Phytologiae（植物学拉丁文），lingua（s. f. 语言），latinus（拉丁的），phytologia（s. f. 植物学）用 sing. gen.。当名词词组要变格时，只需主格名词变化，而所有格名词不变。

再如，"植物温室"这个名词词组在使用不同格和不同数时，其变化形式为：

caldarium plantae 植物温室（caldarium sing. nom.）
caldarii plantae 植物温室的（caldarii sing. gen.）
caldariorum plantarum 多个植物温室的（caldariorum pl. gen.）
caldario plantae 对于植物温室（caldario sing. dat.）
caldariis plantarum 具多个植物温室（caldariis pl. abl.）

在植物的命名中，所有格可作种加词，尤其是为了纪念某人，以其人名的所有格作种加词是很常见的。参见第八章相关内容。

4. 与格（dat.）

与格是句子中间接宾语的格，表示"对于……"，相当于英文中的被"to"或"for"所修饰之意。在植物学拉丁文中，与格常用来表示亲缘关系。在 proximus（近似于，近的，最近于），affinis（近于，有亲缘关系的，相似的）等词的后面要求用与格，有时也用所有格。例如：

Hypno subulato simile. 类似于 Hypnum subulatum。（sing. dat.，similis 要求用 dat.）
Plantas affines. 与（一些）植物相似。（pl. dat.）

注意，与格从来不和介词连用。这一点与受格和夺格有明显区别。

5. 夺格（abl.）

夺格的作用比较广泛，表示工具性、方法性、伴随性、描述性、媒介性和方位性等，这相当于在英文中被"by, with, in, from"所修饰之意。在植物特征简介中，夺格用得最多。例如：

Caule quadrangulo. 具有四方形的茎。（sing. abl.）
Floribus trigynis. 具有3个雌蕊的花。（pl. abl.）
Nervis lateralibus 4～6-jugis. 具侧脉4～6对。（pl. abl.）

有些介词要求使用夺格，例如：a, ab（被，以，从），prae（前面），absque（缺乏，无），de（关于）等。

五、变格法

拉丁文是一种词尾多变化的语言,这在于它的变格法(declinatio)。因为名词分为词干和词尾两个部分,变格就是变化词尾,与词干无关。不同的名词按照不同的变格方法变化词尾,每一种变格方式都有各自固定的各格的词尾。拉丁文名词共分5类变格方法,分别用罗马字母Ⅰ~Ⅴ表示,见表3.1。这是一个非常重要的表格,最好要熟记。

虽然在拉丁文词典中,名词单词的后面常注明了词类、属性、变格法,但我们如何判断一个名词是属于哪一种变格法呢? 记忆名词的变格法有两种方法:第一种方法是记忆名词的单数所有格的词尾,参见表3.1的第6行(黑体显示),这个非常好记忆。其规律是:Ⅰ/ae,Ⅱ/i,Ⅲ/is,Ⅳ/us,Ⅴ/ei,这是区分名词变格法类型的唯一标记,其规律非常可靠。所以,有的拉丁文词典,在名词后面直接标出了单数所有格的词尾,而不直接标出表示变格法的罗马字母,以此确定其为第几变格法。而有些拉丁文词典,在名词后直接用罗马字母标出其所属的变格法。

另外,还有一种方法是通过名词单数夺格的词尾判断变格方法,这样就需要记忆名词的单数夺格的词尾字母,见表3.1的第2行或第8行,其规律是:Ⅰ/a,Ⅱ/o,Ⅲ/i或e(部分),Ⅳ/u,Ⅴ/e。其例外是除第Ⅲ变格法的单数夺格词尾一部分为i外(注意,其单词原形词尾为辅音或i),常为e,但这又与第Ⅴ变格法的单数夺格词尾相同。

表3.1 拉丁文名词5类变格法的词尾

变格法		Ⅰ	Ⅱ	Ⅲ			Ⅳ		Ⅴ
词尾字母		A	O	辅音		I	U		E
词性		f./m.	m./f. n.	m./f.	n.	m./f. n.	m./f.	n.	f./m.
单数	主格	-a	-us,-er -um	不同		-is,-es -e,-l,-r	-us	-u	-es
	受格	-am	-um -um	-em	不同	-em,-im 同上	-um	-u	-em
	所有格	**-ae**	**-i**	**-is**		**-is**	**-us**		**-ei**
	与格	-ae	-o	-i		-i	-ui(u)		-ei
	夺格	-a	-o	-e		-i,-e	-u		-e
复数	主格	-ae	-i -a	-es	-a	-es -ia	-us	-ua	-es
	受格	-as	-os -a	-es	-a	-es,-is -ia	-us	-ua	-es
	所有格	-arum	-orum	-um		-ium	-uum		-erum
	与格	-is	-is	-ibus		-ibus	-ibus		-ebus
	夺格	-is	-is	-ibus		-ibus	-ibus		-ebus

名词的5类变格方法,其中第Ⅰ、第Ⅱ、第Ⅳ和第Ⅴ变格法相对简单,最复杂的是第Ⅲ变格法。

1. 第Ⅰ变格法

属于第Ⅰ变格法的名词,单数主格的格尾为-a,几乎都是f.名词(极少数为m.),判断标准是其单数所有格的格尾为-ae。名词第Ⅰ变格法的单词发音举例见表3.2,请扫描右侧第10课二维码进行听读(续见第34,38,39,40页)。

第10课二维码

表 3.2　名词第 I 变格法的变格词例

数	格	第 I 变格法			
		花冠 corolla f.	生命 vita f.	亚洲 Asia f.	百合科 Liliaceae f.
单数	nom.	corolla	vita	Asia	无单数
	acc.	corollam	vitam	Asiam	
	gen.	corollae	vitae	Asiae	
	dat.	corollae	vitae	Asiae	
	abl.	corolla	vita	Asia	
复数	nom.	corollae	vitae	Asiae	Liliaceae
	acc.	corollas	vitas	Asias	Liliaceas
	gen.	corollarum	vitarum	Asiarum	Liliacearum
	dat.	corollis	vitis	Asiis	Liliaceis
	abl.	corollis	vitis	Asiis	Liliaceis

例如：

木兰科（一些）植物幼苗。Plantulae Magnoliacearum.（plantula 用 f. nom. pl.；Magnoliaceae 用 f. gen. pl.；名词所有格修饰名词，要后置。）

蟹甲草属一种植物。Planta Cacaliae.

蟹甲草属一些植物。Plantae Cacaliarum.

具有花冠筒。Tuba corollae.（tuba 用 f. abl. sing；corolla 用 f. gen. sing.）

符合上述变格要求的名词很多，还有一些科名、属名、洲名、国名和城市名等。例如：

Solanaceae　s. f. I pl.　茄科	squama　s. f. I　鳞片
Cucurbitaceae　s. f. I pl.　葫芦科	lingua　s. f. I　语言，舌
Beta　s. f. I　甜菜属	Asia　s. f. I　亚洲
Betula　s. f. I　桦木属	Africa　s. f. I　非洲
vita　s. f. I　生命	Australia　s. f. I　澳大利亚
vacuola　s. f. I　液泡	Brasilia　s. f. I　巴西
caruncula　s. f. I　种阜	Europa　s. f. I　欧洲
axilla　s. f. I　腋	Roma　s. f. I　罗马
arista　s. f. I　芒	Polonia　s. f. I　波兰
chalaza　s. f. I　合点	Japonia　s. f. I　日本
perula　s. f. I　芽鳞	China　s. f. I　中国

注意：agricola（s. m. I 农民）和 incola（s. m. I 居民）是阳性名词，符合第 I 变格法。另外，有几个以 -e 结尾 f. 希腊词，是特殊的第 I 变格法名词，单数所有格的格尾是 **-es**，像 *Anemone*，*Silene*。这类词目前在植物学拉丁文中少用，其单数的格尾形式为：主格 -e，受格 -en，所有格 -es，与格 -es（有的书上误写为 -ae），夺格 -e，复数的格尾形式与拉丁文相同。例如：

micropyles. f. I *GK*.（珠孔，*GK*. 希腊词）acc. sing. micropylen；gen. sing. micropyl**es**；

dat. sing. micropyles；abl. sing. micropyle（一般无复数形式）

　　raphes. f. Ⅰ GK.（种脊，缝合）gen. sing. raph**es**；abl. sing. raphe；nom. pl. raphes；abl. pl. raphibus

像这样的词还有：

　　rhaphe　　s. f. Ⅰ GK.（缝合）gen. sing. -es（同 raphe）
　　botanice　s. f. Ⅰ GK.（植物学）gen. sing. -es
　　crambe　　s. f. Ⅰ GK.（白菜）gen. sing. -es
　　Aloë　　　s. f. Ⅰ GK.（芦荟属）gen. sing. -es
　　benzoe　　s. f. Ⅰ GK.（安息香）gen. sing. -es
　　osme　　　s. f. Ⅰ GK.（气味）gen. sing. -es（在拉丁文中用作-osma s. f. Ⅰ GK. *comp.*）

值得注意的是，botanica（植物学）是拉丁语单词，而 botanice（植物学）是希腊语单词，它们都是 s. f. Ⅰ。林奈在《植物学哲学》（*Philosophila Botanica*）和《植物学批评》（*Cristica Botanica*）的书名中使用 botanica，而在《植物学哲学》一书的内容中却使用了 botanice。例如，"植物学是介绍植物知识的自然科学（Botanice est scientia naturalis, quae vegetabilium cognitionem tradit）"。

2. 第Ⅱ变格法

属于第Ⅱ变格法的名词有 2 种性属，大多都是 m. 或 n. 名词（极少数为 f.）。单数主格的格尾为-us,-er,-os，是 m. 名词；单数主格的格尾为-um,-on，是 n. 名词。判断第Ⅱ变格法名词的标准是其单数所有格的格尾为-i，去掉-i 即为词干。名词第Ⅱ变格法的单词发音举例见表 3.3，请扫描第 32 页第 10 课二维码进行听读。

表 3.3　名词第Ⅱ变格法的变格词例

数	格	第Ⅱ变格法			
		裂片 lobus m.	树皮 liber m.	胚珠 ovulum n.	浮游生物 plancton* n.
单数	nom.	lobus	liber	ovulum	plancton
	acc.	lobum	librum	ovulum	plancton
	gen.	lobi	libri	ovuli	plancti
	dat.	lobo	libro	ovulo	plancto
	abl.	lobo	libro	ovulo	plancto
复数	nom.	lobi	libri	ovula	plancta
	acc.	lobos	libros	ovula	plancta
	gen.	loborum	librorum	ovulorum	planctorum
	dat.	lobis	libris	ovulis	planctis
	abl.	lobis	libris	ovulis	planctis

＊plankton（*GK.*）来源于希腊词。

在第Ⅱ变格法中，中性名词的单数和复数的主格与受格的词尾总是相同的。无论阳性还是中性名词，单数或复数的与格和夺格的词尾总是相同的。

符合第Ⅱ变格要求的名词有许多，其中包括一些植物属名。举例如下：

Narcissus	s.	m.	II	水仙属	arillus	s. m.	II	假种皮
Liriodendron	s.	n.	II	鹅掌楸属	culmus	s. m.	II	空心秆
Limonium	s.	n.	II	补血草属	androphorum	s. n.	II	雄蕊柄
Acantholimon	s.	n.	II	彩花属	androgynophorum	s. n.	II	雌雄蕊柄
Cotoneaster	s.	m.	II	栒子属	mucus	s. m.	II	黏液
exocarpium	s.	n.	II	外果皮	scutellum	s. n.	II	盾片
mesocarpium	s.	n.	II	中果皮	perichaetium	s. n.	II	雌器苞
endocarpium	s.	n.	II	内果皮	labellum	s. n.	II	唇瓣
liber	s.	m.	II	树皮,书	combium	s. n.	II	形成层
ager	s.	m.	II	田地	cystolithus	s. m.	II	钟乳体

请看下列第Ⅱ变格法名词的例句:

葱属植物。Planta Allii.（*Allium* 葱属使用 n. sing. gen.）

拉拉藤属的一些植物。Plantae Galiorum.（*Galium* 拉拉藤属使用 n. pl. gen.）

田地里的苜蓿。Alfalfae in agro.（ager 使用 m. sing. abl.）

注意,在第Ⅱ变格法名词的性属上是有例外的。例如,有些乔木植物的属名是以-us结尾,所有格以-i结尾,性属却为 f.,其种加词须为阴性,例如,桑的学名是 *Morus alba*,苹果的学名是 *Malus pumila*。但其属名变格的方法还是按照第Ⅱ变格法的阳性名词进行变格。

3. 第Ⅲ变格法

由前面的表 3.1 可知,属于第Ⅲ变格法的名词,m.,f.,n. 名词都有,单数主格的格尾以辅音、元音+辅音结尾,或以-e,-o,-ma 结尾,其判断的关键依据是其单数所有格的格尾为-is。

在名词的变格中,第Ⅰ、第Ⅱ、第Ⅳ、第Ⅴ变格法都比较简单,按照特定的要求去变化词尾。但是,名词的第Ⅲ变格法最麻烦,其中根据词干又分为 11 类。在拉丁文词典中,这 11 个小类都用小写的罗马字母标注。例如:radix s. f. Ⅲ. i（根）、placentatio s. f. Ⅲ. vi（胎座式）、frons s. f. Ⅲ. ix（蕨类植物的叶）。第Ⅲ变格法中的这 11 类名词,是根据词干结尾的字母划分的（注意,不是根据名词的词尾划分的,有些名词的词干比名词主格的音节还要长）,参见表 3.4。

表 3.4　名词第Ⅲ变格法 11 类词的词干变化规律

类	词干或词尾结尾字母	例 词	例词词干
i	c-,g-	calyx	calyc-
ii	t-,d-	cycas	cycad-
iii	b-,p-	princeps	princip-
iv	词尾-s,词干常转变为 r-	flos	flor-
v	l-或 r-	color	color-
vi	m-或 n-	margo	margin-
vii	词尾-is(sing. nom.),-ium(pl. gen.),词干为去掉 is	clavis	clav-
viii	词尾-es(sing. nom.),-ium(pl. gen.),词干为去掉 es	cautes	caut-
ix	词尾为 2 个辅音字母,-ium(pl. gen.),词干加长	dens	dent-
x	词尾-e,-al,-ar(sing. nom.),-ium(pl. gen.),词干不变	calcar	calcar-
xi	词尾-ma(GK. n.),-ma(sing. nom.),词干 at-	lemma	lemmat-

如果根据名词单数主格的词尾形式来判断第Ⅲ变格法的变格规律，一共有22种词尾，即-al,-ar,-as,-ax,-e,-en,-er,-es,-ex,-i,-is,-in,-ix,-ma,-o,-on,-or,-os,-s,-us,-ut,-yx(参见表8.2)。但是，如果发现单数主格以-i结尾的名词，它不是拉丁文起源的词，而是其他来源的词，无格的变化。另外，单数主格以-ys结尾的名词也不是拉丁文单词，多见于植物属名，也无格的变化。

第Ⅲ变格法的名词，其变格方法各不相同，对于这么复杂的词尾变化，我们不必去记忆，说实话，也记不住，只需在使用时临时去查阅相关变格的表。下面以简表的形式介绍第Ⅲ变格法单数主格20种词尾的名词的变格情况，参见表3.5～3.8。

表3.5　名词第Ⅲ变格法变格简表

数	格	词尾-al	词尾-ar	词尾-as	词尾-ax
单数	nom.	-al	-ar	-as	-ax
	acc.	-al	-ar	-atem	-acem
	gen.	-alis	-aris	-atis	-acis
	dat.	-ali	-ari	-ati	-aci
	abl.	-ali	-ari	-ate	-ace
复数	nom.	-alia	-aria	-ates	-aces
	acc.	-alia	-aria	-ates	-aces
	gen.	-alium	-arium	-atum	-acum
	dat.	-alibus	-aribus	-atibus	-acibus
	abl.	-alibus	-aribus	-atibus	-acibus

表3.6　名词第Ⅲ变格法变格简表(续表1)

数	格	词尾-e	词尾-en	词尾-er	词尾-es	词尾-ex
单数	nom.	-e	-en	-er	-es	-ex
	acc.	-e	-en	-er	-etem	-icem
	gen.	-is	-inis	-eris	-etis	-icis
	dat.	-i	-ini	-eri	-eti	-ici
	abl.	-i	-ine	-ere	-ete	-ice
复数	nom.	-ia	-ina	-era	-etes	-ices
	acc.	-ia	-ina	-era	-etes	-ices
	gen.	-ium	-inum	-erum	-etum	-icum
	dat.	-ibus	-inibus	-eribus	-etibus	-icibus
	abl.	-iibus	-inibus	-eribus	-etibus	-icibus

表3.7　名词第Ⅲ变格法变格简表(续表2)

数	格	词尾-is	词尾-in	词尾-ix	词尾-ma	词尾-o*
单数	nom.	-is	-in	-ix	-ma	-o
	acc.	-em	-inem	-icem	-ma	-inem
	gen.	-is	-inis	-icis	-matis	-inis
	dat.	-i	-ini	-ici	-mati	-ini
	abl.	-e	-ine	-ice	-mate	-ine

续表

数	格	词尾-is	词尾-in	词尾-ix	词尾-ma	词尾-o*
复数	nom.	-es	-ines	-ices	-mata	-ines
	acc.	-es	-ines	-ices	-mata	-ines
	gen.	-ium	-inum	-icum	-matum	-inum
	dat.	-ibus	-inibus	-icibus	-matibus	-inibus
	abl.	-ibus	-inibus	-icibus	-matibus	-inibus

* 对于以-o 结尾的,也有 2 种单数所有格的词尾,即-inis 或-onis。前者按照表 3.7 变格,如等音节名词 latitu-do(宽度),longitu-do(长度),altitu-do(高度),cotyle-do(子叶),mar-go(叶缘)。而后者必须把词尾前半部分的-in 变成-on-,然后再按照表 3.7 变格,如不等音节名词 embry-o(胚),descripti-o(描述),aestivati-o(花被卷叠式),secti-o(组)。所以,以-o 结尾的名词,在-o 后面加 n,即为词干;而以-do 和-go 结尾的名词,先将 o 变成 i,再加 n,即为词干。

表 3.8　名词第Ⅲ变格法变格简表(续表 3)

数	格	词尾-on	词尾-or	词尾-os	词尾-s*	词尾-ut	词尾-yx
单数	nom.	-on	-or	-os	-s	-ut	-yx
	acc.	-onem	-orem	-orem	-em	-ut	-ycem
	gen.	-onis	-oris	-oris	-is	-itis	-ycis
	dat.	-oni	-ori	-ori	-i	-iti	-yci
	abl.	-one	-ore	-ore	-e	-ite	-yce
复数	nom.	-ones	-ores	-ores	-es	-ita	-yces
	acc.	-ones	-ores	-ores	-es	-ita	-yces
	gen.	-onum	-orum	-orum	-ium	-itum	-ycum
	dat.	-onibus	-oribus	-oribus	-ibus	-itibus	-ycibus
	abl.	-onibus	-oribus	-oribus	-ibus	-itibus	-ycibus

* 在辅音字母后面为-s 结尾的,把 s 变成 t,即为词干,按照表 3.8 去变格。以-ns 结尾的,除了单数主格的词尾外,要把-ns 变成-nt,再按照表 3.8 去变格,如 dens(牙齿)。以-ps 结尾的,除了单数主格的词尾外,在-p 后面按照表 3.8 去变格,如 stirps(枝条)。以-rs 结尾的,除了单数主格的词尾外,把-rs 变成-rt,再按照表 3.8 去变格,如 pars(部分)。

仔细比较上述表格,除了单数主格的词尾外,其余单数和复数的各格词尾都有相似之处,绝大多数从单数受格开始,由表格的上方向下各格词尾的后半部分(指单数所有格的词尾-is 对应的部分)依次分别是-em,-is,-i,-e,-es,-es,-um,-ibus,-ibus。此外,单数主格的词尾形式很多,但有些名词的单数主格词干与其他各格词干的音节不等。所以,确定单词的词干必须从单数所有格来判断。根据第Ⅲ变格法名词的单数主格和单数所有格的音节数目,将其名词分为等音节名词和不等音节名词两类。等音节名词指单数主格和单数所有格的音节数目相等的名词,如 *Digitalis*(毛地黄属);不等音节名词指单数主格的音节数少于单数所有格的音节数的名词,如 solutio(溶液),其主格音节 so-lu-ti-o,所有格音节 so-lu-ti-o-nis。记住,以-al,-ar,-e,-in,-on,-or 结尾的形容词,词干与单数主格相同。

第Ⅲ变格法的名词到底是如何识别的,一个重要的判断依据是单数所有格的词尾为-is。除去单数所有格的词尾-is,便得到词干,除单数主格外,其余单数和复数各格的词干是相同的。所以,除单数主格外,其他各格的词干都相同,单数和复数各格词尾依次为-em,-is,-i,-e,-es,-es,-um,-ibus,-ibus。

例如，以-is结尾的名词，单数所有格的词尾有2种，即-is或-idis，前者就直接按照表3.7中"词尾-is"一栏去变格，如等音节名词caulis(茎)，axis(轴)，rhachis(叶轴)；而后者的词干比单数主格多了音节-id-，所以在从单数受格开始加上-id-，然后由上向下依次再按照表3.7中"词尾-is"一栏去变格，如不等音节名词epidermis(表皮)，cuspis(齿尖)。

对于以-x结尾的名词，将x变成c，即为词干。例如，radix(根)，radicis(根，单数所有格)。

同样，以-as结尾的阳性名词，把s变成t，即为词干。以-ma结尾的希腊名词(中性名词)，先在-ma后面加t，即为词干。以-is结尾的阳性名词，将s变成t，即为词干。以-en(men)结尾的中性名词，将其e变成i，即为词干。例如，semen(种子)，seminis(种子的，单数所有格)。

在第Ⅲ变格法的名词中，最麻烦的是以-us结尾的，除了单数主格的词尾外，其余的各格词尾前半部分要把-us变成-er，-ur，-or，-od或-ud，即为词干，然后由表格的上方向下依次再加上词尾-em，-is，-i，-e，-es，-es，-um，-ibus，-ibus。在使用一个第Ⅲ变格法名词时一定要格外小心，最好请参见有关拉丁文书籍。

由此可见，拉丁文名词的第Ⅲ变格法的变格是多么复杂和繁琐。由于第Ⅲ变格法的单词的结尾是多样的，所以变格比较复杂，仅举6个单词的变格例子，见表3.9，请扫描第32页第10课二维码进行听读。

表3.9　名词第Ⅲ变格法的变格词例

数	格	花萼 calyx m.	蕨类植物 filix f.	花 flos m.	齿 dens m.	星 aster n.	野茉莉 styrax f.
单数	nom.	calyx	filix	flos	dens	aster	styrax
	acc.	calycem	filicem	florem	dentem	aster	styracem
	gen.	calycis	filicis	floris	dentis	asteris	styracis
	dat.	calyci	filici	flori	denti	asteri	styraci
	abl.	calyce	filice	flore	dente	astere	styrace
复数	nom.	calyces	filices	flores	dentes	astera	styraces
	acc.	calyces	filices	flores	dentes	astera	styraces
	gen.	calycum	filicum	florum	dentium	asterum	styracum
	dat.	calycibus	filicibus	floribus	dentibus	asteribus	styracibus
	abl.	calycibus	filicibus	floribus	dentibus	asteribus	styracibus

属于第Ⅲ变格法的名词很多，其中包括一些植物的属名。例如：

Cephaelis　s. f. Ⅲ. ⅶ　头九节属　　　　　latex　s. m. Ⅲ. ⅰ　乳汁

Circaeaster　s. f. Ⅲ　星叶草属　　　　　　lac　s. n. Ⅲ. ⅱ　乳汁

Cladostachys　s. f. Ⅲ　浆果苋属　　　　　glans　s. f. Ⅲ. ⅱ　腺体

Pentaphylax　s. f. Ⅲ　五列木属　　　　　germen　s. n. Ⅲ. ⅵ　子房

peristoma　s. n. Ⅲ　蒴齿层　　　　　　　fornix　s. m. Ⅲ. ⅰ　小鳞片

pyxis　s. f. Ⅲ. ⅱ　盖果　　　　　　　　　unguis　s. m. Ⅲ. ⅶ　距，爪

abortio　s. f. Ⅲ. ⅵ　败育　　　　　　　　hiems　s. f. Ⅲ. ⅵ　冬季

hospes　s. m. Ⅲ. ⅱ　宿主，寄主　　　　　chromosoma　s. n. Ⅲ　染色体

velamen	s. n.	Ⅲ. ⅵ		根被
vas	s. n.	Ⅲ. ⅳ		导管
occidens	s. m.	Ⅲ. ⅸ		西方
xylema	s. n.	Ⅲ		木质部

属第Ⅲ变格法的名词阳性、阴性和中性都有，像以-es,-ex,-is,-o,-on,-ns,-or,-ps,-ys结尾的，既有阳性名词，也有阴性名词（如-oides,-odes,-anthes,-opsis）；而以-us（少数）结尾的，既有阴性名词（sing. gen. -udis, -utis），也有中性名词（sing. gen. -eris,-oris,-ris）。一般来说，从主格词尾来判断某些第Ⅲ变格法名词性属的依据是：① 以-os,-yx结尾的为阳性。② 以-as,-ax,-ix,-bs,-ms,-rs结尾的为阴性。③ 以-al,-ar(*Nuphar* f.),-e,-er,-i,-in,-ma,-ut结尾的为中性。

4. 第Ⅳ变格法

属于第Ⅳ变格法的名词，m.，f.，n. 名词都有，但绝大多数是 m. 名词，单数主格的格尾为-us，判断依据是其单数所有格的格尾为-us。名词第Ⅳ变格法的单词发音举例见表3.10，请扫描第32页第10课二维码进行听读。

表 3.10　名词第Ⅳ变格法的变格词例

数	格	第Ⅳ变格法			
		性属 sexus m.	族 tribus f.	角 cornu n.	败育 abortus m.
单数	nom.	sexus	tribus	cornu	abortus
	acc.	sexum	tribum	cornu	abortum
	gen.	sexus	tribus	cornus	abortus
	dat.	sexui	tribui	cornui	abortui
	abl.	sexu	tribu	cornu	abortu
复数	nom.	sexus	tribus	cornua	abortus
	acc.	sexus	tribus	cornua	abortus
	gen.	sexuum	tribuum	cornuum	abortuum
	dat.	sexibus	tribibus	cornibus	abortibus
	abl.	sexibus	tribibus	cornibus	abortibus

第Ⅳ变格法的名词不多，无植物属名。例如：

fructus	s. m.	Ⅳ	果实
abortus	s. m.	Ⅳ	败育
habitus	s. m.	Ⅳ	习性，生境
usus	s. m.	Ⅳ	用途
cornu	s. n.	Ⅳ	刺，角
ductus	s. m.	Ⅳ	管，道
genu	s. n.	Ⅳ	膝，关节
decursus	s. m.	Ⅳ	通过
complexus	s. m.	Ⅳ	结合
tractatus	s. m.	Ⅳ	论文
tinctus	s. m.	Ⅳ	染料
manus	s. f.	Ⅳ	手
ficus	s. f.	Ⅳ	无花果
quercus	s. f.	Ⅳ	栎树

5. 第Ⅴ变格法

属于第Ⅴ变格法的名词，单数主格的格尾为-es，几乎都是 f. 名词（极少数为 m.），判断依据是其单数所有格的格尾为-ei。名词第Ⅴ变格法的单词发音举例见表3.11,请扫描第32页第10课二维码进行听读。

表3.11 名词第Ⅴ变格法的变格词例

数	格	第Ⅴ变格法			
		天 dies m./f.*	种 species f.	外貌 facies f.	发黑 nigrities f.
单数	nom.	dies	species	facies	nigrities
	acc.	diem	speciem	faciem	nigritiem
	gen.	diei	speciei	faciei	nigritiei
	dat.	diei	speciei	faciei	nigritiei
	abl.	die	specie	facie	nigritie
复数	nom.	dies	species	facies	nigrities
	acc.	dies	species	facies	nigrities
	gen.	dierum	specierum	facierum	nigritierum
	dat.	diebus	speciebus	faciebus	nigritiebus
	abl.	diebus	speciebus	faciebus	nigritiebus

* 当为 m. 时,可为单数或复数;当为 f. 时,只为单数。

第Ⅴ变格法的名词不多,无植物属名。例如:

dies　　s. m.　Ⅴ　日,天
dies　　s. f.　Ⅴ(sing.)　期限
species　s. f.　Ⅴ　种
pernicies　s. f.　Ⅴ　死亡
glacies　s. f.　Ⅴ　冰

res　　s. f.　Ⅴ　事物
facies　s. f.　Ⅴ　外观,外形
nigrities　s. f.　Ⅴ　发黑
series　s. f.　Ⅴ　系,列
meridies　s. m.　Ⅴ　中午

此外,对于极少数外来语的名词,它们没有格的形态变化,为不可数的中性名词,在拉丁文词典中以缩写"indecl."(无需变格 indeclension)n. 作出标记。例如,agar(琼脂),cacao(可可豆),gummi(胶,树胶)。当形容词与不变格名词搭配时,形容词仍需要变格。

第二节　形　容　词

形容词(adiectivum,缩写为 adj.)是表示事物特征的品词。在植物学拉丁文中,形容词的使用频率是很高的,仅次于名词。

一、形容词的特点与类型

1. 形容词的特点

形容词有性、数、格的变化,它是随着所修饰名词的性、数、格的变化而变化的,要求必须与名词保持一致。按照拉丁文规则,一个名词只有1个性、2个数和5个格(在这里呼格不用),

而一个形容词却可以有 3 个性、2 个数和 5 个格。照此计算,每个形容词在理论上可能有 30 个词尾变化形式(因有些格的词尾是相同的,实际上为 10 个左右)。同一个形容词修饰不同性、数、格的名词,具有不同的词尾。例如形容词 longus(长的)的用法有:

 fructus longus(长的果实)(longus 使用 m. sing. nom.)
 bacca longa(长的浆果)(longa 使用 f. sing. nom.)
 achenium longum(长的瘦果)(longum 使用 n. sing. nom.)
 baccae longae(许多长的浆果)(longae 使用 f. pl. nom.)
 acheniis longis(生有许多长的瘦果)(longis 使用 n. pl. abl.)

在使用形容词时,一般被放在所修饰的名词后面,属于后置形容词。
请对比下列两个句子:

Flos solitarius nutans ruber. 花单生下垂红色。(名词为 m. sing. nom.,名词后的 3 个形容词都使用 m. sing. nom.)

Flores fasciculati nutantes ruberi. 多花簇生下垂红色。(名词为 m. pl. nom.,名词后的 3 个形容词都使用 m. pl. nom.)

再对比下列两个句子:

Flore solitario nutanti rubro. 具单生下垂红色的花。(名词为 m. sing. abl.,名词后的 3 个形容词都用 m. sing. abl.)

Floribus fasciculatis nutantibus rubris. 具簇生下垂红色的花。(名词为 m. pl. abl.,名词后的 3 个形容词都用 m. pl. abl.)

当形容词与副词同时存在时,副词在前,形容词在后。当一个形容词同时修饰几个不同性属的名词时,在性和数方面就与最近的那个名词保持一致。例如:

Sepalum et corolla glabra. 萼片和花冠均无毛。
Corolla et androecium glabrum. 花冠和雄蕊无毛。
Androecium et stylus glaber. 雄蕊和花柱无毛。

为了避免语法错误,遇到上述情况,形容词可以用中性复数,也可以进行分别修饰。例如:

Caulis glaber, folium glabrum. 茎和叶无毛。

当一个形容词同时修饰几个同性属而不同数的名词时,在数方面就与最近的那个名词保持一致。例如:

Spatha et corollae glabrae. 佛焰苞和花冠无毛。

当用 cum(和)连接两个名词时,其后面的形容词的性与数要与前面的主体名词保持一致。例如:

Lamina cum petiolo 10 cm longa. 叶片和叶柄总共长 10 cm。

2. 形容词的类型

拉丁文的形容词根据其词尾和变格的情况,分为 3 类:

（1）形容词 A 类(adj. A)：基本按照名词第Ⅰ和第Ⅱ变格法变化词尾，如，spissus（密集的），sapidus（有香味的），macer（瘦的，贫乏的），senectus（很老了），caducus（落下了，脱落的），-fer(adj. A, suffix, L. comp.，生有……，带着……)。A 类形容词在修饰 m.，f.，n. 3 种不同性属的名词时，分别用-us,-a,-um,或-r,-ra,-rum 3 种不同的词尾，属于三尾形容词。

（2）形容词 B 类(adj. B)：基本按照名词第Ⅲ变格法变化词尾，如，saltuensis（森林的），limbalis（具边脉的），humilis（矮生的），indehiscens（不开裂的），inermis（无刺的），incolor（无色的），-formis (adj. B suffix GK. comp.，……形状的)。B 类形容词的词尾变化比较复杂，可分为 3 种形式：① 三种词尾的（修饰 m.，f.，n. 3 种不同性属的名词时分别使用 3 种不同的词尾）；② 二种词尾的（修饰 m./f.，n. 3 种不同性属的名词时使用 2 种不同的词尾）；③ 一种词尾的（修饰 m.，f.，n. 3 种不同性属的名词时无词尾变化）。

在植物学形态结构的拉丁文描述中，主要使用 A 类和 B 类形容词。

（3）形容词 C 类(adj. C)：为希腊来源词，类似于名词第Ⅲ变格法变化词尾，如，haematodes（像血色的），gongylodes（瘤节状的），trichodes（毛状的），或以-oides 结尾的形容词，例如，zosteroides（像大叶藻的）等。C 类形容词在修饰不同性属的名词时，无词尾的变化，属于一尾形容词。在秦仁昌译的《植物学拉丁文》上册中，少有 C 类形容词词汇。而在植物学名中的种加词中常使用 C 类形容词，它们大多数是以某个植物属名+-odes 或-oides 组成的。如，typhodes（像香蒲的），heleocharidioides（像荸荠的），helenioides（像堆心菊的），gloxinioides（像大岩桐的）等。

在拉丁文词典中，对于各类形容词都已经标出所属的类型。

拉丁文的形容词也有比较级和最高级，它们也有性、数、格的变化。

因此，关于形容词的使用，一定要注意其词尾变化规律。

二、形容词 A 类的词尾变化规律

形容词本身是没有性属的，由于它所修饰的名词的性属不同，在使用时就赋予形容词以特定的性属。形容词的单数主格以-us(m.)，-a(f.)，-um(n.)为词尾，或以-er(m.)，-ra(f.)，-rum(n.)为词尾的，都是属于形容词 A 类，其各个形容词性、数、格的词尾变化参见表 3.12。

表 3.12　形容词 A 类的词尾变化规律

数	格	m.	f.	n.	m.	f.	n.
单数	nom.	**-us**	-a	-um	**-r**	-ra	-rum
	acc.	-um	-am	-um	-rum	-ram	-rum
	gen.	-i	-ae	-i	-ri	-rae	-ri
	dat.	-o	-ae	-o	-ro	-rae	-ro
	abl.	-o	-a	-o	-ro	-ra	-ro
复数	nom.	-i	-ae	-a	-ri	-rae	-ra
	acc.	-os	-ae	-a	-ros	-rae	-ra
	gen.	-orum	-arum	-orum	-rorum	-rarum	-rorum
	dat.	-is	-is	-is	-ris	-ris	-ris
	abl.	-is	-is	-is	-ris	-ris	-ris

通过对比表3.12中左边和右边的词尾变化,可以发现凡是形容词的阴性词尾都是按照名词第Ⅰ变格法进行变化的,而其阳性和中性的词尾都是按照名词第Ⅱ变格法进行变化的。这一点一定要记住,因为形容词A类在植物学拉丁文中经常会用到。例如:lacticus,-a,-um(乳汁的,乳的)(词干是 lactic-,-us,-a,-um 依次分别为 m.,f.,n. 主格单数的词尾,下同)

  symbioticus,-a,-um(共生的)
  subterraneus,-a,-um(地下生的)
  trifolius,-a,-um(三叶的)
  numerosus,-a,-um(多数的)

上述形容词去掉单数主格的词尾即是词干。

以本书的书名《Lingua Latina Botanica》为例,lingua(s. f. Ⅰ语言)用单数主格;latinus(adj. A 拉丁的)用 f. sing. nom. 词尾;botanicus(adj. A 植物学的),用 f. sing. nom. 词尾。

按照表 3.12 右边变格的形容词是以-er 结尾的形容词A类,一般来说,在变格时字母"e"需要保留。例如:asper,-era,-erum(粗糙的)(词干是 asper-,m. 单数主格是词干本身,而 f. 和 n. 主格单数的词尾分别是-a,-um,下同)

  tener,-era,-erum(柔弱的)
  odorifer,-era,-erum(有香味的)
  somnifer,-era,-erum(催眠的)
  spiciger,-era,-erum(具穗状花序的)

注意,这些形容词的阳性单数主格本身就是词干。

但是,有的形容词A类在变格时需要去掉字母"e"后,再加词尾。例如:glaber,-bra,-brum(无毛的,m.,f.,n. 单数主格)(阳性单数主格的词干是 glab-,词尾是-er,而阳性、阴性和中性其他各格的词干均为 glabr-,下同)

  sinister,-tra,-trum(左侧的)
  dexter,-tra,-trum(右侧的)
  ruber,-bra,-brum(红色的)
  triqueter,-tra,-trum(三棱形的)
  niger,-gra,-grum(黑色的)

像这类形容词去掉阴性单数主格或阳性单数所有格的词尾即是词干。

一些希腊词来源的形容词,被用作植物种名的形容词时,常赋予一个拉丁化的词尾-us,可视为形容词A类。例如,platyphyllus(宽叶的),macranthus(大花的),rhodorrhizus(具红根的),polychromus(多色的)等。

三、形容词B类的词尾变化规律

形容词B类较复杂,单数主格以-is(m. f.),-e(n.)结尾的,或三性的单数主格结尾相同的(例如:以-ex,-ens,-or,-us 结尾的),都属于形容词B类,其性、数、格的词尾变化参见表 3.13。例如,acaulis(无茎的),affinis(有亲缘的),edulis(可食的),gracilis(纤细的),volubilis(缠绕的),viridis(绿的),以及 duplex(二倍的),triplex(三倍的),praecox(先花后叶的)等。极少数 B 类形容词具 3 个不同的词尾,如,terrester(土生的)。

表 3.13　形容词 B 类的词尾变化规律

数	格	m./f.	n.	m./f.	n.
单数	nom.	**-is**	**-e**	**-ex**	**-ex**
	acc.	-em	-e	-icem	-ex
	gen.	-is	-is	-icis	-icis
	dat.	-i	-i	-ici	-ici
	abl.	-i	-i	-ici	-ici
复数	nom.	-es	-ia	-ices	-icia
	acc.	-es	-ia	-ices	-icia
	gen.	-ium	-ium	-icium	-icium
	dat.	-ibus	-ibus	-icibus	-icibus
	abl.	-ibus	-ibus	-icibus	-icibus

除了表 3.13 中右侧的形容词是以-ex 结尾外,三性单数主格词尾相同的还有一些,例如,词尾以-us,-or,-ens 结尾的形容词。关于它们的变格情况,参见表 3.14。

表 3.14　形容词 B 类的词尾变化规律(续表)

数	格	m./f.	n.	m./f.	n.	m./f.	n.
单数	nom.	**-us**	**-us**	**-or**	**-or**	**-ens**	**-ens**
	acc.	-erem	-us	-orem	-or	-entem	-ens
	gen.	-eris	-eris	-oris	-oris	-entis	-entis
	dat.	-eri	-eri	-ori	-ori	-enti	-enti
	abl.	-ere	-ere	-ori	-ori	-enti(e)	-enti(e)
复数	nom.	-eres	-era	-ores	-oria	-entes	-entia
	acc.	-eres	-era	-ores	-oria	-entes	-entia
	gen.	-erum	-erum	-orium	-orium	-entium	-entium
	dat.	-eribus	-eribus	-oribus	-oribus	-entibus	-entibus
	abl.	-eribus	-eribus	-oribus	-oribus	-entibus	-entibus

形容词 B 类的 vetus(老的,旧的),multicolor(多色的),brevidens(具短齿的)等,都按照表 3.14 进行变格。它们的词干是根据单数所有格,去掉词尾-is 后的剩余部分,因此,vetus,multicolor 和 brevidens 的词干分别是 veter-,multicolor-和 brevident-。比较表 3.14 的左边和表 3.13 的左边,像 vetus 这样的形容词 B 类的单数夺格的词尾是 e,而不是 i。

在植物学拉丁文中,对形容词 A 类和形容词 B 类的单词使用率是很高的。这里列举两个形容词单词的变格规律,参见表 3.15,请扫描右侧第 11 课二维码进行听读(续见第 49,50 页)。

第 11 课二维码

第三章　拉丁文的词类

表 3.15　形容词(A 类和 B 类)变格法词例比较

数	格	形容词 A 类　altus(高的)			形容词 B 类　edulis(可食用的)	
		m.	f.	n.	m. /f.	n.
单数	nom.	altus	alta	altum	edulis	edule
	acc.	altum	altam	altum	edulem	edule
	gen.	alti	altae	alti	edulis	edulis
	dat.	alto	altae	alto	eduli	eduli
	abl.	alto	alta	alto	eduli	eduli
复数	nom.	alti	altae	alta	edules	edulia
	acc.	altos	altas	alta	edules	edulia
	gen.	altorum	altarum	altorum	edulium	edulium
	dat.	altis	altis	altis	edulibus	edulibus
	abl.	altis	altis	altis	edulibus	edulibus

实际上,形容词 A 类的变格方法和词尾形式,与名词的第Ⅰ和第Ⅱ变格法相同。形容词 B 类的变格方法与词尾形式,基本上与名词的第Ⅲ变格法等音节名词一致。

根据形容词 B 类的三性单数主格共有的词尾数目,分为三尾形容词(m., f. n. 各自具有不同的词尾)、二尾形容词(m. 和 f. 共有一种词尾,而 n. 另具一种词尾)和一尾形容词(m., f. n. 具有共同的词尾)。

1. 一尾的形容词

形容词 B 类的三性单数主格的词尾相同,形容词最后一个字母是 x, r 或-ens,-ans,去掉其单数所有格词尾-is,即是词干。

属于一尾形容词的主要有:elegans(美丽的),simplex(简单的),bicolor(二色的),tricolor(三色的),fallax(假的),triplex(三倍的)等。

一尾形容词不仅三性单数主格的词尾相同,除了单数受格、复数主格和受格分别具两个词尾外,其他各格的词尾均相同。参见表 3.14。

由于一尾形容词的单数所有格与词干的构成有关,因此,在拉丁文词典中将一尾形容词的单数所有格词尾紧排在单数主格之后,目的是为了便于了解词干结构。这种排列方式在词典中是比较特殊的。请看拉丁文词典中的词例:

elegans m. /f. /n. ,sing. gen. -antis(adj. B 美丽的)
simplex m. /f. /n. ,sing. gen. -plicis(adj. B 简单的)
par m. /f. /n. ,sing. gen. -ris(adj. B 相等的)
fugax m. /f. /n. ,sing. gen. -acis(adj. 短命的,暂时的)
iners m. /f. /n. ,sing. gen. -tis(adj. B 不熟练的,不活动的)
vetus m. /f. /n. ,sing. gen. -eris(adj. B 老年的,旧的)
bicolor m. /f. /n. ,sing. gen. -oris(adj. B 二色的)

2. 二尾的形容词

B 类形容词的单数主格的 m. /f. 词尾是-is;而 n. 的词尾是-e,去掉阳性单数主格的词尾

-is，即为词干。例如：

  affinis m. /f. ,-e n.（adj. B 亲缘关系的）
  acaulis m. /f. ,-e n.（adj. B 无茎的）
  fertilis m. /f. ,-e n.（adj. B 能育的）
  communis m. /f. ,-e n.（adj. B 普通的，一般的）
  gracilis m. /f. ,-e n.（adj. B 细长的）
  perennis m. /f. ,-e n.（adj. B 多年生的）

3. 三尾的形容词

B 类形容词的三性单数主格的词尾分别是：m. -er, f. -is, n. -e。当去掉阴性单数主格的词尾 -is，即为词干。三尾形容词在词典中一般需依次标注出 m., f., n. 的词尾。例如：

  paluster m. ,-tris f. ,-tre n.（adj. B 沼泽生的）
  silvester m. ,-tris f. ,-tre n.（adj. B 森林生的）
  terrester m. ,-tris f. ,-tre n.（adj. B 土生的）

四、形容词 C 类的词尾变化规律

来源于希腊文的形容词，根据其单数主格的词尾可分两类：第一类的三性词尾均以 -oides 结尾；第二类的三性词尾均是以 -odes 结尾。其实，C 类形容词的词尾分为 -oid(-od)＋es(ys)，属于一尾形容词，仅单数受格以及复数的主格与受格各有两种词尾。C 类形容词以 -oides 和 -odes 结尾的其各性、数、格的词尾变化，参见表 3.16。

表 3.16   以 oides 和 odes 为词尾 C 类形容词的词尾变化规律

数	格	m. /f.	n.	m. /f.	n.
单数	nom.	**-oides**	**-oides**	**-odes**	**-odes**
	acc.	-oidem	-oides	-odem	-odes
	gen.	-oidis	-oidis	-odis	-odis
	dat.	-oidi	-oidi	-odi	-odi
	abl.	-oide	-oide	-ode	-ode
复数	nom.	-oides	-oida	-odes	-oda
	acc.	-oides	-oida	-odes	-oda
	gen.	-oidum	-oidum	-odum	-odum
	dat.	-oidibus	-oidibus	-odibus	-odibus
	abl.	-oidibus	-oidibus	-odibus	-odibus

仔细分析上述词尾变化，把词尾分成前后两部分，其中前面部分是 -oid- 或 -od-，而后面部分是按照名词第 Ⅲ 变格法中辅音结尾一类名词进行变化的。

属于上述形容词 C 类的形容词有：euodes（有香味的），physodes（膀胱状的），bryoides（似苔藓的），deltoides（三角形的），allantoides（腊肠状的），alismoides（似泽泻的）等。

有些来源于希腊文的名词,当用作复合词的后缀时,具有形容词的功能,直接用于种名形容词(种加词)。例如,rhopalostylis(具棒状花柱的),microglochin(具小尖头的),brachybotrys(具短总状花序的)和apodus(无柄的)。它们的变格没有性的变化,只有数和格的变化。单数的各格的词尾是:nom.(各自单数主格形式),acc. -em,gen. -is,dat. -i,abl. -e;复数的各格的词尾是:nom. -es,acc. -es,gen. -um,dat. -ibus,abl. -ibus。

我们在描述植物时,有时把两个以上的形容词连起来同时修饰一个名词,中间用"-"符号。在组成形容词复合词时,同样需要注意不要把希腊文与拉丁文混用。在"-"前面的形容词用单数夺格,而"-"后面可用单数或复数。例如:ovato-rotundatae(卵圆形的),ovato-lanceolatae(卵状披针形的),lanceolato-elliptica(披针状椭圆形的),lanceolato-oblongae(披针状长圆形的),rubido-suffusae(着红色的),hispido-ciliatum(具糙睫毛的),flos purporeo-ruber(紫红色花的)。有时用"像……一样的"来组合复合词,例如:filiformi-attenuatus(像细线样渐尖的),pyriformi-ellipsoideus(像梨样椭圆体的)。我们有时候也可用三个词来组合复合词,例如:brunneo-luteo-viridia(棕黄绿色的),cellulis quadraticis-hexagonis-rectangularibus(方形、六角形至长方形的细胞)。

五、形容词和名词修饰名词时的区别

不仅形容词可以修饰名词,而且名词也可以修饰名词。虽然名词和形容词都可修饰名词,但在使用时对它们性、数、格的要求是不同的。通过下列比较,就可看出它们的区别。

(1) 用形容词修饰名词,在性、数、格三个方面,形容词要与名词绝对一致。当形容词修饰名词词组时,形容词置于最后,但它要与前面的名词(即所修饰的名词)在性、数、格上保持一致。

(2) 用名词修饰名词,两者仅在数上保持一致;而性则是各自的性;而格则是需用两种格,被修饰的名词用主格(或其他格),起修饰作用的名词要用所有格。

比如,第Ⅰ变格法的地理名词就有名词和形容词两种形式,我们根据习惯或需要,可选择其中的一种。例如:

欧洲的植物。
Planta Europae.〔planta s. f. Ⅰ;Europa s. f. Ⅰ(欧洲),使用 sing. gen.〕
Planta europaea.〔europaeus adj. A(欧洲的),使用 f. sing. nom.〕
欧洲的一些植物。
Plantae Europarum.〔Europa s. f. Ⅰ(欧洲),使用 pl. gen.〕
Plantae europaeae.〔europaeus adj. A(欧洲的),使用 f. pl. nom.〕
非洲的花园。
Hortus Africae.〔hortus s. m. Ⅱ;Africa s. f. Ⅰ(非洲),使用 sing. gen.〕
Hortus africanus.〔africanus adj. A(非洲的),使用 m. sing. nom.〕
Horti africani.〔africanus adj. A(非洲的),使用 m. pl. nom.〕
法国的玫瑰。
Rosae Galliarum.〔rosa s. f. Ⅰ;Gallia s. f. Ⅰ(法国),使用 pl. gen.〕
Rosae gallicae.〔gallicus adj. A(法国的),使用 f. pl. nom.〕

希腊的森林。

Sylva Graeciae.〔sylva　s. f. Ⅰ；Graecia　s. f. Ⅰ(希腊)，使用 sing. gen.〕

Sylva graeca.〔graecus　adj. A(希腊的)，使用 f. sing. nom.〕

冰岛的苔藓。

Muscus Islandiarum.〔muscus　s. m. Ⅱ；Islandia　s. f. Ⅰ(冰岛)，使用 pl. gen.〕

Muscus islandici.〔islandicus　adj. A(冰岛的)，使用 m. pl. nom.〕

厄瓜多尔的藤本植物。

Lianae Aequatoriarum.〔liana　s. f. Ⅰ(藤本)；Aequatoria　s. f. Ⅰ(厄瓜多尔)，使用 pl. gen.〕

Lianae aequatoriales.〔aequatorialis　adj. B(厄瓜多尔的)，使用 f. pl. nom.〕

中欧的十字花科植物。

Cruciferae Europarum Centralium.（因为 cruciferae 是 pl.）〔Europa Centralis(中欧)一词一般不用形容词形式。注意，表示地名的两个词都要分别变格。〕

第Ⅱ变格法的地理名词也有名词和形容词两种形式，根据需要，可选择其中的一种。例如：

埃及的乔木。

Arbores Aegyptorum.〔arbor　s. f. Ⅲ；Aegyptus　s. m. Ⅱ(埃及)，使用 pl. gen.〕

Arbores aegyptiaeae.〔aegyptiaeus　adj. A(埃及的)，使用 f. pl. nom.〕

伦敦的苹果树。

Mali Londiniorum.〔malus　s. f. Ⅱ(苹果树)，Londinium　s. n. Ⅱ(伦敦)，使用 pl. gen.〕

Mali londinensis.〔londinensis　adj. B(伦敦的)，使用 f. pl. nom.〕

莱茵河的草本植物。

Herbae Rhenorum.〔herba　s. f. Ⅰ(草本植物)，Rhenus　s. m. Ⅱ(莱茵河)，使用 pl. gen.〕

Herbae rhenanae.〔rhenanus　adj. A(莱茵河的)，使用 f. pl. nom.〕

黑海的藻类。

Algae Euxinorum Marium.〔alga　s. f. Ⅰ(藻类)，使用 pl. nom.；Euxinum Mare(黑海)，使用 pl. gen.〕(Euxinum Mare 一词一般不用形容词形式)

太平洋的藻类。

Algae Oceanorum Pacificorum.〔Oceanus Pacificus(太平洋)，使用 pl. gen.〕(Oceanus Pacificus 一词一般不用形容词形式)

六、形容词的比较级和最高级

像英文语法一样，拉丁文的形容词也有原级(gradus positivus)、比较级(gradus comparativus)和最高级(gradus superlativus)三个比较等级。在植物学拉丁文中，形容词的比较级和最高级是经常使用的。比较级和最高级的性、数、格的词尾变化见表 3.17。

第三章 拉丁文的词类

表 3.17 形容词的比较级(2 种词尾)和最高级(3 种词尾)的词尾变化

数	格	比较级		最高级		
		m./f.	n.	m.	f.	n.
单数	nom.	-ior	-ius	-issim**us**	-issim**a**	-issim**um**
	acc.	-iorem	-ius	-issim**um**	-issim**am**	-issim**um**
	gen.	-ioris	-ioris	-issim**i**	-issim**ae**	-issim**i**
	dat.	-iori	-iori	-issim**o**	-issim**ae**	-issim**o**
	abl.	-iore	-iore	-issim**o**	-issim**a**	-issim**o**
复数	nom.	-iores	-iora	-issim**i**	-issim**ae**	-issim**a**
	acc.	-iores	-iora	-issim**os**	-issim**as**	-issim**a**
	gen.	-iorum	-iorum	-issim**orum**	-issim**arum**	-issim**orum**
	dat.	-ioribus	-ioribus	-issim**is**	-issim**is**	-issim**is**
	abl.	-ioribus	-ioribus	-issim**is**	-issim**is**	-issim**is**

在形容词的最高级中,词尾的主体部分是-issim,后面是按照名词第Ⅰ(f.)和第Ⅱ(m. n.)变格法进行变化的,掌握了规律,就好记忆和使用了。

在植物学拉丁文中,最常用的形容词的比较级和最高级举例,见表 3.18,请扫码第 44 页第 11 课二维码进行听读。

表 3.18 关于"大的""小的""多的"比较级和最高级

形容词	原形			比较级		最高级		
	m.	f.	n.	m./f.	n.	m.	f.	n.
大的	magnus	magna	magnum	major	majus	maximus	maxima	maximum
小的	parvus	parva	parvum	minor	minus	minimus	minima	minimum
多的	multus	multa	multum	plures	plura	plurimi	plurimae	plurima

形容词比较级的用法有两种:

(1) 比较主体对象用主格,被比较对象用夺格,并放在主体对象的后面。

Lamina petiolo longior est. 叶片比叶柄长。(petiolo 为使用 sing. abl.)
Caulis radice rubior est. 茎比根红。(radice 为使用 sing. abl.)

(2) 两个比较对象前后分开,都使用主格,它们之间用连接词 quam,并用逗号。

Lamina longior est, quam petiolus. 叶片比叶柄长。(petiolus 为使用 sing. nom.)
Caulis rubior est, quam radix. 茎比根红。(radix 为使用 sing. nom.)

形容词最高级的用法,请看两个例子。

Dispositio speciminis difficillima est. 标本的摆放是最困难的。
Rosa omnium florum pulcherrima est. 玫瑰是所有花中最美丽的。

形容词的比较等级有规则的和不规则的两种。对于规则的形容词比较等级,由原级改变为比较级或最高级的方法是:先去原级的格词尾,加-ior 即构成阳性或阴性的比较级;加-ius 即构成中性比较级;如果加-issimus 即构成阳性最高级;如果加-issima 即构成阴性最高级;如果加-issimum 即构成中性最高级。但在以-er 结尾的原级形容词单数主格词尾上加-rimus，-rima，-rimum，即构成阳性、阴性、中性的最高级。

另外，有些形容词的最高级是不规则的，需要特别注意，举例见表 3.19，请扫描第 44 页第 11 课二维码进行听读。

表 3.19　最高级不规则的形容词举例

形容词	原　　形			最　　高　　级		
	m.	f.	n.	m.	f.	n.
红色的	ruber	rubra	rubrum	ruberrimus	ruberrima	ruberrimum
分离的	liber	libera	liberum	liberrimus	liberrima	liberrimum
尖的	acer	acris	acre	acerrimus	acerrima	acerrimum
容易的	facilis	facilis	facile	facillimus	facillima	facillimum
相似的	similis	similis	simile	simillimus	simillima	simillimum
不相似的	dissimilis	dissimilis	dissimile	dissimillimus	dissimillima	dissimillimum
低的	humilis	humilis	humile	humillimus	humillima	humillimum
细的	gracilis	gracilis	gracile	gracillimus	gracillima	gracillimum

关于相对长度的写法，在植物学拉丁文中有些专门的规定。

(1) 形容词比较级用来比较两个名词，被作比较的名词一定使用夺格。例如：

Internodia(nom.) ramulis(abl.) 1～5-plo longiora(nom.). 节间比小枝条长 1～5 倍。

Internodiis(s. n. Ⅱ pl. abl.) ramulis(s. m. Ⅱ pl. abl.) 1～5-plo longioribus(pl. abl.). 具有长 1～5 倍于小枝条的节间。

Spatha(nom.) pedicellis(abl.) 5-plo brevior(nom.). 佛焰苞是花梗的 1/5 长。

Spatha(abl.) pedicellis(abl.) 5-plo breviore(abl.). 具有 1/5 花梗长的佛焰苞。

(注意：spatha 是 s. f. Ⅰ，其单数的 nom. 与 abl. 的词尾相同。)

当形容词主格的词尾是以-uus，-ius，-eus 结尾时，它们的比较级和最高级是通过在原级前面加副词来构成的，比较级加 magis(较……，更……)，最高级加 maxime(最……)。

(2) 形容词性的分词 aequans(part. B，相等的，参见第 72 页关于分词，变格参见表 3.14 右侧"-ns")和 superans(part. B，超过的)，对于比较的两个名词在格上的使用有要求。即第 1 个名词可用主格或夺格，而第 2 个名词则一定用受格。例如：

Petala(nom.) calycem(acc.) superantia(pl. nom.). 花瓣超过花萼。

Petalis(abl.) calycem(acc.) superantibus(pl. abl.). 具有超过花萼的花瓣。

Lobi(nom.) tubum(acc.) aequantes(pl. nom.). 裂片等长于筒部。

Lobis(abl.) tubum(acc.) aequantibus(pl. abl.). 具有等长于筒部的裂片。

Inflorescentia(s. f. Ⅰ sing. nom.) folium(s. n. Ⅱ sing. acc.) caulinum(adj. A acc.) superans(part. B sing. nom.). 花序长超过茎生叶。

第三节　数　　词

在拉丁文中，数词(numerale)分为 4 种。
(1) 基数词——表示事物的数量。
(2) 序数词——表示事物出现的顺序。
(3) 分配数词——表示(每次)各有几个。
(4) 副词性数词——表示几次(将整体分为若干次)。

一、基数词

基数词都没有数的词尾变化(无单数与复数之分)。基数词分为两种情况，一些基数词无性和格的变化，这样的基数词只有 1 种形式的单词，如基数 4~100,104~199,1 000 等；另一些基数词是有性和格的变化，如个位数是 1~3(包括两位数 21~23,31~33,以及三位数 101~103,201~203 等，而 11~13 是例外)，200~900(整百)，2 000~9 000(整千)。注意，被基数词修饰的名词本身有性、数、格的变化。

基数词的 1,2,3 是比较复杂的，有性和格的变化规律。我们先看看 unus(1),duo(2)和 tres(3)的主格和所有格的三性词尾变化，参见表 3.20。

表 3.20　unus,duo 和 tres 的主格和所有格的变化

		m.	f.	n.
unus(1)	nom.	unus	una	unum
	gen.	unius	unius	unius
duo(2)	nom.	duo	duae	duo
	gen.	duorum	duarum	duorum
tres(3)	nom.	tres	tres	tria
	gen.	trium	trium	trium

由于从 4~100 的基数词无性和格的变化，比较好记忆，请看下面的基数词举例。但是，两位数以上的数字(11,12,13 是例外)，其中个位数是 1~3 的则需变格与变性(见表 3.20)。

拉丁文基数词的发音举例如下，请扫描右侧第 12 课二维码进行听读。

第 12 课二维码

1　unus,-a,-um(m. /f. /n.)
2　duo,-ae,-o
3　tres,-es,-ia
4　quattuor(无需变格，下同)
5　quinque
6　sex
7　septem
8　octo
9　novem
10　decem
11　undecim
12　duodecim
13　tredecim
14　quatuordecim

15	quindecim	50	quinquaginta
16	sedecim	60	sexaginta
17	septendecim	70	septuaginta
18	duodeviginti	80	octoginta
19	undeviginti	90	nonaginta
20	viginti	100	centum
21	unus et viginti(unus 变格)	101	unus et centum(unus 变格)
22	duo et viginti(duo 变格)	200	ducenti,-ae,-a(m. f. n.)
23	tres et viginti(tres 变格)	300	trecenti,-ae,-a
24	quattuor et viginti	400	quadringenti,-ae,-a
28	duodetriginta	500	quingenti,-ae,-a
29	undetriginta	600	sescenti,-ae,-a
30	triginta	700	septingenti,-ae,-a
38	duodequadraginta	800	octingenti,-ae,-a
39	undequadraginta	900	nongenti,-ae,-a
40	quadraginta		

从上面的词尾变化看,基数词的词尾变化比较复杂,使用时要注意参考相关资料。

200～900(整百)的性和格的变化,按照形容词 A 类复数(三尾形容词)变化词尾。例如,200 的主格,其 m.,f.,n. 分别是 ducenti,-ae,-a;200 的所有格,其 m.,f.,n. 分别是 ducentorum,-arum,-orum。

基数词的位数有两种表示方法:一种是先写十位数,后写个位数,例如,sexaginta sex(66);另一种是先写个位数,后写十位数,中间加 et 连接,例如,novem et octoginta(89)。在使用基数词时,遇到1,2,3 作为个位数(但 11,12,13 是例外)时,仅个位数需要变格。这与形容词用法一样,要求与所修饰的名词在性和格方面保持一致。

基数词 mille(1 000),在单数(1 000 整)时不变格,当用复数(2 000,3 000 等)时要求变格,变格时按照中性名词第Ⅲ变格法进行词尾变化。注意,当基数词 mille(千,单数)与名词连用时,后面的名词要用复数主格;当基数词 mille(千,复数)与名词连用时,后面的名词要用复数所有格。

按照上述的规则和方法,可以表达任何基数词。例如:

3 片叶子。Tria folia. (tres 用 n. nom.,folium 用 n. pl. nom.)

7 枚心皮。Septem carpidia. (septem 无性的变化,carpidium 用 n. pl. nom.)

100 个果实。Centum fructus. (centum 无性的变化,fructus 用 m. pl. nom.)

500 颗种子。Quingenta semina. (quingenti 用 n.,semen 用 n. pl. nom.)

2 000 颗种子。Duo millia seminum. (mille 用 pl.,semen 用 n. pl. gen.)

1 000 年。Mille anni.

2 000 年。Duo millia annorum.

6 000 株幼苗。Sex millia plantularum.

具有 600 株幼苗。Sescentis plantulis. (f. pl. abl.)

第三章 拉丁文的词类

6 821 株幼苗。Sex millia octingenta viginti una plantulae.
具有 21 株幼苗。Plantulis unis et viginti.
7 000 朵花。Septem millia florum.
具有 8 064 朵花。Octo millila sexaginta quattuor floribus.（基数词不变格）
10 000 个细胞。Decem millia cellularum.

二、序数词

序数词要根据所修饰的名词去变化序数词的词尾，序数词只用单数，但有性和格的变化。阴性（f.）序数词按照名词第Ⅰ变格法单数变化词尾，阳性（m.）和中性（n.）序数词按照名词第Ⅱ变格法单数变化词尾。值得注意的是，序数词要后置，即放在所修饰的名词的后面，与其在性和格上保持一致。例如（注：单词后面的2个词尾分别是该词的 f., n. 词尾）：

第 1	primus,-a,-um	或	tertius et vicesimus,-a,-um
第 2	secundus,-a,-um	第 28	duodetricesimus,-a,-um
第 3	tertius,-a,-um	第 29	undetricesimus,-a,-um
第 4	quartus,-a,-um	第 30	tricesimus,-a,-um
第 5	quintus,-a,-um	第 40	quadragesimus,-a,-um
第 6	sextus,-a,-um	第 50	quinquagesimus,-a,-um
第 7	septimus,-a,-um	第 60	sexagesimus,-a,-um
第 8	octavus,-a,-um	第 70	septuagesimus,-a,-um
第 9	nonus,-a,-um	第 80	octogesimus,-a,-um
第 10	decimus,-a,-um	第 90	nonagesimus,-a,-um
第 11	undecimus,-a,-um	第 100	centesimus,-a,-um
第 12	duodecimus,-a,-um	第 101	centesimus primus
第 13	tertius decimus,-a,-um	或	unus et centesimus
第 14	quartus decimus,-a,-um	第 200	ducentesimus,-a,-um
第 15	quintus decimus,-a,-um	第 300	trecentesimus,-a,-um
第 16	sextus decimus,-a,-um	第 400	quadringentesimus,-a,-um
第 17	septimus decimus,-a,-um	第 500	quingentesimus,-a,-um
第 18	duodevicesimus,-a,-um	第 600	sescentesimus,-a,-um
第 19	undevicesimus,-a,-um	第 700	septingentesimus,-a,-um
第 20	vicesimus,-a,-um	第 800	octingentesimus,-a,-um
第 21	vicesimus primus,-a,-um	第 900	nongentesimus,-a,-um
或	unus et vicesimus,-a,-um	第 1 000	millesimus,-a,-um
第 22	vicesimus,-a,-um alter	第 2 000	bis millesimus,-a,-um
或	alter et vicesimus,-a,-um	第 3 000	ter millesimus,-a,-um
第 23	vicesimus,-a,-um tertius	第 10 000	decies millesimus,-a,-um

序数词的用法与基数词有所不同，它与被修饰的名词在性和格上保持一致，并要置于该名词之后。例如：

Flos primus. 第 1 朵花。(flos 用 m. sing. nom.)
Nucula prima. 第 1 枚小坚果。(nucula 用 f. sing. nom.)
Folium primum. 第 1 片叶。(folium 用 n. sing. nom.)
Fructi secundi. 第 2 个果实。(fructus 用 m. pl. nom.)(修饰阳性名词)
Speculae secundae. 第 2 个小穗。(specula 用 f. pl. nom.)(修饰阴性名词)
Calathia secunda. 第 2 个头状花序。(calathium 用 n. pl. nom.)(修饰中性名词)
Drupae quartus decimae. 第 14 个核果。(drupae 用 f. pl. nom.)
Drupae ducentesimae. 第 200 个核果。(drupae 用 f. pl. nom.)
Foliistrecentesimis. 具有第 300 个叶。(foliis 用 n. pl. abl.)

三、倍数与重数

倍数有倍数形容词和倍数名词两种，重数仅有形容词。例如：
(1) 倍数形容词。例如：

一倍的　simplus,-a,-um　　　　　　　二倍的 duplus,-a,-um

(2) 倍数名词。例如：

一倍　simplum s. n. Ⅱ　　　　　　　三倍 triplum s. n. Ⅱ

(3) 重数形容词。例如：

双重的　duplex,-icis　　　　　　　五重的　quintuplex,-icis

请看例句：
Folia sextuplo longiora quam latiora. 叶片长是宽的 6 倍。

四、分数与一半

分数的表示方法，分子用基数词，分母用序数词。当表示"几分之一"时，这个"一"就用 pars。当分子大于 1 时，序数词的性、数、格与 pars 一致。例如：

1/2　pars secunda　　　　　　　2/3　partes duae tertiae
1/3　parstertia　　　　　　　　3/4　partes tres quartae
1/4　pars quarta　　　　　　　　4/5　partes quattuor quintae

一半的表示方法有 3 种：一是使用前缀，放在名词的前面。前缀有 semi-(拉)和 hemi-(希)。另一种是用名词"一半"，即 dimidium(s. n. Ⅱ)，dimidio 为副词。还有一种是用形容词"一半的"，即 dimidius,-a,-um，来修饰名词。

五、分配数词

分配数词在"各 1 个"至"各 5 个"中有性的变化,但是无数和格的变化。从"各 6 个"以后,均无性、数、格的变化。例如:

各 1 个　singuli(m.);singulae(f.);singula(n.)
各 2 个　bini(m.);binae(f.);bina(n.)
各 3 个　terni(m.);ternae(f.);terna(n.)
各 4 个　quaterni(m.);quaternae(f.);quaterna(n.)
各 5 个　quini(m.);quinae(f.);quina(n.)
各 6 个　seni(无性、数和格的变化,下同)
各 7 个　septeni
各 8 个　octoni
各 9 个　noveni
各 10 个　deni

六、副词性数词

副词性数词在 4 类数词中是最简单的,它们均无性、数、格的变化。例如:

1 次　semel　　　　　6 次　sexies
2 次　bis　　　　　　7 次　septies
3 次　ter　　　　　　8 次　octies
4 次　quarter　　　　9 次　novies
5 次　quinquies　　　10 次　decies

第四节　代　名　词

代名词(pronomen,缩写 pron.)是用来代替名词,同名词一样有性、数、格的变化。在植物学拉丁文中,代名词使用得不多。但有些代名词的性、数、格变化是比较复杂的。

代名词分为以下几类,在植物学拉丁文中,形容代词比较重要,其他的代名词很少用到。以下简要加以说明。

一、形容代词

形容代词(adiectivum pronominale)的后面不带有名词,即不定形容词作代词用。形容代词有性、数、格的变化。例如,下面 8 个形容代词的性的变化是(3 个词尾分别是 m.,f.,n.):

totus, a, um（整个的）　　　　　　ullus, a, um（无论什么样的，某个）
solus, a, um（唯一的，独自的）　　 uter, -era, -erum（两者之一）
alius, a, um（其他的，另一个，别个）nullus, a, um（没有）
alter, -era, -erum（第二个，另一个）neuter, -era, -erum（两者皆非）

形容代词有单数和复数之分，格的变化按照名词的第Ⅰ变格法或第Ⅱ变格法进行变格。阴性的形容代词，按照名词的第Ⅰ变格法进行变格；阳性和中性的形容代词，按照名词的第Ⅱ变格法进行变格。但是，单数的形容代词，各性的所有格的词尾都是-ius；与格的词尾都是-i。

关于 alius（另一个，其他）和 alter（两者之一，第二个）的变格情况见表 3.21。

表 3.21　alius 和 alter 的性、数、格的变化

数	格	alius			alter		
		m.	f.	n.	m.	f.	n.
单数	nom.	alius	alia	aliud	alter	altera	alterum
	acc.	alium	aliam	aliud	alterum	alteram	alterum
	gen.	alius	alius	alius	alterius	alterius	alterius
	dat.	alii	alii	alii	alteri	alteri	alteri
	abl.	alio	alia	alio	altero	altera	altero
复数	nom.	alii	aliae	alia	alteri	alterae	altera
	acc.	alios	alias	alia	alteros	alteras	altera
	gen.	aliorum	aliarum	aliorum	alterorum	alterarum	alterorum
	dat.	aliis	aliis	aliis	alteris	alteris	alteris
	abl.	aliis	aliis	aliis	alteris	alteris	alteris

请看下面两个例句：

Species pulchra nulli alii arctius affinis. 一个美丽的种，没有别的种同她更近些。（因为 species 是阴性名词，所以用"她"。affinis 要求用与格，alii 为阴性、单数、与格。）

Specimen alterum nervos laterales habet. 第二个标本有侧脉。（alterum 用中性、单数、主格，因为 specimen 是中性、单数；nervos 用复数、受格。）

二、人称代词

人称代词（pronomen personale）包括 ego（我），tu（你），is（他），ea（她），id（它）；nos（我们），vos（你们），ii（他们），eae（她们），ea（它们）。人称代词除了数以外，并且有格的变化。例如：ego（我），mihi（给我），mei（我的），me（把我），me（被我）。

在植物学拉丁文中，第三人称代词特别重要。所代替的植物器官是什么性属，就要用相应的性属代词。例如：cirrus（m.）（卷须）用 is；spina（f.）（刺）用 ea；phyllum（n.）（叶）用 id。第三人称代词的变格参见表 3.22。

表 3.22　第三人称代词性、数、格的变化

数	单数(sing.)			复数(pl.)		
性	m. 他	f. 她	n. 它*	m. 他们	f. 她们	n. 它们
nom.	is	ea	id	ei(ii)	eae	ea
acc.	eum	eam	id	eos	eas	ea
gen.	ejus	eius	eius	eorum	earum	eorum
dat.	ei	ei	ei	eis(iis)	eis(iis)	eis(iis)
abl.	eo	ea	eo	eis(iis)	eis(iis)	eis(iis)

* 从修辞技术上讲，在拉丁文中是没有第三人称代词(is,ea,id)，而常用限定代词代替空缺人称。

关于人称代词的使用方法，请看下面的例子：

Lamina basi in petiolum angustata eumque marginans. 叶片基部狭缩成叶柄，并使叶柄具有边缘。

注意：人称代词 eum 是 is(他)的单数、阳性、受格形式，而后面的-que 是连接词(因为 petiolum 是阳性单词，故不能使用中性人称代词 id)。

三、反身代词

反身代词(pronomen reflexivum)只有一个词，sui(自己)，无性和数变化，但是有格的变化。即 sui(自己的)，sibi(给自己)，se(把自己，被自己)，无主格形式。例如：

Eichhornia includit species staminodiis inter se aqualibus. 凤眼蓝属包括具有等长的不育雄蕊的种类。

另外，加强语势的反身代词 ipse(他本身)，ipsa(她本身)，ipsum(它本身)有性、数、格的变化，参见表 3.23。

表 3.23　ipse(他本身)的性、数、格的变化

数	单数(sing.)			复数(pl.)		
性	m.	f.	n.	m.	f.	n.
nom.	ipse	ipsa	ipsum	ipsi	ipsae	ipsa
acc.	ipsum	ipsam	ipsum	ipsos	ipsas	ipsa
gen.	ipsius	ipsius	ipsius	ipsorum	ipsarum	ipsorum
dat.	ipsi	ipsi	ipsi	ipsis	ipsis	ipsis
abl.	ipso	ipsa	ipso	ipsis	ipsis	ipsis

例如：

Proprietate a me ipso haud observati. 一些性状我自己没有观察到。

Folia elliptica basin versus angustata basi ipsa saepe rotundata. 叶椭圆形，向基部变狭，基部本身常为圆形。

四、物主代词

物主代词(pronomen possessivum)比较复杂,有性、数、格的变化。例如,代词 meus(我的)的性、数、格的变化参见表 3.24。

表 3.24　物主代词 meus 的性、数、格的变化

数	单数(sing.)			复数(pl.)		
性	m.	f.	n.	m.	f.	n.
nom.	meus	mea	meum	mei	meae	mea
acc.	meum	meam	meum	meos	meas	mea
gen.	mei	meae	mei	meorum	mearum	meorum
dat.	meo	meae	meo	meis	meis	meis
abl.	meo	mea	meo	meis	meis	meis

五、指示代词

指示代词(pronomen demostrativum)可用作指示形容词。例如:

hic,haec,hoc(m.,f.,n.)(这个)
ille,illa,illud(m.,f.,n.)(那个)
is,ea,id(m.,f.,n.)(那个)
iste,ista,istud(m.,f.,n.)(这里)
idem,eadem,idem(m.,f.,n.)(就是那个)
ipse,ipsa,ipsum(m.,f.,n.)(自己,本身)

指示代词有数和格的变化。我们来看三个例句:

Foliola in **eodem** folio difformia. 小叶在同一叶片中形状不一。

Folia omnia radicalia, **illis** Orixae japonicae similia. 叶都自根生出,它们的形态似 *Orixa japonica* 的叶子。(由于 similia 要求使用与格,所以 illis 是指示代词 ille 的复数与格形式。)

Habitu Galio lucido simile, characteribus ad G. palustre magis accedit; ad **illo** differt foliis floribusque, ad **hoc** habitu. 体态似 *Galium lucidum*,它的许多特征更接近于 *G. palustre*;叶和花不同于前者,体态又不同于后者。[illo 是指示代词 ille(前者)的 m.,sing.,abl. 形式;hoc 是指示代词 hic(后者)的 m.,sing.,abl. 形式。]

指示代词的主格是:hic(m.),haec(f.),hoc(n.)(这个,后者,后一个);ille(m.),illa(f.),illud(n.)(那个,前者,前一个)。指示代词的性、数、格的变化参见表 3.25。

表 3.25　指示代词的性、数、格的变化

数	格	hic(这个)			ille(那个)		
		m.	f.	n.	m.	f.	n.
单数	nom.	hic	haec	hoc	ille	illa	illud
	acc.	hunc	hanc	hoc	illum	illam	illud
	gen.	huius	huius	huius	illius	illius	illius
	dat.	huic	huic	huic	illi	illi	illi
	abl.	hoc	hac	hoc	illo	illa	illo
复数	nom.	hi	hae	haec	illi	illae	illa
	acc.	hos	has	haec	illos	illas	illa
	gen.	horum	harum	horum	illorum	illarum	illorum
	dat.	his	his	his	illis	illis	illis
	abl.	his	his	his	illis	illis	illis

例如：

In **hoc** libello. 在这本小册子里。(libellus　s. m. Ⅱ；hoc 是 hic 的 m. sing. abl. 形式。)
In **hac** insula. 在这个岛屿上。(insula　s. f. Ⅰ；hac 是 haec 的 f. sing. abl. 形式。)
In **hoc** legumine. 在这个豆荚里。(legumen　s. n. Ⅲ. Ⅵ；hoc 是 hoc 的 n. sing. abl. 形式。)

六、相关代词

相关代词（pronomen correlativum）包括 tantus,-a,-um(m., f., n.)（多大）；talis,-is,-e(m., f., n.)（这样的）；qualis,-is,-e(m., f., n.)（什么样的）；quantus,-a,-um(m., f., n.)（多大）。相关代词也有数和格的变化。

tantus,-a,-um 和 quantus,-a,-um 分别按照名词第Ⅰ变格法和第Ⅱ变格法进行变格。talis,-is,-e 和 qualis,-is,-e 按照名词的第Ⅲ变格法的第ⅱ类进行词尾变格。

相关代词可以组成 4 对，它们是：

　　qualis,-is,-e…talis,-is,-e…　　这样……这样……
　　quantus,-a,-um…tantus,-a,-um…　　多大……多大……
　　quantum…tantum…　　多少……多少……
　　quot…tot…　　多少……多少……

其中，前面两对相关代词有性、数、格的变化，后面两对相关代词无性、数、格的变化。例如：

　　Quali plantae, tali flori. 什么样的植物，开什么样的花。(sing., dat.)
　　Quantum plantulae, tantum plantae. 有多少幼苗，就有多少植株。
　　Quot flores, tot fructus. 开多少花，就结多少果。

七、疑问代词

疑问代词(pronomen interrogativum)有两个,即 quis(谁),quid(什么),也属于不定代词(pronomen indefinitum)。疑问代词的变格法见表 3.26。

表 3.26　疑问代词的变格法

格	quis(m./f.)(谁)	quid(n.)(什么)
nom.	quis	quid
acc.	quem	quid
gen.	cuius	cuius
dat.	cui	cui
abl.	quo	quo

八、否定代词和不定代词

否定代词(pronomen negativum)有两个,即 nemo(谁也不……),nihil(没有什么)。否定代词的变格法参见表 3.27。

表 3.27　否定代词的变格法

格	nemo(m./f.)(谁也不)	nihil(n.)(没有什么)
nom.	nemo	nihil
acc.	neminem	nihil
gen.	nullius	nullius
dat.	nemini	nulli
abl.	nullo	nulla

不定代词(pronomen indefinitum)只有性属变化。例如:

aliquis,aliqua,aeliquid(m.,f.,n.)(不论谁)
quilibet,quaelibet,quodlibet(m.,f.,n.)(什么样都行)
quidam,quaedam,quoddam(m.,f.,n.)(某人)
quis,quid(m./f.,n.)(某人,某事,谁)

九、关系代词

关系代词(pronomen relativum)只有一个,即 qui(m.),quae(f.),quod(n.)(这个,那个),有性、数、格的变化,见表 3.28。

表 3.28　关系代词的词尾变化

数	单数(sing.)			复数(pl.)		
性	m.	f.	n.	m.	f.	n.
nom.	qui	quae	quod	qui	quae	quae
acc.	quem	quam	quod	quos	quas	quae
gen.	cuius	cuius	cuius	quorum	quarum	quorum
dat.	cui	cui	cui	quibus	quibus	quibus
abl.	quo	qua	quo	quibus	quibus	quibus

关系代词在句中引导定语从句,关系代词的性和数要和先行词一致,而格的变化要由它在句中所起的作用来决定。例如:

Species affinis Hostae ventricosae a **qua** floribus minoribus differt. 本种近于 *Hosta ventricosa*,而不同于它的是其花较小。(在这里,qui 使用 f. sing. abl.)

Haec species affinis *Lilium callosum* Sieb. et Zucc. **quod** differt folliis bracteisque spathulatis,latioribus. 本种与 *Lilium callosum* Sieb. et Zucc. 近缘,后者与其区别在于叶和苞片匙形,较宽。

总之,代词的用法比较复杂,在具体应用时,要参考相关的拉丁文词典。

第五节　介词、副词和连接词

在植物学拉丁文中,介词、副词和连接词是常用的词。由于这些词没有性、数、格的变化,使用起来还是比较方便的。

一、介词

介词(praepositio,缩写为 praep.)也称前置词,在句子中能够很明确地表明其后面的名词与其他词的关系。在植物学拉丁文中,介词通常对其后面的介词宾语(名词)的格有具体要求,名词的数可根据具体情况而定,而性是名词原有的性属。根据介词对其后面的名词要求使用受格、夺格,以及受格和夺格兼用,共分为三类,必须记住。也就说,介词本身无变化,但跟在它后面的名词受它支配,按要求使用特定的格。

1. 要求用夺格的介词

a,ab(+abl.)　以,从,被　　　　pro(+abl.)　为了,代替
cum(+abl.)　和,同……一起　　sine(+abl.)　缺乏,无
de(+abl.)　关于　　　　　　　absque(+abl.)　缺乏,无

coram(+abl./gen.) 当面,当 tenus(+abl./gen.) 达到,上面(常后置)
e,ex(+abl.) 出自,从……内(当 e 在元音或 h 前,需要用 ex,表示"由……构成,"或"从……里")
super(+abl.) 上面,在……上
prae(+abl.) 前面

请看下面几个例句:

Cum descriptione. 具有描述记录。(descriptio 使用 sing. abl.)
Sine typo. 没有模式。(typus 使用 sing. abl.)
Cellulae usque **ad** 200 μm diametro attingentes. 细胞直径达到 200 μm。(diameter s. m. Ⅱ 使用 sing. abl.)
Ad initio Junii mensis. 从 6 月初起。(initium s. n. Ⅱ 使用 sing. abl.)
Species nova **a** specie praecedente bene distincta. 新种同前一种容易区别。(species s. f. V 使用 sing. abl.)
Cum exemplibus Asiae ad amussim convenit. 这个标本确实与亚洲的一些标本是一样的。(exemplum s. n. Ⅱ 使用 pl. abl.)
Sub anthesi. 在花期。(anthesis s. f. Ⅲ 使用 sing. abl.)

2. 要求用受格的介词

ad(+acc.) 在,向
ante(+acc.) 前面
inter(+acc.) 其中,在中间
intra(+acc.) 在内,里面
infra(+acc.) 下面,下边
ob(+acc.) 因为
post(+acc.) 在后,后边
per(+acc.) 通过,由于
prope(+acc.) 近
supra(+acc.) 上面
trans(+acc.) 越过,在那边
ultra(+acc.) 超过
versus(+acc.) 向
secus(+acc.) 沿着

secundum(+acc.) 按照,依据
cis,citra(+acc.) 在这边
circa,circiter(+acc.) 大约
circum(+acc.) 围绕
apud(+acc.) 按照,在……著作中
adversus(+acc.) 对面
contra(+acc.) 相反,相对,反对
extra(+acc.) 外面
erga(+acc.) 向着
iuxta/juxta(+acc.) 接近,依照
penes(+acc.) 在……范围之内
pone(+acc.) 在后面
praeter(+acc.) 除了……外
propter(+acc.) 由于

请看下面几个例句:

Secundum iconem. 根据图。(icon 使用 sing. acc.)
Ante anthesin, **post** anthesin. 花期前,花期后。(anthesis s. f. Ⅲ 都使用 sing. acc.)
Infra laminam. 在叶片下面。(lamina s. f. Ⅰ 使用 sing. acc.)
7 000 species **per** totum orbem dispersae. 有 7 000 个种分布于全世界。(totus adj. A 和 orbis s. m. Ⅲ 都使用 sing. acc.)

3. 要求夺格和受格兼用的介词

有的介词要求用夺格或受格均可。例如：

in(＋acc./abl.) 当用 acc. 时：入内，往……里（表示运动方向）；当用 abl. 时：在……里，在其中（表示静止状态）

super(＋acc./abl.) 上面，在……上

subter(＋acc./abl.) 下面

clam(＋acc./abl.) 不知

例如 in 的用法：

In hoc libro. 在这本书里。（liber s. m. Ⅱ使用 sing. abl.）

In speciminibus cultis. 在栽培的许多品种中。（specimen s. n. Ⅲ使用 pl. abl.）

Species **in** utroque orbe vigentes. 这些种在世界的两半球生长着。（orbis s. m. Ⅲ使用 sing. abl.）

In Europa floret medio Junio. 在欧洲于 6 月中旬开花。（地名 Europa s. f. Ⅰ和时间 medium s. n. Ⅱ，Junius s. m. Ⅱ都使用 sing. abl.；在时间前面省略了 in）

In hortos mediae Europae. 在欧洲中部的花园里。（hortus s. m. Ⅱ使用 pl. acc.）

Folia basi **in** petiolum angustata. 叶在基部狭缩成叶柄。（petiolus s. m. Ⅱ使用 sing. acc.）

在植物学拉丁文中，介词 in 的后面使用夺格时，表示"在……里"，以描述静态特征；但有时在描述具有变化的动态特征时，却要用受格，表示"往……里"（参见第四章）。

二、副词

副词（adverbium，缩写 adv.）在植物学拉丁文中用得较多，可用来修饰动词、形容词以及另一个副词。许多副词与其形容词很相似，因为许多形容词可以通过改变词尾转变为副词。有些副词又可作连接词使用，或作介词使用。

1. 副词的来源和形式

在拉丁文中，副词的来源和形式有以下几种：

(1) 副词借助于形容词的词干加上词尾-e，-ter，-iter 构成。

① 第Ⅰ和第Ⅱ变格法形容词的词干后加词尾-e。例如：

pulcher（美丽的）→pulchre（美丽地）

② 第Ⅲ变格法形容词的词干后加词尾-iter。例如：

brevis（简短的）→breviter（简短地）

③ 以 ns 结尾的第Ⅲ变格法形容词的词干后加词尾-ter。例如：

recens（新鲜的）→recenter（新鲜地）

(2) 某些名词、代词和形容词的夺格(以-o 结尾)可作副词用。
(3) 许多代名词和形容词的中性单数受格(以-um 结尾)也可作副词用。
(4) 表示空间范围的副词以-tus 结尾；还有少数副词以-tim 结尾。

2. 常用的副词

在植物学拉丁文中，描述植物特征时常用的副词有：
(1) 表示方向与方位的副词

向上　sursum
向下　deorsum
从外面　extrinsecus
从里面　intus
外面,在外面　extra;extus
里面,在里面　intus;intra
在前面　antice
在后面,在背面　postice
向后地,向背面地　recessim
上面,在上面　supra(adv./praep.)
下面　inferne
上边,从上面　superne
内向地　introrsum
向内地　intrinsecus
向里面地　penitus
向左地,顺时针地　sinistrorsum
向右地,逆时针地　antihelicte;dextrorsum
向两边,向两端地　utroque
背向地　retrorsum
相反地　diagnonaliter
腹面地　ventraliter
在两边　bifariam
在两面,在一面和另一面　utrimque;utrinsecus
在这边……在那边……　hinc…inde…
从不同方向　hinc et inde
纵向地,纵行地　longitudinaliter
横行地,横向地　transverse;transversim;transversaliter
向前,直向前　prorsus
无论何处　alicubi
倒置地　inversum;inverse
近,靠近,在……旁边　juxta/iuxta(adv./praep.)

向　versus(adv./praep.)
转向……方,向　versum

(2) 表示时间的副词

开始　initio;primo
起初,原来　primitus
首先,尤其　apprime
第一　primum
很快地　cito
慢慢地　lente
缓慢地　tarde
立刻　statim
不久,马上　mox
临时,暂时　temporaliter;in tempus;ad interim
长时间地,经久地　diu
迅速地　celeriter
紧接着(……之后)　subinde
当时,当,其实,何处　ubi
同时,暂时　interea;interim
同时地,一起地　simul
有时,偶然地　interdum;nonnunquam;temere;fortuito
时常,常常地　increbre
经常地,极常,几乎总是　persaepe;saepissime
颇为经常　saepiuscule
往往,常常,总是　pluries;semper;saepe
习惯地,经常地　solemniter
以后　post;postea
突然地　abrupte
急剧地,突然地　subito
曾经,从前　olim
迄今,直到　usque;adhuc
近来　nuper
现在,已经,目前　jam(iam);nunc
无论何时,随时随地　quandocumque
任何时候　aliquondo
以前,先于此　antea
晚地,迟地　sero
最后,以后　demum;ultimo(adv./conj.);postremo;denique

(3) 表示度量与数量的副词

长地　longe
短地,简短地　breviter
高地　alte
较高地　altius adv. compar.
宽地　late
狭地　anguste
远地　remote
稍远地　remotiuscule
很多　quamvis(adv./conj.)
比……更多,比　quam
较多地　magis
很多地,大大地　magnopere
较多地,有几分,宁肯　potius
少,小　paulum(paullum); pauce
很少　paululum
太少　parum
少,几乎不,几乎无　vix; non nihil; paulo
一点点地　pauxillum
稀少地,罕见地,稀奇　raro
稀少,少,稀地,不常地　sparse; rarius; infrequenter
最小地,极小,最少地　minime
一次,一度　semel
再一次,再次　iterum
再三　saepenumero
两次,两倍　bis
三次,三倍　tripliciter; ter
四次,四倍　quater
几次,几倍　aliquoties
几次地,多倍地　multoties
重复地,再一次　crebriter; crebro; repetite; identidem; iterum
来来回回,前前后后　ultro et citro; ultro citroque

(4) 表示程度的副词

全部,所有,皆　omnino; solum; nonnisi
完全地　toto; caelo
各方面　quaquaversus
颇为,全然,皆,整个地　admondum; omnino
相当,甚,颇　plane; sat; satis; admodum

强烈地　intense
急尖地　acute
尖锐地　argute
至少,总之,无论如何　certe;saltem
浅色地,淡白色地,轻松地　pallide;dilute
深色地,浓厚地,强度地,充分地　saturate
明显地　conspicuo;scilicet;manifeste
显著地,有记号的　sigillatim
非常地,大大地　magnopere;summe;insigniter;nimis;nimio
非常,很多　summopere
常常,多量地,极,大,很多　multum;molto
最大程度上　maxime
同样地　aequaliter;similiter;ut/uti;itidem;aeque;pariter
几乎,大约　fere;paene;plusminusve
几乎不,几乎无　vix
不愿地,勉强地,几乎不　aegre
任意地,各处　passim
很可能　verosimiliter
一定地　certo
差不多　paene
无疑地,真地,当然,确切地　vero;vere
通常地,一般地　vulgo;saepe;universe
逐渐地,逐渐,缓慢地,温和地　gradatim;sensim;leniter
轻微地　leviter
细微地　subtiliter
略微,有几分,稍稍　aliquantum;aliquanto;laete;modice
恰好,极　modo;admodum
略为　nonnihil
比较地,相对地　relative;comparate
明显地　conspicuo;scilicet
明晰地,明显地,清楚地,分明地　distincte;clare
仅仅,不过　tantum;modo
优越地,出色地　eximie;egregie
超过　ultra
容易地　facile
困难地,不容易地　difficiliter;difficulter;difficile

(5) 表示方式与状态的副词

正如,如同,例如,像　sicut;veluti;velut

同样,同样地　similiter;itidem;item
不同地　varie
交互地　alternatim
紧密地,坚固地　arcte;arte;spisse
分开地,分离地　seorsim;sejunctim;discretim;disjuncte
分别地,不同地　aliter
分散地,到处,处处　vage
遍地,到处可见　passim;dispersim;disperse
单独地　singulariter;singulatim
成对地　binatim
成行地　seriatim
两列地　bifariam
三列地　trifariam
呈三角地　triangule;triangulariter
厚地　crasse;grosse
密地　dense
稀疏地　laxe;tenuiter
稀薄地　rare
平等地,均匀地　aequaliter;aequabiliter
歪地,不对称地　oblique
交替,轮流,轮到　invicem
连续地　deinceps;invicem;successive
轮状排列,轮状着生　verticillatim;verticillate
呈帚状地,呈画笔状地　scoparie
网状地　reticulatim
莲座状地　rosulatim
辐射地　radiatim
呈盾状地　peltatim
弓形地,弧形地　arcuatim
波状地　undatim

(6) 其他副词

虽然,尽管　tamen(adv./conj.);attamen
所以,这样　sic;ideo;hinc;tam(adv./conj.);ergo;ita;igitur;itaque
因此　quare;inde;illinc
不　ni
不,不是　non
全然不　minimopere
还不　nondum

从不　nunquam
并不,不　nec(adv./conj.);necne;neqne
不过,只是,仅,仅是　solummodo;tantum;tantummodo
决不　haud
否则　aliter
有效地　rite
正确地　rite;recte
错误地　errore;mendose;perperam
首要地,主要地　praecipue;inprimis
特别地　praesertim
有秩序地,整齐地　ordinatim;ordinate;regulatim
不规则地,不正常地,无秩序地　irregulariter;inordinate;inordinatim;inordinaliter
奇特地　mire;mirimodis
相互地,互通地　mutuo;mutue
像,好像,如同,正如　velut;tamquam
于是,其次,马上,当时　tum;tunc
如此　ita
即,就是　id est;scilicet
而且,此外　praeterea;insuper
另一方面　vicissim
不管怎么样　nihilominus
标准地　typice
好地　bene
坏地　male
近期地,新鲜地　recenter
卓越地,漂亮地,美丽地　pulchre

在拉丁文中,副词的使用方法比较简单,在语句中没有性、数、格的变化形式。副词一般放在所修饰词的后面。但由于副词具有多种多样的词尾,容易与形容词相混淆,不像中文的"地"与"的"容易分辨,我们在使用拉丁文副词时,一定要注意区分。

3. 形容词转变为副词的方法

形容词转变为副词的方法有以下几种:

(1) 对于 adj. A 类形容词,把结尾的-us 改为-e,就成了副词。例如:angustus(adj. A)(狭窄的),anguste(adv.)(狭窄地);latus(adj. A)(宽的),late(adv.)(宽地);altus(adj. A)(高的),alte(adv.)(高地)。对于以"-er"结尾的形容词,把词尾变为"-re",即成为副词。例如:pulcher(adj.)(美丽的),pulchre(adv.)(美丽地)。

(2) 对于 adj. B 类形容词,把结尾的-is 改为-iter,就成了副词。例如:facilis(adj. B)(容易的),faciliter(adv.)(容易地);spiralis(adj. B)(螺旋状的),spiraliter(adv.)(螺旋状地);

regularis(adj. B)（规则的），regulariter(adv.)（规则地）。其他类似的副词如：horizontaliter（水平地），longitudinaliter（纵长地），difficiliter(difficulter)（困难地）。对于以-er 结尾的 adj. B 类形容词，把-e 去掉后再加-iter，即成为副词。例如：acer(adj.)（尖锐的），acriter(adv.)（尖锐地）。

（3）以-ns 结尾的形容词，可变为-nter 结尾的副词。例如：recens(adj.)（新鲜的），recenter(adv.)（新鲜地）。

像上面这样把形容词转化为副词的做法，在植物学拉丁文中是十分有用的。

4. 副词的比较级和最高级

同形容词一样，副词也有原级(gradus positivus)、比较级(gradus comparativus)和最高级(gradus superlativus)三个比较等级形式。其构成方法是：

副词的比较级为相应的形容词比较级的中性、单数、受格形式。例如：

longe(adv. 长地)的比较级形式是 longius(adv. compar. 较长地)，它是来自 longius(longus adj. A，较长的)，使用形式为 compar. n. sing. acc.。

副词的最高级为相应的形容词最高级（单数、主格）的词干，将词尾改为-e（副词无性属，三性相同）即可。例如：

longe(adv. 长地)的最高级形式是 longissme(adv. superl. 最长地)，它来自 longissmus(-a, -um)(longus adj. A，最长的)，使用形式为 superl. sing. nom.。

常用的几个副词比较级和最高级如下：

原级	比较级	最高级
bene(好)	melius(较好地)	optime(最好地)
male(坏)	peius(较坏地)	pessime(最坏地)
multum(多)	plus(较多地)	plurimum(最多地)
paulum(少)	minus(较少地)	minime(最少地)
cito(快)	citius(较快地)	citissime(最快地)
diu(长)	diutius(较长地)	diutissime(最长地)
celeriter(迅速地)	celerius(较迅速地)	celerissime(最迅速地)
facile(容易地)	facilius(较容易地)	facillime(最容易地)

三、连接词

连接词(coniunctiones，缩写为 conj.)在植物学拉丁文中也是经常使用的，用来连接单词或短语以及句子，表示它们之间的语法关系。连接词的使用方法一般分为三种：一种是单独使用的词；另一种是成对使用的词；还有一种是以词尾的形式作连接词，与被修饰词的词尾连接起来使用。

1. 单独使用的连接词

et 和,与,以及	si 如果
cum 和,与,以及	tam 所以
ac 和,与	tamen 虽然
atque 和,与,以及	ultimo 最后
ut 为了(在 ut 之后要用动词的假定式)	unde 从此
etsi 即使	vel 或
licet 虽然	aut 或
quod 因为	seu 或
sed 然而,但是	sive 或

2. 成对使用的连接词

nec…et… 不但……,而且……	nec…nec… 既不……,也不……
neque…et… 不但……,而且……	neque…neque… 既不……,也不……
vel…vel… 或……,或……	

3. 以词尾作连接词

-que 和,与,以及   -ve 或

注意：这一类连接词是以词尾的形式附加在单词的后面,并且重音总是在-que 或-ve 前面的一个音节上。

例如,"黑色和白色的"的拉丁文译文有以下几种(注意单词的前后位置)：

niger **et** albus
albus **ac** niger
albus **atque** niger
niger albus**que**(词尾作连接词)

另外,在使用连接词时,有的可使用缩写形式。例如：

erecto **v.** parum intus curvato.（v. ＝vel） 直立或略向内弯曲。

第六节 动 词

在植物学拉丁文中,由于使用的大多数是描述性语言,所以动词(verbum)用得很少。幸亏我们在描述植物时几乎不用动词,否则,我们将在学习植物学拉丁文时会遇到更大的困难。

因为在拉丁文中,动词的变化是最复杂的。

一、动词的语态与时态

动词与名词相比,除了有性、数、格的变化以外,还有其他方面的变化。主要有:

(1) 两种语态(genera):主动态(genus activum)和被动态(genus passivum)。

(2) 三个人称(persona):三个人称代词各自有语态和时态变化。三个人称代词的主动态、叙述式、现在时的单数和复数的变化形式,参见表 3.29。

表 3.29　主动态、叙述式(直陈式)、现在时人称代词的词尾

人　　称	单　　数	复　　数
第一人称(prima persona)	-o	-mus
第二人称(secuda persona)	-s	-tis
第三人称(tertia persona)	-t	-nt

被动态叙述式现在时第三人称的词尾是-tur(单数),-ntur(复数)。主动态叙述式完成时第三人称的词尾是-it(单数),-erunt(复数)。

(3) 四种表述方式(modus):叙述式(直陈式)(modus indicativus)、不定式(modus infinitivus)、命令式(modus imperativus)、假定式(modus conjunctivus)。

(4) 六种时态(tempora):现在时(tempus praesens)、完成时(全过时)(tempus perfectum)、未来完成式(常过时)(tempus imperfectum)、过去完成时(先过时)(tempus plusquamperfectum)、将来时(tempus futurum)、将来完成时(先将时)(tempus futurum perfectum)。

除此之外,动词也分为及物动词(verbum activum,缩写为 va.)和不及物动词(verbum neutrum,缩写为 vn.)两种。例如:describo va.(Ⅲ)(描述),cresco vn.(Ⅲ)(生长)。有的动词既可用作及物动词,又可用作不及物动词。例如:evolvo va./vn.(Ⅲ)(发育)。

同样,动词有动名词(gerundium)、分词(participium)和不定式(原形动词)等形式。其中,分词又分为现在分词(participium praesens)、过去分词(participium perfectum)、将来分词(participium futurum)和将来被动分词(动词形容词)(gerundivum)。

二、分词

在植物学拉丁文中有一类近似于形容词作用的分词(participium),也称形动词,属动词的一部分。在植物学拉丁文中的分词,主要使用现在分词和完成分词,用来描述植物的习性、生长发育和繁殖的状态、过程或结果。由于拉丁文的动物在语态、时态、人称和变格等方面都非常复杂,幸亏在植物学拉丁文中分词是使用动词的唯一形态。正如在本书绪论中所引用的林奈的一段话:"一个初学的年轻人,在他能够胜任任何科学研究以前,为了要学好各种文字,就会变成老人。"

植物学拉丁文中的分词只有两类:分词 A(part. A,被动完成分词)和分词 B(part. B,主动现在分词)。

（一）分词 A(Part. A)

分词 A 具三个不同词尾，使用时对应于不同性属的名词，其 m. , f. , n. 的词尾分别是-us，-a，-um，即相当于三尾形容词。例如，atrat-us m. ,-a f. ,-um n.（变黑了的）；lect-us m. ,-a f. ,-um n.（采集来的）；distinctus m. ,-a f. ,-um n.（明显的，清晰的）；divaricatus m. ,-a f. ,-um n.（广叉开的）；prostratus m. ,-a f. ,-um n.（平卧的）；protentus m. ,-a f. ,-um n.（伸展的）等。A 类分词所具有的三种词尾,-us，-a，-um(m. , f. , n.)，是分别按名词第Ⅰ或第Ⅱ变格法进行变化词尾的。分词 A 它属于形容词的范畴，与所修饰的名词在性、数、格的变化方面保持一致。如果分词 A 用作种加词，必须与属名在性属上一致。

（二）分词 B(part. B)

分词 B 只有一个词尾，在修饰不同性属的名词时，或作种加词，其词尾是相同的，即相当于一尾形容词。例如，repens（匍匐着的，匍匐生根的），rumpens（撕裂的），stans（直立着的），divergens（略叉开的），praebens（展开的），confluens（汇合的），prodiens（生于，出自）等。part. B 分词由"词干＋后缀-ns"组成，在英文中的意思相当于"动词＋ing"。B 类分词按名词第Ⅲ变格法进行变化词尾，无性属的变化，只有一种词尾，单数所有格的词尾为-antis 或-entis。

B 类分词在修饰任何性属的名词时都无变化词尾。例如：florens（part. B 在开花），请看下列例句：

Vere florens. 在春季开花。(ver 春季 s. n. Ⅲ ⅴ；使用 abl. sing.)
Aestate florens. 在夏季开花。(aestas 夏季 s. f. Ⅲ ⅱ；使用 abl. sing.)
Autumno florens. 在秋季开花。(autumnus 秋季 s. m. Ⅱ；使用 abl. sing.)
Hieme florens. 在冬季开花。(hiems 冬季 s. f. Ⅲ ⅵ；使用 abl. sing.)

三、动词变化法

在拉丁文中，动词按照人称、数、时、式、态的变化，称为动词变化法。动词根据其不定式的长短音词尾，可分为 4 个变化类群。即：

(1) 第Ⅰ变化法:-are。例如：laborare（劳动）。
(2) 第Ⅱ变化法:-ēre（长元音）。例如：vidēre（看见）。
(3) 第Ⅲ变化法:-ĕre（短元音）。例如：scribĕre（描述）。
(4) 第Ⅳ变化法:-ire。例如：sentire（感觉）。

在拉丁文词典中，它们分别用大写罗马数字Ⅰ、Ⅱ、Ⅲ、Ⅳ来标注。（注意：第Ⅱ变化法和第Ⅲ变化法的区别仅在于 e 的长短音不同。）

动词的词干比较容易确定。第Ⅰ、第Ⅱ、第Ⅳ变化法的动词，去掉词尾-re 后即为词干。而第Ⅲ变化法的动词，要去掉词尾-ere 后才是词干。

拉丁文的动词在词典中有固定的书写形式，首先写出动词的现在时单数第一人称形式，再写出不定式（提示属于第几变化法），最后写出词义。

动词的使用很复杂，它的各种人称、数、时、式、态都在动词本身的词干、干尾和人称词尾中表达出来。即动词由三个部分组成:动词=动词词干+时态干尾+人称词尾。其中,动词词干有3种,分别是现在词干、完成词干、目的动名词词干。时态干尾有6种,分别是将来时主动态干尾、将来时被动态干尾、未来完成时主动态干尾、未来完成时被动态干尾、完成时主动态干尾、完成时被动态干尾。人称词尾有不同人称、数、态的变化,见表3.29。

例如,superare(超越,第Ⅰ变化法动词),第三人称单数主动态叙述式未完成时的动词形式是 supera-ba-t(依次是动词词干 supera-+时态干尾-ba+人称词尾-t),第三人称复数主动态叙述式未完成时的动词形式是 supera-ba-nt。

动词的用法举例如下:

Agricola seminat. 农民播种。
Semen hieme in horto dormit. 冬天种子在花园里休眠。
Seminia hiemibus in horto dormint. 冬天一些种子在花园里休眠。
Professor specimina octo accumulat. 教授收集了8个标本。
Collega Zhang floresprimus et vicesimus examinat. 张同志在检查第21朵花。
Ego seminasecunda et septuagesima conservo. 我在保存第72粒种子。
Nos semina mille conservamus. 我们保存有1 000粒种子。

动词的词尾变化有规则动词和不规则动词之分。在拉丁文词典中,规则动词需要写出4个词尾,依次分别是直陈式现在时第一人称、直陈式完成时第一人称、目的动名词、不定式现在时。举例请见表3.30。

表3.30　规则动词的4个词尾举例

直陈式现在时第一人称词尾	直陈式完成时第一人称词尾	目的动名词词尾	不定式现在时词尾	变格法*	中文词义
form-o	-avi	-atum	-are	va.(Ⅰ)	形成
habit-o	-avi	-atum	-are	va.(Ⅰ)	居住
cogn-osco	-ovi	-itum	-oscere	va.(Ⅲ)	认识
observ-o	-avi	-atum	-are	va.(Ⅰ)	观察
mut-o	-avi	-atum	-are	va.(Ⅰ)	改变
cond-o	-idi	-itum	-ere	va.(Ⅲ)	储藏
dilat-o	-avi	-atum	-are	va.(Ⅰ)	扩张
evan-esco	-escis	-ui	-scere	vn.(Ⅲ)	消失
oc-culo	-cului	-cultum	-culere	va.(Ⅲ)	隐藏
circum-volvo	-volvi	-volutum	-ere	va.(Ⅲ)	缠绕

* va.=verbum activum; vn.=verbum neutrum。

不规则动词具有5个词尾。请看下面的举例,直陈式现在时第一人称有2个词尾,即参见下面列举的词例中的第1列和第2列词尾,分别表示直陈式现在时第一人称的单数和复数;第3个词尾表示直陈式完成时第一人称(见第3列),第4个词尾表示目的动名词(见第4列),第5个词尾表示不定式现在时(见第5列)。例如:

第三章　拉丁文的词类

第1列	第2列	第3列	第4列	第5列	变格法	中文词义
exc-olo	-olis	-olui	-ultum	-olere	va.（Ⅲ）	生长
distin-guo	-guis	-xi	-ctum	-guere	va.（Ⅲ）	区别
dig-nosco	-noscis	-novi	-notum	-noscere	va.（Ⅲ）	分辨
appar-eo	-es	-ui	-itum	-ere	vn.（Ⅱ）	显示
discrep-o	-as	-avi	-itum	-are	va./vn.（Ⅰ）	不同于
conven-io	-is	-i	-tum	-ire	vn.（Ⅳ）	符合
refe-ro	-fers	-tuli	-latum	-fere	va./vn.（Ⅱ）	列入,归于
sece-do	-dis	-ssi	-ssum	-dere	vn.（Ⅲ）	分裂
produ-co	-cis	-xi	-ctum	-cere	va.（Ⅲ）	生出

由此可见,一个动词的词尾变化是多么复杂!

在植物学拉丁文中,有时会用到动词形容词(gerundivum),含有被动态语气。比如在特征简介中,最后一个单词常用到动词形容词,三性的结尾分别是:-endus(m.),-enda/-endae(f.),-endum(n.)。例如:excludendae(除……外的),conservandum(被保留的),distinguenda(以……区别之)。

下面列举几个动词单词的词尾部分变化形式:

词义(英文)	第一人称单数	第三人称单数	现在分词	过去分词
开花(flower)	floreo	floret	florens	—
采集(gather)	colligo	colligit	collagens	collectus
栽培(cultivate)	colo	colit	colens	cultus
生长(grow)	cresco	crescit	crescens	cretus
嫁接(graft)	insero	inserit	inserens	insitus
成熟(ripen)	maturesco	maturescit	maturescens	—

在植物特征简介中经常用到的一个动词是 differo(区分,区别),我们常使用的是第三人称单数形式 differt。其他的动词,这里就不作介绍了。如果需要使用,可去查阅专业的拉丁文书籍。

第四章 植物特征拉丁文描述和特征简介解析

植物学拉丁文在植物分类学上的应用,一个重要方面就是对植物特征进行描述和撰写植物特征简介。在格的使用上,两者是有区别的。植物特征描述使用主格和夺格,表示植物体的形态特征是什么样子,或具有什么特征,各器官名词在句中作主语。而植物特征简介全部使用夺格,表示具什么样的特征,或以哪些特征来识别该植物。

在植物特征拉丁文描述中,名词放在前面,是主语,形容词在后面,副词在形容词的前面。当需要使用介词时,注意有些介词要求其后面的名词使用特定的格。当用名词修饰名词时,起修饰作用的名词用所有格,放在被修饰名词的前面,但也可后置。

除了介词和副词没有性、数、格变化外,名词、形容词和分词都有性、数、格的变化。为了让大家在开始学习拉丁文时,能够理解各种词类的性、数、格的使用方法,下面笔者对范例文章进行了详细注释。范例文章的原句子用四号字体排列,每个单词下面分别用4行小五号字体进行解释。其中,第一行是单词的原形词,即在拉丁文词典上出现的形式;第二行是词类,如果是名词,还标出了性和变格法;第三行是中文词义;第四行是范例文章所使用的性、数、格,介词所要求用的格则用"+acc."或"+abl."表示。对于范例文章中有疑义或有争议的地方,笔者用"*1,*2,*3,…"标出,并在范例文章的中文译文后面进行了讨论,仅供参考。

第一节 植物特征拉丁文描述

在我国的几种植物分类学期刊中,都能够很容易地找到关于植物特征描述的范例论文。为了能够学习和研究一些比较规范的、标准化的植物学拉丁文语句,关于植物特征描述的范例文章,这里还是选择了国外作者当年发表的原始论文。

范例1 长瓣毛茛(新拟)(毛茛科)

Ranunculus longipetalus Hand.-Mazz. (Ranunculaceae)

Perennis*1	rhizomate	brevi	tenui	descendente,	radicibus
perennis	rhizoma	brevis	tenuis	descendens	radix
adj. B	s. n. Ⅲ	adj. B	adj. B	part. B	s. f. Ⅲ. i
多年生的	根状茎	短的	纤细的	下降的	根
f. sing. nom.	n. sing. abl.	n. sing. abl.	n. sing. abl.	n. sing. abl.	f. pl. abl.

filiformibus	elongatis,	fibris	tenuissimis.	Caulis	0.5~10
filiformis	elongatus	fibra	tenuis	caulis	
adj. B	adj. A	s. f. I	adj. B	s. m. III	
线状的	伸长的	纤维	纤细的（最高级）	茎	
f. pl. abl.	f. pl. abl.	f. pl. abl.	f. pl. abl.	m. sing. nom.	

cm. *²	longus,	erectus	vel	ascendens	vel	subprocumbens,
centimetrum	longus	erectus	vel	ascendens	vel	sub-procumbens
s. n. II	adj. A	part. A	conj.	part. B	conj.	part. B
厘米	长的	直立的	或	斜升的	或	平铺的
标准缩写	m. sing. nom.	m. sing. nom.		m. sing. nom.		m. sing. nom.

nudus	vel	1~2 folius *³,		glaber	vel sparse	pilosulus,
nudus	vel	-folius		glaber	vel sparse	pilosulus
adj. A	conj.	comp.		adj. A	conj. adv.	adj. A
裸露的	或	具叶的		无毛的	或 稀少地	柔毛
m. sing. nom.		m. sing. nom.		m. sing. nom.		m. sing. nom.

uniflorus.	Folia	basalia	ambitu	reniformia	vel pentagona	vel
uni-florus	folium	basalis	ambitus	reniformis	vel penta-gonus	vel
adj. A	s. n. II	adj. B	s. n. IV	adj. B	conj. adj. A	conj.
单花的	叶	基部的	轮廓	肾形的	或 五角形的	或
m. sing. nom.	n. pl. nom.	n. pl. nom.	n. sing. abl.	n. pl. nom.	n. pl. nom.	

ovata,	3~10 mm.	lata	et	aequilonga	vel paulo	longiora,
ovatus	millimetrum	latus	et	aequi-longus	vel paulo	longus
adj. A	s. n. II	adj. A	conj.	adj. A	conj. adv.	adj. A
卵形的	毫米	宽的	和	等长的	或 稍（略）	较长的（比较级）
n. pl. nom.	标准缩写	n. pl. nom.		n. pl. nom.		n. pl. nom.

basi	saepe	cordata	necnon	truncata	usque cuneata,	tripartita
basis	saepe	cordatus	necnon	truncatus	usque cuneatus	tri-partitus
s. f. III	adv.	adj. A	conj.	part. A	adv. adj. A	part. A
基部	常常	心形的	而且	平截形	到 楔形的	深裂的
n. sing. abl.		n. pl. nom.		n. pl. nom.	n. pl. nom.	n. pl. nom.

usque	trisecta,	parte	(scil.	foliolo)	medio	obovato integro	vel
usque	tri-sectus	pars	scilicet	foliolum	medius	ob-ovatus integer	vel
adv.	part. A	s. f. III	adv.	s. n. II	adj. A	adj. A adj. A	conj.
到，至	全裂的	部分	即	小叶	中间的	倒卵形的 全缘的	或
	n. pl. nom.	n. sing. abl.		n. sing. abl.	n. sing. abl.	n. sing. abl. n. sing. abl.	

3~5 lobo,	interdum	graciliter	petiolulato,	foliolis	lateralibus
lobus	interdum	graciliter	petiolulatus	foliolum	lateralis
s. m. II	adv.	adv.	adj. A	s. n. II	adj. B
裂片	时常	细弱地	小柄	小叶	侧生的
m. sing. abl.			n. sing. abl.	n. pl. abl.	n. pl. abl.

illi	similibus	vel	2~4 lobis	usque	2~4 partitis,	lobis
ille	similis	vel	lobus	usque	partitus	lobus
pron.	adj. B	conj.	s. m. II	adv.	part. A	s. m. II
那个	相似的	或	裂片	或	深裂的	裂片
n. sing. dat.	n. pl. abl.		m. pl. abl.		n. pl. abl.	m. pl. abl.

ultimis	semiorbicularibus	et	rotundatis	usque	lanceolatis	et
ultimus	semi-orbicularis	et	rotundatus	uaque	lanceolatus	et
adj. A	adj. B	conj.	part. A	adv.	adj. A	conj.
末回的	半圆形的	和	圆形的	到	披针形的	和
m. pl. abl.	m. pl. abl.		m. pl. abl.		m. pl. abl.	

acutis,	crassiuscula,	glabra;	petiolus	lamina *4	aequilongus	vel
acutus	crassiusculus	glaber	petiolus	lamina	aequi-longus	vel
adj. A	adj. A	adj. A	s. m. II	s. f. I	adj. A	conj.
急尖的	略厚的	无毛的	叶柄	叶片	等长的	或
m. pl. abl.	m. pl. abl.	m. pl. abl.	m. sing. nom.	f. sing. abl.	m. sing. nom.	

usque	4	plo *5	longior,	basi	in	vaginam	brunnescentem	1~2
usque		-plo	longus	basis	in	vagina	brunnescens	
adv.		num.	adj. A	s. f. III	praep.	s. f. I	adj. B	
到,达		倍	长的（比较级）	基部	在	鞘	淡棕色的	
			m. sing. nom. f. sing. abl.	+acc.	f. sing. acc.		f. sing. acc.	

mm.	latam	sensim	dilatatus;	folium	caulinum	inferius	foliis
	latus	sensim	dilatatus	folium	caulinus	inferus	folium
	adj. A	adv.	part. A	s. n. II	adj. A	adj. A	s. n. II
	宽的	逐渐地	变宽的	叶	茎的	下部的	叶
	f. sing. acc.		m. sing. nom.	n. sing. nom.	n. sing. nom.	n. sing. 比较级	n. pl. dat.

basalibus	simile,	sed	brevius	petiolatum,	superius	trisectum,
basalis	similis	sed	brevis	petiolatus	superus	tri-sectus
adj. B	adj. B	conj.	adj. B	adj. A	adj. A	part. A
基生的	相似的	但	短的	具叶柄的	上部的	三裂的
n. pl. abl.	n. sing. nom.		n. sing. 比较级	n. sing. nom.	n. sing. 比较级	n. sing. nom.

segmentis	lanceolatis	integris.	Pedicellus	0.8~5	cm.	longus.
segmentum	lanceolatus	integer	pedicellus			longus
s. n. II	adj. A	adj. A	s. m. II			adj. A
裂片	披针形的	全缘的	花梗			长的
n. pl. abl.	n. pl. abl.	n. pl. abl.	m. sing. nom.			m. sing. nom.

Flos	luteus,	c.	1 cm.	diametro.	Sepala	elliptica	vel
flos	luteus	circa		diameter	sepalum	ellipticus	vel
s. m. III	adj. A	adv.		s. m. II	s. n. II	adj. A	conj.
花	黄色的	约		直径	萼片	椭圆形的	或
m. sing. nom.	m. sing. nom.	标准缩写		m. sing. abl.	n. pl. nom.	n. pl. nom.	

obovata,	c.	3 mm.	longa,	glabra,	interdum	violaceo-suffusa.
ob-ovatus	circa		longus	glaber	interdum	violaceus + suffusus
adj. A	adv.		adj. A	adj. A	adv.	adj. A part. A
倒卵形的	约		长的	无毛的	有时候	紫堇色的 着色的
n. pl. nom.			n. pl. nom.	n. pl. nom.		n. pl. nom.

Petala	5,	anguste	elliptica,	5 mm.	longa	et	1.5~2 mm.	lata,
petalum		anguste	ellipticus		longus			latus
s. n. II		adv.	adj. A		adj. A			adj. A
花瓣		狭窄地	椭圆形的		长的			宽的
n. pl. nom.		n. pl. nom.	n. pl. nom.		n. pl. nom.			n. pl. nom.

anguste	rotundata,	basi	in	ungues	fere	1 mm.	longos
anguste	rotundatus	basis	in	unguis	fere		longus
adv.	part. A	s. f. Ⅲ	praep.	s. m. Ⅲ. ⅶ	adv.		adj. A
狭窄地	圆形的	基部	在	爪	仅仅		长的
	n. pl. nom.	f. sing. abl.	+acc.	m. pl. acc.			m. pl. acc.

cuneato-angustata,	nectario	patelliformi	minutissimo.	Nucularum
cuneatus + angustatus	nectarium	patelliformis	minutus	nucula
adj. A part. A	s. n. Ⅱ	adj. B	part. A	s. f. Ⅰ
狭楔形的	蜜腺	盘状的	最小的(最高级)	小坚果
n. pl. nom.	n. sing. abl.	n. sing. abl.	n. sing. abl.	f. pl. gen.

capitulum	globosum,	c. 2 mm.	diametro,	receptaculo	glabro.
capitulum	globosus		diameter	receptaculum	glaber
s. n. Ⅱ	adj. A		s. m. Ⅱ	s. n. Ⅱ	adj. A
头,球	圆球形的		直径	花托	无毛的
n. sing. nom.	n. sing. nom.		m. sing. abl.	n. sing. abl.	n. sing. abl.

Nuculae	immaturae	obovoideae,	vix 1 mm.	longae,	compressae,
nucula	immaturus	ob-ovoideus	vix	longus	compressus
s. f. Ⅰ	adj. A	adj. A	adv.	adj. A	part. A
小坚果	未成熟的	倒卵形的	近于	长的	压扁的
f. pl. nom.	f. pl. nom.	f. pl. nom.		f. pl. nom.	f. pl. nom.

glabrae,	in	rostra	tenuia	iis	fere	aequilonga	leviter	curvata
glaber	in	rostrum	tenuis	is	fere	aequi-longus	leviter	curvatus
adj. A	praep.	s. n. Ⅱ	adj. B	pron.	adv.	adj. A	adv.	part. A
无毛的	在	喙	纤细的	它	仅仅	等长的	轻微地	弯曲的
f. pl. nom.	+acc.	n. pl. acc.	n. pl. acc.	n. pl. dat.		n. pl. acc.		n. pl. acc.

subito	constrictae. (H. Handel-Mazzetti. *Acta Horti Gothoburg*.,1939,13:60)
subito	constrictus
adv.	part. A
突然地	收缩的
	f. pl. nom.

中文译文：

多年生植物,具有短小的根状茎和线状细长的根,以及极细的须根。茎长0.5～10 cm,直立、斜升或平铺,无叶或1～2叶,无毛或具稀疏柔毛,具1花。基生叶的轮廓肾形,五角形或卵形,宽3～10 cm,长相等或稍长,基部往往心形,也有平截形、倒楔形的,3深裂至3浅裂,中部（即小叶）倒卵形,全缘或3～5裂,有时有细长小柄,侧生小叶与中部的相同,或2～4裂、或2～4深裂,末回裂片半圆形,圆形到披针形,急尖头,略厚,无毛;叶柄长等于叶片,或比它长达4倍,基部逐渐扩大成一淡棕色的鞘,宽1～2 mm;茎下部的叶同于基生叶,但叶柄较短,上部的叶3裂,裂片全缘,披针形。花梗长0.8～5 cm。花黄色,直径约1 cm。萼片椭圆形或倒卵圆形,长3 mm,无毛,有时带蓝紫色。花瓣5,狭椭圆形,长5 mm,宽1.5～2 mm,狭圆形,基部变成狭楔形,成爪状,长约1 mm,具1枚极小的盘状蜜腺。小坚果的头状果序圆球形,直径约2 mm,具无毛的花托。未成熟的小坚果倒卵形,长不到1 mm,压扁,无毛,顶部突然收缩成一细长略弯曲的喙,长等于小坚果。(H. Handel-Mazzetti,哥德堡园艺学报,1939,13:160)

*1 这里省略了名词herba s. f. Ⅰ（草本）,herba使用f. sing. nom.,所以,perennis应

使用 f. sing. nom.。但有学者认为,这里的 perennis 应该使用 perenni f. sing. abl.。其实,原作者使用方法是对的,perennis 是修饰 herba 的,而不是修饰 rhizoma。

　　*2　cm. 在国内期刊的植物学拉丁文中写成 cm,省略了"."。关于长度单位的写法应该规范,与国际上的使用要求相同,建议我国的植物学期刊将米、厘米和毫米也用 m.,cm.,mm. 的标准缩写形式。

　　*3　-folius 是复合词(comp.)的后缀,其前面要有 1,2,3,…,uni-,tri-,与其相连,这里遗漏了"-",应该是 1~2-folius。

　　*4　这里的 lamina 应该用 laminam f. sing. acc.。因为是由于 aequilongus 的句型要求,当用 aequans(相等的)和 superans(超过的)时,在两个名词中,第 1 个用主格或夺格,而第 2 个用受格(参见第三章形容词部分)。

　　*5　关于倍(-plo)的用法,一定要有连字符号"-",即 4-plo。

　　我们再分析一下木本植物的描述方法,请看 B. Floderus 在 1935 年发表新种时的描述。

范例 2　长穗柳(新拟)(杨柳科)

Salix dolichostachya Floderus (Salicaceae)

Frutex	procerus	vel	arbor	ad	6 m.	alta*¹.
frutex	procerus	vel	arbor	ad	metrum	altus
s. m. Ⅲ. i	adj. A	conj.	s. f. Ⅲ. V	praep.	s. n. Ⅱ	adj. A
灌木	极高的	或	乔木	到	公尺	高的
m. sing. nom.	m. sing. nom.		f. sing. nom.		标准缩写	f. sing. nom.

Ramuli	annotini	elongati	2.5~3.5(~5,	surculi	~7) mm.
ramulus	annotinus	elongatus		surculus	
s. m. Ⅱ	adj. A	adj. A		s. m. Ⅱ	
小枝	去年的	伸长的		萌发枝	
m. pl. nom.	m. pl. nom.	m. pl. nom.		m. pl. nom.	

crassi	recti	fusci	glaberrimi	basi	striati,	ramulis
crassus	rectus	fuscus	glaber	basis	striatus	ramulus
adj. A	part. A	adj. A	adj. A	s. f. Ⅲ	adj. A	s. m. Ⅱ
粗的	笔直的	暗黄色的	无毛的(最高级)	基部	具条纹的	小枝
m. pl. nom.	m. pl. nom.	m. pl. nom.	m. pl. nom.	f. sing. abl.	m. pl. nom.	m. pl. abl.

novellis	foliatis,	inferioribus	0~2,	superioribus	1~2(~4)	et
novellus	foliatus	inferus		superus		et
adj. A	adj. A	adj. A		adj. A		conj.
幼嫩的	有叶的	下部的(比较级)		上部的(比较级)		和
m. pl. abl.	m. pl. abl.	m. pl. abl.		m. pl. abl.		

intermediis	(amentiferis)	c.	3~4(~8)	instructi*².	Ramuli
intermedius	amentifer	circa		instructus	ramulus
adj. A	adj. A	adv.		part. A	s. m. Ⅱ
中间的	具柔黄花序的	约		具有的	小枝
m. pl. abl.	m. pl. abl.			m. pl. nom.	m. pl. nom.

novelli	ad	2.5 mm.	crassi	glabri	vel	apice	sparse
novellus	ad		crassus	glaber	vel	apex	sparse
adj. A	praep.		adj. A	adj. A	conj.	s. m. Ⅲ. i	adv.
幼嫩的	近于		粗的	无毛的	或	顶端	稀疏地
m. pl. nom.			m. pl. nom.	m. pl. nom.		m. sing. abl.	

brevihirsuti	foliis	vulgo 13～17	praediti [*3].	Stipulae	parvae
brevis + hirsutus	folium	vulgo	praeditus	stipula	parvus
adj. B adj. A	s. n. II	adv.	part. A	s. f. I	adj. A
短的 具硬毛的	叶	常常	具有的	托叶	小的
m. pl. nom.	n. sing. abl.		m. pl. nom.	f. pl. nom.	f. pl. nom.

(in	surculis	ad	8×5 mm.)	semicordatae	cuspidatae	serratae.
in	surculus	ad		semi-cordatus	cuspidatus	serratus
praep.	s. m. II	praep.		adj. A	adj. A	adj. A
在	萌发枝	达		半心形的	骤尖的	具锯齿的
+abl.	m. pl. abl.			f. pl. nom.	f. pl. nom.	f. pl. nom.

Petioli	c.	10(7～20) mm.	longi	supra	cano-hirsuti	subtus
petiolus	circa		longus	supra	canus + hirsutus	subtus
s. m. II	adv.		adj. A	adv.	adj. A adj. A	adv.
叶柄	约		长的	上面	淡灰色 硬毛的	下面
m. pl. nom.			m. pl. nom.		m. pl. nom.	

glabri.	Folia	c.	70×25	(in	surculis	ad	160×55) mm.
glaber	folium			in	surculus	ad	
adj. A	s. n. II			praep.	s. m. II	praep.	
无毛	叶			在	萌发枝	达	
m. pl. nom.	n. pl. nom.			+abl.	m. pl. abl.		

magna	lanceolato-elliptica	vel	ovata	acuta	crenulato-dentata
magnus	lanceolatus + ellipticus	vel	ovatus	acutus	crenulatus + dentatus
adj. A	adj. A adj. A	conj.	adj. A	adj. A	adj. A adj. A
大的	披针状的 椭圆形的	或	卵形的	急尖的	细圆齿的 具牙齿的
n. pl. nom.	n. pl. nom.		n. pl. nom.	n. pl. nom.	n. pl. nom.

vel	integerrima	plana,	nervis	secundariis	vulgo	15～25
vel	integerrimus	planus	nervus	secundarius	vulgo	
conj.	adj. A	adj. A	s. m. II	adj. A	adv.	
或	全缘的(最高级)	平展的	脉	第2次的	常常	
	n. pl. nom.	n. pl. nom.	m. pl. abl.	m. pl. abl.		

regulariter	arcuatis	vix	elevatis	et	reticulo	parum	distincto
regulariter	arcuatus	vix	elevatus	et	reticulum	parum	distinctus
adv.	part. A	adv.	part. A	conj.	s. n. II	adv.	part. A
规则地	弧曲的	几乎不	隆起的	和	网纹	不多地	明晰的
	m. pl. abl.		m. pl. abl.		n. sing. abl.		n. sing. abl.

instructa[*4],	supra	viridia	(costa	puberula	excepta)	glabra
instructus	supra	viridis	costa	puberulus	exceptus	glaber
adj. A	adv.	adj. B	s. f. I	adj. A	part. A	adj. A
具有的	上面	绿色的	中脉	具微柔毛的	除外	无毛的
n. pl. nom.		n. pl. nom.	f. sing. nom.	f. sing. nom.	f. sing. nom.	n. pl. nom.

infra	pallide	glauca	glaberrima	vel	(raro)[*5]	in	costa
infra	pallide	glaucus	glaber	vel	raro	in	costa
adv.	adv.	adj. A	adj. A	conj.	adv.	praep.	s. f. I
下面	淡白色地	苍白色的	无毛的(最高级)	或	稀少	在	中脉
		n. pl. nom.	n. pl. nom.			+abl.	f. sing. abl.

pilosa.	Amenta	subpraecocia	lateralia	divaricata	demum
pilosus	amentum	sub-praecox	lateralis	divaricatus	demum
adj. A	s. n. II	adj. B	adj. B	adj. A	adv.
具柔毛的	柔荑花序	近 早季开花的	侧生的	展开的	最后
f. sing. abl.	n. pl. nom.	n. pl. nom.	n. pl. nom.	n. pl. nom.	

pendula,	e	gemmis	ad	9 mm.	longis	ovoideis	subacutis
pendulus	e	gemma	ad		longus	ovoideus	sub-acutus
adj. A	praep.	s. f. I	praep.		adj. A	adj. A	adj. A
下垂的	从	芽	达		长的	圆卵形的	近 急尖的
n. pl. nom.		f. pl. abl.			f. pl. abl.	f. pl. abl.	f. pl. abl.

badiis	glabris	erumpentia *6,	pedunculis	8~10(♂)	vel	c.
badius	glaber	erumpens	pedunculus		vel	circa
adj. A	adj. A	part. B	s. m. II		conj.	adv.
淡红棕色的	无毛的	破裂着的	花序梗		或	约
f. pl. abl.	f. pl. abl.	n. pl. nom.	m. pl. abl.			

15(♀) mm.	longis	crassis	cinereo-tomentosis	et	foliolis	vulgo
	longus	crassus	cinereus + tomentosus	et	foliolum	vulgo
	adj. A	adj. A	adj. A	conj.	s. n. II	adv.
	长的	粗的	灰色的 具绒毛的	和	小叶	常常
	m. pl. abl.	m. pl. abl.	m. pl. abl.		n. pl. abl.	

2~3	suffulta *7,	mascula	c.	40×8,	feminea	c.
	suffultus	masculus	circa		femineus	
	part. A	adj. A	adv.		adj. A	
	支撑的	雄(花序)	约		雌(花序)	
	n. pl. nom.	n. pl. nom.			n. pl. nom.	

100(~222)×12 mm.	magna.	Bracteae	c.	2.5 mm.	longae	in
	magnus	bractea			longus	in
	adj. A	s. f. I			adj. A	praep.
	大的	苞片			长的	在
	n. pl. nom.	f. pl. nom.			f. pl. nom.	+abl.

parte	inferiore	parce	hirsutae,	masc. *8	ovatae	rufae,	femin.
pars	inferus	parce	hirsutus	masculus	ovatus	rufus	femineus
s. f. III	adj. A	adv.	adj. A	adj. A	adj. A	adj. A	adj. A
部位	下面的	稀疏地	具硬毛的	雄的	卵形的	淡红色的	雌的
f. sing. abl.	f. sing. abl.		f. pl. nom.	缩写	f. pl. nom.	f. pl. nom.	缩写

ovato-lanceolatae	fulvae.	Nectaria *9	solitaria	interna	minuta
ovatus + lanceolatus	fulvus	nectarium	solitarius	internus	minutus
adj. A	adj. A	s. n. II	adj. A	adj. A	part. A
卵状 披针形的	黄褐色的	蜜腺	单个的	内生的	细小的
f. pl. nom.	f. pl. nom.	n. pl. nom.	n. pl. nom.	n. pl. nom.	n. pl. nom.

(c. 1/3 mm.).	Stamina	duo	libera	c. 5 mm.	longa	flava
	stamen	duo	liber		longus	flavus
	s. n. III. vi	num.	adj. A		adj. A	adj. A
	雄蕊	二	分离的		长的	黄色的
	n. pl. nom.		n. pl. nom.		n. pl. nom.	n. pl. nom.

in	dimidia	parte	inferiore	villosa	vel	glabra;	antherae
in	dimidius	pars	inferus	villosus	vel	glaber	anthera
praep.	adj. B	s. f. Ⅲ	adj. A	adj. A	conj.	adj. A	s. f. Ⅰ
在	一半的	部位	下方的(比较级)	长柔毛的	或	无毛的	花药
+acc.	n. pl. acc.	f. sing. abl.	f. sing. abl.	n. pl. nom.		n. pl. nom.	f. pl. nom.

parvae	ovato-rotundatae		helvae.	Pedicelli	c.	2/3 mm.	longi
parvus	ovatus +	rotundatus	helvus	pedicellus			longus
adj. A	adj. A	part. A	adj. A	s. m. Ⅱ			adj. A
小的	卵状	圆形的	淡红色的	花梗(小花梗)			长的
f. pl. nom.	f. pl. nom.	f. pl. nom.	f. pl. nom.	m. pl. nom.			m. pl. nom.

parce	pilosi	vel	glabri.	Capsulae	c.	6(~9) mm.	longae
parce	pilosus	vel	glaber	capsula			longus
adv.	adj. A	conj.	adj. A	s. f. Ⅰ			adj. A
稀疏地	具柔毛的	或	无毛的	蒴果			长的
	m. pl. nom.		m. pl. nom.	f. pl. nom.			f. pl. nom.

ovoideo-conicae		fulvae	glabrae	vel	basi	subpuberulae.
ovoideus +	conicus	fulvus	glaber	vel	basis	sub-puberulus
adj. A	adj. A	adj. A	adj. A	conj.	s. f. Ⅲ	adj. A
圆卵形的	圆锥形的	黄褐色的	无毛的	或	基部	略 具微柔毛的
f. pl. nom.	f. pl. nom.	f. pl. nom.	f. pl. nom.		f. sing. abl.	f. pl. nom.

Styli	1/3~1/2 mm.	longi	integri.	Stigmata	c.	1/3 mm.
stylus		longus	integer	stigma	circa	
s. m. Ⅱ		adj. A	adj. A	s. n. Ⅲ. ⅺ	adv.	
花柱		长的	全缘的	柱头	约	
m. pl. nom.		m. pl. nom.	m. pl. nom.	n. pl. nom.		

longa	integra	vel	emarginata	Pappus[*10]	albus,	pilis
longus	integer	vel	emarginatus	pappus	albus	pilus
adj. A	adj. A	conj.	part. A	s. m. Ⅱ	adj. A	s. m. Ⅱ
长的	全缘的	或	微凹的	冠毛	白色的	毛
n. pl. nom.	n. pl. nom.		n. pl. nom.	m. sing. nom.	m. sing. nom.	m. pl. abl.

subcurvatis;	semina	c.	8,1.5 mm.	longa.	(B. Floderus. *Geografiska*
sub-curvatus	semen	circa		longus	
part. A	s. n. Ⅲ. ⅵ	adv.		adj. A	
略弯曲的	种子	约		长的	
m. pl. abl.	n. pl. nom.			n. pl. nom.	

Ann.,1935,311)

中文译文：

高灌木或乔木，高达 6 m。头年生的小枝伸长，粗 2.5～3.5 mm(～5 mm,萌发嫩枝～7 mm),笔直，暗褐色，全无毛，基部有条纹，具有着生叶的幼枝条，其下部具 0～2,上部具 1～2(～4)和中间具(生柔荑花序的)3～4(～8)枚叶。幼嫩小枝粗达 2.5 mm,无毛或顶部疏被短硬毛,通常具有 13～17 枚叶。托叶小(在萌发枝上达 8 mm×5 mm),半心形,有骤尖的锯齿。叶柄长约 10 mm(7～20 mm),上面具有灰色长硬毛,下面无毛。叶大小约为 70 mm×25 mm(在萌发枝条上的达 160 mm×55 mm),披针状椭圆形或卵形,急尖头,有细圆牙齿或全缘,平展,通常具有侧脉15~25条,有规则地弧曲,几乎不隆起,网络不太明显,上面绿色,无毛(中肋具有微柔毛除外),下面淡灰白色,无毛或(少有)中肋有柔毛。柔荑花序近早季开放,侧生,极展开,最后下垂,从长达9 mm、圆卵形、近急尖头、淡红棕色、无毛的芽发出,总花梗长8~10 mm(雄花)或约15 mm(雌花),粗,有灰色绒毛和小叶,通常2~3片;雄花序大小约40 mm×8 mm,雌花序大小为100(~222) mm×12 mm。苞片长约2.5 mm,下部疏被硬毛,在雄花上的卵形,淡红色,在雌花上的卵状披针形,黄褐色。蜜腺单一,内生,细小(约1/3 mm长)。雄蕊2,离生,长约5 mm,黄色,下半部有长柔毛或无毛;花药小,卵圆形,淡红色。花梗(小花梗)长约2/3 mm,具疏柔毛或无毛。蒴果长约6(~9) mm,圆卵状圆锥形,黄褐色,无毛或基部略有微柔毛。花柱长1/3~1/2 mm,全缘。柱头长约1/3 mm,全缘或微凹。冠毛白色,具略弯的毛;种子约8粒,长约1.5 mm。(B. Floderus, *Geografiska Ann.*, 1935, 311)

注意该范文中有些地方的写作技巧:

*1　这里的 alta 是与 vel 后面的 arbor 在性、数、格上保持一致的,使用了 f. sing. nom.,而 vel 前面的 frutex 是用了 m. sing. nom.。

*2　这里的 instructi 是与 ramuli 在性、数、格上保持一致的,而不是与 ramulis 保持一致。

*3　这里的 praediti 是与 ramuli 在性、数、格上保持一致的,而不是与 foliis 保持一致。

*4　这里的 instructa 是与 folia 在性、数、格上保持一致的,不是与 nervis 保持一致。

*5　这里的 raro 是副词,同 rase 一样都是副词。当然,raro 也可是形容词 rarus 的 sing. abl.,但在这里只有当作副词才能够解释清楚语法关系。

*6　erumpentia 是与 amenta 在性、数、格上保持一致的,而不是与 gemmis 和 pedunculis 保持一致。

*7　这里的 suffulta 是与 amenta 在性、数、格上保持一致的,使用了 n. pl. nom.,意思是柔荑花序具备了上述特征。

*8　这里省略了 bracteae,在 femin. 后也省略了 bracteae。

*9　这里的蜜腺是单个的,可是用了复数。应该使用中性、单数、主格,句子可改为: Nectarium solitarium internum minutum(c. 1/3 mm.)。

*10　冠毛应该用复数,它不是一根,是一簇毛,可写成 pappi albi。这里可能是把它作为一个整体来对待的,故用单数。

通过上面两个范例的分析可以发现,在进行植物形态描述时,有两个基本句型。一个是主语名词用主格,其后面的形容词都用主格;另一个是主语名词用夺格,其后面的形容词都用夺格。至于性和数,形容词与名词始终保持一致。注意,在介词 in 的后面,有夺格和受格两种用法。另外,在范例1中,当形容词的比较级使用 n. sing. acc. 形式时,以-ius 结尾,是作副词用的。

第二节　植物特征简介

植物特征简介的写法与植物形态描述的不同。在前面植物形态描述的范例中,我们能够

第四章 植物特征拉丁文描述和特征简介解析

十分清楚地看出,句子都是使用主格或夺格。而在植物特征简介中,我们只使用夺格,带有"具有……特征以区别之"的含义。

这里共选了 8 个范例,其中 3 个是国外作者发表新种时的特征简介,另外 5 个是国内作者发表的。

范例 1　大萼堇菜(新拟)(堇菜科)

Viola grandisepala W. Beeker

Ex	affinitate	V. smithianae	W. Beeker	et	specierum
ex	affinitas	属名　种加词	定名人	et	species
preap.+abl.	s. f. Ⅲ. ii			conj.	s. f. V
从	亲缘关系			和	种类
+abl.	f. sing. abl.				f. pl. gen.

affinium	sepalis *1	late	ovatis	conspieuis	distinguenda *2. （W.
affinis	sepalum	late	ovatus	conspieuus	distinguens
adj. B	s. n. Ⅱ	adv.	adj. A	adj. A	动词形容词
有亲缘的	萼片	宽地	卵形的	明显的	区别
f. pl. gen.	n. pl. abl.		n. pl. abl.	n. pl. abl.	f. pl.（主动态）

Beeker, 1928)

中文译文:

从其近亲种 V. smithiana W. Beeker 和相近的种类,以明显的宽卵形的萼片得以区别。

＊1　这里的名词和所修饰的形容词都是使用的复数、夺格。

＊2　在这里使用 f. 是与 specierum 所使用的 f. 有关,它们应该保持一致,不能与 sepalis 的性属相同。

范例 2　脆舌砂仁(姜科)

Amomum fragile S. Q. Tong

Species	ligula	longiore,	vagina	purpureo-rubra,	capsula
species	ligula	longus	vagina	purpureus	rubber	capsula
s. f. V	s. f. Ⅰ	adj. compar	s. f. Ⅰ	adj. A	adj. A	s. f. Ⅰ
种	叶舌	较长	叶鞘	紫色的	红色的	蒴果
f. sing. nom.	f. sing. abl.	f. sing. abl.	f. sing. abl.	f. sing. abl.	f. sing. abl.

juvenili	alata	A. purpureo-rubro	S. Q. Tong et Y. M. Xia
juvenilis	alatus	属名　种加词	两个定名人
adj. B	adj. A		
幼嫩的	有翅的		
f. sing. abl.	f. sing. abl.		

affinis,	praecipue	differt	inflorescentia	anguste	elliptica,
affinis	praecipue	differo	inflorescentia	anguste	ellipticus
adj. B	adv.	verbs	s. f. Ⅰ	adv.	adj. A
有亲缘的	主要地	不同于	花序	狭地	椭圆形的
f. sing. nom.			f. sing. abl.		f. sing. abl.

pedunculo longiore, ad 10 cm longo, bractea elliptica, labello
pedunculus	longus	ad		longus	bractea	ellipticus	labellum
s. m. Ⅱ	adj. A	preap.		adj. A	s. f. Ⅰ	adj. A	s. n. Ⅱ
花序梗	较长的	约		长的	苞片	椭圆形的	唇瓣
m. sing. abl.	m. sing. abl.			m. sing. abl.	f. sing. abl.	f. sing. abl.	n. sing. abl.

ovato, apice integro, corollae lobo non mucronato. *1
ovatus	apex	integer	corolla	lobus	non	mucronatus
adj. A	s. m. Ⅲ. i	adj. A	s. f. Ⅰ	s. m. Ⅱ	adv.	adj. A
卵形的	顶端	全缘的	花冠	裂片	无	具短尖头的
n. sing. abl.	m. sing. abl.	m. sing. abl.	f. sing. gen.	m. sing. abl.		m. sing. abl.

中文译文：

本种叶舌较长，叶鞘紫红色，幼嫩蒴果具翅，与紫红砂仁 A. *purpureo-rubrum* S. Q. Tong et Y. M. Xia 接近，特别不同之处在于花序狭椭圆形，花序梗较长，长达 10 cm，苞片椭圆形，唇瓣卵形，顶端全缘，花冠裂片无短尖头。[转载于《植物分类学报》，1989，27(4)。]

*1 mucronato 的性应该与 lobo 一致，因为 corollae 用的是所有格，是修饰 lobo 的。

范例 3　翅茎马兜铃（马兜铃科）

Aristolochia caulialata C. Y. Wu

Species A. *petelotii* O. C. Schmidt similis, sed foliis
species	属名	种加词	定名人	similis	sed	folium
s. f. Ⅴ				adj. B	adv.	s. n. Ⅱ
种				相似的	然而	叶
f. sing. nom.				f. sing. nom.		n. pl. abl.

cordato-rotundatis subglabris, basi truncatis, perianthio 8 cm
cordatus	rotundatus	sub-glaber	basis	truncatus	perianthium	
adj. A	part. A	comp. adj. A	s. f. Ⅲ	part. A	s. n. Ⅱ	
心形的	圆形的	近 无毛的	基部	截形的	花被	
n. sing. abl.	n. pl. abl.	n. pl. abl.	f. sing. abl.	f. sing. abl.	n. sing. abl.	

longo, limbo perianthii dense verrucoso, fauce flavo,
longus	limbus	perianthium	dense	verrucosus	faux	flavus
adj. A	s. m. Ⅱ	s. n. Ⅱ	adv.	adj. A	s. f. Ⅲ i	adj. A
长的	花冠檐	花被	密地	具疣状突起的	喉	黄色的
n. sing. abl.	m. sing. abl.	n. sing. gen.		m. sing. abl.	f. sing. abl.	f. sing. abl.

atropurpureo-maculato, gynandrio c. 6 mm longo basi
atro-purpureus	maculatus	gynandrium	circa		longus	basis
comp. adj. A	part. A	s. n. Ⅱ	adv.		adj. A	s. f. Ⅲ
深色的 紫色的	有斑点的	雌雄蕊合体	约		长的	基部
f. sing. abl.	f. sing. abl.	n. sing. abl.			n. sing. abl.	f. sing. abl.

stipitato differt.
stipitatus	differo
adj. A	verbs
具柄的	不同于
f. sing. abl.	（单数，主动态）

中文译文：

本种和滇南马兜铃 A. *petelotii* O. C. Schmidt 相似，但叶心圆形，近无毛，基部平截，花被长约 8 cm，花冠檐部具密疣状突起，喉部黄色，具深紫色斑点，合蕊柱较大，长约 6 mm，基部具柄而不同。[转载于《植物分类学报》，1989，27(4)]

注意：这里的 A. *petelotii* 没有变格，因为人名所有格作种加词时，在任何情况下都不变化词尾。

范例 4 密花车前（车前草科）
Plantago densiflora J. Z. Liu

Proxima*1	P.	asiaticae	L.,	sed	spica	densa,	sepalis
proximus	属名	种加词	定名人	sed	spica	densus	sepalum
adj. A				adv.	s. f. I	adj. A	s. n. II
近似于				但是	穗状花序	密的	萼片
f. sing. abl.					f. sing. abl.	f. sing. abl.	n. pl. abl.

apice*2	acutis,	capsula	6～8 mm	longa,	3～4 mm	diam.,
apex	acutus	capsula		longus		diameter
s. m. III	adj. A	s. f. I		adj. A		s. m. II
顶端	锐尖的	蒴果		长的		直径
m. sing. abl.	n. pl. abl.	f. sing. abl.		f. sing. abl.		m. sing. abl.

(5)10～13-seminali	differt.
-seminalis	differo
comp.	verbs
具……种子的	不同于
f. sing. abl.	（单数，主动态）

中文译文：

本种与车前 P. *asiatica* L. 相近，但穗状花序花密；萼片顶端锐尖；蒴果长 6～8 mm，直径 3～4 mm；蒴果有(5)10～13 粒种子易于区别。[转载于《植物分类学报》，1989，27(4)]

　　*1 这里省略了 species(s. f. V)，所以，proxima 使用了 sing. f. abl.。这种省略形式在植物形态描述和植物特征简介中，是经常遇到的。

　　*2 笔者认为，按照原作者的用法，apice 应该使用 apicibus pl. abl.，以便与 sepalis pl. abl. 在数上保持一致。但是，这里的主要名词是 apice，而不应该是 sepalis。名词 sepalis 应该改用所有格，句子的结构应该是 sepali apice acutis（萼片顶端锐尖，即萼片的顶端是尖锐的），值得商榷。

范例 5 金寨山葡萄（葡萄科）
Vitis jinzhainensis X. S. Shen

Affinis*1	V.	amurensi	Rupr.,	a	qua	caulibus	glabris,
affinis	属名	种加词	定名人	a	qui	caulis	glaber
adj. B				praep.	pron.	s. m. III. VII	adj. A
有亲缘的				在于	那个	茎	无毛的
f. sing. nom.						m. pl. abl.	m. pl. abl.

foliis	crasse	papyraceis	basi	late	alteque	cordatis*2
folium	crasse	papyraceus	basis	late	alte-que	cordatus
s. n. Ⅱ	adv.	adj. A	s. f. Ⅲ	adv.	adv. conj. suffix	adj. A
叶	厚地	纸质的	基部	宽地	深深地 又	心形的
n. pl. abl.		n. pl. abl.	f. sing. abl.			n. pl. abl.

subtus	rete*3	nervulorum	distincto*4	scrobiculatis	differt.
subtus	rete	nervulus	distinctus	scrobiculatus	differo
adv.	s. n. Ⅲ. X	s. m. Ⅱ	part. A	adj. A	verbs
下面	网	细脉	分离的	蜂巢状的	不同于
	n. sing. abl.	m. pl. gen.	n. sing. abl.	n. pl. abl.	（单数，主动态）

中文译文：

本种近山葡萄 V. amurensis Rupr.，但茎无毛，叶厚纸质，叶背面具明显的浅蜂巢状，网脉，基部宽深心形可以区别。[转载于《植物分类学报》，1989，27(4)]

*1　这里同样省略了名词 species（s. f. Ⅴ）。

*2　笔者认为，cordatis 要与 basi 的性和数保持一致，而不应该与 foliis 保持一致。所以，改用 cordato f. sing. abl. 更为合适。

*3　rete 应该用复数。

*4　这里应该用连字符"-"与后面的形容词组成复合词，否则，应该用 distinctis n. pl. abl.。

范例 6　桫椤（蕨类植物）

Alsophila ramisora Domin

A.	infestae	Kunze	affinis	sed	textura	tenui,	segmentis
属名	种加词	定名人	affinis	sed	textura	tenuis	segmentum
			adj. B	adv.	s. f. Ⅰ	adj. B	s. n. Ⅱ
			有亲缘的	但	组织	纤细的	裂片
			f. sing. nom.		f. sing. abl.	f. sing. abl.	n. pl. abl.

sat	profunde	erenato-dentatis*1		et	praesertim	venatione	et
sat	profunde	erenatus	dentatus	et	praesertim	venatio	et
adv.	adv.	adj. A	adj. A	conj.	adv.	s. f. Ⅲ. Ⅵ	conj.
颇	深地	圆钝的	具牙齿的	和	特别是	脉序	和
		n. sing. abl.	n. pl. abl.			f. sing. abl.	

soris	ad	venarum	ramos*2	insidentibus	notabilis*3.	(Domin,
sorus	ad	vena	ramus	insidens	notabilis	
s. m. Ⅱ	praep.	s. f. Ⅰ	s. m. Ⅱ	part. B	adj. B	
孢子囊群	在	叶脉	枝	生于	显著的	
m. pl. abl.	+acc.	f. pl. gen.	m. pl. acc.	m. pl. abl.	f. sing. nom.	

1929)

中文译文：

近于 A. infesta Kunze，但具有薄的叶质，裂片具有颇深的钝牙齿，特别是脉序并且孢子囊群位于叶脉分叉处，故易区别。

笔者认为，此段范例中有三处值得注意：

*1　在复合词 erenato-dentatis 中，与 segmentis 对应的是 dentatis，都用复数；而前面的 erento 是修饰后面的，用单数。

*2　介词 ad 要求后面跟受格，所以 ramos 使用 acc.，而 venarum 是修饰 ramos 的，即名词修饰名词，故用 gen.。

*3　这里使用 f. sing. nom. 是与前面的 affinis 保持一致，因为省略 species（s. f. Ⅴ）名词了，而它是阴性名词。

范例 7　膜菌（子囊菌纲）

Helotium subconfluens Bresadola

Species	haec	ab	*Helotio*	*citrino*	(Hedw.)*1	differt*2
species	haec	ab	属名	种加词	原定名人	differo
s. f. Ⅴ	pron.	praep.				verbs
种	这个	在于				不同于
f. sing. nom.		+abl.				f. sing. nom.

ascomatibus	minoribus	minus	coloratis,	ascis	quoque
ascoma	minor	minus	coloratus	ascus	quoque
s. n. Ⅲ	adj. B(比较级)	adv.	part. A	s. m. Ⅱ	pron.
子囊座	较小的	较少	着色的	子囊	每个
n. pl. abl.	n. pl. abl.		n. pl. abl.	m. pl. abl.	

brevioribus,	sed	praesertim	sporis	fusoideis	enucleatis.
brevior	sed	praesertim	spora	fus -oideus	e- nucleatus
adj. B(比较级)	adv.	adv.	s. f. Ⅰ	adj. A *GK. comp.*	*L. comp.* adj. A
较短的	但	特别是	孢子	纺锤形的　像	无　具核的
m. pl. abl.			f. pl. abl.	f. pl. abl.	f. pl. abl.

(Bresadola,1903)

中文译文：

本种不同于 *Helotium citrinum*（Hedw.）之处在于较小、较浅色的子囊座，子囊（asci）也较短，但特别在于无胞核的近于纺锤形的孢子。

笔者认为，此段范例中有两处值得注意：

*1　属名和种加词的格尾在这要求用 Dat 格，这是 ab 要求的用法。另外，这里缺少组合名的定名人。

*2　动词 differo 在这使用的是第三人称、单数、直叙式、主动态、完成时。

范例 8　安徽栅藻（绿藻门）

Scenedesmus anhuiensis S. S. Wang

Species	*S.*	*opoliensi*	Richter	arcte	affinis,	sed	cellulis
species	属名	种加词	定名人	arcte	affinis	sed	celulla
s. f. Ⅴ				adv.	adj. B	adv.	s. f. Ⅰ
种				密切地	有亲缘的	然而	细胞
f. sing. nom.					f. sing. nom.		f. pl. abl.

anguste	fusiformibus,	latioribus	c.	4 plo*¹	longioribus;	cellulis
anguste	fusiformis	later	circa	-plo	longer	celulla
adv.	adj. B	adj. A	adv.	suffix	adj. A	s. f. I
狭地	纺锤形的	较宽的	约	倍	较长的	细胞
	f. pl. abl.	f. pl. abl.			f. pl. abl.	f. pl. abl.

externis	alis*²	semihyalinis	praeditis,	cellulis	mediis
externus	alius	semi- hyalinus	praeditus	celulla	medius
adj. A	adj. A	comp. adj. A	part. A	s. f. I	adj. A
外面的	另一个	半 透明	具有	细胞	中间的
f. pl. abl.	f. pl. abl.	f. pl. abl.	f. pl. abl.	f. pl. abl.	f. pl. abl.

longitudinaliter	costatis	distinguenda.
longitudinaliter	costatus	distinguenda
adv.	adj. A	动词形容词
纵向地	有叶肋的	以……区别之
	f. pl. abl.	（惯用形式，复数主动态）

中文译文：

本种与奥波莱栅藻（*S. opoliensis* Richter，笔者加注）相近，但其细胞窄纺锤形，长约为宽的 4 倍，两侧细胞具有半透明的翼，中间细胞具纵肋可以区别。

*1　4 plo 应该使用"-"号，即 4-plo，可能是笔误。因为 plo 不是单词，是后缀。

*2　笔者认为，alius 的 f. pl. abl. 词尾是-is，所以这里应该是 aliis。

在植物特征简介中，有一个问题要引起注意，就是拉丁文单词 affinis（adj. B），similia（adj. B），proximus（adj. A）等要求后面的单词用所有格或与格，我们通常用与格。在这些表示亲缘关系的词后面的植物学名，其属名和种加词都需要变格，一般使用与格，但种加词是人名所有格时例外。在前面的范例中，除了范例 6（人名所有格作种加词）外，其他的种加词都进行变格处理了，但由于原文中的属名采用了缩写形式，就难以看出格的变化。在范例 7 中，由于没有使用表示亲缘关系的词，而用了介词 ab，其后面的植物学名要求用夺格，而不是与格。由于与格和夺格的复数词尾是相同的，只有单数的词尾不同（第 Ⅱ 变格法例外），在进行语法分析时，要特别注意格的使用。再看下面的例子：

　　Planta *Polypodio lanceolato* L. proxima.

　　译文为：这种植物近似于 *Polypodium lanceolatum* L.。

上述植物的学名为中性、单数、主格的词尾-um，在此句中却变成了中性、单数、与格的词尾-o。

第五章 植物命名和国际植物命名法规

第一节 植物的命名

植物与人们的生活关系十分密切，人类的发展史中也包括了人类开发利用植物的历史。由于世界上有许多不同语言、不同文化的民族，他们在开发利用植物方面都有自己的特色，并积累了丰富的实践经验，由此产生了民族植物学。但是，由于语言和文字的差异，不同地区和不同国家的人民在开发利用植物的经验交流方面存在许多困难和障碍，出现了"同物异名"和"同名异物"的现象。同物异名的例子很多，如我国的玉蜀黍，在不同地区又叫作包谷、棒子、玉米、玉榴等，这些统称为俗名（nomen vernaculum）。同样，同名异物的现象也很普遍，例如白头翁，是专指毛茛科的一种药用植物，可在我国不同地区共有13个科的植物都被叫作白头翁。

为了便于国际交流，消除语言和文字障碍，国际上统一使用拉丁文或拉丁化词给每种植物所命名的名称，叫学名（nomen scientificum）。植物的学名有单名（uninomen）、双名（binomen）和三名（trinomen）。单名是指一个分类群的名称只有一个单词，属和属以上的分类群的名称都是属于单名。双名是指种的名称，也称种名（nomen specificum），是由两个单词组成的，即属名和种加词。三名是指种下分类群的名称，构成方法是在种名的基础上，再增加一个单词（例如，亚种加词 epitheton subspecificum），即由三个单词组成的学名。

植物的命名要依赖于科学的分类单位，然后由不同的分类单位组成分类系统。在国际上，植物分类学的主要分类单位是界、门、纲、目、科、属、种7级，再加上一些亚级单位，就构成了植物分类学的命名系统。在属和种之间设置有一些次级分类群名称。只含有一个种的属，叫单型属（genus monotypicum），而含有多个种的属叫多型属（genus polytypicum），在多型属中可分为若干亚属、组、系。具体的分类等级参见表5.1，请扫描右侧第13章二维码进行听读*。

第13课二维码

表 5.1 分类单位等级名称

汉语	拉丁文	词尾	英语	举例
界	Regnum		Kingdom	植物界

---

* 由于配音是在第3版出版时录制的，本版页码略有变动，第13课的页码变动到第91页，敬请注意。

续表

汉　语	拉丁文	词尾	英语	举　　例
门	**Divisio**(Phylum)	-phyta	**Phylum**	种子植物门
亚门	Subdivisio	-phytina	Subphylum	被子植物亚门
纲	**Classis**	-opsida, -eae	**Class**	单子叶植物纲
亚纲	Subclassis	-idae	Subclass	百合亚纲
目	**Ordo**	-ales	**Order**	百合目
亚目	Subordo	-ineae	Suborder	
科	**Familia**	-aceae	**Family**	鸢尾科 Iridaceae
亚科	Subfamilia	-oideae	Subfamily	
族	Tribus	-eae	Tribe	
亚族	Subtribus	-inae	Subtribe	
属	**Genus**	-us, -a, -um	**Genus**	鸢尾属 *Iris*
亚属	Subgenus		Subgenus	无附属物亚属 *Limniris*
组	Sectio		Section	无附属物组 *Limniris*
亚组	Subsectio		Subsection	
系	Series		Series	
亚系	Subseries		Subseries	
种	**Species**		**Species**	玉蝉花 *Iris ensata*
亚种	Subspecies		Subspecies	
变种	Varietas		Variety	花菖蒲 *I. ensata* var. *hortensis*
亚变种	Subvarietas		Subvariety	
变型	Forma		Form	
亚变型	Subforma		Subform	

　　人们在给各种植物赋予名称时,必须制定一些严格的规则和程序,使得在世界范围内把每个学名与每种植物一一对应地紧密联系在一起,这就是命名(nomenclatura)。每一种植物都有了一个学名,就便于分类学工作者将它们根据亲缘关系划分出不同的类别以及作不同的等级排列,这项工作叫分类(classificatio)。分类学研究又可分为人为分类(classificatio artificialis)和自然分类(classificatio naturalis)。

　　在植物分类学上,任何等级上的所有植物,叫分类群(taxon)。分类群也称分类单元,或称分类单位。分类学工作者通过研究将未知的分类群和已知的分类群进行对比,或将未知的分类群归入到已知的分类群的行为和结果,称为鉴定(identifitio)。由此可见,植物的科学命名是一项十分重要而繁琐的工作,鉴定、命名和分类是密切相关的。

一、双名法

　　在1753年瑞典植物学家林奈(Carl Linnaeus)创建双名法以前,欧洲的植物学家们已经发现了植物命名的混乱现象,他们曾提出"多名法"、"三名法"和"双名法",但这些方法最终都未被大家所接受。只有林奈在1753年出版的《植物志种》中所提出的用拉丁文以两个单词(即双名法,nomenclatura binominalis)来命名植物的方法才被大家广泛接受。所以,植物的命名优先权,植物学名的最早命名时间期限就只能追溯到1753年。在此之前发表的植物学名或名称，是不受命名优先权保护的。

按照双名法的规定，植物的学名由属名和种名形容词（简称种加词）构成，后面再加上定名人。

在双名法中，属名是名词，各自有其性属，使用单数、主格。种加词一般是形容词或分词，少数为名词，在语法上对种加词的要求是：

(1) 当形容词或分词种加词为一致性定语时，使用单数、主格，与属名同性；

(2) 当名词种加词为非一致性定语时，使用单数（复数）所有格；

(3) 当名词种加词为同位定语时，使用名词主格，性为名词原有的性属。例如：

莴苣 *Lactuca sativa* L. ;（sativus adj. A 栽培的，用单数主格阴性词尾）

香附子 *Cyperus rotundus* L. ;（rotundus adj. A 近圆的，用单数主格阳性词尾）

北极罂粟 *Papaver radicatum* Rottb. ;（radicatus part. A 具根的，用单数主格中性词尾）

鹤望兰 *Strelitzia reginae* Aiton;（regina s. f.Ⅰ女王，用单数所有格）

洋葱 *Allium cepa* L. ;（cepa s. f.Ⅰ洋葱，用单数主格）

有关对属名、种加词和定名人的具体要求，请参见相关章节。

二、三名法

三名法（nomenclatura trinominalis）是用来对种以下分类单位进行命名的方法。对于种以下分类群的命名，同样要遵守相关的命名规则。同种的命名相比，三名法只是多了变种（亚种、变型）符号（var. , ssp. 或 subsp. , f.）、变种（亚种、变型）加词和变种（亚种、变型）定名人。例如：

凹叶厚朴（亚种）*Magnolia officinalis* Rehd. et Wils. subsp. *biloba*（Rehd. et Wils.）Cheng et Law;

中国沙棘（亚种）*Hippophae rhamnoides* L. subsp. *sinensis* Rousi;

长距乌头（变种）*Aconitum hemsleyanum* Pritz. var. *elongatum* W. T. Wang;

长舌野青茅（变种）*Deyeuxia arundinacea*（L.）Beauv. var. *ligulata*（Rendle）P. C. Kuo et S. L. Lu;

分枝虎耳草（变型）*Saxifraga cernua* L. f. *ramosa* Gmel. 。

在 1867 年第 1 届国际植物学大会上通过的命名法规中规定，变种符号使用 α,β,γ…，根据某个物种种下单位变种出现的顺序进行编码。现在该条款已经废弃，但在植物学文献引证中还能见到。例如:*Seseli fedtschenkoanum*（缺定名人，笔者注）β. *iliense* Rgl. et Schmalh.（1882）;

Iris kaempferi Sieb. ex Lem. β. *hortensis*（Maxim.）Makino（1909）。

再如:*Alangium platanifolium*（Sieb. et Zucc.）Harms var. α. *macrophyllum*（Sieb. et Zucc.）Wanger.（1910）。

在植物命名的历史上，还曾有过四名法。当时人们把变种看成是亚种的下级单位，又把变型看成是变种的下级单位，这样，在种下的单位从大到小依次排列是:种—亚种—变种—变型。如果按照这样的等级命名，其植物种下分类群的学名就十分繁琐。今天，在植物学比较古老的文献里，偶尔能见到四名法，甚至五名法命名的植物学名。

值得注意的是，变种（亚种、变型）符号的第一个字母不需要大写，整个符号也不需要排成斜体。但是，变种（亚种、变型）加词需要小写，并且要求排成斜体。在三名法学名简写时，如果变种（亚种、变型）是紧接在正种的后面出现，由于正种的学名已经写了定名人，这时其变种（亚种、变型）的学名可以简写，省去正种的定名人。例如，野青茅和长舌野青茅（变种）同时出现时，可写为：

Deyeuxia arundinacea (L.) Beauv., *Deyeuxia arundinacea* var. *ligulata* (Rendle) P. C. Kuo et S. L. Lu

但是，在植物学专著和文献引证或专业书籍的索引中以及植物学教材中，种和种下单位的学名一般需要全写，不能缩写某个或某些部分。

植物学名的拉丁文标准读音举例（20 种），请扫描右侧第 14 课二维码进行观看。

第 14 课二维码

三、学名的简写和属名的缩写

用双名法命名植物，植物的学名实际上是由三个部分组成的。在正式出版物中，植物学名的书写具有严格的规定。属名首字母必须大写，种加词首字母小写，属名和种加词必须排斜体。命名人在任何情况下均为正体，并且首字母大写。但是，在植物志或植物专著中，植物学名需要排正体，甚至用黑体，只有异名才排成斜体。在学术论文中，如果把植物的学名写全，感觉有点累赘。在不影响交流和科学性的前提下，可以将定名人省略。如果是中文刊物，文章中需要标注植物学名时，可在中文名称后面用括号把学名括起来，这样学名需要简写。例如，野青茅（*Deyeuxia arundinacea*）和长舌野青茅（*D. arundinacea* var. *ligulata*）。一定要注意正体和斜体，以及字母的大小写。亚种和变型的写法和简写要求与变种相同。

为什么长舌野青茅放在野青茅的后面时属名就可写成 *D.* 呢？在书写植物学名时有个规定，同属的植物连续出现时，第一个植物要写全名，从第二个植物开始可以简写学名，把属名缩写。请看例句：

"我们校园的草地上，在春天长满了各种花草，有石蒜（*Lycoris radiata*）、忽地笑（*L. aurea*）和中国石蒜（*L. chinensis*）等。"

如果在文章中同属植物学名被其他属的植物插在中间，那么，第二次出现的同属植物学名仍需要写全属名。请看例句：

"我们校园的草地上，在春天长满了各种花草，有石蒜（*Lycoris radiata*）、葱莲（*Zephyranthes candida*）、忽地笑（*Lycoris aurea*）和中国石蒜（*L. chinensis*）等。"

注意：与前面的例句相比，忽地笑的属名（*Lycoris*）不能缩写为 *L.*，因为在它和石蒜中间隔了葱莲。关于这个问题，很多人容易出错，像一些城市公园或校园内树木上挂的标牌，估计是从有关植物学书籍中只言片语地抄写植物学名，结果写出不规范的甚至是含义无法理解的植物名称。植物学名的缩写，只保留属名的第一个大写字母，学名的种加词不变。在科技论文中，植物学名也可省去命名人。例如：

野大豆 *Glycine soja* Sieb. et Zucc. 缩写为 *G. soja* Sieb. et Zucc. 或 *G. soja*

葛藤 *Pueraria lobata* (Willd.) Ohwi 缩写为 *P. lobata* (Willd.) Ohwi 或 *P. lobata*

落花生 *Arachis hypogaea* L. 缩写为 *A. hypogaea* L. 或 *A. hypogaea*

在植物学名缩写时，要注意以双辅音字母开头的属名。对于以 Ch-、Ph-、Rh-、Th-开头的属名，缩写时要保留双辅音。例如：

土荆芥 *Chenopodium ambrosioides* L. 缩写为 *Ch. ambrosioides* L.

桂竹香 *Cheiranthus cheiri* L. 缩写为 *Ch. cheiri* L.

山梅花 *Philadelphus incanus* Koehne 缩写为 *Ph. incanus* Koehne

中华石楠 *Photinia beauverdiana* Schneid. 缩写为 *Ph. beauverdiana* Schneid.

大黄 *Rheum officinale* Baill. 缩写为 *Rh. officinale* Baill.

猫乳 *Rhamnella franguloides* (Maxim.) Weberb. 缩写为 *Rh. franguloides* (Maxim.) Weberb.

百蕊草 *Thesium chinense* Tuecz. 缩写为 *Th. chinense* Tuecz.

美丽唐松草 *Thalictrum reniforme* Wall. 缩写为 *Th. reniforme* Wall.

然而，当两个首字母相同的属名同时出现并需要缩写时，这两个属名必须保留第 1 个完整的音节(以属名的第一个元音或双元音为标记)。如果两个属名的第一个音节相同，则缩写形式要完整地保留到第二个音节，依此类推。例如：*Spinacia*→*Spi.*(菠菜属)，*Sphaerophysa*→*Sphae.*(苦马豆属)；*Platycarya*→*Pla.*(化香属)，*Pterocarya*→*Pte.*(枫杨属)，*Phlomis*→*Phlo.*(糙苏属)；*Chloris*→*Chlo.*(虎尾草属)，*Chimonanthus*→*Chi.*(蜡梅属)；*Sanguisorba*→*Sangui.*(地榆属)，*Sansevieria*→*Sanse.*(虎尾兰属)；*Sinomenium*→*Sinome.*(防己属)，*Sinopodophyllum*→*Sinopo.*(桃儿七属)等。

在科技论文的表格或图注中，经常会遇到植物学名的简写和属名的缩写问题，一定要认真仔细地书写，尽量做到标准化和规范化。在科技论文中，植物学名一般都略去了命名人，而在教材和植物学专著中，植物学名的三个组成部分常需要全写。

注意，动物学名的缩写与植物学名不同，不仅属名可以缩写，而且种加词也能缩写。例如，常见的几种飞蝗(亚种)的学名为：

亚洲飞蝗 *Locusta migratoria migratoria*(属于自动名，原亚种)

东亚飞蝗 *L. migratoria manilensis*

非洲飞蝗 *L. migratoria migratorioides*

中俄飞蝗 *L. migratoria rossica*

当这 4 种飞蝗的学名在文章中同时连续出现时，就可缩写为：

Locusta migratoria m.，*L. m. manilensis*，*L. m. migratorioides*，*L. m. rossica*

四、疑难标本的命名方法

在植物分类学研究中，我们经常会遇到一些特殊标本，难以进行准确鉴定。对于这些材料的临时命名,称开放命名(nomenclatura aperta),或称保留命名。这是属于非正式的命名,希望将来能够得到他人的帮助和指导,其命名结果是不受命名优先律保护的。作为植物学工作者,对待植物标本的鉴定工作一定要坚持科学的态度,不能急于求成,随意地将研究材料归入某一分类等级。对疑难标本应该作出科学的标记,等待后来人继续研究,并完善其命名。有时候,我们在标本馆会发现某些植物名称中具有"sp.""cf.""aff."或"?"等符号,这就是对疑难分类学材料进行保留命名的方式。

1. 不能鉴定的属、种

由于标本残缺不全,关键特征无法确认,或材料为植物非正常形态的幼苗等,不能准确地确认其属或种。为了坚持认真负责的态度,可在材料上注明"gen. indet."(不能鉴定的属)或"sp. indet."(不能鉴定的种)。

2. 未定种

有些人在鉴定标本时,当感觉到标本的命名存在困难时,不进行详细的解剖,也不查阅资料,就随便地把它归入某个属,然后在属名后面写上"sp."就算了事。这是不负责任的做法,甚至不了解 sp. 的正确使用方法。

当分类学家研究某一个分类群的标本时,发现研究材料比较特殊,如果把它归入某一个已知种似乎有疑问,但若定为新种又嫌材料不足,或将其归入某一个已知种与视为新种的难度相等。这时就可在其属名后标记上"sp.",以示不能准确鉴定。如果发现多份材料均属于某一个属的植物,并且都不能准确鉴定,就可在属名后标记上"spp."。

3. 相似种

在鉴定标本时,由于缺少一些关键特征,感到材料不足,把它鉴定为某一特定种不可信赖,也就是说没有百分之百地把握,此时可使用缩写"cf.",将其放在属名和种加词之间,以表示与该种相近似。

4. 亲近种

当发现某个材料与一个已知种较接近,可特征上又有差别,若建立新种又嫌材料不足。此时可使用缩写"aff.",放在属名和种加词之间,以表示与该种的亲缘关系相近,或十分接近。

5. 存疑属、种

如果把某一材料归入某个已知分类群(属、种),只表示可能,仅凭猜测,并不可靠。此时可将名称标记上"?"。问号也可置于单独的属名前,表示存疑属;问号可置于属名和种加词之间,或置于种加词后,表示存疑种。

6. 分类位置不明的分类群

对于科或科以上的分类群,当不能准确鉴定其分类归属时,可使用"incertus"(用单数所有格)置于名称的前面。例如,incertae familiae(不确定科)。

第二节 国际植物命名法规

植物的命名问题是每届国际植物学大会都要讨论的问题,并设有专门的分委员会负责,在会后要出版命名法规。命名法规使得植物命名工作有一个准则,保证全世界植物命名工作的统一和稳定,确保每一种植物都有一个明确的独一无二的科学名称。按照惯例,每隔6年要定期召开一次国际植物学大会,历届大会召开的时间见表5.2。当新的命名法规出版后,上一届的命名法规就停止使用。当然,新、旧法规之间还有许多内容是相同的,对于这一部分内容,仍然可以使用,只有那些在新、旧法规之间出现矛盾或新增的条款,应该以新法规为准。由于我国使用植物命名法规的人数不多,所以很少出版中文版的国际植物命名法规。截至目前,我国只出版过4本国际植物命名法规,即1959年的《蒙特利尔法规》、1975年的《列宁格勒法规》、1999年的《圣路易斯法规》(2000年出版,2001年中译本出版)以及2005年的《维也纳法规》(2006年出版,2007年中译本出版)。1999年召开的第16届国际植物学大会讨论通过的植物命名法规已于2001年2月12日在网上公布,共有4种语言版本,即英语、德语、法语、斯洛伐克语,其网址是:http://www.bgbm.org/iapt/nomenclature/code/SaintLouis/0000St.Luisritle.htm。另外,我们还可选择另一个网址:http://www.bgbm.fu-berlin.de/iapt/nomenclature/code。在 International Code of Botanical Nomenclature(Saint Louis Code) Electronic Version 页面下能够阅读到命名法规的全文,通过点击"Div. Ⅱ"(Division,部分)、"Chap. Ⅱ"(Chapter,章)、"Art. 12"(Article,条款)、"App. Ⅱ"(Appendix,附录)等相关链接进行切换浏览。2005年7月,在奥地利维也纳召开的第17届国际植物学大会(the Seventeenth International Botanical Congress)通过的《国际植物命名法规》《维也纳法规》,*International Code of Botanical Nomenclature*)也已经在网上公布,其网址是:http://www.ibot.sav.sk/icbn/main.htm。《维也纳法规》(*Vienna Code*)2006年出版,由J. McNeill, F. R. Barrie等人执笔修订,共计568页。

2011年7月在澳大利亚召开的第18届国际植物学大会发布的《国际藻类、真菌和植物命名法规》(《墨尔本法规》,2012),已经在网上发布,其网址是:http://www.iapt-taxon.org/nomen/main.php。第18届国际植物学大会首次将藻类和真菌的命名列入新的命名法规,《国际植物命名法规》正式更名为《国际藻类、真菌及植物命名法规》(*International Code of Nomenclature for Algae, Fungi, and Plants*)。

表5.2 历届国际植物学大会召开时间简表

届　次	大会召开时间	地　点	法规出版时间	备　注
第1届	1867.8	法国巴黎	1868	
第2届	1905	奥地利维也纳	1906	
第3届	1910	比利时布鲁塞尔	1912	
第4届	1926	美国纽约		
第5届	1930	英国剑桥	1935	

续表

届次	大会召开时间	地点	法规出版时间	备注
第6届	1936	荷兰阿姆斯特丹	1947,1950	
第7届	1950.7	瑞典斯德哥尔摩	1952	
第8届	1954	法国巴黎	1956	
第9届	1959.8	加拿大蒙特利尔	1961	有中译本
第10届	1964.8	英国爱丁堡	1966	
第11届	1969.8~9	美国西雅图	1972	
第12届	1975.7	苏联列宁格勒	1978	有中译本
第13届	1981.8	澳大利亚悉尼		
第14届	1987.7	德国西柏林		
第15届	1993	日本东京		已经网上公布
第16届	1999.7~8	美国圣路易斯,密苏里	2000	网上公布且有中译本
第17届	2005.7~8	奥地利维也纳	2006	网上公布且有中译本
第18届	2011.7	澳大利亚墨尔本	2012	已经网上公布
第19届	2017.7	中国深圳	2018	暂无中文版

第18届的《墨尔本法规》于2012年1月1日起生效,命名法规的主要条款仍以上一届的《维也纳法规》为准。因此,本书第3版所述关于《维也纳法规》中有关植物命名的规则仍然有效。此外,墨尔本新法规主要有4个方面的新变化,值得注意:

(1) 自2012年1月1日起,新法规接受在电子出版物上发表新分类群学名。

在印刷出版物上发表植物新名称已非必要,可以在网络上具有国际标准书号(ISBN)的电子出版物上,以PDF文档格式(移动文档格式)发表或在国际标准连续出版物号(ISSN)在线发表的出版品,亦可视为有效发表。

(2) 自2012年1月1日起,发表新种时命名可用英文进行植物特征描述。

新分类群名称的合格发表所必需的拉丁文描述或特征集要,将更改为可用拉丁文或英文描述或特征集要。

(3) 实行一种化石分类群一个正确名称,一种真菌一个正确名称。

放弃形态分类群(morphotaxa)的概念,若具不同名称的断片、生活史阶段或储藏阶段的化石,可被证实属于同一物种时,仅可具有一个正确名称;该名称的确定应符合优先权的相关规定。对于真菌的部分,则要舍弃有性世代与无性世代具有不同学名的概念。

(4) 在网络注册新名称,是发表真菌新名称的必要条件。

近年来,由于真菌学家在MycoBank数据库和Index Fungorum数据库中已经发表大量的新种学名。新法规中规定,自2013年1月1日起,在MycoBank等注册新名称是必要条件。要求被处理为真菌的新名称必须在原始资料(某一名称合格发表时与之有关的所有资料)中引证一个由一家公认的存储库(例如MycoBank)签发的标识码,才构成合格发表。

《命名法规》中的许多条款是很重要的,有些是经过多次大会的讨论一直保留下来的。作为一名植物学工作者,应该对其有正确的理解和掌握。2018版《深圳法规》主要变化,参见《生物学通报》2020(4):11-15。下面仅介绍《国际植物命名法规》中的部分重要内容。

一、命名模式(法)和模式标本

命名模式(nomenclatural types)(法)和模式标本(specimen typus)是两个完全不同的概念。命名模式是指在科级或科级以下的分类单位的命名时，需要指出命名所依据的模式。这个模式必须是该分类单位的直接下一级单位。这种命名的方法叫作命名模式法。按照这样的规定，所有的科都是依据模式属定名的。例如，木兰科(Magnoliaceae)是以木兰属(*Magnolia*)作为命名模式的。

同样，属是依据模式种来定名的。例如，朱顶红属 *Hippeastrum* Herb. 的模式种是短筒朱顶红 *H. reginae* (L.) Herb.；水仙属 *Narcissus* L. 的后选模式种(后选的意思是指在属名命名时未指定)是红口水仙 *N. poeticus* L.。

在科以上的分类群中，一般是没有命名模式的。但有时，科以上的单位，其单位名称的拉丁文词干往往是某一属的词干，这样也可认为具有命名模式的意义。例如：

Solanales(茄目)— Solanaceae(茄科)— *Solanum*(茄属)

Liliidae(百合亚纲)— Liliales(百合目)— Liliaceae(百合科)— *Lilium*(百合属)

模式标本是指种和种以下单位，在命名和发表时要有模式标本作为命名的凭据。也就是说，种和种以下单位的命名必须要有一份或多份指定的模式蜡叶标本。从上述科的命名模式和属的命名模式来看，最终都落实到模式标本上。说到底，科、属、种的命名，都是以模式标本作为实质性依据的。1981 年召开的第 13 届国际植物学大会讨论通过的《悉尼法规》(*Sydney Code*)，就特别强调模式标本在命名模式中的作用。

法规规定，1958 年 1 月 1 日起，新属或新的属下分类群的名称的合格发表，必须指明命名模式。1990 年 1 月 1 日起，新属或新的属下分类群的名称，指明命名模式时必须标注术语 typus 或 holotypus，或其缩写，并指出模式标本保存在哪个唯一的标本馆、收藏处或研究机构。关于插图是否可以作为命名模式方法(type method)，法规规定，1958 年 1 月 1 日之前发表的名称模式可以用图，但禁止在 1958 年 1 月 1 日及之后作为发表新分类群的名称模式。对于不能长久保存的一些分类群标本，如微型藻类或微型真菌，其新种或新的种下分类群名称的模式(化石除外)可以是一幅有效发表的插图。

新法规规定(《维也纳法规》，2006)，2007 年 1 月 1 日之前，新种或新的种下分类群名称的模式(化石除外)可以是一幅插图，但 2007 年 1 月 1 日起，所有其他生物的名称，其模式必须是一份标本。

模式标本要存放在非常安全的地方。我国有几家大型植物标本馆，可以永久保存模式标本。在《中国植物标本馆索引》(傅立国，1993)中，对我国各大标本馆和标本室进行了代码编号。例如，PE，中国科学院植物研究所标本馆；BJM，北京自然博物馆植物标本室；BJFC，北京林业大学森林植物标本室。对于模式标本的确立，不能是活的植物或培养物。关于模式标本的种类，有以下几种：

(1) Holotype，主模式(正模式，全模式)。在发表新种时，作者指定所依据的某份具体标本，包括采集人、采集时间、地点、采集号，并指出模式标本存放的地点。只要主模式标本存在，它便自动地决定着该种名称的应用，包括名称作者使用过的或指定为命名模式的只要还存在的那份标本或插图(《维也纳法规》,2006,规则9.1)。

(2) Isotype,等模式(同号模式,复模式)。在发表新种时,指出所依据的标本不止一份,而是多份,这些标本可能是同一采集人、相同采集时间、相同地点,甚至相同采集号,并指出模式标本存放的地点。所以,我们可以把等模式看成是主模式的一个或几个复份标本。

(3) Syntype,合用模式(等价模式)。在发表新种时,指出所依据的几份模式标本,也可能不是同一人所采集,但是没有明确指出哪一份是主模式标本。因此,当没有主模式,或两份或两份以上的标本同时被指定为模式时,所有原始描述引证的任何一份标本都是等价的,称合用模式。等合模式(Isosyntype)是指合用模式的复份(《维也纳法规》,2006,规则9.10)。

(4) Lectotype,后选模式(选定模式)。在发表新种时,作者未曾指出主模式,或在主模式丢失,或主模式包含两个或两个以上分类群时,人们根据原始资料进行研究,从中临时选定一份作为命名模式的标本或插图(《维也纳法规》,2006,规则9.2)。如果有等模式存在,则必须选定其为后选模式。如果无等模式,而有合用模式时,也可从中选出后选模式。如果后来主模式又重新被发现,则所有其他的选定都将作废。

(5) Paratype,副模式(同举模式)。在发表新种时,原始文献中所引证的标本,两份或两份以上标本同时被指定为模式,作者既没有指定主模式,也没有指定等模式或合用模式(《维也纳法规》,2006,规则9.5)。

(6) Neotype,新模式。发表新种时的原始材料不复存在,或事先指定的标本已经无法阅览,或所有材料全部丢失,从其他材料(不是作者指定的)中指定新的一份标本或插图(《维也纳法规》,2006,规则9.6)。如果后来有关原始材料被发现,则选定的新模式也要作废。后选模式总是优先于新模式。

(7) Topotype,原产地模式。由于主模式或其他模式标本都丢失了,或损坏不能阅览了,根据原始文献的描述,到主模式的原产地(根据文献提供的详细地点)重新采集的模式标本。

(8) Epitype,附加模式。当主模式、后选模式、先前指定的新模式或所有与合格发表名称有关的原始材料均不能为了新分类群名称的准确应用而被严格地鉴定时,用来作为解释性模式的一份标本或插图(《维也纳法规》,2006,规则9.7)。

(9) Extype,Ex type,衍生模式(衍生主模式 Ex-holotype,衍生等模式 Ex-isotype)。当一个分类群名称的模式是永久保存的代谢停止状态下的培养物时(《维也纳法规》,2006,规则8),将从该模式上获得的活的分离物作为模式(辅则8B.2)。

关于模式标本问题,我们应该有一个正确的认识。因为一个物种是由无数的个体组成的,由于这些个体所接触的环境条件总是有差异的,所以个体间在形态上肯定是有所区别的。如果是一年生草本植物,我们所采集的标本只是无数个体中的一个代表,标本的确定完全是随机的。因此,如果我们要了解一个物种的变异幅度,必须通过查看尽量多的来自不同生境下的标本。所以说,命名的模式标本对于某种一年生草本植物来讲,其模式或示范作用的大小存在一定的不确定性。

关于性状变异幅度问题,不仅草本植物是这样,对于木本植物也不能忽略。在木本植物中,命名的模式标本不是取自一个完整的植株个体,而是来自某个个体的一部分。像树冠上部的或下部的、外部的或内部的、朝南的或朝北的、营养期的或生殖期的、萌生的或成体的,在器官形态上都是有一定差异的。例如,桉树(*Eucalyptus globulus*)的基部萌发枝或幼树苗上的叶片是椭圆形的,并为交互对生叶序,而成株树枝上的叶是弯弯的镰刀形,为互生叶序,差异非常之大。如果把桉树的这两种枝条做成两份营养体标本,你肯定会把它们鉴定为两个不同的物种。胡杨(*Populus diversifolia*)也是这样,变异更大,生于长枝和幼年树上的叶片为披针形,而生于短枝和成年树上的叶片近肾形。Charles Jeffrey 在其所著的《植物分类学入门》一书中举了一个十分有趣的例子,说的是欧洲的一位植物分类学家十分重视标本的分类学作用,几乎天天在标本室里研究蜡叶标本。有一天,他的学生从校园里的一棵栎树(*Quercus* sp.)上,故意地从不同部位采集了 7 份标本,编上不同的采集号,然后送给他的老师要求帮助鉴定。这位老师很自信,凭着自己丰富的分类学经验,大笔一挥,将它们鉴定为 3 个物种。而事后,当学生告诉他这 7 份标本是来自校园内的同一棵树时,他感到既惊讶又惭愧。

随着种群生态学的不断发展,今天人们开始淡化模式标本的概念与作用,因为种群是进化的基本单元。确切地说,模式标本应该是种群的模式,而不是物种的模式。但是,模式标本仍然是植物分类学的重要证据,一个命名模式标本对应一个植物学名。如果没有了模式标本,也就没有了植物分类学。在未来,DNA 数据采集和分析技术可望用于模式标本。

二、学名的有效发表和合格发表

1. 有效发表

有效发表(effective publication)和合格发表(valid publication)不是同一概念。学名的有效发表,是指所发表的新分类群或更改名称是否有效,被同行认可。《维也纳法规》(2006)规定,只有刊在面向普通大众或至少向植物学家能够广泛接触到的具有文献资料的研究机构发行的印刷品(通过出售、交换、赠送)上,发表才是有效的。而在公众集会上交流新名称或更改名称,或将新名称材料放在标本室或开放的植物园,或通过发行含有手稿、打印稿或其他未发表材料的微型胶卷,或单独地通过任何电子媒体发表,或发布电子稿件,则发表是无效的(规则 29.1)。根据国际植物命名法规的要求,发表新的分类群(含更改名称),要求在指定的刊物上发表,这些刊物都是被英国皇家植物园(邱园)的《邱园索引》(*Index Kewensis*)所收载的。《邱园索引》的副刊名为"有花植物属和种的详细目录"(An Enumeration of the Genera and Species of Flowering Plants),自 1895 年出版以来,一般每隔 5 年出版一本补编,截止 2020 年(纸质版最后一版)共收录植物名称 100 余万条(其中约 2/3 是异名)。考虑到世界范围交流的需要,只有被《邱园索引》所收录的发表才是有效的。例如,我国的《植物分类学报》《云南植物研究》《西北植物学报》《广西植物》《武汉植物学研究》和《植物研究》都是《邱园索引》所收载的期刊。所以,在集会、会议、广告、报纸、科普杂志和其他非植物学专业期刊上发表的植物新分类群和新名称,都是无效名(nom. inval.)。

例如,木榄属(*Bruguiera* Lamk.)的发表过程中曾有过无效发表。参见《中国植物志》52 卷第 2 分册,第 135~136 页:

木榄属 *Bruguiera* Lamk. "Poir. in Lam., Tabl. Enc. (Text.) 2:517. 1794 nom. inval.;"Lam., Tabl. Enc. 1:397. 1797;Benth. et Hook.,Gen. Pl. 1:679. 1865.(*Bruguiera* 本来是 Poir. 在 1794 年发表的,但是无效名。3 年后由 Lamk. 正式重新发表。Lamk. = Lam.,这里应该统一命名人的缩写。)

在植物志中也是不能发表新分类群的。例如,1977 年出版的《江苏植物志》(上册),在其书中发表了7个植物新种和1个新变种及1个新变型，并在附录中刊出了这几个新分类群的拉丁文描述，其实这些都是无效名。像该书中的宝华山瓦韦，其学名为 *Lepisorus paohuashanensis* Ching，学名后面标记 in Addenda(见附录)。这些学名需经重新发表后才变得有效。

关于电子媒体发表的有效性问题，根据新法规(《维也纳法规》，2006，规则29和辅则29A)的建议，有效发表仍要求以印刷品的发行来建立发表日期，而电子媒体的有效发表命名新材料必须具备：① 印刷版和电子版有相同的内容和页码；② 电子版具有独立的操作平台，并具可打印的版式；③ 电子版通过国际互联网或其网络发布者可公开地使用；④ 命名新材料的存在要在专业领域内给予显著地指明。但是，自2012年1月1日起，根据《墨尔本新法规》，可以接受在电子出版品上发表新分类群学名。

关于毕业论文的出版地位问题，法规规定(《维也纳法规》，2006，规则30.5)，1953年1月1日起，凡声明是为了获得学术学位而提交的、独立的、非系列的毕业论文，在没有对其有效发表作出声明，或无其他内部证据证明是否具有效性的情况下，将被视为无效发表。内部证据是指国际标准图书编号(International Standard Book Number，ISBN)的存在，或原始印刷出版物中的有关印刷厂、出版者或作者的注明。所以，在毕业论文中一般是不能发表植物新分类群的。如果毕业论文被在线发表，根据2012年的新法规是可以发表新分类群的。

关于有效发表的条件与日期问题，法规规定(《维也纳法规》，2006)，1953年1月1日前，像蚀刻、胶印和平版印刷等永久性手稿的发表是有效的，在此之后，则是无效的(规则30.1)。自1953年1月1日起，在贸易目录或非学术性报纸，以及自1973年1月1日起的种子交易清单上的发表均不构成有效发表(规则30.3)。自1953年1月1日起，附有印刷标签的蜡叶标本的印刷品也不构成有效发表(规则30.4)。

2. 合格发表

合格发表是指对发表植物新分类群的规范要求，发表时要有植物特征拉丁文描述和特征简介(集要)，在属级以上要指出命名模式，新种或种以下新单位必须指出模式标本，并指出模式标本的存放地点。如果缺少植物特征拉丁文描述和植物特征简介，或缺少模式标本的认定，都是不合格发表。有些植物具有裸名(nemon nudus)的原因，就是没有合格发表，往往是缺少了植物特征拉丁文描述，其学名的种加词不受命名优先律的保护。如果遇到了裸名，后来的学者可以对其进行补充和修订，这样使得该学名也能变为合格发表，就取消了其裸名的"待遇"。另外，自2012年1月1日起，根据墨尔本新法规要求，发表新分类群时可用英文描述形态和特征简介。

合格发表的日期期限，法规规定(《维也纳法规》，2006)，种子植物、蕨类植物、苔藓植物属以上名称的合格发表的起始日期为1789年8月4日，即Jussien的《*Genera Plantarum*》的发表日期。

由此可见，是合格发表不一定是有效发表。但有效发表往往是合格发表，因为承担发表植物新分类群工作的期刊要对发表稿件进行极其严格的审查，如果发现稿件不合格，必定要求作者修改，否则不予刊登。

我们应该注意，特征描述(description)与特征简介(或特征集要，diagnosis)不是一回事。特征描述是指用拉丁文或英文对植物的形态特征进行比较全面的描述，包括习性、根、茎、叶、花、果实、种子和花期。在进行植物特征描述时，名词使用主格或夺格。而特征简介是指出植物的区别或识别关键特征,例如用"本种的区别在于……""……与之不同""……容易区别""……得以与……分开"等词语,并要求用名词夺格进行叙述。在发表新分类群时,一般是先写特征简介,然后再写特征描述;但也可把顺序反过来,或中文与拉丁文的顺序不同,先写特征描述,后写特征简介。在特征描述和特征集要之后应立即指出命名模式,并包括拉丁文单词"typus"和"holotypus"(《维也纳法规》,2006,规则 37 A.1)。

植物特征简介有不同的格式,可以参考相关专业期刊中新分类群发表时的特征简介。在第四章中已有植物特征描述和植物特征简介的范例。

法规要求,在联合发表时,多个命名人之间用"et"或"&"连接,在原始文献中要全写命名人,除原始文献以外,只引证第一作者,其后加"et al."或"& al."。

三、异名和同名

有些植物名称的发表是合格的,但不一定是有效的。在查阅植物名称的时候,会遇到(同物)异名(synonymum)、(异物)同名(homonymum)的问题,即异名与同名现象。这就需要根据命名优先律来确定其正确的名称。一种植物只有一个唯一的并符合命名法规要求的那个学名,即所谓的正名,其他的均为异名。

1. 异名

由于分类工作者掌握的文献不足,或工作疏忽,出现了同一种植物具有不同名称的现象。对于异名现象,发表时间最早的为早出异名,一般为有效名称,属于正名;而较晚发表的为晚出异名,根据法规应该废弃。但是,有些植物的晚出异名却会成为有效名称,这是经过国际植物学大会命名委员会批准的保留名称。例如,杉属最早的属名是 *Belis* Salisbury(1807 年),而晚出异名 *Cunninghamia* Brown.(1826 年)成为杉属的保留名称。如果两个异名同年发表,以发表日期先后为准;如果同卷发表,则以期数、页数先后为准。

如果不以时间为划分标准,而以模式为标准,异名可分为命名异名和分类学异名两种。

(1) 命名异名(synonymum nomenclaturae)或称客观异名,指异名是根据同一个模式先后分别发表的,并且都是合格发表,这种异名是客观存在的,也称同模式异名(homotypic synonym)。根据命名优先律,必须废弃一个异名。所以,发现异名的学者需要在专业刊物上有效发表学名的更正论文。命名异名用数学的全等号"≡"表示。

(2) 分类学异名(synonymum taxonomicum)或称主观异名,指异名是根据不同的模式发表的,故称异模式异名(heterotypic synonym)。事实上,有一些分类学异名往往是有争议的,是学者间意见分歧所致。主张分类学异名的研究者,认为它们应该属于同一个分类群,而另一些学者则认为它们的模式间存在差异,不应构成异名。根据命名优先律,也必须废弃一个异名。所以,坚持分类学异名的学者需要在专业刊物上有效发表新的组合名,并明确指出异名。但其结果也许会遭到别人的再次更改,分类学就是这样,像疑难标本鉴定一样,会出现厚厚一叠不同的定名签。分类学异名用数学的等号"="表示。

当一个晚出异名被废除后,若后来发现废弃的理由并不正确,则可重新使用。《邱园索引》的重要性不仅体现在对合格的和有效的新分类群名称的定期发布,而且对无效的异名进行收集和整理,及时更新信息从而保证世界范围植物命名工作的统一。

2. 同名

当一个由相同拉丁字母拼缀的名称，运用到两个或两个以上由不同模式所建立的分类群上，就构成了同名。同名中较早发表的名称为早出同名，而较晚发表的则为晚出同名，一经发现就应该废除，成为废弃名称。根据同名处理规则，发现有同名的必须废除一个。被废除名称的那个分类群，如果废弃名称有一个或几个异名，就选取其中最早发表的那个异名来替换，作为该分类群的名称。如果没有异名，就新起一个替代名称(nomen substitutum)来替换。在发表时要以 nom. subst. 放在名称后，以提示读者。

当研究者发现他所鉴定的标本，与一早期学者所研究的标本特征完全相同，可这位学者给他的标本所定的名称张冠李戴，错误地归入已知命名的分类群，这是因误定所引起的同名。发现者必须给予订正，在误定同名的引证中，需使用 sensu…non(在……意义上，而不是……)或 sensu auct. non(论文作者的意义上，而不是……)等词语，以示提醒。使用方法请参考附录一《中国植物志》植物学名文献引证例 6。

化石植物命名的变动，按照《东京法规》的规定。同一分类群的基于非化石模式的名称明确地优先于基于化石模式的名称。法规规定，无论模式是化石还是非化石，晚出同名都为非法的。根据 2012 年新法规，一种化石分类群只能有一个正确名称。

正名和异名在书写或印刷时的字体和形式有严格的要求。在植物志等科学专著的正文中，植物学名的正名一般为正体黑体，而异名排为斜体，往往放在括号内，紧随正名的后面。而在植物志等书籍的索引中，一般是植物的正名排为正体，异名排为斜体，或为正体白体。在一般的书籍和刊物中，植物的异名不会出现，仅书写正名。如果是中文学术刊物，将植物的正名放在中文名称后面的括号里，排为斜体。在一般科普读物中，可将植物学名直接放在中文名称的后面并排为正体。如果是英文学术刊物，植物学名的正名一定是排为斜体的。

四、名称的改正与修订

植物名称的改正与名称的修订不是同一个概念。前者是指名称的拉丁字母拼缀的改变，后者是指名称所含范围大小的变化。

1. 名称的改正

一个植物分类群的名称在有效发表时的拉丁字母拼缀，叫原始拼缀。这一名称在后来的出版物上的拼缀，是后来拼缀。植物名称的原始拼缀和后来拼缀一般是一致的，不能够随便更改。如果随意改了字母拼缀，就成为无用名(nomen nullum)。但是，名称字母拼缀出现下列情况的，可以进行名称拼缀的变更，称名称的改正(correctio)：

(1) 科级名称的词干不正确；
(2) 科名和亚科名的结尾未按国际植物命名法规要求分别以 -aceae 和 -oideae 结尾；
(3) 种加词的词尾性属与属名不相符；
(4) 分类群的分类等级已经转移，而名称的结尾未作相应的改变；
(5) 带有标音符和省音符的名称，应删去符号而得到改正；
(6) 发现了明显的疏忽性错误(笔误或印刷错误)。

根据植物命名法规要求，对于已经改正了的名称，可在原命名者姓氏后加上缩写 corr.，再加上改正人的姓氏。例如，1841 年，Enchiridion 将 Endlicher 于 1833 年发表的 *Wickstroemia* 改正为 *Wikstroemia*。请看该属在植物志中的文献引证：*Wikstroemia* Endlicher, Prodr. Fl. Norfolk. 47. 1833('*Wickstroemia*')；corr. Enchiridion 209. 1841. T.：*W. australis* Endlicher.（注：T. 是命名模式）。

2. 名称的修订

名称的修订是指对分类群的特征尺度和范围大小的变更。某一分类群经过学者研究后，在不改变其模式条件下，对该分类群原来的描述、特征鉴别、范围大小、图片等进行修改或补充，称作修订(emendo)。在发表这种修订时，在原命名人姓氏后加上缩写词 emend. nov. 或 em. nov.。在之后引用这个修订过的名称时，就需要去掉 nov.，在 emend. 后面加上当初修订者的姓氏。

由于经过名称的修订，一个名称的范围大小不断在变更。结果出现了名称虽同，但各位修订学者所理解的名称其含义和范围大小是不同的。在这种情况下，为了让读者明白名称的准确含义，可用一些缩写词添加在原命名人姓氏后进行标记。例如，sensu（在……意义上，在……理解下）；sensu…non sensu（在……意义上，而不是……的意义上）；s. lat. /s. ampl.（广义的）；s. str. /s. ang.（狭义的）；p. p.（部分地）。

五、分类群的变动

分类群的变动包括分类群细分、合并、等级变更与转移。

分类群细分是指某一分类群被分为两个或两个以上的分类群，其原来的名称仍需留用，并用在其中一个含有其命名模式的那个分类群上。在引用已经被细分后的名称时，需在名称后标记拉丁文副词 partim（部分地），表示其范围大小只是原名称的一部分。例如，松科的松属（*Pinus*）是林奈于 1753 年创立的，当时是个很大的属，其中包括了 *P. sylvestris*, *P. pinea*, *P. strobus*, *P. cembra*, *P. taeda*, *P. abies*, *P. larix*, *P. picea*, *P. cedrus*, *P. balsamea* 等。后来，人们研究后发现，这个松属实在太大，各个种之间区别特征十分明显，有必要加以进一步细分。所以，最终人们陆续地将松属拆分为 5 个属，即：

(1) *Abies* Mill.（冷杉属）——此属包含了原来的 *Pinus abies*；

(2) *Picea* A. Dietr.（云杉属）——此属包含了原来的 *Pinus picea*, *P. balsamea*；

(3) *Larix* Adans.（落叶松属）——此属包含了原来的 *Pinus larix*；

(4) *Cedrus* Trew（雪松属）——此属包含了原来的 *Pinus cedrus*；

(5) *Pinus* L.（松属）——仅含原来的松属分出 4 个属以后剩余的 *P. sylvestris*, *P. pinea*, *P. strobus*, *P. cembra*, *P. taeda* 等。其中，*Pinus* 的模式种还是 *P. sylvestris*。所以，今天的松属是狭义的，即 *Pinus* L. s. str.。

至于种的细分，我们可看这个例子。Vahl 早期发表了一个植物 *Spartim horrida* Vahl，后来，De Candolle 认为其分类地位归属弄错了，接着就发表了一个新组合 *Genista horrida* (Vahl) DC.。当 Spach 仔细研究了 DC. 的新组合名后，发现该种较大，种内特征区分明显，就把 DC. 的新组合再细分出来两个种，共为 3 个种，即：① *G. horrida* (Vahl) DC.，② *G. boisseri* Spach，③ *G. webbii* Spach（注意，第一个种的名称仍是 DC. 的新组合名）。所以，Spach 的 *G. horrida* (Vahl) DC. 与 De

Candolle 当初的新组合 G. horrida(Vahl) DC. 在范围大小上是不同的,后人在引用 Spach 的 G. horrida (Vahl) DC. 时应该写为 G. horrida(Vahl) DC. partim Spach(partim,部分地)。注意,在细分一个分类群时,原来名称的模式或模式标本还要留在与原来分类群名称相同的那个名称上。

分类群合并是指将两个或两个以上同等级的分类群,合并为一个名称,合并后的名称应该是选用其中命名最早的一个。例如,K. Schumann 将种子植物的 *Sloanea* L.(猴欢喜属)(1753),*Echinocarpus* Blume(1825),*Phoenicosperma* Miq.(1865)三个属进行合并后,其名称是选用了最早命名的 *Sloanea* L.,合并后的新名称是 *Sloanea* (L.) K. Schumann s. ampl.(广义的)。如果它们为同时发表,则选用其中最具典型特征的那个分类群名称。若将现代植物与化石植物的同等级的分类群合并,则现代植物的名称优先采用。

六、自动名与保留名

自动名(autonymum)是指根据国际植物命名法规的规定,对于科级以下单位,当次一级的分类群有某一名称首次合格发表时,就自动地建立了同一等级中的另一个新名称。在自动名建立过程中,不受优先律的限制。

例如,竹叶西风芹 *Seseli mairei* Wolff 是一个种级分类群,以前没有发现它有种下单位。后来有人要发表竹叶西风芹的新变种,即单叶西风芹 *Seseli mairei* Wolff var. *simplicifolia* C. Y. Wu ex Shan et Sheh。这时,发表新变种的作者就要自动地建立一个变种级分类群的自动名,一般称为原变种,即竹叶西风芹(原变种)*Seseli mairei* Wolff var. *mairei*。注意,原变种是不需要定名人的,变种加词必须使用其原来的种加词。

自动名的加词是重复使用上一级分类单位的加词。

关于自动名"原变种"一词,在笔者向王文采先生请教问题时,他认为改用"模式变种"一词更为合适。其他类型的自动名,可以称为"模式亚种"、"模式变型"等。

保留名(nomina conservanda)是指在植物命名的过程中,有些名称虽然发表时间较早,但在形式上是不符合国际植物命名法规的要求的,另有一些名称是由于人们长期使用,形成了习惯,影响面又比较大,如果给予废弃,大家反而感到不便。遇到这些情况,需要对这些名称要加以保留。在每届国际植物学大会上,植物命名分会的委员们都要对保留名进行讨论,以便在新的法规中公布。

科名是保留名的不多,这些科的科名不是以-aceae 结尾,都属于自然科(天然类群),视为合格发表,人们长期使用,法规规定保留使用,与其标准科名是互用科名(alternative family names)。保留科名有 8 个(《维也纳法规》,2006,规则 18.6),参见第六章植物的科名。

属名是保留名的较多,在国际植物命名法规的附录中,专门列有保留属名和废弃属名。属的保留名称用黑体排在左边,而异名和早出同名即废弃名称(nomina rejicienda)以斜体排在右边。其中,各种标注符号的意义是:

(V)表示最初出现的拼法变体,是与保留名基于同一模式的名称;

(H)表示最早出现的同名(homonym);

(≡)表示命名异名(nomenclatural synonym),也称同模式异名,是指在同一分类等级中,

第五章 植物命名和国际植物命名法规

根据同一模式命名的两个(以上)名称(《维也纳法规》,2006,规则 14.4);

(=) 表示分类学异名(taxonomic synonyms),也称异模式异名,是指在同一分类等级中,根据不同的模式命名的两个(以上)名称(《维也纳法规》,2006,规则 14.4)。

下面是引自第 17 届国际植物学大会发布的命名法规附录Ⅲ中保留属名的例子:

Wikstroemia Endlicher, Prodr. Fl. Norfolk. 47. 1833 ('*Wickstroemia*'); corr. Enchiridion 209. 1841. T.: *W. australis* Endlicher.

(V) *Wickstroemia* Endlicher, Prodr. Fl. Norfolk. 47. 1833.

(H) *Wikstroemia* H. A. Schrader, Gött. Gelehrte Anz. 710. 5 Mai 1821[Theac.]. T.: *W. fruticosa* H. A. Schrader.

(=) *Capura* L. Mant. 2: 149, 225. Oct 1771. T.: *C. purpurata* L.

左边是保留属名 *Wikstroemia*(荛花属,瑞香科),1833 年发表,于 1841 年改正。模式没有变,还是用 1833 年指定的模式。

右边分别是最早(1833)的拼法变体 *Wickstroemia*(V),最早(1821)出现的同名 *Wikstroemia*(H)(山茶科)以及分类学上的异名 *Capura*(=)(1771),现均已废弃。

Metasequoia Hu & W. C. Cheng in Bull. Fan Mem. Inst. Biol., Bot., ser. 2, 1: 154. 15 Mai 1948[Pin.]. Typus: *M. glyptostroboides* Hu & W. C. Cheng (typ. cons.).

(H) *Metasequoia* Miki in Jap. J. Bot. 11: 261. 1941 (post Mar)[Foss.]. Typus: *M. disticha* (Heer) Miki (*Sequoia disticha* Heer).

左边是保留属名 *Metasequoia*(水杉属,松科,现属于杉科),1948 年发表,由胡先骕和郑万钧建立的现代活化石植物的属名。

右边是最早(1941 年)的同名 *Metasequoia*,为化石植物水杉的属名,由 Miki 创立。

注意,这里的两个属名完全一样,只是依据不同的模式命名而已。

Sorghum Moench, Methodus: 207. 4 Mai 1794[Gram.]. Typus: *S. bicolor* (L.) Moench (*Holcus bicolor* L.).

(H) *Sorgum* Adans., Fam. Pl. 2: 38, 606. Jul-Aug 1763[Monocot.; Gram.].

≡ *Holcus* L. 1753 (nom. cons.).

左边是保留属名 *Sorghum*(高粱属,禾本科),1794 年发表。

右边是最早(1763 年)的同名 *Sorgum*(禾本科),因缺乏模式被废弃。1753 年由 L. 发表的 *Holcus* 为命名异名,也因缺乏模式被废弃。

注意,*Sorghum* 和 *Sorgum* 是同名。在植物学拉丁文中,属名或种加词中的有些拼法视为同名,例如,-g-与-gh-、-c-与-k-、-ae-与-e-、-oe-与-e-、-i-与-y-、-ei-与-y-、-f-与-ph-、-t-与-ct-、

-ensis 与 -iensis 等。

Leersia Sw., Prodr.: 1, 21. 20 Jun-29 Jul 1788 [*Gram.*].
Typus: *L. oryzoides* (L.) Sw. (*Phalaris oryzoides* L.) (typ. cons.).

(≡) *Homalocenchrus* Mieg in Acta Helv. Phys.-Math. 4:307. 1760.

左边是保留属名 *Leersia*(假稻属,禾本科),1788 年发表。

右边是命名异名 *Homalocenchrus*,1760 年发表,因缺乏模式被废弃。

Eleutherine Herb. in Edwards's Bot. Reg. 29: ad t. 57. 1 Nov 1843 [*Irid.*].
Typus: *Marica plicata* Ker Gawl., nom. illeg. (*Moraea plicata* Sw., nom. illeg., *Sisyrinchium latifolium* Sw.) [= *E. bulbosa* (Mill.) Urb. (*Sisyrinchium bulbosum* Mill.)].

保留属名 *Eleutherine*(红葱属,鸢尾科),1843 年发表,模式是组合名 *E. bulbosa* (Mill.) Urb.,而 *Marica plicata* Ker Gawl. 是不合法名称。

Echinochloa P. Beauv., Ess. Agrostogr.: 53. Dec 1812 [*Gram.*].
Typus: *E. crusgalli* (L.) P. Beauv. (*Panicum crusgalli* L.).

(≡) *Tema* Adans., Fam. Pl. 2:496, 610. Jul-Aug 1763.

左边是保留属名 *Echinochloa*(稗属,禾本科),1812 年发表。

右边是命名异名 *Tema*,1763 年发表,因缺乏模式被废弃。

Aglaia Lour., Fl. Cochinch.: 98, 173. Sep 1790 [*Mel.*].
Typus: *A. odorata* Lour.

(H) *Aglaia* F. Allam. in Nova Acta Phys.-Med. Acad. Caes. Leop.-Carol. Nat. Cur. 4:93. 1770 [*Monocot.*: *Cyper.*].
Typus: non designatus.

(=) *Nialel* Adans., Fam. Pl. 2:446, 582. Jul-Aug 1763.
Typus (vide Nicolson & Suresh in Taxon 35:388. 1986): *Nyalel racemosa* Dennst. ex Kostel. (Allg. Med.-Pharm. Fl.: 2005. Jan-Sep 1836).

左边保留属名 *Aglaia*(米仔兰属,楝科),1790 年发表。

右边是最早的同名 *Aglaia*（该属为单子叶植物，莎草科），1770 年发表，因缺乏命名模式或未指定模式而被废弃。其分类学异名 *Nialel* 发表于 1763 年。

一个分类群的学名是不是保留名，要以最新的国际植物命名法规为依据。

七、命名优先律法则

在国际植物命名法规中，命名优先律（priority）法则是关于植物命名工作的一项重要原则。命名优先律主要是针对科、属和属以下分类单位的名称有效性问题，而对科以上的分类单位不是强制性的。根据此法则，一个新分类群在第一次被发现和命名时，赋予它的名称是要受到重视和保护的，不能轻易地改动或废弃。当发现同名与异名情况时，要根据命名优先律，选择发表最早且正确的名称作为合法名称（nomen legitimum），也叫有效名称。合法名称是指有效发表并且符合法规有关规定而被采用的名称。根据命名优先律，一个分类群的正确名称确定之后，那些原先属合格发表，但不符合法规有关规定的而不能被采用的名称，叫不合法名称（nomen illegitimum）。

对于现代维管束植物和藻类植物，这个规定是从 1753 年 5 月 1 日以后执行的，因为是以 Carl Linnaeus 的《植物志种》出版为标志的。如果发现当时在命名时把某种植物的分类系统位置弄错了，在后来重新组合时，根据命名优先律要保留它的原先的名称加词。例如，由杉木的命名过程就可清楚地看出这种命名优先律法则的作用。

1803 年，Lambert 在我国第一次发现了杉木，他认为杉木是属于松属的植物，所以，他就给杉木命名为 *Pinus lanceolata* Lamb.，并公开发表。

1826 年，Rich. 在研究另一些杉木的植物标本时，发现 R. Br. 已经鉴定杉木是一个新物种，但尚未公开发表。所以，Rich. 在没有看到 Lamb. 的杉木学名相关材料时，就代替 R. Br. 把杉木作为杉木属的一个新分类群发表了，命名为 *Cunninghamia sinensis* R. Br. ex Rich.。

1827 年，Hooker 发现杉木的命名存在问题，同一种植物却有了两个学名。他认真研究了大量的杉木标本，发现杉木的形态特征与松属的特征不符合，应该属于杉木属植物。但是，考虑到 Lamb. 发现并命名杉木在前，而 Rich. 在后，根据命名优先律法则，Hooker 重新组合了杉木的学名，保留了种加词 lanceolata，并把 Lamb. 的名字用括号括起来，以表示对他的种加词及其知识产权的尊重。所以，今天杉木的学名是：

Cunninghamia lanceolata (Lamb.) Hook.

基本（原）异名为：

Pinus lanceolata Lamb.

异名为：

Cunninghamia sinensis R. Br. ex Rich.

杉木的学名不仅是从松属组合到杉木属，而且由松科转移到杉科。

在仔细研究了植物的学名之后，你会发现根据命名优先律法则进行组合的学名有很多。凡是在学名的命名人前面有用括号括起来的命名人，都是通过组合学名给植物重新命名的。例如，葱莲 *Zephyranthes candida* (Lindl.) Herb. (1826) 是一个组合名（基本异名 *Amaryllis candida* Lindl. 于 1823 发表）。

在植物分类学上，一种植物只有一个学名。因此，地球上的每种植物，一旦有效命名后会被广泛地承认和应用，一般不会再有人给它重新命名。例如，水稻 *Oryza sativa* L. 于 1753 年发表，君子兰 *Clivia miniata* Regel 于 1864 年发表，等等。

可是，有些植物学名的命名过程比较复杂。由于在当时人们的信息交流方式落后，命名一个新的学名后不能很快得到广泛承认和应用，结果会出现许多"同物异名"的现象。根据国际植物命名法规的要求，按照命名优先权法则，一种植物只有一个学名是正确的学名，其他的学名都要作为异名处理。

例如，风雨花 *Zephyranthes grandiflora* Lindl. 1825（异名：*Z. carinata* Herb. 1825）。还有的不止一个异名，例如，箭根薯 *Tacca chantrieri* Andre 1901（异名：*T. minor* Ridl. 1907；*T. paxiana* Limpr. 1928）有两个同属的异名。由此可见，每一个分类群只有一个正确的名称，就是发表最早的、符合各项命名规则的那个名称。

除了上述"同物异名"的现象外，有些植物的分类地位常发生变化，由"种"降为"变种"，或者由"变种"升为"种"。这样的变化，往往是由于不同的学者对种的尺度标准掌握的不同造成的。在分类学上，有"大种"和"小种"的观点。持有小种观点的人，对种的标准掌握得比较严格，只要发现稍有不同，就可能另立新的分类群。

例如，根据《中国植物志》的标准，文殊兰是由种降为变种：*Crinum asiaticum* L. var. *sinicum* (Roxb. ex Herb.) Baker. 1888 (*C. sinicum* Roxb. ex Herb. 1820)。但是，西南文殊兰是由变种升为种：*Crinum latifolium* L. 1753 (*C. ornatum* Herb. var. *latifolium* Herb. 1837)。在这个种的学名问题上，L. 和 Herb. 的观点是不同的，这也是很自然的事情。

关于种加词受到"命名优先律"保护的问题，种下单位的加词（例如，变种加词）与种加词是同等重要的。如果发现某个种下单位的加词与某个种的种加词是相同的，在进行组合命名时，最终使用哪一个命名人所发表的加词，要取决于发表时间的先后。例如三叶弯蕊芥的学名，早在 1886 年，Franch. 将其命名为碎米荠属下的一个新变种，即 *Cardamine tenuifolia* Turcz. var. *granulifera* Franch. 。到了 1912 年，Diels 由于没有见到 Franch. 的发表材料，故将该植物命名为碎米荠属下的另一个新种，学名为 *C. granulifera* Diels。10 年后的 1922 年，O. E. Schulz 认为他们两人都把该植物的分类地位归属弄错了，应该属于弯蕊芥属，必须进行组合命名。在选择种加词时，尽管他们两人都使用了 *granulifera*（阴性词尾，因为 *Cardamine* 属为阴性），根据命名优先律法则，O. E. Schulz 最终还是选择了 Franch. 创立的变种加词。所以，三叶弯蕊芥新的组合名为 *Loxostemon granulifer* (Franch.) O. E. Schulz（在这里，种加词 *granulifer* 为阳性词尾，是因为 *Loxostemon* 属为阳性），而不能写成 *Loxostemon granulifera* (Diels) O. E. Schulz 的形式。

八、关于杂种的名称

杂种分为属间杂种（intergeneric hybrid）、种间杂种（interspecific hybrid）和种下单位间杂种（infraspecific hybrid）三类。

1. 属间杂种

属间杂种是指由两个或多个属间植物的杂交种，是以属的等级来命名的。属间杂种的命名方法有三种：

(1) 在杂交的两个属名中间用"×"号连接（不使用小写符号"×"，不用斜体）；

(2) 在"×"号后面把两个杂交属的属名合并起来，一个属名取前半段，另一个属名取后半段，中间以元音连接，作为新的杂交属名；

(3) 根据双名法命名规则，按照(2)的方法先组合新的杂交属名，然后加上一个新的集合加词(collective epithet)；这个集合加词绝不能放在两个杂交属的任何一个属名的后面。

对于以上三种命名方法，举例如下：

① *Agrostis*×*Polypogon*
   Libonia×*Sericographis*

② ×*Agropogon*
   ×*Sericobonia*

③ ×*Heucherella tiarelloides*（=*Heuchera brizotdes*×*Tiarella cordifolia*）（注意：不能写成 *Heuchera*×*tiarelloides*，也不能写为 *Tiarella*×*tiarelloides*）

三种方法可任选一种。值得提醒的是，一定要注意字母的大小写。

有时候，属间杂交会出现3个或3个以上的属杂交。对于3个属的杂交类群命名可根据上述方法(2)处理，但用三个属名组合成一个新的单词不超过8个音节，例如，×*Sophrolaeliocattleya* Hurst(1898)(*Cattleya* Lindl. ×*Laelia* Lindl. ×*Sophronitis* Lindl.)。或者，使用词尾"-ara"，前面加上一个人名组成（该人是项目组的采集人、种植人或学生），例如，×*Beallara* Moir(1970)，这是由4个属杂交的，即 *Brassia* R. Br. ×*Cochlioda* Lindl. ×*Miltonia* Lindl. ×*Odontoglossum* Kunth(《墨尔本法规》，Art. H. 6. 4)。

2. 种间杂种

在种间杂种的命名时，由于是同一属的植物进行杂交，其命名方法也有三种：
(1) 将两个亲本的名称用"×"号连起来作为杂种的学名；
(2) 在属名后放上两个亲本的学名种加词，中间用"×"号连接；
(3) 在属名后用"×"号连上一个新的加词，也称集合加词。
例如，两种柳树 *Salix aurita* L. 和 *S. caprea* L. 的杂种命名的方式有以下三种：

① *Salix aurita* L. ×*S. caprea* L.

② *Salix aurita*×*caprea*

③ *Salix*×*capreola* Kerner ex Andersson(可以写命名人)

值得提醒的是，要注意字母的大小写。

对于杂种名称中的两个学名或两个种加词，哪一个放在前面呢？一般情况下，在没有弄清母本的时候，按照种加词的字母顺序排放。如果知道母本，则将母本的名称放在前面，父本放在后面(《墨尔本法规》，Art. H2A)。

目前，人们习惯用上述的方法(3)来给杂交种命名，因为这是由双名组成的。注意，在集合加词前面不能漏掉"×"号。

有时候，杂交种的种下单位是被当作无需指定其下属级别亲本的类群。在这种情况下，适当的非杂交的种下等级也可以使用(《墨尔本法规》,Art. H12.1)。例如：

① *Mentha*×*piperita* f. *hirsuta* Sole
② *Populus*×*canadensis* var. *serotina*(R. Hartig) Rehder

另外,有一些杂交类群虽然明知道其起源,但可作为自然类群来对待,直接用双名法命名。如双二倍体(amphidiploid)或多倍体,其学名可以省去"×"号。例如,*Digitalis mertonensis* Buxton et Darlington,这是个杂交种(四倍体),其亲本来源是 *D. grandiflora* Mill. ×*D. purpurea* L.。同样,例如小麦 *Triticum aestivum* L.(1753)为异源多倍体,就不需要按照杂交种命名(《墨尔本法规》,Art. H. 3 Ex. 3.)。

3. 种下单位间杂种

在植物杂交中,也可能出现两个亲本都是种下单位的情况,例如 *Polypodium vulgare* subsp. *prionodes* (Asch.) Rothm.×*P. vulgare* L. subsp. *vulgare*。在这种情况下,获得的杂交种称为假型(nothomorphs)(《墨尔本法规》,Art. H. 12),其命名时在种的学名(在属名后加"×"号)后使用假型符号的缩写(nm.),然后再加上一个新的假型加词(nothomorphs epithet)。例如：

① *Mentha*×*niliaca* nm. *lamarckii* (省去了命名人)
② *Carduus*×*orthocephalus* Wallr. nm. *mulliganii* Boivin

根据《墨尔本法规》(2012)(Art. H12),种下单位的杂交种命名也可以在假型加词前使用像"×……nothosubsp."的缩写词。例如：

Mentha×*piperita* nothosubsp. *pyramidalis* (Ten.) Harley(杂交模式:*M. aquatica* L.×*M. spicata* subsp. *tomentosa* (Briq.) Harley)

注意,上述杂交模式是种与亚种两个亲本杂交。

在园艺的品种培育上,不同品种间的杂交是常见的,有时需要经过反复杂交才能培育出新颖的品种。这样,记录和描述杂交亲本的来源是相当复杂的,有时候甚至是困难的,有的品种简直是无法考证的。

在国外,有一些记录和描述杂交亲本的来源是非常清楚的,例如：

Iris 'Brannigan' 由 J. D. Taylor 于 1966 年通过杂交培育,亲本是:(('Clear Sailing'×'Sulina')×sibling)×(('Sylvia Murray'×'Sky Song')×'Welch H. 503')×'Green Spot'(各亲本省略了属名 *Iris*)。

同样,*Iris* 'Wedding Vow' 由 J. Ghio 于 1970 年通过杂交培育,亲本是:('Patricia Craig'×('First Courtship'×'Nina's Delight' sibling))×('G Junior Prom' sibling×('Nina's Delight' sibling×'First Courtship'))。

对于自然类群来说,所有杂交获得的类群都称为假类群(nothotaxa)(《墨尔本法规》,Art. H. 3)。法规特别推荐(Art. H. 10B),由于杂交类群的命名比较繁琐,当作者考虑命名的种下类群之间的杂交种其名称发表时,应该认真考虑是否真的需要这些名字,并需要记载杂交模式等更多信息。关于杂交种名称的同名问题,也适用命名优先律。

九、关于栽培植物的命名

栽培植物可分为两类,一类是由野生引入栽培的,称为自然起源;另一类是指人工杂交后进行长期栽培的,称为栽培起源。对于自然起源的栽培植物,如果形态特征变异不大,其名称仍保留相同的野生类群的名称(《维也纳法规》,2006,规则 28.1)。而对于栽培起源的植物,以及栽培历史悠久、特征分化明显的自然起源的栽培植物,都需要按照栽培植物来进行命名。

对于应用在农业、林业、园艺上的栽培植物,其命名有专门的命名法规,即《国际栽培植物命名法规》(*International Code of Nomenclature of Cultivated Plants*),要求命名的栽培加词的使用和组成是无约束的(《维也纳法规》,2006,规则 28.1 注释 2)。根据法规要求,栽培植物的学名可以是双名法(属名+栽培加词),也可以是三名法(属名+种加词+栽培加词),甚至是多名法(属名+种加词+种下单位加词+栽培加词)。

按照法规要求,三名法即在植物种名的双名法后面加上"栽培变种"(或称为"栽培型")符号 cv. (cultivarietas)和栽培加词(cultivar epithets)。栽培变种符号 cv. 是小写、正体。栽培加词的第一个字母大写,整个加词是正体,并且使用单引号(' ')把栽培加词标上。目前,国内有些学者在栽培加词上不使用单引号,但根据最新的《国际栽培植物命名法规》要求,以及《圣路易斯》法规(朱光华,译,2001)和《维也纳法规》(2006)的要求,还是要用引号的,这从各相关网站上的栽培植物的学名也能看出来。栽培加词的来源十分广泛,并且可用阿拉伯数字与英文字母混合编号,甚至可使用英文句子。另外,植物命名的种加词或种下单位加词,均可用作栽培加词(《维也纳法规》,2006,规则 28.1 注释 4)。栽培植物的学名一般不需要定名人,有时可以用园艺学家这样的集合术语作定名人。请看下面的栽培植物学名的例子:

白花夹竹桃　*Nerium indicum* Mill. cv. 'Paihua'
九曲桑　*Morus alba* L. cv. 'Tortuosa'
杭白芷　*Angelica dahurica* (Fisch.) Benth. et Hook. f. cv. 'Hangbaizhi' Hort. (这里的 Hort. 不是具体的定名人,而是 hortulanorum(园艺学家们)的拉丁文单词的复数所有格的缩写。)
意大利杨　*Populus* × *canadensis* Moench. cv. 'I-214'

此外,栽培加词可以是两个或三个单词,在变种下面也可命名栽培变种(栽培型)。请看下面的简写名称(来自 http://www.anbg.gov.au/anbg/names.html):

Callistemon citrinus 'White Anzac'
Boronia pilosa 'Rose Blossom'
Baeckea virgata 'Wirreanda White Cascade'
Correa reflexa pulchella 'Ivory Dancer'(变种以下的栽培型,其学名中省略了 var. 和 cv.,即标准写法为 *Correa reflexa* var. *pulchella* cv. 'Ivory Dancer'。)
Eriobotrya japonica 'Maamora Golden Yellow'

根据 Claire Austin(2005)在《*Irises*》记载的通过杂交培育的花卉品种,摘录具代表性的名称如下:

Iris 'Brannigan' 由 J. D. Taylor 于 1966 年通过杂交培育；
Iris 'Cat's Eyes' 由 P. Black 于 2002 年通过杂交培育；
Iris 'Path Of Gold' 由 Hodson 于 1941 年通过杂交培育，亲本未知；
Iris 'Waiting For George' 由 B. Blyth 于 1997 年通过杂交培育；
Iris 'Stitch In Time' 由 Schreiner 于 1978 年通过杂交培育；
Iris 'I've Got Rhythm' 由 Schreiner 于 1998 年通过杂交培育；
Iris 'It's Magic' 由 W. Maryott 于 1994 年通过杂交培育；
Iris 'Butter And Sugar' 由 C. McEwen 于 1976 年通过杂交培育；
Iris 'Esther The Queen' 由 E. Hunt 于 1976 年通过杂交培育；
Iris 'Dream On Dream' 由 R. Barker 于 1999 年通过杂交培育；
Iris 'Mrs Nate Rudolph' 由 H. Briscoe 于 1972 年通过杂交培育。

《国际栽培植物命名法规》的内容也很多，大家如果感兴趣，可查阅靳晓白等译的《国际栽培植物命名法规》(第 8 版,2013)，或者查阅国际园艺科学协会网站：http://www.ishs.org/sci/icracpco.htm(国际栽培植物命名法规)。

第六章　植物的科名

在《国际植物命名法规》中明确指出,植物的命名与动物的命名无关。植物的各级分类单位名称的应用,是由各命名模式决定的;但对于科级以上的单位,一般不强调命名模式。植物的各分类群的命名,以有效发表的先后顺序(优先律)为依据。一般来说,每一个分类群只有一个正确的名称,即最早的、符合国际命名法规的那个名称。在书写和印刷时,科名一律排正体。

第一节　植物科名的组成与特点

植物的科名是一个复数形容词作名词用,由词干和词尾(-aceae)两部分组成(属于自然科的例外,即天然类群,在林奈时代以前人们就已经知道它们属于同一个类群)。大多数科的词干是该科命名时的模式属的属名,有些词干是来自拉丁文(拉)或希腊文(希)等语言的实意单词。

在植物学拉丁文中,植物的科名是作为阴性复数名词处理的,按照名词第Ⅰ变格法变格,其所有格的词尾是-arum。例如:

Scrophulariaceae,-arum　s. f. Ⅰ pl.　玄参科
Lauraceae,-arum　s. f. Ⅰ pl.　樟科
Laminariaceae,-arum　s. f. Ⅰ pl.　海带科(藻类)
Gramineae,-arum　s. f. Ⅰ pl.　禾本科(自然科)
Leguminosae,-arum　s. f. Ⅰ pl.　豆科(自然科)

一般来说,一个科只有一个科名。但是,少数的科有其保留科名,这样的科就有两个科名,它们是互用名,分别是常用科名(习惯使用的)和标准科名。例如,唇形科的常用科名是 Labiatae,而标准科名是 Lamiaceae。

根据 2006 年和 2012 年新的《国际植物命名法规》,保留科名有 8 个自然科(《墨尔本法规》,Art. 18.5),它们是:

Compositae　菊科(标准科名为 Asteraceae,模式属是 *Aster* L.)
Leguminosae　豆科(标准科名为 Fabaceae 或 Papilionaceae,模式属是 *Faba* Mill.)
Cruciferae　十字花科(标准科名为 Brassiaceae,模式属是 *Brassica* L.)
Gramineae　禾本科(标准科名为 Poaceae,模式属是 *Poa* L.)

Umbelliferae　伞形科（标准科名为 Apiaceae，模式属是 *Apium* L.）
Labiatae　唇形科（标准科名为 Lamiaceae，模式属是 *Lamium* L.）
Palmae　棕榈科（标准科名为 Arecaceae 或 Palmaceae，模式属是 *Areca* L.）
Guttiferae　藤黄科（标准科名为 Clusiaceae，模式属是 *Clusia* L.）

注意，这8个科的常用科名都是以-ae结尾的，均属于自然科，而它们的标准科名都是以-aceae结尾的。由于人们习惯的用法，有些科具2个标准科名的也将其中一个作为保留科名，成为互用名。登录网站http://ibot.sav.sk/icbn/main.htm进入2006年的新法规（*Vienna Code*），或登录网站http://www.iapt-taxon.org/nomen/main.php?page=art18进入2012年的墨尔本新法规，可查阅高等植物科名，包括发表日期、杂志名称、命名人和模式属等信息。

然而，有些科曾使用的保留科名现已经废弃。例如，Aizoaceae 番杏科（废弃科名为 Ficoidaceae），Dichapetalaceae 毒鼠子科（废除科名为 Chailletiaceae），Onagraceae 柳叶菜科（废除科名为 Oenotheraceae），Trapaceae 菱科（废除科名为 Hyrocaryaceae）和 Vitaceae 葡萄科（废除科名为 Ampelidaceae）等。

另外，在不同的被子植物分类系统中，有些科的范围大小是不同的，特别是在描述某一个地区的植物区系时，对于科的数量统计，一定要注明是采用哪个分类系统划分的。例如，被子植物类群，德国恩格勒（A. Engler, 1964）的植物分类系统共分为344科，英国哈钦松（J. Hutchinson, 1926, 1934）的植物分类系统则分为411科，美国克朗奎斯特（A. Cronquist, 1981）的植物分类系统是383科，苏联塔赫他间（A. Takhtajian, 1987）的植物分类系统为410科，APG（Angiosperm Phylogeny Group, 2016）的植物分类系统却有462科。最明显的例子是 Engler 系统的豆科 Leguminosae，有的分类系统把它的3个亚科分别提升为3个科。

在《中国种子植物科属词典》（修订版，1982）中，裸子植物科的范围是根据郑万钧等1979年的分类系统，而被子植物各科的范围大小是按照英国哈钦松的植物分类系统编写的。注意，在被子植物不同的分类系统中，有些科名虽然名称相同但所含的属种数量却是不同的。例如，在德国恩格勒的分类系统中，百合科（Liliaceae）具240属4000多种。而哈钦松的植物分类系统将百合科（Liliaceae）分解为7个小科，像分离出来的龙舌兰科（Agavaceae，20属670种）和菝葜科（Smilacaceae，3属375种）等，此时的百合科（Liliaceae）仅有175属2000多种。不仅如此，在哈钦松分类系统中，竟然将葱属（*Allium*）也被从百合科"过户"移到了石蒜科中。因此，这两个植物分类系统中的百合科虽然在中文和拉丁文的名称上没有变化，但是其"真实内涵"是有天壤之别的。同样，在德国恩格勒的分类系统中，石蒜科（Amaryllidaceae）具90属1200多种；而哈钦松的分类系统将其分离出一个仙茅科（Hypoxidaceae），含5属80种；而其石蒜科（Amaryllidaceae）只有85属1100多种。

第二节　种子植物科名的词义举例

为了便于大家理解和记忆植物科名，现将有些科名的词义列出来（凡属于自然科的，用"*"标出）。

一、裸子植物

苏铁科 Cycadaceae，词干来自模式属苏铁属 *Cycas*，是（希）kykas（一种生于埃及的棕榈）。

银杏科 Ginkgoaceae，词干来自模式属银杏属 *Ginkgo*，是金色果实之意，实际上是金黄色种子。

罗汉松科 Podocarpaceae，词干来自模式属罗汉松属 *Podocarpus*，是（希）podos（柄、足）+karpos（果实）。其实，裸子植物没有果实，是指罗汉松球形种子具柄状的种托（大孢子叶的变态）。

红豆杉科 Taxaceae，词干来自模式属红豆杉属 *Taxus*，是（希）taxon（弓），指木材可以制作弓。

杉科 Taxodiaceae，词干来自模式属落羽杉属 *Taxodium*，是（属）*Taxus*（红豆杉属）+（希）eidos（相似的），指其叶形与红豆杉相似。

松科 Pinaceae，词干来自模式属松属 *Pinus*，是（拉）pinus（松）。

二、被子植物

杨梅科 Myricaceae，词干来自模式属杨梅属 *Myrica*，是（希）myrike（一种怪柳）。

胡桃科 Juglandaceae，词干来自模式属胡桃属 *Juglans*，是（拉）Jove（古罗马主神）+glans（橡子）。

杨柳科 Salicaceae，词干来自模式属柳属 *Salix*，是（拉）salix（柳）。

桦木科 Betulaceae，词干来自模式属桦木属 *Betula*，是（拉）betula（桦木）。

壳斗科（山毛榉科）Fagaceae，词干来自模式属水青冈属 *Fagus*，是（拉）fagus（山毛榉树）。

杜仲科 Eucommiaceae，词干来自（希）eu（优良的）+kommi（树胶），指植物体含优质的树胶。

榆科 Ulmaceae，词干来自模式属榆属 *Ulmus*，是（拉）ulmus（榆树）。

桑科 Moraceae，词干来自模式属桑属 *Morus*，是（希）morea（桑树）。

荨麻科 Urticaceae，词干来自模式属荨麻属 *Urtica*，是（拉）urtica（荨麻）。

檀香科 Santalaceae，词干来自模式属檀香属 *Santalum*，是（波斯）chandal（檀香树）。

桑寄生科 Loranthaceae，词干来自模式属桑寄生属 *Loranthus*，是（希）loron（皮带）+anthos（花），指萼片狭长，其状如带。

蛇菰科 Balanophoraceae，词干来自模式属蛇菰属 *Balanophora*，是（希）balanos（橡子）+phoreo（生育），实际上是一种寄生植物。

蓼科 Polygonaceae，词干来自模式属蓼属 *Polygonum*，是（希）poly（多）+gonu（膨大的膝）组成的复合词，指茎节肿胀。实际上，在野外是靠筒状托叶鞘来识别该科的。

商陆科 Phytolaccaceae，词干来自模式属商陆属 *Phytolacca*，是（希）phyton（植物）+（意）lacca（绘画用具），指果汁可作颜料用。

紫茉莉科 Nyctaginaceae，词干来自模式属夜茉莉属 *Nyctaginia*，是（希）nyctagineus（每夜的），指该科植物在夜间开花，实际上在傍晚开花。

马齿苋科 Portulaceae,词干来自模式属马齿苋属 *Portulaca*,是(拉)portulaca(马齿苋)。

苋科 Amaranthaceae,词干来自模式属苋属 *Amaranthus*,参见后面的属名解释。

藜科 Chenopodiaceae,词干来自模式属藜属 *Chenopodium*,是(希)chen(鹅)+pous(足),指该科植物的叶片 3 浅裂像鹅爪。

石竹科 Caryophyllaceae,词干来自(希)karyon(坚固)+phyllon(叶片),属于复合词,指叶片较硬。

仙人掌科 Cactaceae,词干来自模式属 *Cactus*(我国不产),是(拉)cactus(仙人掌)。

木兰科 Magnoliaceae,词干来自模式属木兰属 *Magnolia*,参见后面的属名解释。

蜡梅科 Calycanthaceae,词干来自模式属夏蜡梅属 *Calycanthus*,是(希)kalyx(萼)+anthos(花),指花萼似花瓣状,即由花萼组成的花,属单被花。

樟科 Lauraceae,词干来自模式属月桂属 *Laurus*,是(拉)laurus(月桂树)。

旱金莲科 Tropaeolaceae,词干来自模式属旱金莲属 *Tropaeolum*,是(希)tropaion(像盾这样的战利品),指叶片盾状着生。

蒺藜科 Zygophyllaceae,词干来自模式属霸王属 *Zygophyllum*,是(希)zygos(轭)+phyllon(叶),指该属植物的叶具 2 小叶,叶对生或簇生。

亚麻科 Linaceae,词干来自模式属亚麻属 *Linum*,是(希)linon(亚麻)。

大戟科 Euphorbiaceae,词干来自模式属大戟属 *Euphorbia*,是(人名)Euphorbos(为古罗马时代的一名御医)。

楝科 Meliaceae,词干来自模式属楝属 *Melia*,是(希)melia(楝树)。

毛茛科 Ranunculaceae,词干来自模式属毛茛属 *Ranunculus*,参见后面的属名解释。

山茶科 Theaceae,词干来自中国闽语"thi",为"茶"的意思。

十字花科 Cruciferae,词干来自(拉)cruci(十字形),词尾是(拉)-fer(生有、带着)。

蔷薇科 Rosaceae,词干来自模式属蔷薇属 *Rosa*,是(拉)rosa(玫瑰花)。

豆科 Leguminosae,词干来自(希)legmen(荚,豆荚)。

芸香科 Rutaceae,词干来自模式属芸香属 *Ruta*,是(拉)ruta(芸香)。

冬青科 Aquifoliaceae,词干来自模式属冬青属 *Aquifolium*(=*Ilex*),是(拉)aqui-(具刺的)+folium(叶),指枸骨冬青的叶缘具刺。

卫矛科 Celastraceae,词干来自模式属南蛇藤属 *Celastrus*,是(希)kelastron(女贞,一种植物名),指该属植物的叶形似女贞。

槭树科 Aceraceae,词干来自模式属槭树属 *Acer*,是(拉)acer(一种槭树)。

漆树科 Anacardiaceae,词干来自模式属腰果属 *Anacardium*,是(希)ana(相似的)+kardia(心脏),指果实形状心形。

远志科 Polygalaceae,词干来自模式属远志属 *Polygala*,是(希)polys(多的)+gala(乳),指某些种植物具有催乳作用。

无患子科 Sapindaceae,词干来自模式属无患子属 *Sapindus*,是(拉)sapo(肥皂)+(地名)India(印度),指首次发现于印度,并可作肥皂用。

七叶树科 Hippocastanaceae,词干来自(希)hippos(马)+(希)kastanos(栗树)(栗属 *Castanea*,壳斗科),指该科植物的种子似板栗。

凤仙花科 Balsaminaceae,词干来自模式属 *Balsamina*(我国不产),是(拉)balsaminus(香

第六章 植物的科名

膏状的),指某些植物具有油状芳香物质。

葡萄科 Vitaceae,词干来自模式属葡萄属 *Vitis*,参见后面的属名解释。

椴树科 Tiliaceae,词干来自模式属椴树属 *Tilia*,是(拉)tilia(椴树)。

锦葵科 Malvaceae,词干来自模式属锦葵属 *Malva*,是(希)malakas(变软),指叶片柔软。

西番莲科 Passifloraceae,词干来自模式属西番莲属 *Passiflora*,是(拉)passio(苦难)+flos(花),指花朵开放后柱头呈"十"字形,似基督教的十字架。

梧桐科 Sterculiaceae,词干来自模式属苹婆属 *Sterculia*,是(拉)Sterculius(希腊神话中主管施肥的神)。

葫芦科 Cucurbitaceae,词干来自模式属南瓜属 *Cucurbita*,是(拉)cucurbita(南瓜)。

菱科 Trapaceae,词干来自模式属菱属 *Trapa*,参见后面的属名解释。

番石榴科 Punicaceae,词干来自模式属石榴属 *Punica*,是(拉)punica(石榴)。

五加科 Araliaceae,词干来自模式属土当归属 *Aralia*,原指加拿大的一种野生植物。

伞形科 Umbelliferae,词干来自(拉)umbella(伞形花序),词尾是(拉)-fer(生有、带着)。

杜鹃花科 Ericaceae,词干来自模式属欧石南属 *Erica*,是(希)ereike(一种欧洲生长的石南)。

萝藦科 Asclepiadaceae,词干来自模式属马利筋属 *Asclepias*,是(人名)Aesklepios(一位古希腊医生的名字)。

夹竹桃科 Apocynaceae,词干来自模式属罗布麻属 *Apocynum*,是(希)apo(从……离去)+okyon(狗),指该植物的腺体分泌的气味可驱散狗。

唇形科 Labiatae,词干来自(拉)labiatus(唇形的),指花冠为唇形。

马鞭草科 Verbenaceae,词干来自模式属马鞭草属 *Verbena*,是(拉)verbena(神圣之枝),指该属植物可药用。

茄科 Solanaceae,词干来自模式属茄属 *Solanum*,是(拉)solanum(茄子)。

爵床科 Acanthaceae,词干来自模式属老鼠勒属 *Acanthus*,是(希)akantha(针、刺),指该科植物的叶缘有刺毛。

桔梗科 Campanulaceae,词干来自模式属风铃草属 *Campanula*,是(拉)campanula(小钟),指花冠钟形。

菊科 Compositae,词干来自(拉)compositus(组合的,复合的),指头状花序结构;或科名使用 Asteraceae,词干来自模式属紫菀属 *Aster*,是(拉)aster(星芒状),指头状花序的外观。

泽泻科 Alismataceae,词干来自模式属泽泻属 *Alisma*,是(希)halisma(喜盐的),指植物的生境。

水鳖科 Hydrocharitaceae,词干来自模式属水鳖属 *Hydrocharis*,是(希)hydro(水)+charis(喜爱),指植物离不开水,该科有不少种是沉水植物。

棕榈科 Palmaceae,词干来自(希)palame(蹼),指具有掌状叶形。

天南星科 Araceae,词干来自模式属疆南星属 *Arum*,是(希)aron(一种海芋)。

浮萍科 Lemnaceae,词干来自模式属浮萍属 *Lemna*,是(希)lemna(一种水生植物)。

百合科 Liliaceae,词干来自模式属百合属 *Lilium*,参见后面的属名解释。

石蒜科 Amaryllidaceae,词干来自模式属朱顶兰属 *Amaryllis*,参见后面的属名解释。

禾本科 Gramineae,词干来自(拉)gramin(禾草),指单子叶植物中具有狭窄叶片和叶鞘的草;或科名使用 Poaceae,词干是模式属早熟禾属 *Poa*。

莎草科 Cyperaceae,词干来自模式属莎草属 *Cyperus*,参见后面的属名解释。

芭蕉科 Musaceae,词干来自模式属芭蕉属 *Musa*,是(人名)Antonio Musa(古罗马国王的一位医生)。

美人蕉科 Cannaceae,词干来自模式属美人蕉属 *Canna*,是(希)kanna(芦苇)。

兰科 Orchidaceae,词干来自(希)orchid(祝贺,贺喜,兰花),指该科植物常用于喜庆之活动。

第七章 植物的属名

属名是植物各级分类群中最重要的名称,它不仅是种加词所依附的载体,而且是科级名称命名的基础和依据。植物的属名绝大多数是来自拉丁文或希腊文名词。因为拉丁文名词有性、数、格的变化,所以,对于用作植物属名的拉丁文名词就有一定的要求,规定要用单数、主格,而性属有阳性(m.)、阴性(f.)和中性(n.)3种。如果使用专有名词或其他种类的词作属名,必须通过转化词尾,将其变为拉丁化名词,并赋予一定的性属。

第一节 植物属名的性属

一个属名,不管其来源如何,都有一个性属。一般来说,拉丁文单词的属名其词尾为-us,-er,-ex 属于阳性;词尾为-a,-es,-is,-ix 属于阴性;词尾为-um 属于中性。希腊文单词的属名其词尾为-os,-en,-es,ys 属于阳性;词尾为-e,-a,-is,-t 属于阴性;词尾为-ma,-on,-er 往往属于中性。但上述规则常有例外。植物属名的性属确定规则是:

(1) 绝大多数的植物属名是以-us,-a,-um 结尾的。草本植物的属名大多数比较有规则,分别以-us(m.),-a(f.),-um(n.)结尾。像菖蒲属 *Acorus*,甜菜属 *Beta*,景天属 *Sedum*。

(2) 在木本植物的属名中,有些是来自古拉丁文和古希腊文的名词,虽然具有阳性词尾-us,但其性属却为阴性。例如,赤杨属 *Alnus*(拉),山毛榉属 *Fagus*(拉),桑属 *Morus*(希),枣属 *Ziziphus*(希)等。

(3) 来自人名的属名,无论是纪念男人或女人,其属名均为阴性。但有例外,泽兰属 *Eupatorium*,女娄菜属 *Melandrium*,明党参属 *Changium*,葫芦茶属 *Tadehagi*,却为中性。

(4) 以古拉丁文的-o 和-os 结尾的属名为阴性,如,一枝黄花属 *Solidago*,车前草属 *Plantago*,椰子属 *Cocos*。但名词兼作形容词的并以-o 和 os 结尾的植物属名则为阳性,如,千里光属 *Senecio*,秋英属 *Cosmos*。以-es 结尾的不等音节(即单数所有格的音节数多于单数主格的音节数)的属名为阴性,如,冷杉属 *Abies* (音节:nom. a-bi-es,gen. a-bi-et-is)。

(5) 以-ma 结尾的第Ⅲ变格法的希腊名词构成的属名为中性,像以-sperma(种子),-stigma(柱头),-stelma(雄蕊),-stemma(花环),-nema(线形),-phragma(藩篱),-stoma(口)等组成的复合词,如,野牡丹属 *Melastoma*,钻地枫属 *Schizophragma*,泽泻属 *Alisma* 等。但像透骨草属 *Phryma*,八角莲属 *Dysosma*,盖裂木属 *Talauma* 等为阴性,因其为第Ⅰ变格法的名词。以-er 结尾的第Ⅲ变格法的名词构成的属名为中性,如,槭属 *Acer*,胡椒属 *Piper*,罂粟属

Papaver 等。以-dendron 或-ceras 结尾的复合词作属名为中性。

（6）以-codon,-panax,-pogon,-stemon 结尾的，以及-anthos（或-anthus），-cheilos（或-chilus）结尾的复合名词作属名，均为阳性。而以-achne,-daphe,-mecon 结尾的复合名词作属名，应为阴性。

（7）以-anthe,-anthes,-opsis,-odes,-oides 结尾的属名，都是阴性。例如：牛膝属 *Achyranthes*，党参属 *Codonopsis*。

（8）以-as,-aus,-s(在辅音后)，-is 结尾，以及以-es 结尾的等音节（即单数所有格与单数主格的音节数相等）者，都是阴性。例如：苏铁属 *Cycas*，葡萄属 *Vitis*，鬼针草属 *Bidens*。

一个完整的植物学名包括属名、种加词和命名人（作者名）。植物属名是一个拉丁化的单数名词，在书写和印刷时也有特定的要求。属名的第一个字母必须大写；在出版印刷时，属名要排成斜体；属名后的种加词要小写并要排成斜体；但命名人为正体，首字母大写。

第二节 植物属名的来源

植物属名的来源多种多样，十分广泛，归纳起来，主要有以下 15 种［其中，（希）——希腊语；（拉）——拉丁语；（日）——日本语；（法）——法语；（阿）——阿拉伯语；（汉）——汉语］：

一、古希腊文来源的属名

Aloë〈阴〉　芦荟属［（希）aloë（一种植物名），现可写为 aloe］——百合科
Aster〈中〉　紫菀属［（希）aster（星）］，指头状花序放射状——菊科
Cycas〈阴〉　苏铁属［（希）kykas（一种在埃及生长的棕榈）］，指外形似棕榈——苏铁科
Cyperus〈阳〉　莎草属［（希）kypeiros（灯心草）］——莎草科
Gastrodia〈阴〉　天麻属［（希）gaster（胃）］，指块茎肥大——兰科
Lemna〈阴〉　浮萍属［（希）lemna（一种水生的、片状的浮水植物）］——浮萍科
Malus〈阴〉　苹果属［（希）malos（苹果树）］——蔷薇科
Melia〈阴〉　楝属［（希）melia（楝树）］——楝科
Mimosa〈阴〉　含羞草属［（希）mimos（模仿者）］，指叶轴和小叶具运动的习性——豆科
Morus〈阴〉　桑属［（希）morea（桑）］，古希腊文桑树的名称——桑科
Oryza〈阴〉　稻属［（希）oryza（稻米）］——禾本科
Oxalis〈阴〉　酢浆草属［（希）oxys（酸）］，指叶具酸味——酢浆草科
Phragmites〈阳〉*　芦苇属［（希）phragma（篱笆）］——禾本科
Pisum〈中〉　豌豆属［（希）pisos（豌豆）］——豆科
Poa〈阴〉　早熟禾属［（希）poa（草）］——禾本科
Raphanus〈阳〉　萝卜属［（希）raphanos（甘蓝）］——十字花科
Zea〈阴〉　玉蜀黍属［（希）zea（一种谷物）］——禾本科
Zingiber〈中〉　姜属［（希）zingiberis(姜)］，古希腊文姜的名称——姜科

Ziziphus〈阴〉 枣属[(希)zizyphon(一种枣)]——鼠李科

注意：来自古希腊语的木本植物的属名,尽管以-us(阳性词尾)结尾,仍作阴性名词。*

二、经典拉丁文来源的属名

Acer〈中〉 槭属[(拉)acer(一种槭树)]——槭树科
Allium〈中〉 葱属[(拉)allium(葱)]——百合科
Avena〈阴〉 燕麦属[(拉)avena(燕麦)]——禾本科
Beta〈阴〉 甜菜属[(拉)beta(甜菜)]——藜科
Betula〈阴〉 桦木属[(拉)betula(桦树)]——桦木科
Buxus〈阴〉 黄杨属[(拉)buxus(黄杨)]——黄杨科
Fagus〈阴〉 水青冈属[(拉)fagus(山毛榉树)]——壳斗科
Ficus〈阴〉 无花果属[(拉)ficus(无花果)]——桑科
Fragaria〈阴〉 草莓属[(拉)fragrans(香)],指花具芳香味——蔷薇科
Humulus〈阳〉 葎草属[(拉)humus(土地)]——荨麻科
Lactuca〈阴〉 莴苣属[(拉)lac(乳)],指本属植物具乳汁——菊科
Lilium〈中〉 百合属[(拉)leirion(百合)]——百合科
Panax〈阳〉 人参属[(拉)panax(一种可治百病的植物)]——五加科
Pinus〈阴〉 松属[(拉)pinus(松)]——松科
Quercus〈阴〉 栎属[(拉)quercus(栎树)]——壳斗科
Ricinus〈阳〉 蓖麻属[(拉)ricinus(蓖麻子)]——大戟科
Rosa〈阴〉 蔷薇属[(拉)rosa(玫瑰花)]——蔷薇科
Ruta〈阴〉 芸香属[(拉)ruta(芸香)]——芸香科
Solanum〈中〉 茄属[(拉)solanum(茄子)]——茄科
Sorghum〈中〉 高粱属[(拉)sorgum(大黄米)]——禾本科
Tilia〈阴〉 椴树属[(拉)tilia(椴树)]——椴树科
Ulmus〈阴〉 榆属[(拉)ulmus(榆树)]——榆科
Vitex〈阴〉 牡荆属[(拉)vitex(贞节树)]——马鞭草科
Zizania〈阴〉 菰属[(拉)zizanion(菰类,毒麦)]——禾本科

注意：来自古拉丁语的木本植物的属名,尽管以-us(阳性词尾)结尾,仍作阴性名词。

三、以古代神话命名的属名

Aglaia〈阴〉 米仔兰属[(希)Aglaia(古希腊一位女神名)],指花具浓郁的芳香味——楝科
Angelica〈阴〉 当归属[(希)Angelikos(希腊神话中的天使)],可能指其神奇的药用效

---

* 在《植物学名解释》一书中(P.406),该属为〈阴性、阳性〉,经笔者考证为阳性。

果,中医有"十方九归"之说——伞形科

Amaryllis〈阴〉 朱顶兰属[(希)Amaryllis(希腊神话中牧羊女的名字)],指花朵的大而美丽——石蒜科

Artemisia〈阴〉 艾蒿属[(希)Artemis(希腊神话中一女神的名字)]——菊科

Diospyros〈阴〉 柿属[(希)Dios(希腊神话中的宙斯)+pyros(谷物)],指果可食——柿科

Dryas〈阴〉 仙女木属[(希)Dryas(希腊神话中的司森林之神)],指该属的植物喜生于森林中——蔷薇科

Euryale〈阴〉 芡属[(希)Euryale(希腊神话中三个魔女之一)]——睡莲科

Juglans〈阴〉 胡桃属[(拉)Jove(古罗马主神的名字)+glans(橡子)]——胡桃科

Hieracium〈中〉 山柳菊属[(希)hierax(鹰)],在神话中传说老鹰以该草植物的叶子擦亮了眼睛,在动物中鹰的眼睛最为锐利——菊科

Hymenaea〈阴〉 孪叶豆属[(希)Hymen(希腊神话中的司婚姻之神)],指仅有1对小叶——豆科

Mercurialis〈阴〉 山靛属[(拉)Mercurius(古罗马商业之神的名字)]——大戟科

Najas〈阴〉 茨藻属[(希)Najas(希腊神话中水中的女神)],指生于流水或静止的洁净水体中的沉水植物——茨藻科

Neptunia〈阴〉 假含羞草属[(拉)Neptun(传说中的一位海神的名字)]——豆科

Nymphaea〈阴〉 睡莲属[(希)Nympha(专司山林水泽之神)],指植物生于静止的水中——睡莲科

Narcissus〈阳〉 水仙属[(希)narkissos(水仙)],希腊神话中的神名——石蒜科

Paeonia〈阴〉 芍药属[(希)Peion(希腊神话中一位医生的名字)]——芍药科

Protea〈阴〉 山龙眼属[(希)Proteus(海神名)]——山龙眼科

Satyrium〈中〉 鸟足兰属[(希)Satyros(爱好欢娱及沉迷于色欲的森林之神)]——兰科

Tagetes〈阴〉 万寿菊属[(拉)Tagetes(希腊神话中一位神的名字)]——菊科

四、以纪念某些重要人物而命名的属名

以属名命名来纪念某些人,主要是用于那些对植物学有贡献或与植物学发展有关的科学家,或重要的名人。有些在植物学发展方面贡献特别大的人,用其名字命名的属名很多。例如,植物系统学家恩格勒(Adolf Engler,1844~1931),以他的名字命名的属名有 *Eeglera*,*Eeglerella*,*Eeglerina*,*Eeglerastrum*,*Eeglerocharis*,*Eeglerodaphne*,*Eeglerodendron*,*Eeglerophoenix*,*Eeglerophytum* 等。但是,Carl Linnaeus 有时心胸较狭隘,对那些学术意见不同,或反对过他的分类系统的人,就曾用其名字给那些最讨人厌的野草命名。例如,*Siegesbeckia*(豨莶属,菊科)就是以德国医生兼植物学家 Johann George Siegesbeck 的名字命名的。

以人的名字或姓氏构成植物属名,其属名结尾需拉丁化处理,其方法为(参见《维也纳法规》,2006,60B;《墨尔本法规》未变,2012):

(1) 以-er 结尾的,直接加-a。例如:Fraser——*Frasera*。

(2) 以-r 以外的辅音结尾的,加-ia。例如:Wright——*Wrightia*。

第七章　植物的属名

（3）以-a 结尾的，加-ea（如果以-ea 结尾，不需要再加任何词尾）。例如：Juba——*Jubaea*，Colla——*Collaea*，Correa——*Correa*。

（4）以-a 以外的元音结尾的(-e,-i,-o,-u,-y)，加-a。例如：Otto——*Ottoa*，Beggiato——*Beggiatioa*。

（5）以-us 结尾的拉丁化人名，作属名时词尾需省略 us。例如：Dillenius——*Dillenia*。

请看下面这些属名的来源：

Albizzia（现在该属简写为 Albizia）〈阴〉　合欢属[（人名）Filippo del Albizzi, 18 世纪德国的自然科学家]——豆科

Averrhoa〈阴〉　杨(阳)桃属[（人名）Averrhoea, 1149~1217, 阿拉伯的医生]——酢浆草科

Bauhinia〈阴〉　羊蹄甲属[（人名）John Bauhin 和 Casper Bauhin，瑞士的一位植物学家，一对孪生兄弟]——豆科

Begonia〈阴〉　秋海棠属[（人名）Michel Begon, 1638~1710, 德国的一位植物学家]——秋海棠科

Benincasa〈阴〉　冬瓜属[（人名）Count Benincas, 1500~1595, 意大利的一位植物学家]——葫芦科

Bischofia〈阴〉　重阳木属[（人名）Karl Gustar Chrischoff, 19 世纪德国的一位自然科学家]——大戟科

Changium〈中〉　明党参属[（人名）Chang-Tsung-Su，中国人名拉丁化，是一位模式标本采集人]——伞形科

Changnienia〈阴〉　独花兰属[（人名）Changnien，陈长年，中国科学院生物研究所标本采集员]——兰科

Chieniopteris〈阴〉　崇澍蕨属[（人名）S. S. Chien，我国著名植物学家钱崇澍教授]——乌木蕨科

Clintonia〈阴〉　七筋姑属[（人名）D. W. Clinton，美国历史上一位官员]——石竹科

Cunnighamia〈阴〉　杉木属[（人名）James Cunningham，杉木植物的首次发现人]——杉科

Dahlia〈阴〉　大丽花(菊)属[（人名）Andreas Dahl, 1751~1789, 瑞典的一位植物学家]——菊科

Dalbergia〈阴〉　黄檀属[（人名）Nicholas Dalberg, 1736~1820, 瑞典的一位植物学家]——豆科

Davidia〈阴〉　珙桐属[（人名）Pere Armand David, 1826~1900, 法国传教士，曾在中国采集大量植物标本]——蓝果树科

Eupatorium〈中〉　泽兰属[（人名）M. Eupator，为古代 Pontus 的国王，其模式种为首次发现具抗毒功能]——菊科

Euphorbia〈阴〉　大戟属[（人名）Euphorbos，为古罗马时代的一名御医]——大戟科

Firmiana〈阴〉　梧桐属[（人名）Karl Joseph von Firmian, 1716~1782, 德国的一位植物学家]——梧桐科

Fortunearia〈阴〉 牛鼻栓属[(人名)Rabert Fortune,1812~1880,英国的一位旅行家,曾在中国采集大量植物标本]——金缕梅科

Gardenia〈阴〉 栀子属[(人名)Alexander Garden,1730~1791,美国的一位医生兼植物学家]——茜草科

Gentiana〈阴〉 龙胆属[(人名)Gentium,古伊利里亚国王]——龙胆科

Gleditsea〈阴〉 皂荚属[(人名)J. Gottlied Gleditsch,1714~1786,当时任德国柏林植物园主任]——豆科

Helwingia〈阴〉 青荚叶属[(人名)G. A. Helwing,1666~1748,德国的一位神父兼植物学家]——山茱萸科

Houttuynia〈阴〉 蕺菜属[(人名)Martin Houttuyn,1920~1994,荷兰的一位自然历史学家]——三白草科

Lespedeza〈阴〉 胡枝子属[(人名)D. Lespedez,18世纪西班牙的一位官员]——豆科

Linnaea〈阴〉 林奈属(北极花属)(C. Linnaeus,瑞典的植物分类学大师)——忍冬科

Lobelia〈阴〉 半边莲属[(人名)Mathias de Lobel,1538~1616,比利时的一位医生兼植物学家]——桔梗科

Lonicera〈阴〉 忍冬属[(人名)Adam Lonicer,1528~1586,德国的植物学家]——忍冬科

Lycoris〈阴〉 石蒜属[(人名)Lycoris,古罗马的一位女演员]——石蒜科

Magnolia〈阴〉 木兰属[(人名)Pierre Magnol,1683~1751,法国的一位植物学家]——木兰科

Michelia〈阴〉 含笑属[(人名)Pietro Antonio Micheli,1679~1737,意大利的一位植物学家]——木兰科

Nicotiana〈阴〉 烟草属[(人名)Jean Nicot,1530~1600,据说是他最早把烟草从美洲引种到法国的]——茄科

Patrinia〈阴〉 败酱属[(人名)E. L. M. Patrin,1755~1810,英国的一位旅行家]——败酱科

Paulownia〈阴〉 泡桐属[(人名)Anna Paulowna,1795~1865,古代俄国沙皇,保罗一世的儿子]——玄参科

Pinellia〈阴〉 半夏属[(人名)Giovani Vincenzo Pinelli,1535~1601,意大利的一位植物学家]——天南星科

Robinia〈阴〉 洋(刺)槐属[(人名)Jean Robin,1550~1629,法国的一名药草商人]——豆科

Salvinia〈阴〉 槐叶萍属[(人名)Antonia Maria Salvini,1633~1729,意大利的一名植物学教授]——槐叶萍科

Schefflera〈阴〉 鹅掌柴属[(人名)J. C. Scheffler,18世纪德国的医生]——五加科

Strelitzia〈阴〉 鹤望兰属[(人名)Charlotte Sophia von Mechlenburg Strelitz,1744~1818,英国女皇]——旅人蕉科

Tsoongia〈阴〉 钟木属(假紫珠属)[(人名)K. K. Tsoong,我国著名的植物学家钟观光教授("钟"的汉语拼音拉丁化)]——马鞭草科

Victoria〈阴〉 王莲属[(人名)Victoria,一位英国皇后]——睡莲科

Weigela〈阴〉 锦带花属[(人名)Christian Ehrenfried Weigel,1780~1831,德国的一位

植物学家]——忍冬科

Wisteria〈阴〉 紫藤属[（人名）Casper Wister，1761～1818，美国的一名植物解剖学教授]——豆科

Youngia〈阴〉 黄鹌菜属[（人名）Piter Young，英国人]——菊科

Zantedeschia〈阴〉 马蹄莲属[（人名）Giovanni Zantedeschi，1773～1846，意大利的一位医生兼植物学家]——天南星科

Zinnia〈阴〉 百日菊属[（人名）Johann Gottfried Zinn，1727～1759，德国的一名植物学教授]——菊科

Zoysia〈阴〉 结缕草属[（人名）Karl von Zois，奥地利的一位植物学家]——禾本科

五、以植物的明显特征和特性命名的属名

Abelmoschus〈阳〉 秋葵属[（阿）abul（具）＋mosk（麝香）]，指该植物的种子具麝香味，幼果可食——锦葵科

Acanthopanax〈阳〉 五加属[（希）akantha（针、刺）＋（属）*Panax*（人参属）]，意为具有刺的人参，典型代表植物为刺五加，嫩枝叶可食用——五加科

Achyranthes〈阴〉 牛膝属[（希）achyron（糠秕）＋anthos（花）]，指花具微小的似糠的苞片——苋科

Actinidia〈阴〉 猕猴桃属[（希）aktis，actinos（光芒）＋eidos（相似）]，指花柱呈放射状——猕猴桃科

Agastache〈阴〉 藿香属[（希）aga（极多的）＋stachys（穗）]，指花序的分枝较多——唇形科

Alternanthera〈阴〉 莲子草属[（拉）alterno（交替）＋anthera（花药）]，指某些种的发育雄蕊与退化雄蕊互生——苋科

Amaranthus〈阳〉 苋属[（希）amarantos（不凋落的）＋anthos（花）]，指具色彩的苞片长时间不退色，鸡冠花可观赏——苋科

Ambrosia〈阴〉 豚草属[（希）ambrosia（神的食物）]，其实此属植物有剧毒，花粉为过敏源，为外来入侵植物——菊科

Arabidopsis〈阴〉 拟南芥属[（属）*Arabis*（南芥属）＋（希）opsis（模样的）]，指外形似南芥属植物——十字花科

Arachis〈阴〉 落花生属[（希）a（无）＋rachis（枝）]，指花单生叶腋，具长梗——豆科

Ardisia〈阴〉 紫金牛属[（希）ardis（顶尖）]，指花冠裂片顶端或雄蕊先端尖锐——紫金牛科

Bidens〈阴〉 鬼针草属[（拉）bi（二）＋dens（齿）]，指瘦果顶端具倒刺的2枚齿刺——菊科

Calendula〈阴〉 金盏花属[（拉）calendae（罗马日历，每月的初一）]，指该属有些种可月月开花——菊科

Calliaspidia〈阴〉 虾衣花属[（希）kalos（美丽的）＋aspis（盾）]，指苞片大而美丽，可供观赏——爵床科

Callicarpa〈阴〉 紫珠属[(希)kalos(美丽的)＋karpos(果)]，指果实颜色美丽，紫色具光泽——马鞭草科

Callistemon〈阳〉 红千层属[(希)kalos(美丽的)＋stemon(雄蕊)]，指红色的丝状雄蕊极其美丽——桃金娘科

Calocedrus〈阳〉 翠柏属[(希)kalos(美丽的)＋(属)*Cedrus*(雪松属)]，指外观似雪松而叶色青翠美丽——柏科

Ceratophyllum〈中〉 金鱼藻属[(希)keras(具角的)＋phyllon(叶)]，指叶的裂片呈二叉状，其实果实具尖刺角——金鱼藻科

Chimonanthus〈阳〉 腊(蜡)梅属[(希)cheimon(冬)＋anthos(花)]，指在冬季开花(或称蜡梅，指花被为蜡质，现蜡与腊通用)——腊(蜡)梅科

Chrysanthemum〈中〉 茼蒿属[(希)chrysos(金)＋anthos(花)]，指头状花序金黄色，幼苗可食——菊科

Convolvulus〈阳〉 旋花属[(拉)convolvo(旋卷的)]，指花冠在花蕾期呈旋卷状——旋花科

Codonopsis〈阴〉 党参属[(希)kodon(钟)＋opsis(模样的)]，指花冠钟形——桔梗科

Cyclocarya〈阴〉 青钱柳属[(希)kyklos(圆形的)＋karyon(坚果)]，指果实四周具圆盘状的翅，形似铜钱——胡桃科

Gynandropsis(＝*Cleome*)〈阴〉 白花菜属[(希)gyne(妇人)＋aner(男人)＋opsis(模样的)]，指雄蕊贴生在子房上，具合生的雌雄蕊柄——白花菜科

Dendrobium〈中〉 石斛属[(希)dendron(树木)＋bion(生活)]，指本属植物常附生在潮湿的树干上——兰科

Dysosma〈阴〉 八角莲属[(希)dysodes(恶臭的)＋osma(气味)]，指植物体具恶臭味——小檗科

Ecballium〈中〉 喷瓜属[(希)-ek(……之外)＋ballo(投掷)]，指果实成熟时凭借产生的CO_2气体将种子喷出——葫芦科

Echinocactus〈阳〉 仙人球属[(希)echinos(刺猬)＋(希)kactos(有刺的植物，刺为叶的变态)]——仙人掌科

Eriobotrya〈阴〉 枇杷属[(希)erion(羊毛)＋botrys(葡萄串)]，指圆锥花序被绵毛，果序恰似葡萄串——蔷薇科

Eucalyptus〈阳〉 桉属[(希)eu(良好)＋kalyptos(盖)]，指萼片于开放前呈帽状包被着雄蕊，开放后一起脱落，其形如盖——桃金娘科

Euptelea〈阴〉 领春木属[(希)eu(美丽)＋ptelea(榆树)]，指具翅的漂亮果实，与榆果很相似——昆栏树科(领春木科)

Exochorda〈阴〉 白鹃梅属[(希)exo(外边)＋chorde(索带，线)]，指在果实外面有纤维状残留物，嫩芽和花蕾可食用——蔷薇科

Impatiens〈阴〉 凤仙花属[(拉)impatiens(急躁的)]，指果成熟后一触即破裂，果爿弹出种子——凤仙花科

Leucobryum〈中〉 白发藓属[(希)leuco(白色的)＋bryon(苔藓)]——白发藓科

Meliosma〈阴〉 泡花树属[(希)meli(蜜)＋osme(气味)]，指花具蜜味——清风藤科

第七章 植物的属名

Osmanthus〈阳〉 木犀属[(希)osme(气味)+authus(花)],指花具浓郁的香味,金桂和银桂较香,但丹桂无香味——木犀科

Platycodon〈阳〉 桔梗属[(希)platys(宽阔的)+kodon(钟)],指花冠宽钟形——桔梗科

Polygonum〈中〉 蓼属[(希)polys(多的)+gonu(膝)],指茎具膨大的节——蓼科

Pterocarya〈阴〉 枫杨属[(希)pteron(翼)+karyon(坚果)],指坚果的一侧具翼——胡桃科

Rhizophora〈阴〉 红树属[(拉)rhizo(根)+phora(具有)],指红树有许多支柱根——红树科

Rhodobryum〈中〉 大叶藓属[(希)rhodon(玫瑰花)+bryon(苔藓)],指整个植株恰似一朵碧绿的玫瑰花——真藓科

Rhododendron〈中〉 杜鹃属[(希)rhodon(玫瑰花)+dendron(树木)],指某些种的花红色,似玫瑰,意为生于树上的玫瑰花——杜鹃花科

Rotala〈阴〉 节节菜属[(拉)rota(轮)],指叶轮生——千屈菜科

Rubia〈阴〉 茜草属[(拉)ruber(红色的)],指根干后外表红色——茜草科

Rubus〈阳〉 悬钩子属[(拉)rubeo(变红色)],指果实成熟后红色——蔷薇科

Sagittaria〈阴〉 慈姑属[(拉)sagitta(箭)],指叶片箭头形——泽泻科

Sarcandra〈阴〉 草珊瑚属[(希)sarx(肉)+andros(雄蕊)],指花丝肥厚肉质——金粟兰科

Senecio〈阳〉 千里光属[(拉)senex(老人)],指植物的头状花序成熟后冠毛白色,恰似老人的白发——菊科

Setaria〈阴〉 狗尾草属[(拉)seta(刺毛)],指小穗轴上密生刺毛——禾本科

Schisandra〈阴〉 五味子属[(希)schizo(裂开)+andra(雄蕊)],指花药开裂——木兰科

Stellaria〈阴〉 繁缕属[(拉)stella(星)],指花冠呈放射状——石竹科

Stemona〈阴〉 百部属[(希)stemon(雄蕊)],指药隔延伸成一细长的附属体——百部科

Symplocos〈阴〉 山矾属[(希)symploke(扭在一起)],指主茎干发生螺旋状扭转的特征——山矾科

Syringa〈阴〉 丁香属[(希)syrinx(管子)],指某些种的雄蕊连合成管形——木犀科

Taxodium〈中〉 落羽杉属[(属)*Taxus*(红豆杉属)+(希)eidos(相似)],指叶形与红豆杉的叶形相似——杉科

Trapa〈阴〉 菱属[(拉)calcitrapa(古代西方的一种具四刺的武器,状似铁蒺藜)],指果具四枚角刺——菱科

Trichosanthes〈阴〉 栝楼属[(希)trichos(毛发)+anthos(花)],指花冠的边缘流苏状——葫芦科

Trifolium〈中〉 车轴草属[(拉)tri(三)+folium(叶)],指复叶具3枚小叶——豆科

Tropaeolum〈中〉 旱金莲属[(希)tropaion(像盾一样的战斗器具)],指叶片盾形着生——旱金莲(花)科

Tulipa〈阴〉 郁金香属[(法)tulipe(回教人的头巾)],指花被片的形状——百合科

Xanthium〈中〉 苍耳属[(希)xanthos(黄色)],指花黄色——菊科

Zanthoxylum〈中〉 花椒属[(希)xanthos(黄色)+xylon(木)],指木材为黄色——芸香科

Zebrina〈阴〉 吊竹兰属[(拉)zebrinus(斑马)],指叶面具有条状斑纹——鸭趾草科

六、以生长习性和生境特征命名的属名

Actephila〈阴〉 喜光花属[aktis(光线)＋philos(喜欢)]——大戟科

Azolla〈阴〉 满江红属[(希)azo(使变干)＋ollyo(杀死)]，因这种植物常被旱天所杀死，为水生蕨类植物——满江红科

Batrachium〈中〉 水毛茛属[(希)batrachos(蛙)]，指本属植物喜生于水中——毛茛科

Calonyction〈中〉 月光花属[(希)kalos(美丽的)＋nyx(夜)]，指花在夜间开放——旋花科

Eragrostis〈阴〉 画眉草属[(希)era(田)＋agrostis(草)]，意为农田间的杂草——禾本科

Helianthus〈阳〉 向日葵属[(希)helios(太阳)＋anthos(花)]，指头状花序随着太阳转动——菊科

Hylomecon〈阴〉 荷青花属[(希)hyla(树林)＋mekon(罂粟)]，意思为生于林中的罂粟花——罂粟科

Limnophila〈阴〉 石龙尾属[(希)limne(沼泽)＋philos(爱好)]，指本属植物生于沼泽之中——玄参科

Lygodium〈中〉 海金沙属[(希)lygodes(柔软的)]，指藤本习性的蕨类——海金沙科

Menispermum〈中〉 蝙蝠葛属[(希)mene(弯月)＋sperma(种子)]，指种子(实际上为果实)新月形——防己科

Metasequoia〈阴〉 水杉属[(希)meta(似，在后的，亚)＋(属)Sequoia(北美红杉属)]，指其与北美红杉有亲缘关系——杉科

Monimopetalum〈中〉 永瓣藤属[(希)monimos(固定的)＋petalon(花瓣)]，指花瓣宿存——卫矛科

Quamoclit〈阴〉 茑萝属[(希)kuamos(豆)＋klitos(山坡)]，指某些种类喜生于山坡——旋花科

Ranunculus〈阳〉 毛茛属[(希)ranunculus(幼蛙)]，指某些种类生于湿地——毛茛科

Vitis〈阴〉 葡萄属[(拉)vitis(藤蔓植物)]，指植物的藤本习性——葡萄科

七、以植物的用途命名的属名

Aristolochia〈阴〉 马兜铃属[(希)aristos(最好的)＋locheia(分娩)]，指其为优良的妇科药用植物——马兜铃科

Hierachloe〈阴〉 香茅属[(希)hieros(神圣的)＋chloe(草)]，欧洲人常在节日里把该草撒在教堂前，故称为神圣之草——禾本科

Lavandula〈阴〉 薰衣草属[(拉)lavo(洗)]，指幼嫩植物的汁液可供洗澡用——唇形科

Ormosia〈阴〉 红豆属[ormos(项链)]，指种子可作装饰物品——豆科

Phytolacca〈阴〉 商陆属[(希)phyton(植物)＋(意)lacca(绘画用具)]，指果实的红色汁液可作颜料——商陆科

Polygala〈阴〉 远志属[(希)polys(多的)＋gala(乳)]，指某些种类具产生乳作用——远志科

Salvia〈阴〉　鼠尾草属[(拉)salveo(救护)],指某些种为药用植物——唇形科

Sanguisorba〈阴〉　地榆属[(拉)sanguis(血)+sorbeo(吸收)],指根和花序供药用,有止血效果——蔷薇科

Saponaria〈阴〉　肥皂草属[(拉)sapo(肥皂)],指其叶子可代替肥皂使用——石竹科

Verbena〈阴〉　马鞭草属[(拉)verbena(神圣之枝)],指本属植物可供药用——马鞭草科

八、以模式标本的原产地命名的属名

Arabis〈阴〉　南芥属[(地名)Arabia(阿拉伯)],指模式种的产地——十字花科

Araucaria〈阴〉　南洋杉属[(地名)Arauco(智利某地方)],指模式种产地——南洋杉科

Armeniaca〈阴〉　杏属[(地名)Armenia(亚美尼亚,亚洲西部的一个地方),现该属名废弃]——蔷薇科

Fokienia〈阴〉　福建柏属[我国福建省的"福建"汉语拼音的拉丁化]——柏科

Paphiopedilum〈中〉　兜兰属[(地名)Paphos(塞浦路斯一城市名)+(希)pedilon(拖鞋)],指模式种产于Paphos,花呈拖鞋形——兰科

Sabina〈阴〉　圆柏属[(地名)Sabine(属意大利地方)],指模式种产地——柏科

Taiwania〈阴〉　台湾杉属[我国台湾省的"台湾"汉语拼音的拉丁化]——杉科

Zelkova〈阴〉　榉树属[(地名)Selkoua(希腊一个岛屿名)],指模式种的产地——榆科

九、以植物含有的特殊化合物命名的属名

Eucommia〈阴〉　杜仲属[(希)eu(良好)+kommi(树胶)],指其含有优质树胶——杜仲科

Hyoscyamus〈阳〉　天仙子属[(希)hys(猪)+kyamos(豆)],指果实有剧毒,猪吃了可致死——茄科

Liquidambar〈阴〉　枫香树属[(拉)liquidus(液体的)+(阿)ambar(琥珀)],指本属植物分泌琥珀色香液——金缕梅科

Picea〈阴〉　云杉属[(拉)picea(松脂)]——松科

Saccharum〈中〉　甘蔗属[racchar(糖)(属名为名词的中性词尾的形式)]——禾本科

Sapindus〈阳〉　无患子属[(拉)sapo(肥皂)+(地名)India(印度)],指本属植物首次发现于印度,且含有皂碱——无患子科

十、汉语以土名和方言的拉丁化作为属名

Ginkgo〈阴〉　银杏属[(汉)ginkgo(金果)],银杏 *G. biloba* 原产于我国,在宋代由留学僧侣带到日本,在1690年由日本传到欧洲,1748年从欧洲再传到北美。1753年,当Linnaeus为银杏命名时,可能是根据中国古代有些地方的人们叫银杏为"金果",根据汉语译音翻译成"Ginkgo",实际上是"金黄色的种子"。其商品种子叫"白果",树木叫公孙树。有的书上把"金果"说成是日本语的译音,但日语发音似乎不可能会出现"金果"之音——银杏科

Litchi〈阴〉　荔枝属[(汉)litchi(荔枝),为我国广东方言"荔枝"的拉丁化]——无患子科

Thea〈阴〉 茶属[(汉)thi 中国闽语"茶"、汕头语"茶"的读音拉丁化]——山茶科

Kalanchoe〈阴〉 伽蓝菜属[(汉)Kalanchoe 伽蓝菜]——景天科

十一、以合成词作为属名

即通过前缀或后缀来合成新的属名。但要注意,在使用前缀或后缀时,不要将拉丁词和希腊词两种不同词源的前缀或后缀混合,导致出现复合的异源属名现象。常见的前缀很多,例如:

acantho-	针,刺	penta-	五,五倍的
acros-	在顶尖的	petro-	石头
actino-	光线	phyllo-	叶
aniso-	不等的	physo-	泡,泡囊
chamae-	矮小的	plagio-	偏斜的,歪的
coelo-	空的	platy-	宽阔的
di-	二,二倍的	poly-	多的
erio-	羊毛	pseudo-	假的
gonio-	棱角	ptero-	翼,有翼的
gymno-	裸露的	pycno-	浓密的
hemi-	半	r(h)aphi-	针
hetero-	不同的	rhyncho-	鸟喙
hydro-	水(生)的	sarco-	肉,肉质的
hymeno-	膜	schizo-	裂开
hypo-	下(位)的	semi-	一半
lepto-	薄的,瘦弱的	sino-	中国
leuco-	白的	stauro-	十字形的
macro-	大的	steno-	狭窄的
mela-	黑色的	stereo-	坚硬的
micro-	小的	syn-	联合,合生的
mono-	单一的	tetra-	四,四倍的
neo-	新的	trachy-	粗糙的
notho-	伪造的	tri-	三,三倍的
ortho-	直立的	tricho-	毛发
oxy-	酸的,尖锐的	uro-	尾
pachy-	厚的,粗的	xantho-	黄色
para-	类似,假的	xylo-	木,木质的

常见的后缀也很多,例如:

-ellus,-ella,-ellum[小的(小型化)];-opsis(相似的);-oides,-odes(相似的),等等。通过加上拉丁文的后缀小型词(diminutive)词尾,可组成新的属名。例如:

茶菱属 *Trapella*，是菱属 *Trapa* 的小型词

野古草属 *Arundinella*，是芦竹属 *Arundo* 的小型词

报春花属 *Primula*，是形容词 primus(第一的)小型词

车叶草属 *Asperula*(现在称为拉拉藤属 *Galium*)，是形容词 asper(粗糙的)小型词

还有些后缀是名词，例如:-bryum(苔藓);-carpus(果实);-phylla,-phyllus,-phyllum(叶);-anthera(花药);-anrhus(花);-pteris(蕨，翅，翼);-dendron(树木);-stemon(雄蕊);-stemma(花冠);-spermum(种子);-tropis(龙骨)，等等。

下面的属名是由一些植物属名加上前缀或后缀，或由两个词合成的，请看例子：

Cercidiphyllum〈中〉 连香树属[(希)kerkidion(小梳)+phyllon(叶)]——连香树科
Citrullus〈阳〉 西瓜属[(属)*Citrus*(柑橘属)+(拉)-ullus(小……)]——葫芦科
Dendranthema〈中〉 菊属[(希)dendron(树木)+anthemis(花)]——菊科
Equisetum〈中〉 木贼属[(拉)equus(马)+seta(刺毛)]——木贼科
Gentiana〈阴〉 龙胆属[(属)*Gentianella*(假龙胆属)+-ella(小型的)]——龙胆科
Ipomoea〈阴〉 番薯属[(希)ipsos(常春藤)+homoios(相似的)]——旋花科
Kalimeris〈阴〉 马兰属[(希)kalos(美丽的)+meros(部分)]——菊科
Kalopanax〈阳〉 刺楸属[(希)kalos(美丽的)+(属)*Panax*(人参属)]——五加科
Mangifera〈阴〉 杧果属[(葡)manga(杧果)+fera(生育)]，意为生长杧果的树——漆树科
Nepenthes〈阴〉 猪笼草属[(希)ne-(不)+penthos(悲伤的)]——猪笼草科
Pseudolarix〈阴〉 金钱松属[(希)pseudes(假的)+(属)*Larix*(落叶松属)]——松科
Pseudostellaria〈阴〉 孩儿参属[(希)pseudes(假的)+(属)*Stellaria*(繁缕属)]——石竹科
Pseudotsuga〈阴〉 黄杉属[(希)pseudes(假的)+(属)*Tsuga*(铁杉属)]——松科
Sequoiadendron〈中〉 巨杉属[(属)*Sequoia*(北美红杉属)+-dendron(树木)]——杉科

十二、以组装拼接词作为属名

有些植物的属名没有明确的词意，因为它是通过对某个属名，把其中的一个或几个字母进行前后调换，便组装成另一个新的属名。例如：

Alocasia 海芋属——*Colocasia* 芋属，改换首字母"a"为"co"
Allium 葱属(百合科)——*Milula* 穗花韭属(百合科)，调换所有字母顺序
Garhadiolus 小疮菊属——*Rhagadiolus*(该属我国不产)，字母"rha"移位
Gnetum 买麻藤属——*Gnemon*(该属我国不产)，改换字母"t"和"m"的词尾
Neyraudia 类芦属——*Reynaudia*(该属我国不产)，调换字母"n"和"r"
Onagra 柳叶菜属——*Anogra*(该属我国不产，柳叶菜科)，调换字母"a"和"o"
Ophrestia 拟大豆属——*Tephrosia*(该属我国不产)，改换字母"o,t,e"
Poacynum 白麻属——*Apocynum* 罗布麻属(夹竹桃科)，调换字母"a"
Saruma 马蹄香属——*Asarum* 细辛属(马兜铃科)，调换字母"a"
Tapiscia 银鹊树属——*Pistacia* 黄连木属(漆树科)，调换字母"ta"

十三、其他语言来源的属名

Ailanthus〈阴〉 臭椿属[(马六甲)ailanto(上帝之树,神圣的树)]——苦木科
Basella〈阴〉 落葵属[(巴拿马)basella(一种当地的植物)]——落葵科
Jasminum〈中〉 茉莉属[(阿拉伯)yasmin(一种灌木)]——木犀科
Luffa〈阴〉 丝瓜属[(阿拉伯)lufah(一种植物)]——葫芦科
Macaranga〈阴〉 血桐属[(马达加斯加)macaranga(一种当地的植物)]——大戟科
Maesa〈阴〉 杜茎山属[(阿拉伯)maass(一种当地的植物)]——紫金牛科
Manglietia〈阴〉 木莲属[(马来西亚)manglie(一种当地的植物)]——木兰科
Nelumbo〈阴〉 莲属[(锡兰)nelumbo(当地叫莲花的植物)]——睡莲科
Taraxacum〈中〉 蒲公英属[(波斯)tarashqun(蒲公英)]——菊科
Yucca〈阴〉 丝兰属[(印度)yucca(一种当地的植物)]——百合科

十四、根据分类学原理命名的属名

Archangelica〈阴〉 古当归属[(希)archi-(原始的)+(属)*Angelica*(当归属)],指其形态特征比当归属原始——伞形科
Archiphysalis〈阴〉 海地椒属[(希)arche(原始的)+(属)*Physalis*(酸浆属)],指其形态特征比酸浆属原始——茄科
Quisqualis〈阴〉 使君子属[(拉)quis(谁)+qualis(哪一类)],指当初在命名时,该属不能确定其分类地位——使君子科
Penstemon〈阳〉 吊钟柳属[(希)penta(五)+stemon(雄蕊)],指第5枚雄蕊已经退化——玄参科

十五、以颠倒地理名词构成的属名

Lobivia〈阴〉 (该属我国不产,来自 Bolivia(玻利维亚))——仙人掌科
Jacaima〈阴〉 (该属我国不产,来自 Jamaica(牙买加))——萝藦科

由此可见,植物属名的来源十分广泛。
但是,在植物的属名中,并不是所有的属名都有词意,还有的词语来源很难探究清楚。例如:

Anredera〈阴〉 落葵薯属(落葵科)
Biondia〈阴〉 秦岭藤属(萝藦科)
Bournia〈阴〉 四数苣苔属(苦苣苔科)

这些属的词源不详。

第三节 植物属名的创建与属名的保留

一、属名的创建

在创建一个新的植物属名时，必须指定属名的模式种。不要采用已有的植物属名作新属名，以免因同名而被废除，即属名也适用于优先律法则。

一个新的植物属名的发表需要有命名人，即植物属名由两个部分组成（属名＋命名人）。但在一般的地方植物志和普通植物学文献中，人们习惯略去属名的命名人。属名的形式一般分4类：① 由一个人单独发表的属名，例如，*Abelia* R. Br. 六道木属，*Acacia* Mill. 金合欢属；② 两个人合作发表的属名，例如，*Paulownia* Sieb. et Zucc. 泡桐属，*Maddenia* Hook. f. et Thoms. 臭樱属；③ 代替别人发表的属名，例如，*Allmania* R. Br. ex Wight 砂苋属，*Agastache* Clayton ex Gronov 藿香属，*Pachygone* Miers ex Hook. f. et Thoms. 粉绿藤属；④ 更正别人已经发表的属名，属第二次发表的新组合名，例如，*Juncellus* (Griseb.) Clarke 水莎草属，*Aruncus* (L.) Schaeff. 假升麻属。（引自《中国种子植物科属词典》，1982。）

根据《中国植物志》文献引证，假升麻属的学名是 *Aruncus* Adans. ，其文献出处是："Adans. Fam. Pl. 2：259. 1763. —— *Spiraea* L. Sp. Pl. 489. 1753. —— *Spiraea* sect. *Aruncus* Ser. in DC. Prodr. 2：545. 1825."（引自《中国植物志》1974，36：71）林奈在1753年发表假升麻 *Spiraea aruncus* L.（＝*Aruncus sylvester* Kostel. 1879），首次使用"aruncus"作为种加词，但将其放在绣线菊属（*Spiraea*）之下。1763年，Adans. 重新发表了假升麻属，他把林奈的种加词"aruncus"提升为属名 *Aruncus*。到1825年，DC. 又将假升麻属降级，放在绣线菊属（*Spiraea*）下作为组名 sect. *Aruncus*。1974年，《中国植物志》作者承认并使用了 Adans. 的属名 *Aruncus*。我们考虑到"aruncus"的命名所有权是林奈的，因此，假升麻属的属名全称应该是"*Aruncus* (L.) Adans."。而对于 *Aruncus* (L.) Schaeff.，作者暂未找到文献出处，有待研究。2003年，《Flora of China》(9：74)一书中的假升麻属的文献引证却是 *Aruncus* L. (Opera Var. 259. 1758.)，林奈在1758发表了假升麻属，可是 Adans. 在1763发表属名 *Aruncus* 时没有见到林奈发表该属名的论文。由此可见，植物分类学不仅仅是识别和鉴定植物，它简直就是一门研究文献的学问。

植物属名的词尾尽可能采用拉丁文的词尾，不要创建由拉丁词和希腊词两种不同词源复合的异源属名。但有时候，一个属名是拉丁文词，可存在一个被人们所接受的希腊词的拼法变体，例如，*Eleocharis*（荸荠属，莎草科）就存在一个希腊词的拼法变体 *Heleocharis*。尽量避免使用形容词或分词作名词用而创建新属名。

植物属名的名称不能与植物形态学特征术语相同，例如 folium（叶），rhizoma（根）和 spora（孢子）等，都不能用作属名。

尽量不要使用连字符组成复合词的属名。例如，*Tsugo-Keteleeria*（铁油杉属）。

当某一个属被细分为几个属时，其新成立的新属名的性属应和原来的属名保持一致。

当某一个属被细分为几个属时，其原来的属名应留用在含有模式种的那个新成立的属上。

当几个属被合并为一个属时，应选用其中发表最早的一个属名作为合并后的新属名。

我们以石蒜科（Amaryllidaceae，恩格勒系统）的仙茅属 *Curculigo* 为例，它曾合并了其他 3 个属。我们首先看仙茅属的文献引证如下：

仙茅属——*Curculigo* Gaertn. Fruct. et Sem. 1：63，t. 16. 1788；Pax et Hoffm. in Engl. et Prantl, Nat. Pflanzenfam. ed. 2，15a：426. 1930；S. C. Chen，植物分类学报 11(2)：129. 1966 ——*Molineria* Colla，Hort. Ripul. App. 2：331. 1826. ——*Forbesia* Eckl. Verz. Pflanzensamml. 4. 1827. ——*Empodium* Salisb. Gen. Pl. 43. 1866.（引自《中国植物志》1985，16(1)：33）

仙茅属 *Curculigo* 以及各个异名属的发表时间顺序是：

——*Curculigo* Gaertn. Fruct. et Sem. 1：63，t. 16. 1788

——*Molineria* Colla，Hort. Ripul. App. 2：331. 1826

——*Forbesia* Eckl. Verz. Pflanzensamml. 4. 1827.

——*Empodium* Salisb. Gen. Pl. 43. 1866.

其中后面的 3 个属名是作为异名处理的，它们各个属下的种名也自然地变成了异名。我们来看看大叶仙茅的文献引证，就可理解了。文献如下：

大叶仙茅 *Curculigo capitulata* (Lour.) O. Kuntze, Rev. Gen. Pl. 703. 1891；Hand.-Mazz. Symb. Sin. 7：1227. 1936；广州植物志 720. 1956；S. C. Chen 植物分类学报 11(2)：130，Pl. 21，f. 2-3. 1966；中国高等植物图鉴 5：547，图 7924. 1976；海南植物志 4：178，t. 1077. 1977.——*Leucojum capitulate* Lour. Fl. Cochinch. 199. 1790. ——*Curculigo recurvata* Aiton f. in Aiton, Hort. Kew ed. 2, 2：253. 1811. ——*Molineria recurvata* (Aiton f.) Herb. Amaryllidac. 84. 1827. ——*M. capitulata* (Lour.) Herb. 1. c. ——*Curculigo fuziwarae* Yamamoto, Contrib. Fl. Kainan. 1：31. 1934. （引自《中国植物志》1985，16(1)：34）

在上述文献中，3 个属的共 5 个拉丁学名都变成了大叶仙茅（1891）的异名（注意发表时间）：

——*Leucojum capitulate* Lour. 1790.（注意，种加词 capitulate 当时是中性词尾）

——*Curculigo recurvata* Aiton f. 1811.

——*Molineria recurvata*（Aiton f.）Herb. 1827.

——*M. capitulata*（Lour.）Herb.（1. c. 同上，即 1827）（注意 capitulate 已变阴性词尾）

——*Curculigo fuziwarae* Yamamoto 1934.

二、属名的保留问题

一个分类群只有一个唯一的符合命名法规要求的名称。但像植物科名一样，存在着极少数保留科名，所以植物的属名也有少量的保留名称（nomina conservanda）。虽然属名的发表时间受命名优先权的保护，但人们对某些已经习惯使用的属名，或虽然发表时间较迟但属于有效合格发表的属名，根据命名法规的要求，这些属名给予保留使用。根据第 17 届国际植物学大会发布的命名法规，在附录Ⅲ中已经列出了有关属名的保留属名［(*Vienna Code*) Vienna, Austria, July 2005, Appendix Ⅲ nomina generica conservanda et rejicienda］（参见第五章第二节中的保留名称）。下列 5 个属名是摘自第 17 届国际植物学大会的命名法规附录Ⅲ，其保留名称都比废弃名称发表时间迟。

第七章 植物的属名

　　Hosta Tratt.（玉簪属，百合科）1812年发表，而 *Hosta* Jacq.（曾为双子叶植物马鞭草科的一个属名）1797年发表。

　　Aglaia Lour.（米仔兰属，楝科）1790年发表，而 *Aglaia* F. Allam.（曾为单子叶植物莎草科的一个属名）1770年发表。

　　Luzula DC.（地杨梅属，灯心草科）1805年发表，而 *Juncoides*（曾用于地杨梅属，灯心草科）1754年发表。

　　Oberonia Lindl.（鸢尾兰属，兰科）1830年发表，而 *Iridorkis* Thouars（曾用于鸢尾兰属，兰科）1809年发表。

　　Alangium Lam.（八角枫属，八角枫科）1783年发表，而 *Angolam* Adans.（曾用于八角枫属，八角枫科）1763年发表，同样，*Kara-angolam* Adans.（也曾用于八角枫属，八角枫科）1763年发表。

　　在植物分类学研究中，经常会遇到像下列这些植物的属名，它们都有两个或两个以上的名称，但其中只有一个是有效的保留名称，而其他的则为废弃名称（左侧的为保留名称，右侧的为废弃名称，特排为正体以示区别）。

Achillea 蓍属（菊科） = Ptarmica
Actinocarya 锚刺果属（紫草科） = Glochidocaryum
Afzelia 缅茄属（豆科） = Pahudia
Agelaea 栗豆藤属（牛栓藤科） = Castanola
Alajja 菱叶元宝草属（唇形科） = Erianthera
Ambroma 昂天莲属（水麻属）（梧桐科） = Abroma
Ania 安兰属（兰科） = Ascotainia
Bambusa 刺竹属（禾本科） = Lingnaria
Basilicum 小冠薰属（唇形科） = Moschosma
Bassia 雾冰草属（藜科） = Echinopsilon
Beccarinda 横蒴苣苔属（苦苣苔科） = Slackia, Petrodoxa
Beilschmiedia 琼楠属（樟科） = Lauromerillia
Brachycorythis 苞叶兰属（兰科） = Phyllomphax
Byttneria 刺果藤属（梧桐科） = Buettneria
Calycanthus 夏蜡梅属（蜡梅科） = Sinocalycanthus
Cassandra 地桂属（杜鹃花科） = Chamaedaphne
Cephalomappa 肥牛木属（大戟科） = Muricococcum
Cheirostylis 叉柱兰属（兰科） = Arisanorchis
Chimonobambusa 方竹属（禾本科） = Oreocalamus
Cladopus 川苔草属（川苔草科） = Lawiella
Cleisostoma 隔距兰属（兰科） = Sarcanthus
Cleome 白花菜属（醉蝶花属，紫龙须属）（白花菜科） = Polanisia, Gynandropsis
Clianthus 耀花豆属（豆科） = Sarcodum
Coptosapelta 流苏子属（茜草科） = Thysanospermum

Cremanthodium 垂头菊属（菊科）= Werneria
Delonix 凤凰木属（豆科）= Poinciana
Dendrotrophe 寄生藤属（檀香科）= Henslowia
Didissandra 漏斗苣苔属（苦苣苔科）= Raphiocarpus
Drypetes 核果木属（大戟科）= Liodendron
Elsholtzia 香薷属（唇形科）= Platyelasma, Aphanochilus
Epilobium 柳叶菜属（柳叶菜科）= Chamaenerion 柳兰属
Epimeredi 广防风属（唇形科）= Anisomeles
Epiprinus 风轮桐属（大戟科）= Symphyllia
Flemingia 千斤拔属（豆科）= Moghania
Galeobdolon 小野芝麻属（唇形科）= Matsumurella
Glechoma 活血丹属（唇形科）= Mechaniopsis
Gomphostemma 锥花属（唇形科）= Taitonia
Gonostegia 糯米团属（荨麻科）= Memorialis
Gueldenstaedtia 米口袋属（豆科）= Amblytropis
Hanceola 四轮香属（唇形科）= Hancea
Hedysarum 岩黄蓍属（豆科）= Corethrodendron
Hedyotis 耳草属（茜草科）= Oldenlandia
Heritiera 银叶树属（梧桐科）= Tarriclin
Iris 鸢尾属（鸢尾科）= Junopsis
Koilodepas 白茶树属（大戟科）= Coclodepas
Korthalaella 栗寄生属（桑寄生科）= Pseudixus
Lagochilus 兔唇花属（唇形科）= Chlainanthus, Lagochilopsis
Laurentia 同瓣草属（桔梗科）= Tsotoma
Ligustrum 女贞属（木犀科）= Parasyringa
Ludisia 血叶兰属（兰科）= Haemaria
Ludwigia 丁香蓼属（柳叶菜科）= Jussiaea 水龙属
Magnolia 木兰属（木兰科）= Micheliopsis
Malaxia 沼兰属（兰科）= Microstylis
Manglietia 木莲属（木兰科）= Paramanglietia
Maytenus 美登木属（卫矛科）= Gymnosporia
Nothosmyrnium 白苞芹属（伞形科）= Macrochlaena
Oncodostigma 蕉木属（番荔枝科）= Chieniodendron
Oreocnide 紫麻属（荨麻科）= Villebrunea
Osmanthus 木犀属（木犀科）= Siphonosmanthus
Phacellanthus 黄筒花属（列当科）= Tienmuia
Prunus 李属（蔷薇科）= Persica, Cerasus, Padus, Armeniaca
Rabdosia 香茶菜属（唇形科）= Isodon, Amenthystanthus

Reaumuria 红砂属（柽柳科）＝ Holoachna
Rhynchotechum 线柱苣苔属（苦苣苔科）＝ Isanthera
Richella 尖花藤属（番荔枝科）＝ Friesodielsia
Rourea 红叶藤属（牛栓藤科）＝ Santalodes
Salsola 猪毛菜属（藜科）＝ Climacoptera
Sasa 赤竹属（禾本科）＝ Sasamorpha
Sassafras 檫木属（樟科）＝ Pseudosassafras, Yushunia
Schnabelia 四棱草属（马鞭草科）＝ Chienodoxa
Sinarundinaria 箭竹属（禾本科）＝ Yushania
Skapanthus 子宫草属（唇形科）＝ Dielsia
Suregada 白树属（大戟科）＝ Gelonium
Tacca 蒟蒻薯属（蒟蒻薯科）＝ Schizocapsa
Tecoma 黄钟花属（紫葳科）＝ Stenolobium
Thamnocalamus 筱竹属（禾本科）＝ Fargesia
Trichodesma 毛束草属（紫草科）＝ Lacaitaea
Trigonostemon 三宝木属（大戟科）＝ Prosartema
Tulotis 蜻蜓兰属（兰科）＝ Perularia
Veronicastrum 腹水草属（玄参科）＝ Calorhabdos
Zippelia 齐头绒属（胡椒科）＝ Circaeocarpus
Zygophyllum 霸王属（蒺藜科）＝ Sarcozygium

第八章　植物学名的种加词

第一节　种加词的使用规则

种加词(epitheton specificum)又叫种名形容词，是植物学名的重要组成部分，置于属名的后面。所谓的植物命名的"双名法"，就是指一种植物物种的学名是由属名和种加词构成的。

种加词可取自任何来源的单词，甚至可以任意构成。当一个学名有效发表后，其名称或加词的原始拼法需要保留，除非因缀字或印刷错误需要纠正的(《维也纳法规》，2006，规则60.1)。对于经典拉丁文的外来字母 w 和 y，以及罕用的 k，在植物的拉丁文学名中是允许的；对于经典拉丁文其他外来字母和连字符在植物的拉丁文学名中可以出现(规则 60.4)。但对种加词的要求是，单词不能过于冗长，难以发音；不使用拉丁文和希腊文混合的复合加词，以及与属名相同的种加词(属于重叠名)；在同一个属内避免使用字形相似而仅词尾不同的种加词；最好也不使用以-typus 或-typicus 结尾的种加词。在植物的拉丁文名称中，不使用具发音符号的字母(规则 60.6)。在复合加词中，随意删除连字符是错误的，除非该加词是独立的单词或连字符前后的字母相同(规则 60.9)。在栽培加词中常有撇号(省字号)，随意删除加词中的撇号是错误的(规则 60.10)。

一个新名称的种加词应该按照公认的拉丁文和拉丁化单词的普通拼法进行书写(规则 60E.1)。所有种加词和种下单位加词的第一个字母必须小写，整个种加词同属名一样在印刷时需要排成斜体(规则 60F.1)。而栽培加词的首字母必须大写，在印刷时排成正体，并使用单引号。

一、种加词与属名的性、数、格绝对统一

种加词的使用有一定的要求，当种加词为形容词或分词时，在性、数、格方面与属名要完全一致。由于属名的数是单数，格是主格，所以，作为形容词或分词的种加词一般也是使用单数、主格(或有时用所有格的单数或复数)。种加词的性属分为阳性、阴性或中性三者之一：

(1) 阳性属名后面的种加词必须用阳性。例如(下面所有的属名和种加词都是阳性)：

Podocarpus macrophyllus（Thunb.）D. Don

第八章 植物学名的种加词

Mazus japonicus (Thunb.) Kuntze
Mallotus japonicus Muell.-Arg.
Humulus lupulus L.

(2) 阴性属名后面的种加词必须用阴性。例如(下面所有的属名和种加词都是阴性)：

Buxus japonica Muell.-Arg.
Carex japonica Thunb.
Comanthosphace japonica (Miq.) S. Moore
Euscaphis japonica (Thunb.) Dippel
Orixa japonica Thunb.
Salicornia europaea L.

(3) 中性属名后面的种加词必须用中性。例如(下面所有的属名和种加词都是中性)：

Acer japonicum Thunb.
Hypericum japonicum Thunb.
Thlapsi japonicum Boissieu
Orthodon japonicum Benth. et Oliver
Zanthoxylum planispinum Sieb. et Zucc.

由此可知，形容词或分词的种加词在性、数、格方面与属名是统一的。作为种加词的词尾变化规律是：

(1) 种加词的词尾，以-us 代表阳性，以-a 代表阴性，以-um 代表中性。如前面所举的例子。

(2) 种加词的词尾，以-er 代表阳性，以-r-a 代表阴性，以-r-um 代表中性。

(3) 种加词的词尾，以-is 代表阳性或阴性，以-e 代表中性。

(4) 种加词的词尾，以-r 代表阳性，以-r-is 代表阴性，以-r-e 代表中性。

植物学名的属名与种加词的性、数和格，绝大多数是一致的，但也有一些是例外。

二、种加词的性、数、格变化的特殊情况

作为种加词的形容词或分词以-a-ns，-e-ns，-or，-x 结尾时，像这样的形容词或分词的词尾在 3 种不同的性属中只有一种词尾，不管其属名的性属如何，在形式上都不需要变化词尾。例如，种加词 repens(part. B,匍匐着的)的下列用法：

匍枝毛茛 *Ranunculus repens* (属名为阳性，repens 为 m.)
匍匐丁香蓼 *Ludwigia repens* (属名为阴性，repens 为 f.)
白车轴草 *Trifolium repens* (属名为中性，repens 为 n.)

像这样的种加词不随属名的性属变化的，有 bicolor(adj. B 两色的)和 discolor(adj. B 异色的)等。通过网上查询，在 International Plant Name Index Query 中检索种加词 bicolor,便可得到 1621 条植物的学名，例如，*Solidago bicolor* L.，*Gonolobus bicolor* Urb.，*Aristolochia* bicolor Ule,*Apocynum bicolor* McGregor,*Acer bicolor* F. Chun,等等。

除了形容词和分词以外,名词也可以作种加词。如果发现植物学名的属名和种加词在性、数、格某一个方面出现不一致时,则种加词一定不是形容词或分词。名词或拉丁化的专有名词均可作为种加词。有时种加词可使用名词的所有格,这时可以是单数,也可以是复数。

在少数情况下,当名词性种加词的词义和植物属名的词义相同或相近时,我们称其为同位语名词。以同位语名词作种加词时,只要求在单数、主格上与属名保持一致,但性属可以不一致。例如:

  樟树 *Cinnamomum* *camphora* (L.) J. Presl
      樟属   樟脑(同位语名词)
     sing. nom. n. sing. nom. f.

  牛蒡 *Arctium*   *lappa* L.
      牛蒡属 牛蒡(同位语名词)
     sing. nom. n. sing. nom. f.

  黄海棠 *Hypericum*   *ascyron* L.(属名和种加词的性别一致)
     金丝桃属 一种金丝桃(同位语名词)
     sing. nom. n. sing. nom. n.

但是,有时会遇到同一个属的植物,它们形容词性的种加词的性属并不都是绝对统一的,出现了混乱现象。例如,牧根草属(*Asyneuma*)的属名与种加词在性属上就有不统一的地方:

安徽牧根草 *Asyneuma anhuiense* B. A. Shen(属名为 n.,种加词为 n.)
牧根草 *A. japonicum*(Miq.) Briq.(属名为 n.,种加词为 n.)
球果牧根草 *A. chinensis* Hong(属名为 n.,种加词为 f.,两者不统一)

由于牧根草属 *Asyneuma* 属名来自古希腊文,以"-ma"结尾,中性,为第Ⅲ变格法。据查,1983 年,在《中国植物志》(73(2):141)中发表的新种球果牧根草 *Asyneuma chinense* Hong, sp. nov.,种加词就是中性的。2011 年,在《Flora of China》(19)中其学名种加词也是中性,即 *Asyneuma chinense* D. Y. Hong(Fl. Reipubl. Popularis Sin. 73(2):188. 1983.),注意命名人已改为全称。由此可见,上例中的球果牧根草的阴性种加词纯属人为误写所致。同样,在《植物学名解释》(1986,P284)一书中牧根草属也误写为阴性。

木本植物的属名性属比较复杂,都是以"-us"结尾的属名,有些是阳性,而有些却是阴性。一般地说,来自古希腊文和古拉丁文的属名,并以-us 结尾的是阴性名词(参见属名举例)。例如:

阳性的属名:如,木犀属 *Osmanthus*,桉树属 *Eucalyptus*,翠柏属 *Calocedrus*,腊梅属 *Chimonanthus*,无患子属 *Sapindus*,悬钩子属 *Rubus* 等。

阴性的属名:如,苹果属 *Malus*(古希,《植物学名解释》P377 误写为阳性),枣属 *Ziziphus*(古希),桑属 *Morus*(古希),无花果属 *Ficus*,红瑞木属 *Cornus*,樱属 *Cerasus*,柑橘属 *Citrus*(《植物学名解释》P307 误写为阳性),假叶树属 *Ruscus* 等。

现在,我们就能理解为什么有些树木的拉丁学名的阴性种加词却与阳性词尾的属名组合在一起。例如:

苹果 *Malus pumila* Mill.(*Malus* f.,pumila f.,下同)
枣 *Ziziphus jujuba* Mill.

第八章 植物学名的种加词

榆 *Ulmus pumila* L.

麻栎 *Quercus acutissima* Carr.

另外，卫矛属 *Euonymus* 的性属是阳性。但冬青卫矛的种加词在不同的文献中会出现"japonicus"与"japonica"的不同。根据文献引证，冬青卫矛的种加词是阳性。即 *Euonymus japonicus* Thunb. in Nov. Act. Soc. Sci. Upsal. 3：218. 1781（引自《中国植物志》1999，45（3）：14）。2008 年，《Flora of China》(11) 所使用的学名也是 *Euonymus japonicus* Thunb.，但文献引证为：Nova Acta Regiae Soc. Sci. Upsal. 3：208（1780），其发表时间和页码与《中国植物志》有出入。

在一些植物学专著文献中，有些草本植物拉丁学名的属名与种加词也出现了性属的不统一。例如：

萍蓬草 *Nuphar pumilum*（Timm）DC.（属名为 f.，种加词为 n.）；该学名引自《中国植物志》和《拉汉英种子植物名称》，但《Flora of China》已经将种加词改为 pumila，为 f.。

荷青花 *Hylomecon japonica*（Thunb.）Prantl et Kundig（属名为 n.，种加词为 f.）；属名引自《植物学名解释》，该属名为 n.，但在《中国植物志》和《Flora of China》中均为 f.。

羊蹄 *Rumex japonicus* Houtt.（属名为 f.，种加词为 m.）；在《植物学名解释》中该属名为 f.，但在《中国植物志》和《Flora of China》中均为 m.。

百蕊草 *Thesium chinensis* Turcz.（属名为 n.，种加词为 m./f.）；该学名引自《拉汉英种子植物名称》，但在《植物学名解释》、《中国植物志》和《Flora of China》中该学名的种加词已改为 chinense，为 n.。

光头稗（芒稗）*Echinochloa colonum*（L.）Link（属名为 f.，种加词为 n.）；其详情见下面的解释。

上述学名的种加词多数是以原产地来命名的，又不属于同位名词，为什么在性属上不一致呢？问题产生的原因可能也是作者们的疏忽所致，这一点值得商榷。

以上面的光头稗为例，看看一个植物拉丁学名变更的历史：

光头稗 *Echinochloa colonum*（L.）Link, Hort. Berol. 2：209. 1833；E. G. Camus et A. Camus im Lecomte, Fl. Gen. L'Inda-Chine 7：428. 1922；Reshen. in komar. Fl. URSS. 2：33. 1934；Ohwi in Acta Phytotax. et Geobot. 11：36. 1942；广州植物志 810. 1956；中国主要植物图说 禾本科 674. 1959；Bor, Grass. Burm. Ceyl. Ind. Pakist. 308. f. 34. 1960；中国高等植物图鉴 5：174. 图 7158. 1976；江苏植物志（上册）：221. 图 376. 1977；海南植物志 4：418. 1977. ——*Panicum colonum* L. Syst. Not. ed 10, 2：876. 1759. ——*Millium colonum*（L.）H. B. K. Nov. Gem. et Sp. 1：108. 1816. ——*Echinochloa crusgalli* subsp. *colonum* Honda in Bot. Mag. Tokyo. 37：122. 1923. ——*Panicum crusgalli* subsp. *colonum* Makino et Neunoto, Fl. Jap. 1470. 1925.（以上文献引证是引自《中国植物志》1990，10（1）：252）

光头稗的学名变更历史简化为：(正名和各个异名按发表时间为序)

——*Panicum colonum* L. Syst. Not. ed 10, 2：876. 1759.

——*Millium colonum*（L.）H. B. K. Nov. Gem. et Sp. 1：108. 1816.

——*Echinochloa colonum*（L.）Link, Hort. Berol 2：209. 1833.

——*Echinochloa crusgalli* subsp. *colonum* Honda in Bot. Mag. Tokyo. 37:122. 1923.

——*Panicum crusgalli* subsp. *colonum* Makino et Neunoto，Fl. Jap. 1470. 1925.

在《中国植物志》中，既没有用发表最早的学名，也没有用发表最迟的学名，而是用 1833 年的。

那么，一个种加词是如何"过户"的呢？当两个新旧属名的性属不同时，需要变换种加词的词尾。因此，光头稗的正确学名是 *Echinochloa colona*（L.）Link（因属名 *Echinochloa* 是阴性，种加词应该使用阴性词尾），笔者所查的英文文献中该种植物均为此学名。另外，在《Flora of China》（2006，22:209）中的其学名也是 *E. colona*（L.）Link。

看来问题已经很清楚，由于林奈在 1759 年首次发表光头稗时，认为它属于中性的 *Panicum* 属，所以种加词为 colonum。但在后来的学名变更过程中，像在 1833 年和 1923 年，人们却没有想起来要改变它的种加词的词尾。如果今后我们发现了这类问题，可以随时纠正，无需重新发表。

当然，绝大多数植物的属名和种加词的词尾的性属是一致的。除了纪念人名和地名的所有格的种加词外，当我们发现某种植物学名的种加词与其属名的词尾属性不一致时，首先考虑种加词是否为同位语名词；其次考虑属名虽具阳性词尾，但它的性属却不是阳性；最后才考虑是否像光头稗一样，在种加词的"过户"过程中出现了问题。

在植物命名时，要求种加词与其属名不能完全相同，重复使用。当种加词与属名完全相同时，叫作重叠名称（重叠名）（tautonym），是无效的学名，必须废除。例如，*Linaria linaria*，*Nasturtium nasturtium-aquaticum* 都是重叠名称，已废除。但是，像西府海棠 *Malus* × *micromalus* 在形式上使用属名（其实是同位语名词）作为具前缀的复合性的种加词，这就不算作重叠名（malus s. f. Ⅱ 苹果）；它无需变化词尾，直接使用，micromalus 虽具"-us"阳性词尾，但其实为阴性的复合同位语名词。这方面，不同于动物的学名。动物的学名可以使用重叠名称，例如，喜鹊（鹊）*Pica pica*，獾（狗獾）*Meles meles*，儒艮 *Dugong dugong*。

第二节　种加词的来源

种加词的来源十分广泛，常见的有以下几类：

一、纪念人名的形容词性种加词

为了纪念某人，可以用他（她）的名字来命名植物，这种做法在过去是很流行的。这些被纪念的人不一定都是植物学家，也有政治家、医生、传教士和标本采集人等。在以人名作种加词时，有两种方式：一种是采用人名的拉丁化形容词形式（参见《维也纳法规》，2006，规则 60C.1），另一种是采用人名的拉丁化名词的所有格形式（见后面第 143 页的"名词所有格"）。

在以人名的形容词形式给植物命名时，先把人名转化为拉丁化形容词形式，一般为单数、主格，然后再考虑性属的变化。根据构词法，有两种方法对人名进行形容词转化：

第八章 植物学名的种加词

(1) 人名如果以元音字母或-er结尾，要先加拉丁化词尾-an-(如果以-a结尾，则只加-n-)，然后根据属名再加所需要的性属的词尾。例如：

Cyperus heyne-an-us (-an-a,-an-um)(纪念 Heyne，词尾性属依次分别为 m. , f. , n.)
Verbena hassler-an-a (-an-us,-an-um)(纪念 Hassler，词尾性属依次分别为 f. , m. , n.)
Aspidium bertero-an-um (-an-a,-an-us)(纪念 Bertero，词尾性属依次分别为 n. , f. , m.)
Dendrobium balansa-n-um (-n-a,-n-us)(纪念 Balansa，词尾性属依次分别为 n. , f. , m.)

(2) 人名如果以辅音字母(-er除外)结尾，要先加上拉丁化词尾-ian-，再按属名的性属变化词尾。例如：

Rosa webb-ian-a (-ian-us,-ian-um)(纪念 Webb，词尾性属依次分别为 f. , m. , n.)
Senecio oldham-ian-us (-ian-a,-ian-um)(纪念 Oldham，词尾性属分别为 m. , f. , n.)
Desmodium griffith-ian-um (-ian-a,-ian-us)(纪念 Griffith，词尾性属分别为 n. , f. , m.)

二、原产地地名拉丁化作种加词

以植物原产地地名拉丁化作种加词，是十分普遍的。尤其是对那些年轻的植物研究工作者来说，以这种方法来命名新分类群，是很容易做到的。他们认为这样做不容易出错，其实不然。起源于地理名称的种加词更多的是形容词，通常具有-ens-is,-(a)n-us,-in-us,-ic-us 拉丁化形式的词尾(规则 60D.1)。

当用地名、省名或国名作种加词时，要把它们转化为拉丁化形容词，再根据属名的性属来变化词尾。在植物分类学中，原产地地名拉丁化常有3个词尾，最常见的莫过于下面3例：

印度的　indicus m. , indica f. , indicum n.
日本的　japonicus m. , japonica f. , japonicum n.
亚洲的　asiaticus m. , asiatica f. , asiaticum n.

总结起来，原产地地名拉丁化后作为种加词的，根据其属名的性属不同，词尾的变化形式见表 8.1。

表 8.1 原产地地名拉丁化后词尾的变化

属名的性属	m.	f.	n.	m.	f.	n.
种加词的词尾	-icus -ianus -anus	-ica -iana -ana	-icum -ianum -anum	-nus -inus -ensis	-na -ina -ensis	-num -inum -ense

由表 8.1 可知，像种加词"日本产的"有 3 种形式的种加词，japonicus 用于 m. 的属名，japonica 用于 f. 的属名，japonicum 用于 n. 的属名。

同样，种加词"中国产的"根据属名的不同性属具有二或三种不同的词尾，即：

chinensis m. /f. , chinense n.
sinensis m. /f. , sinense n.

sinicus m., sinica f., sinicum n.

我们来分析种加词"中国产的",这是一类只有两种词尾形式的种加词,chinensis 用于 m. 或 f. 的属名;chinense 仅用于 n. 的属名。例如 chinensis 的用法:

Haloragis chinensis（Lour.）Merr.（属名为 f.,chinensis 为 f.）
Hydrocotyle chinensis（Dunn）Craib（属名为 f.,同上）
Hydrangea chinensis Maxim.（属名为 f.,同上）
Larix chinensis Beissn.（属名为 f.,同上）
Loranthus chinensis DC.（属名为 m. chinensis 为 m.）

再例如 chinense 的用法:

Acer chinense Pax（属名为 n.）
Lycium chinense Mill.（属名为 n.）
Galeobdolon chinense（Benth.）C. Y. Wu（属名为 n.）
Monimopetalum chinense Rehd.（属名为 n.）

种加词"安徽产的"也只有两种词尾形式的种加词,anhuiensis 用于 m. 或 f. 的属名;anhuiense 仅用于 n. 的属名。例如 anhuiensis 的用法:

Tulipa anhuiensis X. S. Shen（属名为 f.,anhuiensis 为 f.）
Vallisneria anhuiensis X. S. Shen（属名为 f.,同上）
Lycoris anhuiensis Y. Xu et G. F. Fan（属名为 f.,同上）
Anemone anhuiensis Y. K. Yang et al.（属名为 f.,同上）
Carex anhuiensis S. W. Su et S. M. Xu（属名为 f.,同上）
Lathyrus anhuiensis Y. J. Zhu et R. X. Meng（属名为 m.,anhuiensis 为 m.）

再例如 anhuiense 的用法:

Lilium anhuiense D. C. Zhang et J. Z. Shao（属名为 n.）
Sedum anhuiense S. H. Fu et X. W. Wang（属名为 n.）

尽管原产地地名拉丁化的使用方法简单,其规则比较清晰,但是,若稍有不慎,也可能会出错,见前面第一节内容。

在植物命名时,使用地名作种加词的情况很多,像加利福尼亚的 californicus,阿留申群岛的 aleuticus,亚马孙河的 amazonicus,巴西的 brasiliensis,阿特拉斯山的（位于非洲西北部的山名）atalanticus,阿拉斯特拉罕的（前苏联的城市名）astrachanicus,橄榄坝的（位于中国云南省景洪州）ganlanbaensis 等。

值得一提的是,人们常把 formosana 译成"台湾的",formosa 一词是殖民地时期西方人对我国台湾的称呼,其词义是"美丽的"。以 formosana 命名的植物较多,例如:

台湾木蓝　*Indigofera formosana* Matsm.
台湾大戟　*Euphorbia formosana* Hayata
台湾毛兰　*Eria formosana* Rolfe

台湾山豆根　*Euchresta formosana* (Hayata) Ohwi
台湾胡颓子　*Elaeagnus formosana* Nakai
台湾薯蓣　*Dioscorea formosana* Knuth
台湾麒麟叶　*Epipremnum formosanum* Hayata
台湾扁柏　*Chamaecyparis obtusa* (Sieb. et Zucc.) Endl. var. *formosana* (Hayata) Rehd.

在《中国高等植物图鉴》1972 年版第 2 卷上,杭白芷的学名是 *Angelica taiwaniana* Boiss. epith. mut.,该书作者把种加词 formosana 改掉了,因而在学名后用了"epith. mut."(变更了的加词)以提示。但这种随意改变种加词的做法是不符合国际植物命名法规要求的。故该书在 1980 年第 2 次印刷时,又将其学名改回来了,即 *A. formosana* Boiss.。因此,我们今后在发表产自我国台湾的新分类群时,要摒弃以 formosana 作为种加词的用法。

三、名词所有格作种加词

用名词所有格作种加词有两种情况:一是用来纪念某个(些)人物;二是表示命名模式植物标本的原产地。由于这两种来源的种加词在词尾的形式上非常相似,有时很难区别出来。值得注意的是,这种由人名或地名的名词所有格构成的种加词,在任何情况下,即在任何性属的属名后面,都不变化其词尾。

1. 纪念人名的所有格(参见《维也纳法规》,2006,规则 60C.1,60C.2)

(1) 当人名以元音字母(-a 除外)或-er 结尾时,不管属名的性属如何,只按照被纪念人的性别和数给予所有格的词尾,-i,-ii,-orum,-arum,-ae。例如:

Scopoli——scopolii(男性,单数)
Fedtschenko——fedtschenkoi(男性,单数)
Lace——laceae(女性,单数)
Hookers——hookerorum(男性,复数)
植物学名:*Draba fedtschenkoi*(纪念 Fedtschenko,男性,单数)
Achnatherum hookeri(纪念 Hooker,男性,单数)
Asystasia coleae(纪念 Cole,女性,单数)

(2) 当人名以辅音字母(-er 除外)结尾时,要先加-i-,然后不管属名的性属如何,再按照被纪念人的性别和数给予所有格的词尾。例如:

Lecard——lecardii(男性,单数)
Wilson——wilsoniae(女性,单数)
The Verlot (brother)——verlotiorum(兄弟,复数)
The Braun (sisters)——brauniarum(姐妹,复数)
Mason (father and daughter)——masoniorum(父女,复数)
植物学名:*Acer davidii*(纪念 David,男性,单数)

Impatiens wilsonii（纪念 E. H. Wilson，男性，单数）
Berberis wilsoniae（纪念 Wilson，女性，单数）
Artemisia verlotiorum（纪念 Verlot 兄弟，男性，复数）
Blakea wilsoniarum（纪念 Wilson 姐妹，女性，复数）

(3) 当人名以元音字母-a 结尾时，则直接加-e（单数），-rum（复数）。例如：

Triana——trianae（男性，单数）
Pojarkova——pojarkovae（女性，单数）
Orlovskaja——orlovskajarum（女性，复数）
植物学名：*Michelia balansae*（纪念 Balansa，男性，单数）

在植物学名中，以人名（姓）的所有格作种加词是很常见的。例如，下面的植物学名都是以名词所有格的形式纪念中外植物学家的：

Ilex kengii S. Y. Hu（纪念耿以礼）
Acer chingii Hu（纪念秦仁昌）
Quercus stewardii Rehd.
Cirsium fargessii (Franch.) Diels
Styrax wilsonii Rehd.
Impatiens wilsonii Hook. f.
Geranium sieboldii Maxim.
Streptocaulon griffithii Hook. f.
Senecio kirilowii Turcz.
Syringa meyeri Schneid
Pinus henryi Mast
Gentiana davidii Franch.

根据《维也纳法规》(2006)要求，对于以希腊文或拉丁文，或具拉丁化形式的人名，将以适当的拉丁文所有格形式作为名词性加词（规则 60C. 2）。例如：

Alexander 或 Alexandre——alexandri
Augustus、August 或 Auguste——augusti
Martinus 或 Martin——martini
Editha 或 Edith——edithae
Elisabetha 或 Elisabeth——elisabethae

但是，在处理缺乏拉丁化形式的似乎属于第Ⅲ变格法的现代家庭姓氏时，这样的加词应避免使用（规则 60C. 2）。（例如：Munro——munro, Richardson——richardson）

由已具备拉丁化形式的人名来源的新加词将保持拉丁化形式的经典用法（规则 60C. 3）。根据人名形成的新加词，人名的习惯拼法将不需要修饰，除非含有植物拉丁文外来的字母或具发音符号的字母（规则 60C. 4）。

对于人名前具有尊称的，在形成种加词时需要注意以下几点（规则 60C. 5）：

① 苏格兰人的源于父(祖父)名的姓氏尊称,"Mc","Mac"或"M'"(某某的儿子),形成种加词时将其与名称的其他部分连接起来。例如:

MacFadyen——macfadyenii
McNab——macnabii
M'Ken——mackenii

② 爱尔兰人的姓氏尊称"O",形成种加词时将其与名称的其他部分连接起来或省略。例如:

O'Kelly——okellyi
O'Brien——obrienii 或 brienianus

③ 对于姓氏前含有尊称冠词"La,Le,Les,L',El,Il,Lo",以及含有尊称冠词"Du,de,de La,Des,Del,Della"的,在形成种加词时将其与名称的其他部分连接起来。例如:

Le Clerc——leclercii
Du Buysson——dubuyssonii
La Farina——lafarinae

④ 家庭姓氏前的尊称,表示为贵族的或圣徒的,在形成加词时将其省略。例如:

de Candolle——candollei
de Jussieu——jussieui
Saint-Hilaire——hilairei

但是,在地理名词性加词中,地名前的尊称"Saint"(圣)常写为 sanctus(m.), sancta(f.),在形成种加词时通过连字符与地名连接,并可使用复数形式。例如:

St. John——sancti-johannis
St. Helena——sanctae-helenae

⑤ 德国人或荷兰人的姓名前的尊称,在形成加词时将其省略。例如:

von Ihering——iheringii
von Martius——martii
van Steenis——steenisii
van der Vecht——vechtii
zu Strassen——strassenii

但是,当这种尊称作为家庭姓氏正常的组成部分时,在形成种加词时将其与姓氏连接在一起。例如:

Vonhausen——vonhausenii
Vanderhoek——vanderhoekii
Van Brunt——vanbruntiae

2. 模式标本原产地所有格

以模式植物标本的原产地作种加词，一般习惯用其拉丁化的形容词。但是在过去，一些植物学家更习惯于用地名的单数或复数所有格形式来命名植物。例如下列种加词：

emodii　（Emodus 是指喜马拉雅山的西坡）
peiktusani　白头山的(中国东北)(单数所有格)
formosanae　台湾岛的(复数所有格)
novae-angliae　新英格兰的(美国地名)(复数所有格)
hortorum　苗圃的(复数所有格)

3. 专有名词所有格

对于有些专有名词，可用其复数所有格作为种加词。例如：

ericetorum　欧石南灌丛的(复数所有格)
gamopetalae　合瓣花的(复数所有格)
hortulanorum　园艺家的(复数所有格)
jumentorum　荷马的(复数所有格)
lamarum　喇嘛的(复数所有格)
matricariae　母菊的(复数所有格)
piscatorum　渔夫的(复数所有格)
jugorum　轭的(复数所有格)

四、形容词或分词作种加词

(1) 植物特征和特性。例如：alba(白色的)，amarus(苦味的)，foetidus(臭的)，odoratus(part. A 香的)，dulcis(甜的)，reclusus(part. A, 露出的)，sinuatus(part. A, 波状的)，alternans(part. B, 互生的)。

(2) 方位。例如：orientalis(东方的)，meridionalis(南方的)，occidentalis(西方的)，septentrionalis(北方的)。

(3) 用途。例如：vomicus(催吐的)，vermifugus(驱虫的)，tetanicus(治破伤风的)，officinalis(药用的)，esculentus(可食的)。

(4) 生长季节。例如：aestivus(夏季的)，vernus(春季的)，veriflorus(早春开花的)。

(5) 生境和习性。例如：aequoreus(沼泽的)，calcipetus(喜钙的)，aquaticus(水生的)，alpinus(高山生的)，scandens(part. B 攀援的)，stans(part. B, 直立着的)，exstans(part. B, 伸展着的)，natans(part. B, 漂浮着的)。

五、地方土语拉丁化名词作种加词

世界各地的地方语的拉丁化名词也可作为种加词，无需变化词尾。例如，中国各地土名

第八章 植物学名的种加词

（俗名）的汉语拼音拉丁化,像 tangshan(党参),fangchi(防己),hoantchi(黄芪),kudingcha(苦丁茶),ginseng(人参),longan(龙眼),tsaoko(草果),tongziguo(桐子果),tikua(地瓜),zhennan(桢楠),toonsendan(土参丹),wampi(黄皮)等。其他地方的土语还有像 kazinoki(构树,日本土语),shandankua(山丹花,日本土语,即万寿菊),mango(杧果,葡萄牙语 monga),papaya(木瓜,南美土语 pawpaw),mays(玉米,南美土语),karka(芦苇,印度土语)等。

此外,植物的属名也可作种加词用(由属名转化来的种加词),但不能用作同一属的种加词。这样的种加词不管跟在什么性属的属名后面,其词尾均无变化。例如:

益母草 *Leonurus artemisia* (Lour.) S. Y. Hu (属名为 m.,蒿属的属名 *Artemisia* f. 作种加词)

水杉 *Metasequoia glyptostroboides* Hu et Cheng (属名为 f.,水松属的属名 *Glyptostrobus* 作种加词,加后缀 -*oides* "相似的",为阴性种加词)

同样地,植物的科名也可作种加词用。例如,桔梗科的鸡蛋参 *Codonopsis convolvulacea* Kurz,其种加词就是旋花科 Convolvulaceae 的科名取阴性词尾的形式。

第三节 常见的种加词举例

absinthius 具苦味的
acidus 酸的
alaris 腋生的
alatus 具翅的
albellus 带白色的
americanus 美洲产的
anantherus 无花药的
anguliger,-a,-um 具棱角的
angustatus 渐狭的
anhuiensis,-e 安徽产的
annualis 一年生的
aurifer,-a,-um 具耳的
australis 南方产的
brachystylus 短花柱的
caliculatus 具副萼的
chinensis,-e 中国产的
cina 中国
cordatus,cordatulus 心形的
cymosus 聚伞状的
dabieensis,dabieshanensis 大别山的(在安徽、河南、湖北交界)
desertus 荒漠生的
europaeus 欧洲产的
florens 开花的
floridus 多花的
formosana 美丽的
germanicus 德国产的
glaber,-a,-um 无毛的,光秃的
hibridus 杂种的
himalaicus, himalayanus, himalayensis, hemalensis 喜马拉雅山的
huangshanensis 黄山的(在安徽南部)
hwangshanicus 黄山的
indicus,-a,-um 印度的
interruptus ① 间断的;② 参差的
japonicus,-a,-um 日本产的
kewensis 邱植物园的(Kew 为英国皇家著名植物园)
labellatus 唇瓣的
labiatus 唇形的

lactaneus 乳白色的
lactarius 含乳汁的
lactatus 乳状的
lactescens 含乳汁的
lacteus 乳白色的
lacticolor, lacticolorus 乳白色的
lactifer, -a, -um 产乳的
lactiflorus 乳白花的
lactineus 乳白色的
macrophyllus 大叶的
microcarpus 小果的
nectarium 具蜜腺的
nyctanthus 夜间开花的
obbatus 广口杯形的
oblongus 长圆形的
officinalis 药用的
ovatus 卵形的
palmaceus 掌状的
pauciflorus 少花的
paucifolius 少叶的
quadratus 四方形的
quadrilocularis 四室的
quinquelocularis 五室的
radicalis 具根的,根生的
radicatus 有根的
radicosus 多根的
rhodocarpus 红果的
rhodocentrus 有红色距的
rhodochilus 红唇的
rubricalyx 具红色花萼的
rubricaulis 具红色茎的
rubrifolius 具红色叶的
rubrisepalus 具红色萼的
ruralis 乡间的
rusticanus ① 乡间的;② 农夫的
rusticus ① 乡间的;② 田舍的
sativus, -a, -um 栽培的
sinica, -us 中国的
sinensis, -e 中国的
sepalosus 多萼片的
septius 腐生的
solitarius 独生的,单生的
stepposus 草原的
stigmoides 柱头状的
sympetalus 合生花瓣的
synandrus 聚药的
syncarpus 聚合心皮的
synsepalus 合生花萼的
tabacum 烟草
tubiflorus 管形花的
tubiformis 管形的
tubularis 管形的,筒形的
tubuliformis 管形的
tubulosus 管形的
typicus 标准的,模式的
umbellaris, umbellatus 伞形花序式的
umbellifer, -a, -um 具伞形花序的
viridicalyx 绿萼的
viridiflorus 绿花的
viridifolius 绿叶的
whangshanensis 黄山的(旧法拼音)
xanthanthus 黄色花的
xanthopetalus 黄色花瓣的
yangtseanus, yantsekiangensis 扬子江的(即中国长江)
zymoticus 发酵的

第四节 植物学名解释

在掌握了植物属名和种加词的来源与构成方法后,我们可以解释植物学名。例如:

花葶乌头 *Aconitium scaposum* Franch.——*Aconitium* s. n. 乌头属,scaposum 是形容词 scaposus(adj. A 具粗壮花葶的,其实,是花序轴粗壮),用其中性、单数和主格形式。

聚沙参 *Adenophora wilsonii* Nannf.——*Adenophora* s. f. 沙参属,wilsonii 是纪念人名 Wilson,使用其单数的所有格形式(构成时辅音结尾先加-i,再加所有格尾-i)。

龙芽草 *Agrimonia pilosa* Ledeb.——*Agrimonia* s. f. 龙芽草属,pilosa 是形容词 pilosus (adj. A 具稀疏柔毛的),用其阴性、单数和主格形式。

草泽泻 *Alisma gramineum* Gmelin——*Alisma* s. n. 泽泻属,gramineum 是形容词 gramineus (adj. A 像禾草的),用其中性、单数和主格形式。

洋葱 *Allium cepa* L.——*Allium* s. n. 洋葱属,cepa 是名词 cepa(洋葱,凯尔特土名),用单数的同位名词(阴性)作种加词。

药蜀葵 *Althaea officinalis* L.——*Althaea* s. f. 蜀葵属,officinalis 是形容词 officinalis (adj. B 药用的),用其阴性、单数和主格形式。

豚草 *Ambrosia artemisiifolia* L.——*Ambrosia* s. f. 豚草属,artemisiifolia 是形容词 artemisii-folius(adj. A 似艾叶的,指其叶片形态似艾蒿),用其单数、阴性和主格形式。

穗花杉 *Amentotaxus argotaenia* (Hance) Pilg.——*Amentotaxus* s. f. 穗花杉属,argotaenia 是形容词 argo-taenius(adj. A 具银白带的),用其阴性、单数和主格形式。

砂仁 *Amomum villosum* Lour.——*Amomum* s. n. 砂仁属,villosum 是形容词 villosus (adj. A 长柔毛的),用其中性、单数和主格形式。

紫穗槐 *Amorpha fruticosa* L.——*Amorpha* s. f. 紫穗槐属,fruticosa 是形容词 fruticosus (adj. A 灌丛状的),用其阴性、单数和主格形式。

香港魔芋 *Amorphophallus oncophyllus* Prain ex Hook. f.——*Amorphophallus* s. m. 魔芋属,oncophyllus 是形容词 onco-phyllus(adj. A 疣叶的),用其阳性、单数和主格形式。

陕西点地梅 *Androsace engleri* R. Kunth——*Androsace* s. f. 点地梅属,engleri 是纪念人名 Engler,使用其单数的所有格,直接加-i。

牛蒡 *Arctium lappa* L.——*Arctium* s. n. 牛蒡属,lappa 是阴性名词 lappa(牛蒡,有刺的果皮),由于是同位名词作种加词,所以,学名的属名和种加词的性属不一致。

日本小檗 *Berberis thunbergii* DC.——*Berberis* s. f. 小檗属,thunbergii 是纪念人名 Thunbergia,使用其单数的所有格(构成时去掉-a,再加所有格尾-i)。该属植物中的庐山小檗 *B. virgetorum* Schneid.,其种加词 virgetorum 是形容词 virgetom(柳树林生的)复数的所有格形式。

油菜 *Brassica campestris* L.——*Brassica* s. f. 芸薹属,campestris 是形容词 campestris (adj. B 田野里生的),用其阴性、单数和主格形式。

大叶醉鱼草 *Buddleja davidii* Franch.——*Buddleja* s. f. 醉鱼草属,davidii 是纪念人名

David，使用其单数的所有格（构成时辅音结尾先加-i,再加所有格尾-i）。

大叶柴胡 *Bupleurum longiradiatum* Turcz.——*Bupleurum* s. n. 柴胡属，longiradiatum 是分词 longi-radiatus（part. A 具长辐射状的），用其中性、单数和主格形式。

落地生根 *Bryophyllum pinnatum* (L. f.) Oken——*Bryophyllum* s. n. 落地生根属，pinnatum 是形容词 pinnatus（adj. A 羽状的），用其中性、单数和主格形式。

耳叶蟹甲草 *Cacalia auriculata* DC.——*Cacalia* s. f. 蟹甲草属，auriculata 是形容词 auriculatus（adj. A 耳形的），用其阴性、单数和主格形式。

翠菊 *Callistephus chinensis* Nees.——*Callistephus* s. m. 翠菊属，chinensis 是地名 Chinensis（中国的），用其阳性、单数和主格形式。

篱天剑 *Calystegia sepium* (L.) R. Br.——*Calystegia* s. f. 打碗花属，(希)kalyx（萼）+ stege（盖），指苞片覆盖着萼片。名词 sepes（s. f. Ⅲⅷ，篱笆），用名词复数所有格 sepium 作为种加词。

连蕊茶 *Camellia euryoides* Lindl.——*Camellia* s. f. 山茶属，属名是纪念捷克的旅行家 G. J. Camell，种加词为形容词 euryoides［adj. C 像柃属（*Eurya*）的，为一尾形容词］，用单数主格，词尾-oides 在任何性属的属名后无变化。

紫斑风铃草 *Campanula punctata* Lam.——*Campanula* s. f. 风铃草属，punctata 是形容词 punctatus（adj. A 具斑点的），用其阴性、单数和主格形式。

荠菜 *Capsella bursa-pastoris* (L.) Medic.——*Capsella* s. f. 荠菜属，bursa-pastoris 是名词 bursae（皮囊）+形容词 pastoris（adj. B 牧人的），指牧人的皮囊中的东西（可食的荠菜），用其阴性、单数和主格形式。

雪松 *Cedrus deodara* (Roxb.) Loud——*Cedrus* s. f. 雪松属，deodara 是名词 deodara（神树），因 cedrus 在希腊语中指神树雪松，所以种加词为同位名词，用阴性、单数和主格形式。

椰子 *Cocos nucifera* L.——*Cocos* s. f. 椰子属，nucifera 是形容词 nuci-fer（adj. B 具坚果的），用其阴性、单数和主格形式。

芫荽 *Coriandrum sativum* L.——*Coriandrum* s. n. 芫荽属，sativum 是形容词 sativus（adj. A 栽培的），用其中性、单数和主格形式。

美洲黄栌 *Cotinus obovatus* Raf.——*Cotinus* s. m. 黄栌属，obovatus 是形容词 ob-ovatus（adj. A 倒卵形的），用其阳性、单数和主格形式。

杯花菟丝子 *Cuscuta cupulata* Engelm.——*Cuscuta* s. f. 菟丝子属，cupulata 是形容词 cupulatus（adj. A 杯状的），用其阴性、单数和主格形式。

洋金花 *Datura metel* L.——*Datura* s. f. 曼陀罗属，metel 是名词 metel（颠茄，希腊语名称），使用同位名词，用其中性、单数和主格形式。

翠雀 *Delphinium grandiflorum* L.——*Delphinium* s. n. 翠雀属，grandiflorum 是形容词 grandi-florus（adj. A 大花的），用其中性、单数和主格形式。

长叶茅膏菜 *Drosera indica* L.——*Drosera* s. f. 茅膏菜属，indica 是地名 indicus（印度的），用其阴性、单数和主格形式。

鳢肠 *Eclipta prostrata* (L.) L.——*Eclipta* s. f. 鳢肠属，prostrata 是分词 prostratus（part. A 平卧的），用其阴性、单数和主格形式。

芒稷 *Echinochloa colonum* (L.) Link——*Echinochloa* s. f. 稗属，colonum 是形容词 colonus(adj. A 群体的，丛生的)，用其中性、单数和主格形式，其实应该用阴性形式 colona。

飞蓬 *Erigeron acer* L.——*Erigeron* s. m. 飞蓬属，acer 是形容词 acer(adj. B 尖锐的，酸涩的)，用其阳性、单数和主格形式。

海滨大戟 *Euphorbia atoto* Eorst. f.——*Euphorbia* s. f. 大戟属，atoto 是名词 atoto(夏威夷的一种植物名)，用其阴性、单数和主格形式，为同位名词。

茴香 *Foeniculum vulgare* Mill.——*Foeniculum* s. n. 茴香属，vulgare 是形容词 vulgaris (adj. B 普通的)，用其中性、单数和主格形式。

香雪兰 *Freesia refracta* Klatt——*Freesia* s. f. 香雪兰属，refracta 是分词 refractus (part. A 褶皱的)，用其阴性、单数和主格形式。

天目贝母 *Fritillaria monantha* Migo——*Fritillaria* s. f. 贝母属，monantha 是形容词 mon-anthus(adj. A 单花的)，用其阴性、单数和主格形式。

北方拉拉藤 *Galium boreale* L.——*Galium* s. n. 拉拉藤属，boreale 是形容词 borealis (adj. B 北方的)，用其中性、单数和主格形式。

山皂荚 *Gleditsia melanacantha* Tang et Wang——*Gleditsia* s. f. 皂荚属，melanacantha 是分词 melan-acanthus (part. A 黑刺的)，用阴性、单数和主格形式。

活血丹 *Glechoma longituba* (Nakai) Kupr.——*Glechoma* s. f. 活血丹，longituba 是形容词 longitubus(adj. A 长管的)，用其阴性、单数和主格形式。

甘草 *Glycyrrhiza uralensis* Fisch.——*Glycyrrhiza* s. f. 甘草属，uralensis 是地名 uralensis(乌拉尔山脉的)，用其阴性、单数和主格形式。

梭梭 *Haloxylon ammodendron* (Mey.) Bunge——*Haloxylon* s. n. 梭梭属，ammodendron 是名词 ammo-dendron(沙生树木)，用其中性、单数和主格形式，为同位名词。

堆心菊 *Helenium autumnale* L.——*Helenium* s. n. 堆心菊属，autumnale 是形容词 autumnalis(adj. B 秋天开花的)，用其中性、单数和主格形式。

枳椇 *Hovenia acerba* Lindl.——*Hovenia* s. f. 枳椇属，acerba 是形容词 acerbus(adj. A 锐尖的，酸涩的)，用其阴性、单数和主格形式。

天仙子 *Hyoscyamus niger* L.——*Hyoscyamus* s. m. 天仙子属，niger 是形容词 niger (adj. B 黑色的)，用其阳性、单数和主格形式。

黄海棠(金丝桃) *Hypericum ascyron* L.——*Hypericum* s. n. 金丝桃属，ascyron 是名词 ascyron(一种金丝桃，n.)，为单数的同位名词作种加词。

土木香 *Inula helenium* L.——*Inula* s. f. 旋覆花属，helenium 是名词 helenium(锦鸡菊，希腊植物名)，用同位名词作种加词，用其中性的主格形式。

雅灯芯草 *Juncus elegans* Sam.——*Juncus* s. m. 灯芯草属，elegans 是形容词 elegans (adj. B 雅致的，秀丽的)，为二尾形容词，用其阳性、单数和主格形式。

地肤 *Kochia scoparia* (L.) Schrad.——*Kochia* s. f. 地肤属，scoparia 是形容词 scoparius(adj. A 用于扫帚的)，用其阴性、单数和主格形式。

葫芦 *Lagenaria siceraria* (Molina) Standl.——*Lagenaria* s. f. 葫芦属，siceraria 是形容词 sicerarius(adj. A 醉的)，用其阴性、单数和主格形式。

大花益母草 *Leonurus macranthus* Maxim.——*Leonurus* s. m. 益母草属，macranthus 是形容词 macr-anthus(adj. A 大花的)，用阳性、单数和主格形式。但是，益母草 L. *artemisia*

(Lour.)S. Y. Hu，其种加词是用属名 *Artemisia*，f.（蒿属），作为名词性种加词。

枸杞 *Lycium chinense* Mill.——*Lycium* s. n. 枸杞属，chinense 是地名 Chinensis（中国的），用其中性、单数和主格形式。

番茄 *Lycopersicon esculentum* Mill.——*Lycopersicon* s. n. 番茄属，词义是狼苹果；esculentum 是形容词 esculentus（adj. A 可食用的），用其中性、单数和主格形式。

湖北十大功劳 *Mahonia confusa* Sprague——*Mahonia* s. f. 十大功劳属，confusa 是分词 confusus（part. A 混乱的），用其阴性、单数和主格形式。

苜蓿 *Medicago sativa* L.——*Medicago* s. f. 苜蓿属，sativa 是形容词 sativus（adj. A 栽培的），用其阴性、单数和主格形式。

苦瓜 *Momordica charantia* L.——*Momordica* s. f. 苦瓜属，charantia 是名词 charantia（印度植物名），用名词作种加词，为阴性、单数和主格形式。

九里香 *Murraya exotica* L.——*Murraya* s. f. 九里香属，exotica 是形容词 exoticus（adj. A 外来的，外国的），用其阴性、单数和主格形式。

南天竺 *Nandina domestica* Thunb.——*Nandina* s. f. 南天竺属，domestica 是形容词 domesticus（adj. A 培育的），用其阴性、单数和主格形式。

小瓦松 *Orostachys minutus*（Kom.）Berger——*Orostachys* s. m. 瓦松属，minutus 是分词 minutus（part. A 微小的），用其阳性、单数和主格形式。

稻 *Oryza sativa* L.——*Oryza* s. f. 稻属，sativa 是形容词 sativus（adj. A 栽培的），用其阴性、单数和主格形式。

罂粟 *Papaver somniferum* L.——*Papaver* s. n. 罂粟属，somniferum 是形容词 somnifer（adj. A 催眠的），用其中性、单数和主格形式。

爬山虎 *Parthenocissus tricuspidata*（Sieb. et Zucc.）Planch.——*Parthenocissus* s. f. 爬山虎属，tricuspidata 是由前缀 tri-（三）+形容词 cuspidatus（adj. A 具尖头的），用其阴性、单数和主格形式。

路易斯山梅花 *Philadelphus lewisii* Pursh.——*Philadelphus* s. m. 山梅花属，lewisii 是纪念人名 Lewis，使用其单数的所有格形式（构成时辅音结尾先加-i，再加所有格尾-i）。

一球悬铃木 *Platanus occidentalis* L.——*Platanus* s. f. 悬铃木属，occidentalis 是形容词 occidentalis（adj. B 西方的），用其阴性、单数和主格形式。

茑萝 *Quamoclit pennata*（Lam.）Bojer.——*Quamoclit* s. f. 茑萝属，pennata 是形容词 pennatus（adj. A 羽状的），用其阴性、单数和主格形式。

万年青 *Rohdea japonica*（Thunb.）Roth——*Rohdea* s. f. 万年青属，japonica 是地名 Japonicus（日本的），用其阴性、单数和主格形式。

钩子木 *Rostrinucula dependens*（Rehd.）Kudo——*Rostrinucula* s. f. 钩子木属，（拉）rostrum（鸟喙）+nucula（小坚果）；dependens（part. B 吊着的），分词 dependens 用单数主格，其词尾"-ens"在任何性属的属名后无需变化。

酸模 *Rumex acetosa* L.——*Rumex* s. m. 酸模属，acetosa（s. f. Ⅰ）酸模，用同位语名词作种加词。同样，小酸模 *R. acetosella* L.，是 acetosa 与-ella（小的，小型的）组成的复合名词，即小酸模，为同位语名词。本属其他种的种加词多为"-us"词尾。

甘蔗（*Saccharum officinarum*）——*Saccharum* s. n. 甘蔗属［saccharum（s. n. Ⅱ）

第八章　植物学名的种加词　　　　　　　　　　　　　　　　　　　　　　　　　　　　157

"糖",是用其主格、单数、中性名词直接作属名。人们常误认为其属名的词尾"-arum"是复数所有格的词尾,但是甘蔗属为中性,其复数所有格的词尾应是"-orum",所以,甘蔗属真正的词尾是中性的"-um",而不是阴性复数的"-arum"]。种加词 officinarum 是名词 officina(s. f. Ⅰ)"药店"的复数、阴性、所有格,词尾是"-arum",是用阴性名词的复数所有格"officinarum(许多药店的)"作种加词。该学名已经成为异名,现在使用的学名是 *Saccharum sinense* Roxb. (人们常误写为 S. *sinensis*,忽视了该属名虽以"-arum"结尾但却为中性)。同样,采用复数所有格名词作种加词的,还有高良姜 *Alpinia officinarum* Hance(山姜属)。

西洋红 *Salvia splendens* Ker. -Gawl.——*Salvia* s. f. 鼠尾草属,(拉)salveo 救护,splendens(part. B 发亮的),分词 splendens 用单数主格,词尾"-ens"在任何性属的属名后无需变化。

荫生鼠尾草 *Salvia umbratica* Hance——*Salvia* s. f. 鼠尾草属,umbratica 是形容词 umbraticus(adj. A 荫生的),用其阴性、单数和主格形式。

日本佛甲草 *Sedum japonicum* Sieb. et Miq.——*Sedum* s. n. 景天属,japonicum 是地名 Japonicus(日本的),用其中性、单数和主格形式。

佛手瓜 *Sechium edule* (Jacq.) Swartz——*Sechium* s. n. 佛手瓜属,edule 是形容词 edulis(adj. B 可食用的),用其中性、单数和主格形式。

马铃薯 *Solanum tuberosum* L.——*Solanum* s. n. 马铃薯属,tuberosum 是形容词 tuberosus(adj. A 块茎状的),用其中性、单数和主格形式。

土人参 *Talinum paniculatum* (Jacq.) Gaertn.——*Talinum* s. n. 土人参属,paniculatum 是形容词 paniculatus(adj. A 圆锥状的),用其中性、单数和主格形式。

百蕊草 *Thesium chinensis* Turcz.——*Thesium* s. n. 百蕊草属,chinensis 是地名 Chinensis(中国的),这里误用了阳性或阴性的主格形式,应该用中性、单数和主格形式 chinense。

小麦 *Triticum aestivum* L.——*Triticum* s. n. 小麦属,aestivum 是形容词 aestivus(adj. A 夏季的,夏季开花的),用其中性、单数和主格形式。

裂叶荨麻 *Urtica fissa* Pritz.——*Urtica* s. f. 荨麻属,fissa 是分词 fissus(part. A 分裂的,半裂的),用其阴性、单数和主格形式。

王不留行 *Vaccaria segetalis* (Neck.) Garcke——*Vaccaria* s. f. 王不留行属,segetalis 是形容词 segetalis(adj. B 玉米田里生的,指常见的田间杂草),用其阴性、单数和主格形式。

无根萍 *Wolffia arrhiza* (L.) Wimmer——*Wolffia* s. f. 无根萍属,arrhiza 是由前缀 a-(无)-r-＋形容词 rhizus(adj. A 无根的),用其阴性、单数和主格形式。

文冠果 *Xanthoceras sorbifolia* Bunge——*Xanthoceras* s. f. 文冠果属,sorbifolia 是形容词 sorbifolius(adj. A 似花楸叶的),用其阴性、单数和主格形式。

高丝兰 *Yucca elata* Engelm.——*Yucca* s. f. 丝兰属,elata 是形容词 elatus(adj. A 具翅的),用其阴性、单数和主格形式。

玉蜀黍 *Zea mays* L.——*Zea* s. f. 玉蜀黍属,mays 是名词 mays(玉米,南美洲土名),用单数的同位名词作种加词。

茭白 *Zizania caduciflora* (Turcz. ex Trin.) Hand.-Mazz.——*Zizania* s. f. 菰属,caduciflora 是形容词 caduciflorus(adj. A 落花的),用其阴性、单数和主格形式。

第五节　中药材拉丁名的实例解析

通俗地说,草药是指我国民间流行使用的植物药物,而生药是指纯天然未经过加工或简单加工的中草药。在中药店出售的是中药,它是指纯天然的以及经过炮制加工的中药材(植物的、动物的、矿物的)。

中国是世界上较早使用中草药的国家之一,历史上曾以各种本草类图书瞩目,最早的正式药典是 1930 年出版的《中华药典》。新中国成立后,《中华人民共和国药典》(简称《中国药典》)首版于 1953 年出版;英文名称为 Pharmacopoeia of the People's Republic of China,英文简称为 Chinese Pharmacopoeia,英文缩写为 ChP。截至 2021 年,《中国药典》共出版 11 版(1953,1963,1977,1985,1990,1995,2000,2005,2010,2015,2020),一般分为一部、二部、三部和四部。新版药典的颁布意味着旧版药典需要停止使用,从药典出版(颁布)日期到生效期(一般是当年 12 月 1 日)之间为过渡期。在过渡期内,新版和旧版可同时使用。

中药材(生药)拉丁名的结构,一般包括 3 个部分:① 中药材的基原植物的学名或属名或种加词(种名)+ ② 中药材的药用部位或器官的主体名词 + ③ 描述性的形容词或炮制方法的分词。其中,药用部位(器官)名词是主体名词,用单数、主格,它的性、数、格就决定了起修饰(说明)作用的形容词(或分词)的性、数、格。当药用器官主体名词多于一个,并为不同的性属时,形容词(或分词)的性、数、格就与最近的主体名词保持一致。

药用部位(器官)的主体名词的位置常有变化,在过去是放在前面,例如 1930 年的我国首版《中华药典》,例如,黄蜀葵根 Radix Abelmoschi。而在 1953 年的我国首版《中国药典》中将主体名词放在后面,例如,橙皮 Aurantii Cortex。1990 年,中药材拉丁名命名规则[宋良科. 中药材拉丁名命名原则[J]. 中药材,1990,13(5):47-48.],又将主体名词前置,例如,颠茄叶 Folium Belladonnae,大黄 Radix et Rhizoma Rhei。但现在流行的做法是将主体名词放在基原植物名称之后。而对主体名词起限定(指定)作用的基原植物的学名(或属名或种加词)需要使用单数、所有格(属格),植物属名的性属为原有性属不变。中药材拉丁名在药典中为大写正体。

为了帮助大家学习和掌握中药材拉丁名命名规则,以及植物学拉丁文的变格方法,笔者现从《中华人民共和国药典》2020 版(一部)(缩写为 ChP2020)中挑选一些有代表性的中药材拉丁名,逐一进行详细的植物形态学和植物学拉丁文语法的剖析与注释。现将我国中药材拉丁名的命名方法整理出以下六大类。在中文名称后标记有"*"的中药材拉丁名,笔者认为是值得进一步商榷的,仅供参考。

一、用植物的属名命名中药材

(一) 命名方法

无论中药材的主体名词的性属如何,命名所用的基原植物的属名都为名词,具有自身的性

第八章 植物学名的种加词

属和变格法,只需变换为单数、所有格的词尾。

(二)命名举例

牛蒡子 Arctii Fructus(ChP,P73):*Arctium* 牛蒡属,中性,以"-um"结尾,属第Ⅱ变格法,其所有格词尾是"-i";fructus(s. m. Ⅳ)果实。中药材的器官主体名词 fructus 使用单数主格,通常放在后面。

苦木 Picrasmae Ramulus et Folium(ChP,P209):*Picrasma* 苦木属,阴性,属第Ⅰ变格法,其所有格词尾是"-ae";ramulus(s. m. Ⅱ)小枝,folium(s. n. Ⅱ)叶,et(conj.)和。在此例中,3个名词各为3个不同的性属,植物属名的性属在中药材命名中是不变的,而其变格法的类型是由词尾和性属决定的,请参照名词变格法一节。

泽泻 * Alismatis Rhizoma(ChP,P239):*Alisma* 泽泻属,中性,属名来自希腊语,为第Ⅲ变格法,所有格词尾是"-atis";rhizoma(s. n. Ⅲ. ⅺ)根状茎。但是,据《中国植物志》(199,28:141)及各地方植物志记载泽泻的根均为块茎,tuber(s. n. Ⅲ. Ⅴ)块茎。所以,泽泻的中药材拉丁名应该为 Alismatis Tuber。

锦灯笼 Physalis Calyx seu Fructus(ChP,P376):*Physalis* 酸浆属,阴性,为第Ⅲ变格法,主格以"-is"结尾,其所有格和主格的词尾相同,即-is;calyx(s. m. Ⅲ. ⅰ)花萼,seu(conj.)或。

板蓝根 Isatidis Radix(ChP,P214):*Isatis* 菘蓝属,为阴性,属第Ⅲ. ⅱ变格法,其短词干为 isat-,全词干为 isatid-,单数所有格词尾"-idis"。

桔梗 * Platycodonis Radix(ChP,P289):*Platycodon* 属,阳性,属第Ⅲ变格法,所有格词尾为"-is";但在药典中的基原植物的种加词应该是 grandiflorus,用阳性词尾。

广枣 Choerospondiatis Fructus(ChP,P45):*Choerospondias* 南酸枣属,阴性,为第Ⅲ变格法,主格以"-as"结尾,其所有格词尾是-atis。

车前子 Plantaginis Semen(ChP,P69):*Plantago* 车前属,阴性,为第Ⅲ变格法,因该属名以"-o"结尾,属不等音节词(主格 Plan-ta-go,所有格 Plan-ta-gi-nis),其所有格词尾是"-inis",并去掉"-o";semen(s. n. Ⅲ. ⅵ)种子。类似的还有,一枝黄花 Solidaginis Herba(ChP,P3,*Solidago* 一枝黄花属),herba(s. f. Ⅰ)草本,莲须 Nelumbinis Stamen(ChP,P286,*Nelumbo* 莲属),stamen(s. n. Ⅲ. ⅵ)雄蕊;以及莲子心 Nelumbinis Plumula(ChP,P285),plumula(s. f. Ⅰ)胚芽,其命名方法相同(种子植物的属名以"-o"结尾的几乎均为不等音节。但 *Ginkgo* 不是,见下文)。另外,柏子仁 * Platycaldi Semen(ChP,P259),*Platycaldus* 侧柏属,阴性;因去除了厚的骨质外种皮,不是完整的种子入药。所以,柏子仁的拉丁名应为 Platycaldi Semen Praeparatum[praeparatus(part. A)"制作过的,加工过的"]。

肉苁蓉 * Cistanches Herba(ChP,P140):*Cistanche* 肉苁蓉属,阴性,为第Ⅲ变格法,其所有格词尾是"-is";herba(s. f. Ⅰ)草本植物。因此,肉苁蓉的中药材拉丁名应该是 Cistanchis Herba。

甘松 * Nardostachyos Radix et Rhizoma(ChP,P87):*Nardostachys* 甘松属,阴性,以"-s"结尾,属于第Ⅲ变格法,其单数所有格的词尾是"-ydis"。所以,甘松的中药材拉丁名应该是 Nardostachydis Radix et Rhizoma。据《中国植物志》[1986,73(1):25]记载:基原植物匙叶甘松为"根状茎木质、粗短,并具粗长主根"。所以,其中药材拉丁名使用了两个根器官名词。另外,甘草 * Glycyrrhizae Radix et Rhizama(ChP,P88),尽管《中国植物志》(1998,42(2):169)

描写其"根与根状茎粗壮",但笔者认为值得商榷。甘草属的属名"*Glycyrrhiza*"来自希腊语,阴性,词意是"甜味的＋根"(glycyr-rhiza)。注意,rhiza"根"或"主根",而不是根状茎(rhizoma)。因为根状茎在大多数蕨类植物中是没有节和节间的,但在被子植物中的根状茎通常是具节与节间。还有,炙甘草 * Glycyrrhizae Radix et Rhizama Praeparata cum Melle(ChP, P89),praeparata 应该改用 praeparatum,因与其相邻的 rhizama 为中性。

葶苈子 * Descurainiae Semen Lepidii Semen(ChP, P348);*Descurainia* 播娘蒿属或 *Lepidium* 独行菜属,由于《中国药典》中注明此两种植物均可。笔者认为,该中药材拉丁名宜用连词"seu(conj.)或",可写为:Descurainiae Semen seu Lepidii Semen。更简洁的写法是:Descurainiae seu Lepidii Semen,这样更容易理解,也便于国际交流。同样的命名问题还有:山慈姑 * Cremastrae Pseudobulbus Pleiones Pseudobulbus(ChP, P34),pseudobulbus(s. m. Ⅱ)假鳞茎(注意,独蒜兰属 *Pleione* 的单数所有格是 pleionis,不是 pleiones)。

二、用植物的学名命名中药材

(一)命名方法

无论中药材的器官名词的性属如何,所使用基原植物的属名和种加词均需变换为所有格词尾(种加词已经为所有格的,无需变换),形容词的种加词其性数格与属名一致。

(二)命名举例

白术 Atractylodis Macrocephalae Rhizoma(ChP, P107):基原植物白术的学名是 *Atractylodes macrocephala*,其属名为阴性,来自希腊词尾"-odes",属第Ⅲ.ⅶ变格法,其单数所有格词尾是"-odis";种加词 macrocephala 为阴性词尾"-a",使用单数所有格"-ae"。

艾叶 Artemisiae Argyi Folium(ChP, P91):基原植物艾的学名为 *Artemisia argyi*,其属名为阴性,属第Ⅰ变格法,使用所有格 artemisiae;种加词 argyi 是纪念人名 Argy 的所有格,所以不需要再变格,直接使用。

两头尖 Anemones Raddeanae Rhizoma(ChP, P175):基原植物多被银莲花 *Anemone raddeana*,属名 Anemone 为阴性,来源希腊语,属第Ⅰ变格法,其单数所有格词尾"-es";类似的变格还有 *Aloë* 芦荟属和 *Silene* 蝇子草属。种加词 raddeana 的所有格词尾"-ae"。

巫山淫羊藿 Epimedii Wushanensis Folium(ChP, P174):基原植物的学名是 *Epimedium wushanense*,属名为中性,为第Ⅱ变格法,所有格词尾是"-i",地名作种加词 wushanense(巫山的),其所有格词尾为"-is"。

牛膝 Achyranthis Bidentatae Radix(ChP, P74):基原植物的学名是 *Achyranthes bidentata*,牛膝属为阴性,具希腊词尾-anthes,属第Ⅲ变格法,其所有格词尾是"-anthis";种加词 bidentata 用阴性、单数、所有格词尾"-ae"。

白前 * Cynanchi Stauntonii Rhizoma et Radix(ChP, P113):基原植物柳叶白前的学名为 *Cynanchum stauntonii*,鹅绒藤属 *Cynanchum* 中性,词尾所有格为"-i",种加词的词尾已经是所有格。据《中国植物志》(1977,63:337)记载:柳叶白前为"须根纤细、节上丛生。"说明其为典型根状茎,建议中药材拉丁名去掉"radix",改为 Cynanchi Stauntonii Rhizoma。

第八章　植物学名的种加词

穿山龙 Dioscoreae Nipponicae Rhizoma（ChP, P279）：基原植物的学名为 *Dioscorea nipponica*，将属名和种加词的阴性词尾"-a"都分别改为所有格"-ae"。

秦艽 Gentianae Macrophyllae Radix（ChP, P282）：其词尾变化如上例。由于龙胆属 *Gentiana* 种类多，根系形态非常庞杂。据《中国植物志》（1988, 62：73）记载：秦艽的"须根粘合或扭结成1个粗大、圆锥形的直根"。故其命名使用"radix"。然而，龙胆 * Gentianae Radix et Rhizoma（ChP, P99），其中药材学名用了两个器官名词，据《中国植物志》（1988, 62：104）记载："根状茎平卧或直立，具多数粗壮、略肉质的须根。"因肉质须根是根状茎的组成部分，所以中药材龙胆的命名值得商榷，建议改写成：Gentianae Rhizoma。或许因中药材龙胆的基原植物较多，有的基原植物是直根系，如果是这样，可将"et"改为"seu"更合理，即 Gentianae Radix seu Rhizoma。

绵马贯众 * Dryopteridis Crassirhizomatis Rhizoma（ChP, P344）：基原植物粗茎鳞毛蕨学名是 *Dryopteris crassirhizoma*，鳞毛蕨属为阴性，属第Ⅲ. xi 变格法，以"-is"结尾其所有格是"-idis"。种加词 crassirhizoma 是以"-a"结尾的阴性复合形容词，词意是"具粗壮根状茎的"，其所有格的词尾应该是"-ae"。注意，这里 crassirhizoma 不是以词尾"-ma"结尾的第Ⅲ变格法的中性名词，不能用所有格词尾"-atis"。因此，该中药材拉丁名值得商榷，应该是 Dryopteridis Crassirhizomae Rhizoma。

佛手 Citri Sarcodactylis Fructus（ChP, P185）：基原植物学名为 *Citrus medica* var. *sarcodactylis*。柑属 *Citrus* 为阴性，为第Ⅱ变格法，所有格是"-i"；注意，这里省略了种加词 medica；变种加词 sarcodactylis 是形容词，用阴性词尾与属名保持一致，其所有格与主格词尾相同，即"-is"。

三、用植物学名的种加词命名中药材

（一）命名方法

无论中药材的器官名词的性属如何，原来的基原植物的种加词需使用所有格词尾（虽然种加词离开了基原植物的属名而单独使用，但不能当作普通形容词或分词以及名词，它的性和数与原有属名仍需保持一致）。

（二）命名举例

颠茄草 Belladonnae Herba（ChP, P395）：基原植物颠茄 *Atropa belladonna*，颠茄属 *Atropa* 阴性，略去属名；直接用其种加词"belladonna"的所有格词尾"-ae"。

柿蒂 Kaki Calyx（ChP, P261）：基原植物柿 *Diospyros kaki*，柿属 *Diospyros* 阴性；用种加词命名，kaki（s. n. Ⅱ）柿（日本名），为同位语名词作种加词，可直接使用。主体名词 calyx（s. m. Ⅲ. i）花萼，这里为宿萼。同样，乌梅 Mume Fructus（ChP, P81），基原植物是梅 *Prunus mume*，省去了属名，直接用种加词 mume 命名中药材。mume（s. n. Ⅲ）梅（日本土命），为同位语名词，直接使用。

枳壳 * Aurantii Fructus（ChP, P257）与枳实 * Aurantii Fructus Immaturus（ChP, P258）：基原植物都是酸橙 *Citrus aurantium*。种加词 aurantium（s. n. Ⅱ）"橙"，为名词，酸橙的拉丁

学名是同位语名词作种加词，无需变格。由于枳壳是在7月份采收绿色未成熟的酸橙幼果加工制作的，枳实是在5～6月份收集树下脱落的酸橙败育幼果制作的，然而后者反而用了附加词 immaturus(adj. A)"未成熟的"。其实，前者是未成熟的幼果，后者是枯落的幼果，应该用形容词 caducus(adj. A)早落的、掉下来的，或 deciduus(adj. A)凋落的、脱落的，或分词 cadens (part. B)落下来的。因此，枳壳的拉丁名应为 Aurantium Fructus Immaturus，而枳实的拉丁名宜为 Aurantium Fructus Caducus(也可用其他形容词或分词)。

四、在中药材拉丁名后面添加特征附加词

(一) 命名方法

附加词为形容词或分词，其性、数、格需与其所修饰的器官名词一致。若附加词为名词，其性、数与所修饰器官名词一致，需使用所有格。

(二) 命名举例

苦杏仁 Armeniacae Semen Amarum(ChP, P210)：基原植物杏的学名 *Prunus armeniaca*，用种加词所有格"-ae"命名中药材。semen 为中性名词，amarus(adj. A)"苦味的"，用其中性、单数、主格词尾"-um"。

白芍 Paeoniae Radix Alba(ChP, P108)：*Paeonia* 芍药属，用属名所有格"-ae"；因 radix 为阴性、单数、主格，形容词 alba(adj. A)白色的，也用阴性、单数、主格。同样，赤芍 Paeoniae Radix Rubra(ChP, P165)，rubra(adj. A)红色的；为白芍或川赤芍加工熟制的根。

生姜 Zingiberis Rhizoma Recens(ChP, P104)：*Zingiber* 姜属，中性，其属名为第Ⅲ变格法，用所有格词尾"-is"命名。形容词 recens (adj. B)"新鲜的"，是一尾形容词，修饰 m.、f.、n. 的名词均不需要变化词尾。

竹茹 Bambusae Caulis in Taenias(ChP, P145)：*Bambusa* 簕竹属，阴性，属第Ⅰ变格法，所有格词尾为"-ae"。caulis(s. m. Ⅲ. Ⅶ)茎秆；taenia(s. f. Ⅰ)条、带、丝；在前置词 in 后面需要用受格或夺格，这里使用复数受格词尾"-as"，但在以前的旧版药典中曾用单数受格"-am"。

五、在中药材拉丁名后面添加炮制方法的附加词

(一) 命名方法

附加词为形容词或分词，其性、数、格需与所修饰的器官名词一致。若附加词为名词，其性、数与器官名词一致，需使用所有格。在用连接词"et, seu(和，或)"时，其所连接的名词具有自身的性，用单数、主格。使用介词"cum(与，同……一起)"时，则后面的名词需要使用夺格。

(二) 命名举例

制天南星 * Arisaematis Rhizoma Praeparata(ChP, P58)：*Arisaema* 天南星属，中性，为第

第八章　植物学名的种加词

Ⅲ变格法,所有格词尾是"-atis"。但主体名词 rhizoma 有误,据《中国植物志》和各地方植物志都记载天南星为块茎(tuber s. n. Ⅲ. Ⅴ);附加词为分词 praeparatus(part. A),词意是"制作过的",需与主体名词保持性、数、格一致,用中性词尾"-um"。因此,其拉丁学名应是 Arisaematis Tuber Praeparatum。同样,姜半夏 * Pinelliae Rhizoma Praeparatum cum Zingibere et Alumine(ChP,P124),*Pinellia* 半夏属,阴性属名用所有格;主体名词 rhizoma 需改为 tuber,中性,praeparatum 使用中性。由于姜属(*Zingiber*)和矾(alumin)都位于介词 cum 之后,都使用夺格词尾"-e"。因此,姜半夏的拉丁名宜为 Pinelliae Tuber Praeparatum cum Zingibere et Alumine。另外,延胡索 * Corydalis Rhizoma(ChP,P145),也应该改为 Corydalis Tuber,其块茎圆球形(中国植物志 1999,32:475)。

附子 Aconiti Lateralis Radix Praeparata(ChP,P200):*Aconitum* 乌头属,中性,其属名用所有格"-i";主体名词 radix 阴性;所以,形容词 lateralis(adj. B)"侧生的"和分词 praeparatus 都使用阴性、单数、主格词尾。

荆芥炭 Schizonepetae Herba Carbonisata(ChP,P244):*Schizonepeta* 裂叶荆芥属,阴性,属名用所有格"-ae";主体名词 herba 是阴性;carbo(s. m. Ⅲ. Ⅵ)木炭,其形容词 carbonisatus(adj. A),"属于木炭的",或(part A),用阴性。

炙红芪 Hedysari Radix Praeparata cum Melle(ChP,P159):*Hedysarum* 岩黄芪属,中性,属名用所有格词尾"-i";因主体名词 radix 阴性,所以附加词 praeparatus 使用阴性词尾"-a"。mel(s. n. Ⅲ)蜂蜜,其夺格是 melle,在介词 cum 之后要求使用夺格。

六、以汉语拼音拉丁化的专有名词命名中药材

(一)命名方法

对于一些原产自我国的药用历史悠久、药效显著的传统著名中药材,其基原植物的拉丁学名中的属名或种加词本身就是来自汉语拼音拉丁化的专有名词。以这些专有名词为传统中药材命名,可直接使用,无需词尾变格。

(二)命名举例

银杏叶 Ginkgo Folium(ChP,P329):在《中国药典》中,可直接使用由汉语拼音拉丁化的专有名词(属名)来命名中药材,无需变换词尾。*Ginkgo* 银杏属,"Ginkgo"就是"JinGuo 金果"的汉语拼音拉丁化名词。还有,白果 * Ginkgo Semen(ChP,P112),因去除了肉质外种皮的种子,所以,白果不是完整的种子,其中药材拉丁名应为 Ginkgo Semen Praeparetum。

荔枝核 Litchi Semen(ChP,P255):*Litchi* 荔枝属,属名 *Litchi* 是以我国广东方言"荔枝"的汉语拼音拉丁化专有名词,无需词尾变格而直接使用。

川芎 Chuanxiong Rhizoma(ChP,P42):*Ligusticum* 藁本属,基原植物川芎的发表原始文献是:*Ligusticum chuanxiong* Hort.[邱淑华,等,川芎学名考[J].植物分类学报,1979,17(2):101.]。所以,其中药材拉丁名和基原植物学名的种加词都是"川芎"汉语拼音"chuanxiong"。川芎(chuanxiong)作为一种中国非常著名中药的专有名词,无需变换词尾,直接使用(Hort. 是园艺学家的缩写,指邱淑华等多人联合发表新种川芎的作者们)。

人参＊Ginseng Radix et Rhizoma(ChP,P8)：基原植物人参学名为 *Panax ginseng*，种加词 ginseng 为人参的汉语拉丁化名词，无需变格直接使用。但用 rhizoma"根状茎"描述人参的"芦头"是值得商榷的。"芦头"是每年地上茎死亡后留下的残基形成的，来年再萌发，这在植物学拉丁文中有一个名词，即 caudex(s. m. Ⅲ)"茎基"。所以，其中药材拉丁名应为 Ginseng Radix et Caudex。由于"芦头"不是器官，是根的附属物，可以略去，笔者认为其拉丁名宜为 Ginseng Radix。同样，三七＊Notoginseng Radix et Rhizoma(ChP,P12)，基原植物三七的学名 *Panax notoginseng*，药材命名使用前缀 noto-"南方的"加上种加词的后半部分，即"南方人参"。其拉丁名中用了"rhizoma"也是值得商榷的。

此外，对于一些中药材不是植物的器官，而是植物的次生物质、汁液或菌丝组成的菌核等，命名时可以不写器官主体名词，或不写基原植物的属名。例如，安息香 Benzoinum(ChP,P154)，为基原植物白花树 *Styrax tonkinensis* 的干树脂；儿茶 Catechu(ChP,P10)，为基原植物儿茶 *Acacia catechu* 的枝叶的煎膏，仅用种加词命名；茯苓 Poria(ChP,P251)，为菌核，仅用属名命名，但茯苓皮 Poriae Cutis(ChP,P252)，cutis(s. f. Ⅲ)角质外皮，属名就需要用所有格；猪苓 *Polyporus*(ChP,P331)，为菌核，仅用属名命名。

总而言之，我国中药材资源极其丰富，尤其是传统名贵药材众多，中医中药发展历史悠久，同时，因植物的器官形态较为复杂，植物的属名来源十分多样，甚至存在玩文字游戏，再加上拉丁文名词的变格规则十分复杂，特别是名词的第Ⅲ变格法极其繁琐(见表 8.2)，这些必将增加了我国中药材拉丁名命名的难度。虽然我国药典的中药材拉丁名命名规则在日趋完善，但仍有一些细节需要进一步规范，以符合植物形态学概念和植物学拉丁文语法的要求，以便于中医中药的人才培养，以及国际交流。像刺五加＊Acanthopanacis Senticosi Radix et Rhizoma seu Caulis(ChP,P215)的中药材拉丁名，不仅名称显得太长，繁琐累赘，而且还误用了"rhizoma"一词，再者，刺五加不是根和茎入药，而是根皮和树皮用来代替五加皮。因此，建议将刺五加的中药材拉丁名是否可改写为 Acanthopanacis Senticosi Cortex。

表 8.2　植物属名和拉丁文名词的第Ⅲ变格法示例一览表

序号	名词词尾	单词或后缀	Sing. Gen. 词尾	植物属名或名词的示例	例外情况
1	-al -el＊	animal mel	① -alis ② -ellis	vectigal —	
2	-ar	par	-aris	*Nuphar*, *Liquidambar*, nectar, calcar, lar	agar
3	-as	varietas *Cycas*＊＊	① -atis ② -adis	*Koilodepas*, *Oreas*, *Spondias*, *Xanthoceras*, -tas *Asclepias*, *Dryas*, *Najas*, dorcas, pallas, vas(m.)	vas(n.)
4	-ax	styrax	-acis	*Styrax*, *Panax*, -panax, *Phyllomphax*, *Olax*, *Donax*	
5	-e	secale	-is	*Acampe*, *Aegle*, *Agave*, *Euryale*, vegetabile	*Silene*, *Aloe*
6	-en	stamen lichen	① -inis ② -enis	gramen, pollen, semen, specimen, cyclamen -solen	
7	-er	tuber	-eris	*Acer*, *Aster*, *Papaver*, *Wardaster*, *Platycrater*	*Cotoneaster*

序号	名词词尾	单词或后缀	Sing. Gen. 词尾	植物属名或名词的示例	例外情况
8	-es	paries caespes pubes -odes -oides -anthes	① -etis/ edis ② - itis ③ -is ④ -odis ⑤ -oidis ⑥ -anthis	*Abies*, *Actinomyces*, *Streptomyces*, *Strobilomyces* *Phragmites* *Isoetes*, nubes, rupes, Orphanides(人名) *Paradavallodes*, *Omphalodes*, *Phymatodes* *Nymphoides*, *Ceratoides*, *Tigrioides* *Cheilanthes*, *Illysanthes*, *Litosanthes*	
9	-ex	apex grex	① -icis ② -egis	*Carex*, *Atriplex*, *Ilex*, *Ulex*, *Vitex*, caudex, cortex interrex	
10	-i -in	Thlaspi -glochin	① -is ② -inis	希腊词 *Epimeredi*, *Thlapsi* 复合词 microglochin	*Alhagi*, *Tadehagi*, kaki
11	-is	-charis -actis	① -is ② -idis ③ -itis ④ -inis	*Vitis*, -abis, -alis, -opis, -opsis, -cystis(希), -paris *Pteris*, *Oxalis*, *Orchis*, *Crepis*, *Botrytis*, -stylis, otis *Eleocharis*, *Eucharis*, *Hydrocharis*, *Nomocharis* *Myriactis*, *Stenactis*	
12	-ix	radix -thrix	① -icis ② -ichis	*Salix*, *Larix*, *Tamarix*, *Scandix*, *Phoenix*, filix 希腊词 pyrrhothrix	
13	-ma	stigma	-atis	*Alisma*, *Dictyodroma*, *Phyteuma*, *Monochasma*	*Dysosma* f.
14	-o	margo sectio	① -inis ② -onis	*Plantago*, *Tussilago*, *Nelumbo*, *Solidago*, *Filago* *Senecio*, *Durio*, Bello(人名), carbo, embryo	*Ginkgo* 汉语拉丁化
15	-on	siphon -odon	① -onis ② -ontis	*Platycodon*, *Cotyledon*, *Endymion*, -stemon, -pogon *Didymodon*, *Sarcodon*, *Erigeron*, *Leontodon*	
16	-or -ur*	color ebur	① -oris ② -oris	auctor, arbor, Hector(人名) —	─ -sulfur
17	-os	flos dos	① -oris(拉) ② -otis(希)	— *Anthoceros*, *Phaeoceros*, *Macroceros*, *Strychnos*	
18	辅音-s	-bs -ns 同上 -ps -ceps -rs -ms	① -bis ② -ntis ③ -ndis ④ -pis ⑤ -cipis ⑥ -rtis ⑦ -mis	urbs *Fissidens*, *Impatiens* *Juglans*, frons, glans *Claviceps*, *Ceriops*, melanops princeps pars hiems	

序号	名词词尾	单词或后缀	Sing. Gen. 词尾	植物属名或名词的示例	例外情况
19	-us	latus corpus palus -pus	① -eris ② -oris ③ -udis ④ -odis	genus s. n. Ⅲ, onus — — apus, apodus	-us 绝大多数为 m. 或 f., Ⅱ
20	-ut	caput	-itis	—	*Quamoclit*
21	-ys	-mys -pitys	① -ydis ② -yis	*Leptochlamys*, *Stachys*, *Chlamys*, -stachys *Hypopitys*, -botrys	
22	-yx	calyx bostryx ortyx	① -ycis ② -ychis ③ -ygis	*Sericocalyx*, *Paedicalyx*, *Loxocalyx*, *Sericocalyx* — —	

注：在拉丁文词典中，第Ⅲ变格法名词是依据词干分为 11 类，分别用小写罗马字母标注，或直接标注单数所有格的词尾，去掉标准词尾"-is"即为词干。在拉丁文语法书籍中，第Ⅲ变格法名词常按名词的词尾分为 19 类或 22 类，有些类群的词尾还具 2 种以上不同的单数所有格词尾。为了方便查阅和比较，故列此表。在表中第 4 列的单数所有格词尾中，去掉标准词尾"-is"即为长词干。表中所举的植物属名用斜体。

* 笔者新增加的，考虑到 mel(s. n. Ⅲ, 蜂蜜)在中药材炮制中经常用到，常以夺格(melle)形式出现。像 alcohol (s. n. Ⅲ, 酒精)，其 sing. gen. 为 alcoholis。再如，lac(s. n. Ⅲ, 乳汁)，其 sing. gen. 为 lactis。第Ⅲ变格法名词的词尾变化是多种多样的，在谢大任编著的《拉丁语语法》(商务印书馆，1959)一书中共列举了 83 种词尾变化形式。植物的属名可能没有以-ur 结尾，但生物名词是有的，ebur s. n. Ⅲ(象牙)。

** 为不等音节词，即单词的主格的音节数与所有格的音节数不等，也可以说，主格的词干是短词干，所有格的词干是长词干。例如，iter s. n. / m. Ⅲ(道路，街道，旅行，轨道) sing. gen. itineris (m.)，-ere (n.)，其主格音节为 i-ter(短词干为 i-ter-)，而所有格的音节为 i-ti-ne-ris(长词干为 i-ti-ner-)。

第九章　植物学名的命名人

在有效发表一个植物新分类群时,根据《国际植物命名法规》的要求,一定要写上命名人的姓名。这是植物学名的重要组成部分。例如,在属、种和种下名称的有效发表时,都需要注明命名人(栽培变种例外)。这主要是考虑到对植物学名或新分类群名称负责,除了科学的责任外,也便于后人进行研究和考证。同时,这也体现了人们重视在植物命名中的知识产权问题。植物学名的查阅非常方便,国内外都有一些权威的期刊和网站。英国皇家植物园(邱园)每隔5年出版一本世界上在此段时间内所发表的新分类群的名称索引,即《邱园索引》(Index Kewensis),现改为网络电子版。另外,由英国、美国和澳大利亚等联合办的国际植物学名网站(IPNI,即 International Plant Names Index),其网址是 http://www.ipni.org./searches/query-ipni.shtml,或 www.plants of the world online.org,或 http://www.theplantlist.org/等。在国内主要有中国数字植物标本馆(http://www.cvh.org.cn),中国植物物种信息数据库(http://db.kib.ac.cn/eflora/help/index.aspx),中国自然标本馆(http://www.cfh.ac.cn)以及中国植物主题数据库(http://www.plant.csdb.cn/)等网站,不仅可查阅植物学名,而且还配有图片和照片。

第一节　关于命名人的写法

在植物学拉丁文中,对植物命名人的写法有许多特殊的要求,要尽量做到规范化和标准化。植物学名的命名人的姓和名的第一个字母必须大写,在任何时候都要排成正体。命名人是否为简写或缩写,要仔细注意标点(英文句号)符号的使用。在植物学专著或教材中,植物属名和植物学名要完整,命名人需要保留;而在科技论文中,植物属名和植物学名常被简写,命名人往往被省略,只写出植物的属名或学名的属名和种加词两个部分。

在植物的属名或学名中,对于拉丁语系的西方外国人名,直接写上姓名的姓(外国人名通常是姓在后,名在前),把姓名的名进行省略。例如:

Timothy Field Allen　命名人写为 Allen
Louis Albert Dode　命名人写为 Dode
Hendrik Cornelis Dirk de Wit　命名人写为 de Wit
Jose Francisco Correada Serra　命名人写为 Correa

Canonigo Pablo de La Llave　命名人写为 La Llave

有时候,在发表新分类群时,命名人姓名的姓全写或缩写,而把命名人姓名的名以缩写形式保留。例如:

John William Moore　命名人写为 J. W. Moore
William Jackson Hooker　命名人写为 W. J. Hooker(或常写为 Hooker)
Charles des Moulins　命名人写为 Ch. des Moul.

如果是非拉丁语系的其他外国人名,要进行拉丁化处理。例如日本学者的姓名拉丁化:

原宽——Hiroshi Hara　命名人写为 Hara(只写出姓,略去名,下同)
福山甚之助——Noriaki Fukuyama
森初彦——Kunihiko Mori
失切部郎吉——Ryokichi Yatabe

过去,我国植物分类学家的姓名,其汉语拼音一般都要进行拉丁化处理后才可用作命名人。例如:

张宏达——Chang Hung-ta
赵修谦——Chao Hsiu-chien
胡先骕——Hu Hsen-hsu
孙祥钟——Sun Hsiang-chung
王文采——Wang Wen-tsai
吴征镒——Wu Cheng-yih
吴中伦——Wu Chung-luen
洪德元——Hong De-yuang
陈心启——Chen Sing-chi
耿伯介——Keng Paichieh
匡可任——Kuang Ko-zen
武素功——Wu Shu-kung

然而,目前,年轻的中国学者在发表新分类群时,其姓名往往都直接用汉语拼音了。

第二节　命名人的缩写

命名人的缩写是通过省略号"."来实现的。例如,Carl Linnaeus 缩写为 L. 或 Linn.。由于 Carl Linnaeus 是植物分类学大师,很多植物的学名都是他命名的,所以他的名字可以最简化,但其他人的名字均不能这样简单缩写。要注意,在同一本著作或论文中,同一位命名人的缩写形式一定要统一。例如,Carl Linnaeus 的缩写,要么全部用 L.,要么全部用 Linn.,否则,容易产生歧义。

第九章 植物学名的命名人

在植物分类学中，许多著名的国外学者的姓名中的姓或姓和名需要缩写。例如：

A. DC. = Alphonse Louis PierrePyramus de Candolle
Böcklr. = J. Otto Böckeler
C. DC. = Casimir de Candolle
DC. = Augustin Pyramus de Candolle
Carr. = Elie-Abel Carriere
Champ. = Lieut-Col. John George Champion
Dur. = Michel Charles Durien de Maissonneuve
Beauv. = Ambroise Marie Francois Joseph Palisot de Beauvois
Vilm. = Pierre Philippe Andre Leveque de Vilmorin
Fort. = Robert Fortune
Franch. = Adrien R. Franchet
Fisch. = Friedrich Ernst Ludwing von Fischer
L'Hérit. = Charles Louis L'Héritier
Maxim. = Carl Johann Maximowicz
Oliv. = Daniel Oliver
Thunb. = Carl Peter Thunberg
Wils. = Ernest Henry Wilson
Mill. = Philip Miller

但是，有些著名的国外学者的姓名中的姓不能缩写，特别是单音节的。例如：

Henry = Augustine Henry
Nakai = Takenoshi Nakai
Makino = Tomirare Makino
McClure = Floyd Alonzo McClure
Smith(J. E. Smith) = Sir James Edward Smith
A. C. Smith = Albert Charles Smith
H. Smith = Harry Smith
J. J. Smith = Johannes Jacobus Smith
W. W. Smith = William Wright Smith
Williams = Frederic Newton Williams

对于复姓（双姓）的外国植物分类学家，姓的缩写更要注意。例如：

Hand.-Mazz. 或 H.-M.（全称是 Handel-Mazzetti）
Sch.-Bip.（全称是 Karl heinrich Schultz Bipontius）
Buch.-Ham.（全称是 Francis Buchanan or Lord Hamilcon）
Ker-Gawl.（全称是 John Ker Gawler）
Ik.-Gal.（全称是 N. P. Ikonnikov-Galitzkij）
K.-Pol.（全称是 Boris M. Koso-Poliansky）

Airy-Shaw(全称是 Herbert Kenneth Airy-Shaw,注意,这个复姓没有缩写)

Dalla-Torre(全称是 Karl Wilhelm von Dalla-Torre,注意,这个复姓没有缩写)

对于两个以上的同姓作者,应该注意区别,在姓的缩写前面要加上其名的缩写。例如:

Robert Brown 缩写为 R. Br.

Nicholas Edward Brown 缩写为 N. E. Br.

另外,姓 Meyer 的植物分类学家曾有好几位,我们要注意区分 C. A. Meyer,B. Meyer, E. H. F. Meyer 和 G. F. W. Meyer。

在我国,有些著名的植物分类学家,其姓名也用了非常简单的缩写形式。例如:

Chien ＝ 钱崇澍 Chien Sung-shu

Chao ＝ 赵修谦 Chao Hsiu-chien

Chiu ＝ 裘佩熹 Chiu Pei-shi

Chun ＝ 陈焕镛 Chun Woon-young

Fang ＝ 方文培 Fang Wen-pei

Hu ＝ 胡先骕 Hu Hsen-hsu

K. Tsoong ＝ 钟观光 Tsoong Kuan-kwang

Li ＝ 李惠林 Li Hui-lin

Liou ＝ 刘慎谔 Liou Tchen-ngo

Pei ＝ 裴鉴 Pei Chien

Tang ＝ 唐进 Tang Tsin

Tsai ＝ 蔡希陶 Tsai Hse-tao

Tsoong ＝ 钟补求 Tsoong Pu-chiu

Wang ＝ 汪发瓚 Wang Fa-tsuan

Yu ＝ 俞德浚 Yu Te-tsun

Zhao ＝ 赵毓棠 Zhao Yu-tang

但是,由于在中国从事植物分类学研究的人中,同一姓氏的学者较多,甚至有的同姓同名,因此,他们的姓名不能过于简写,否则容易产生混乱。过去的做法是,将命名人的姓名采用汉语拼音或拼音拉丁化,姓在后,名在前,并且把名的拼音进行缩写。例如:

C. Y. Wu ＝ 吴征镒 Wu Cheng-yih

C. S. Chao ＝ 赵奇僧 Chao Chi-son

H. T. Chang ＝ 张宏达 Chang Hung-ta

M. Cheng ＝ 郑勉 Cheng Mien

P. C. Hsu ＝ 徐炳声 Hsu Ping-sheng

W. T. Wang ＝ 王文采 Wang Wen-tsai

W. C. Cheng ＝ 郑万钧 Cheng Wan-chun

X. H. Qian ＝ 钱啸虎 Qian Xiao-hu

Z. Wang ＝ 王战 Wang Zhan

T. C. Chia = 贾祖璋 Chia Tsu-chang

在植物分类学界,有的是子承父业,子女也成了某种或某些植物的命名人。当父子或父女都是比较著名的植物分类学家,并且都已发表了若干新分类群时,命名人就需要仔细区分。如果是儿子,则用 f. 放在其父亲姓的后面;如果是女儿,则用 fil. 放在其父亲姓的后面。例如:

Ait. = William Aiton(父亲)
Ait. f. = William Townsend Aiton(儿子)
Balf. = John Hutton Balfour(父亲)
Balf. f. = Isaac Baily Balfour(儿子)
Hook. = William Jackson Hooker(父亲)
Hook. f. = Joseph Dalton Hooker(儿子)
L. / Linn. = Carolus Linnaeus(父亲)
L. f. /Linn. f. = Carl von Linne（儿子)
Keng = Keng Yi-li(耿以礼)(父亲)
Keng f. = Keng Pai-chieh(耿伯介)(儿子)
Fang = Fang Wen-pei(方文培)(父亲)
Fang f. = Fang Ming-yuan(方明渊)(儿子)

如果父亲与子女之间在名的缩写上有明显区别,可以不使用 f. 或 fil. 符号。例如:

A. P. DC = Augustin Pyramus de Candolle(父亲)
A. DC = Alphonse Louis Pierre Pyramus de Candolle(儿子)

第三节 合作发表与替代发表

合作发表也称联合发表。多人合作发表同一个新分类群时,如果是两个人,可用 et, atque, ac 或 & 放在两个人名之间。例如:

Onosma paniculatum Bur. et Franch. (滇紫草)
Salix daliensis C. F. Fang et S. T. Chao(大理柳)
Magnolia globosa Hook. f. et Thoms. (毛叶玉兰)

在植物分类学研究中,有些学者经常在一起合作发表新分类群,最常见的是 Sieb. et Zucc. (P. F. ven Siebold et J. G. Zuccarini),Fisch. et Mey. 或 Fisch. & Mey. (Friedrich Ernst Ludwig von Fischer et Carl Anton von Meyer),Rehd. et Wils. 等。例如:

Mercurialis leiocarpa Sieb. et Zucc. (山靛)
Corylopsis pauciflora Sieb. et Zucc. (少花蜡瓣花)

据统计,Sieb. et Zucc. 联合发表了几百种植物,目前出现在一些网站上的植物学名,Sieb.

多为写全称 Siebold。

此外，还有父子联合发表新分类群的。例如：

Bambusa rigida Keng et Keng f.（硬头黄，禾本科竹亚科）

如果是3个人以上合作发表，则在3个人名之间用 et 连接。例如：X. H. Li et Y. T. Wu et S. G. Sheng。但是，在以后引用文献或书写这个植物的学名时，人们感到3个命名人的字节太长，一般只要求写出第一个人，然后在后面加上 et al.（alii，其他人）或 etc.（et cetera）。例如，前面所列举的3个命名人可以简写为 X. H. Li et al. 或 X. H. Li etc.。请看三叶犁头尖（香蒲属）的学名中的命名人 *Typhonium trifoliatum* Wang et Lo ex H. Li et al.。

有时候，某些植物学家发现了新分类群，将材料（标本）命名后就存放在标本室里，没有进行拉丁文描述，也没有进行正式发表。有时由于新分类群的发现者已经去世了，材料（标本）不仅已被命名了，而且拉丁文描述和特征简介都已经完成，只是未公开发表。像这些材料，就需要有人替代发表。在替代别人发表新分类群时，命名人需要使用 ex 放在两个人名之间，意思是后者代替前者发表了该新分类群。例如，西藏邪蒿 *Seneli nortonii* Fedde ex Wolff，该种是 Fedde 发现和命名的，但是由 Wolff 正式替代发表出来的。在植物分类学研究中，替代发表的人也可以是两人或两人以上。例如：

兴安白芷 *Angelica dahurica*（Fisch. ex Hoffm.）Benth. et Hook. f. ex Franch. et Savat.

兴安蛇床 *Cnidium dahuricum*（Jacq.）Turcz. ex Fisch. et Mey.

在替代发表新分类群时，往往因为发表者修改了原命名者的意见，这样就需要在两个作者之间用 corr.（他已修改了……）连接。例如，箣竹属 *Bambusa* Retz. corr. Schreb.。

第四节 新组合的发表

我们经常会见到一个植物学名的后面有用括号括起来的命名人，像这样的植物学名便是组合名。例如，党参 *Codonopsis pilosula*（Franch.）Nannf. 和小扁芒菊 *Waldheimia nivea*（Hook. f. et Thoms. ex Clarke）Regel，都属于组合名。位于括号内的命名人是第一次发现并命名该植物的学者，由于他（她）当时把该分类群放置的分类地位弄错了，后来有人发现了他（她）的错误，给予了纠正，然后重新发表。另外一种情况，是由于植物分类学的发展，属的大小范围会发生变化，一个大属可以分成几个小属，其性属不变，或几个小属并为一个大属，其性属以多数小属或最大的属为准，也存在组合名问题。

关于新组合的合格发表问题，一个新组合（自动名例外，即不需要命名人的名称），如果作者不能明确地交代不可更改的加词所属的属名、种名或它的缩写形式，就属于不合格发表（《维也纳法规》，2006，规则33.1）。

1953年1月1日之前，对于一个基本异名或替代异名，一个间接的证据足以使得一个新组合、一个具基本异名的新属名或一个新名称成为合格发表的名称。因此，在基本异名或替代异名的引证，或在作者引证方面的错误，不影响这些名称的合格发表(《维也纳法规》，2006，规则 33.2)。

1953 年 1 月 1 日之前，对于一个设定的新组合，如果使用了一个适用于同一分类群的已经合格发表的既没有引证也没有任何指示的名称，或先前的加词作为新组合的名称，而对基本异名没有指示，尽管这样，这个新组合仍为合格发表。否则，它只是一个合格发表的名称。这个条款也适合于那些基于早期合格发表的属下单位名称加词被设定为一个新属名的情况(《维也纳法规》，2006，规则 33.3)。1953 年 1 月 1 日或之后，发表的新组合或新名称，如果没有指出必需的完整的有关基本异名或被替代异名的信息，为不合格发表。

法规规定(《维也纳法规》，2006)，从 2007 年 1 月 1 日起，一个新组合、一个含基本异名的新属名或一个代替名称，只有当其基本异名或被替代异名被引证时，才构成合格发表。2007 年 1 月 1 日之前，虽然必须完整和直接地引用文献出处，但基本异名或被替代异名只需要被指明即可。

由于种加词的使用是受优先律保护的，这样，在对该分类群进行重新命名时必须使用原来的种加词，结果就需要将原先的命名人(他或她)的名字用括号括起来，放在修订或组合了该分类群的命名人的前面。请看下面的例子，以了解新组合名的具体命名过程。

我们从国产紫穗鼠尾粟的名称修订来分析和研究植物学名的组合问题，这是一个很有意思的例子。在 1941 年，J. Ohwi 把分布于我国的紫穗鼠尾粟命名为一个新变种，即 *Sporobolus elongatus* R. Br. var. *purpurea-tuffusus* J. Ohwi。到了 1962 年，T. Koyama 发现 J. Ohwi 的命名有问题，因为 *S. elongatus* 为澳大利亚的特有种，雄蕊 2 枚，而我国的紫穗鼠尾粟是雄蕊 3 枚。所以，T. Koyama 重新把它组合为另一个新变种，即 *S. indicus* (L.) R. Br. var. *purpurea-tuffusus* (J. Ohwi) T. Koyama。后来，笔者在耿伯介先生指导下，在鉴定大别山区禾本科植物标本时，我们发现 *S. indicus* 仅分布于拉丁美洲和印度群岛，其外稃和颖果与紫穗鼠尾粟均不同，所以，T. Koyama 命名的这个学名也不能成立。那么，我国的紫穗鼠尾粟应该放在哪个种名下面呢？

1854 年，Steudel 把我国生长的小穗绿色的鼠尾粟作为一个新种 *Agrostis fertilis* Steud. 发表(剪股颖属)。到了 1965 年，W. D. Clayton 发现 Steudel 把我国的鼠尾粟命名弄错了，应该属于鼠尾粟属，而不是属于剪股颖属，故他发表了一个新组合，即 *Sporobolus fertilis* (Steud.) W. D. Clayton。通过研究，笔者发现大别山区的紫穗鼠尾粟与该种的特征相符，但小穗为紫色，所以，我们发表了一个新组合，即紫穗鼠尾粟 *Sporobolus fertilis* (Steud.) W. D. Clayton var. *purpurea-tuffusus* (J. Ohwi) Keng f. et X. S. Shen comb. nov.〔西北植物学报，1985，5(2)：161～162〕。其基本异名为 *S. elongatus* R. Br. var. *purpurea-tuffusus* J. Ohwi，1941；异名为 *S. indicus* (L.) R. Br. var. *purpurea-tuffusus* (J. Ohwi) T. Koyama，1962。

笔者和耿伯介先生在当时查阅紫穗鼠尾粟的资料时，发现国内学者对此有错误鉴定，出现了"这枇杷不是那琵琶"的问题。例如，我们发表紫穗鼠尾粟组合名时的文献引证如下：

Sporobolus elongatus auct. non R. Br.：耿以礼等，《中国主要植物图说·禾本科》，568，f. 498，1959。*S. poiretii* auct. non (Roem. Et Schult.) Hitchc.：陈守良，《华东禾本科植物志》157，f. 98，1962。

注意,auct. non 是错误鉴定的意思。耿以礼等在 1959 年出版的《中国主要植物图说·禾本科》中对第 568 页的图 498 存在错误鉴定,这个植物不是 R. Br. 命名的 *S. elongatus*,该植物特产于澳大利亚。同样,陈守良在《华东禾本科植物志》第 157 页的图 98 中对 *S. poiretii* 种也存在错误鉴定。另外,在发表新组合学名时要注意,由于属名的性属会不同,种加词的词尾要注意随属名的性属而变换。例如,Sw. 在发表 *Botrychium ternatum*(Thunb.)Sw.(1801)时,将 Thunb. 发表的 *Osmunda ternata* Thunb.(1784)的种加词由阴性变为中性了。

根据合作发表与替代发表以及组合名的规则,你能看得懂兴安白芷的学名吗?兴安白芷 *Angelia dahurica*(Fisch. ex Hoffm.)Benth. et Hook. f. ex Franch. et Savat.。另外,像厚毛扁芒菊 *Waldheimia vestita*(Hook. f. et Thoms. ex Clarke)Pamp. 和川黔紫薇 *Lagerstroemia excelsa*(Dode)Chun ex S. Lee et L. Lau 的学名,你能理解其中的合作与替代发表,以及组合名的来历吗?

如果某人发现自己以前曾把某个分类群的分类地位归属弄错了,现在自己需要建立组合名,这时也同样需要用括号把自己的姓名括起来。例如:

多花百日菊——*Zinnia peruviana*(L.)L.
木里香青——*Anaphalis muliensis*(Hand.-Mazz.)Hand.-Mazz.
落叶松——*Larix gmelinii*(Rupr.)Rupr.
柄果槲寄生——*Viscum multinerve*(Hayata)Hayata
毛蕊郁金香——*Tulipa dasystemon*(Regel)Regel
沙斯塔红冷杉——*Abies magnifica* Murr. var. *shastensis*(Lemm.)Lemm.
四川鹿药——*Smilacina henryi*(Baker)Wang et Tang var. *szechuanica*(Wang et Tang)Wang et Tang

但值得注意的是,所发表的组合名不一定都是正确的。如果某位学者通过研究发现某个组合名不正确,也要将其作为异名处理,把整个名称放在括号里。但这位学者不能够再署命名人了,只能将原先改为异名的学名重新改成基本名,在专业刊物上发表或写入其专著中。

像这样由于各学者的观点不同,对某些分类群的分类地位归属可能存在争议。经过后来的学者们的研究,最终把其分类地位确定下来时,有时候其组合名反而成了异名的现象还是不少的。

例如,十字花科的腋花芥是由 Jafri 于 1957 年发表的,学名为 *Parryodes axilliflora* Jafri。而到了 1972 年,Hara 将其组合归到南芥属下,组合名为 *Arabis axilliflora*(Jafri)Hara。然而,人们研究后认为,腋花芥还是应该属于腋花芥属,不是南芥属,所以,腋花芥现在所使用学名是 *Parryodes axilliflora* Jafri,而将原来的组合名 *Arabis axilliflora*(Jafri)Hara 作为异名处理了。

同样,大戟科的木油桐的学名为 *Vernicia montana* Lour.,属于油桐属。后来,Wils. 认为其分类地位有错误,将其移到石栗属下,组合名为 *Aleurites montana*(Lour.)Wils.。现在人们认为,木油桐还是应该属于油桐属,而不是石栗属,所以,木油桐现在使用的学名是 *Vernicia montana* Lour.,而将原来的组合名 *Aleurites montana*(Lour.)Wils. 作为异名处理。

再如,罗布麻 *Apocynum venetum* L.[*Trachomitum venetum*(L.)Woodson]的命名过程也是如此。

由于上述原因,研究植物分类学的学者需要经常阅读有关分类学方面的文献,以最新发表或出版的文献为准,从而掌握植物学名的研究信息和名称变更的动态。

第五节　印刷和书写植物学名时常见的错误

一、植物学名书写中常见的错误

植物学名有3个部分构成,即属名、种加词和命名人。在书写和印刷时,对植物学名的每个部分都有一定的要求,如果稍不注意,就容易出错。特别在计算机上输入植物名称,更要小心。现将常见的错误列在表9.1的左侧,更正后的正确写法列在表9.1的右侧,请仔细比较。

表 9.1　在书写和印刷植物学名时常见的错误

序号	错　误　的　例　子	正　确　的　写　法
1	*Lonicera Acuminata* Wall.（种加词首字母应小写）	*Lonicera acuminata* Wall.
2	*lonicera acuminata* Wall.（属名首字母应大写）	*Lonicera acuminata* Wall.
3	*Lonicera acuminata* Wall（命名人缺省略号）	*Lonicera acuminata* Wall.
4	*Lonicera acuminata* wall.（命名人首字母大写）	*Lonicera acuminata* Wall.
5	*Lonicera acuminata Wall.*（命名人为正体）	*Lonicera acuminata* Wall.
6	*Rh. ovatum*（Lindl.）Planch.（该植物首次出现时）	*Rhododendron ovatum*（Lindl.）Planch.
7	*R. ovatum*（Lindl.）Planch.（同属植物连续出现）	*Rh. ovatum*（Lindl.）Planch.（双辅音缩写）
8	*Solanum cathayanum* C. Y. Wu Et S. C. Huang	*Solanum cathayanum* C. Y. Wu et S. C. Huang
9	S. *lyratum* Thunb.（属名缩写应为斜体）	*S. lyratum* Thunb.
10	*S. lyratum* THUNB.（命名人非大写）	*S. lyratum* Thunb.
11	*Veronica linariifolia* Parll. Ex Link.	*Veronica linariifolia* Parll. ex Link.
12	*Valeriana officinalis* L. var *latifolia* Miq.	*Valeriana officinalis* L. var. *latifolia* Miq.
13	*Valeriana officinalis* L. Var. *latifolia* Miq.	*Valeriana officinalis* L. var. *latifolia* Miq.
14	*Valeriana officinalis* L. *var. latifolia* Miq.	*Valeriana officinalis* L. var. *latifolia* Miq.
15	*Valeriana officinalis* L. var. *Latifolia* Miq.	*Valeriana officinalis* L. var. *latifolia* Miq.
16	*Valeriana officinalis latifolia*	*Valeriana officinalis* var. *latifolia*
17	*Chirita fimbrisepala* Hand. Mazz.	*Chirita fimbrisepala* Hand.-Mazz.
18	*Echinops grijisii* Hance.	*Echinops grijisii* Hance
19	*Calystegia dahurica* f *anestia*	*Calystegia dahurica* f. *anestia*
20	*Patrinia heterophylla* spp. *angustifolia*	*Patrinia heterophylla* ssp. *angustifolia*
21	*Patrinia heterophylla* sp. *angustifolia*	*Patrinia heterophylla* subsp. *angustifolia*
22	*Mosla sp.*（sp. 应为正体）	*Mosla* sp.
23	*Mosla* spp（spp 缺缩写符号）	*Mosla* spp.
24	*Andrographis paniculata*（Burm. f）Nees	*Andrographis paniculata*（Burm. f.）Nees
25	*Abelia dielsii* Graebn. Rehd.	*Abelia dielsii*（Graebn.）Rehd.
26	*Adenostemma lavenia*（L.）O Kuntze	*Adenostemma lavenia*（L.）O. Kuntze

在论文或表格中，经常会遇到两个植物属名的首字母相同的学名一起出现，在缩写属名时容易产生混淆。例如，*Lonicera japonica*（忍冬）和 *Lotus corniculatus*（百脉根）如果在同一表格出现时，缩写后变成了 *L. japonica* 和 *L. corniculatus*，容易让人误以为是同属植物；如果在缩写时在首字母后多保留一个音节，还是分不清楚，必须保留属名的前两个音节才行，即 *Loni. japonica* 和 *Lot. corniculatus*（-us 为词尾）。然而，遇到有一个双辅音首字母的属名时，就不存在上述问题了。例如，*Photinia serrulata*（石楠）和 *Platycodon grandiflorus*（桔梗），缩写后变成 *Ph. serrulata*（石楠）和 *P. grandiflorus*。注意，如果在属名中存在双元音和双字母辅音，当需要保留多个字母缩写时，一定要保持其音素的完整性。例如，*Saururus*（三白草属），*Ephedra*（麻黄属），*Michelia*（含笑属），这 3 个属的属名在保留多字母缩写时不能分别缩写为 *Sa.*，*Ep.*，*Mic.*，而应该写为 *Sau.*，*Eph.*，*Mich.*。

有时候在一本书或杂志的段落中，一个植物的学名是规范的缩写形式，但当其直接被复制到另一本书或论文中，往往缩写名称会产生歧义和费解，此时需要写出该属名的全称。

二、在索引中植物学名书写的规范问题

随着计算机自动搜索程序软件的应用，目前所出版书籍中的各种索引通常都是由计算机自动生成的。由于程序设计人员不懂得植物学名的结构和书写规则，在植物学名索引中只能按照植物名称的中文拼音和字数为序。所以，在植物学各类书籍的索引中，常出现种名在前而属名在后，属名在前而科名在后，以及仅具缩写的种名而无属名等情况。这样的索引都是不规范的，甚至是错误的。例如，现摘自某本书末的一段自动生成的索引，原文如下：

锦葵　　*M. sylvestris* L.
锦葵科　　Malvaceae
锦葵属　　*Malva* L.
李　　*P. salicina* Lindl.
李亚科　　Prunoideae

按照植物学拉丁文的要求，该段索引正确的排列顺序与写法应该是：

锦葵科　　Malvaceae
锦葵属　　*Malva* L.
锦葵　　*M. sylvestris* L.
李亚科　　Prunoideae
李　　*Prunus salicina* Lindl.

因为上一段里的 *M. sylvestris* L. 是不能够前置的，一定要紧跟在 *Malva* 之后才能缩写；另外，*P.* 也是不能缩写的，因为其前面没有该属名的全称。

如果索引是以中文拼音为序，在计算机自动生成以后，需要对植物学名进行逐一核对与修正，有些植物学名在书中正文部分的写法是正确的，可它们在索引中按照原文的写法出现就不规范了，有的可产生歧义。例如，下面摘自某本书末的一段自动生成的索引，原文如下：

茅莓　　*R. parvifolius* L.

第九章 植物学名的命名人

玫瑰　　*R. rugosa* Thunb.
玫瑰紫杜鹃　　var. *ripens* Wils.

这样，人们对上下两行的"*R.*"不仅容易产生歧义，误认为玫瑰是与茅莓同属，而且会误认为玫瑰紫杜鹃是玫瑰的变种。所以，像这样的索引一定要进行人工编辑，不能直接从正文中通过计算机提取信息，因为有些缩写的属名在索引中需要恢复原形。这段索引正确的写法应该是：

茅莓　　*Rubus parvifolius* L.
玫瑰　　*Rosa rugosa* Thunb.
玫瑰紫杜鹃　　*Rhododendron mucronatum* (Blume) G. Don. var. *ripens* Wils.

附录一 《中国植物志》植物学名文献引证

在植物分类学研究工作中,我们除了要阅览各地方植物志和相关文献外,主要参考资料来自《中国植物志》。在我国,《中国植物志》是植物分类学方面最重要的专著。这样一部由80卷、126册组成的巨著——《中国植物志》,全书5 000多万字,记载了我国共301科3 408属31 142种维管束植物。《中国植物志》自1959年开始出版,到2006年出版齐全,凝结了我国三代植物学老前辈们的心血和汗水,该项目经历了长达半个多世纪的极其艰苦的采集、考证和编辑工作,并已在国际植物学界产生了重要的影响和良好的声誉。目前,国内外的一些植物分类学工作者正在将其翻译成英文版和进行修订工作。《中国植物志》主编,已故中国科学院资深院士、原中国科学院昆明植物研究所名誉所长吴征镒院士,曾获得2007年度国家最高科学技术奖。

植物分类学研究历史悠久,研究对象极其庞大,研究文献浩瀚如云。由于一个人的生命时间有限,不可能全部掌握我国的植物分类学知识和技能,就需要一代接一代的植物学分类工作者承前启后,把先辈们的植物分类学研究工作继续深入下去。

因此,我国年轻的植物学工作者们,一定要继承好植物学老前辈们的光荣事业,认真地学习、研究和使用好《中国植物志》,进一步提高我国的植物分类学研究水平,除了要完善和修订《中国植物志》和各地方植物志外,还要积极参与世界其他地区的植物分类学研究。

一、《中国植物志》植物学名文献引证

在使用《中国植物志》时,一般的植物学工作者对于书中各种植物的学名、特征描述、产地和分布都能够看得懂。但是,要想看得懂书中关于植物学文献引证的部分,却不是一件容易的事情,需要一定的专业知识。如果能够看得懂植物学文献引证,就知道各种植物学名的来龙去脉,就可以追根溯源了。看书时主要了解学名发表的原始文献和学名变更过程,以及对学名的使用情况。特别是对于准备从事植物分类学专科专属研究的人员来说,学习植物学文献引证是至关重要的。

为了让大家能够更好地理解植物学文献引证的内容,笔者从《中国植物志》第2卷、第11卷、第16卷、第35卷、第52卷和第55卷中挑选出14个有代表性的文献引证作为范例,其中包括2个属、1个组和11个种,并进行了详细注释。

例1 君子兰属 Clivia Lindl. in Bot. Reg. **14**: t. 1182. 1828; Herb. Amaryll. 230. 1837; Benth. et Hook. f. Gen. Pl. **3**: 729. 1883; Baker, Handb. Amaryll. 61. 1888; Pax et Hoffm. in Engl. et Prantl, Nat. Pflanzenfam. ed. 2, **15a**: 403. 1930; Traub, Gen. Amaryll. 66. 1963. （引自《中国植物志》16卷第1分册第3页。）

注释 该属是由 Lindl. 于 1828 年在《Bot. Reg.》14 卷上首次发表的，参见图版 1182。Herb. 于 1837 年在《Amaryll.》第 230 页上使用了该属名。Benth. 和 Hook. f. 于 1883 年在《Gen. Pl.》3 卷第 729 页上也使用了该属名。Baker 于 1888 年在《Handb. Amaryll.》第 61 页上使用了该属名。Pax 和 Hoffm. 于 1930 年在 Engl. 和 Prantl 主编的《Nat. Pflanzenfam.》第 2 版 15a 卷第 403 页（15a 是系列丛书的一种编号方式，例如：Band 17b4, 17aⅡ等）上使用了该属名。Traub 于 1963 年在《Gen. Amaryll.》第 66 页上也使用了该属名。

例 2 隐棱芹属 Aphanopleura Boiss. Fl. Or. **2**: 858. 1872. ——*Szovitsia* (Fisch. et Mey.) Drude in Engl. u. Prantl., Pflanzenfam. 3, **8**: 183. 1898, ex parte ——*Carum* subgen. *Mesocarum* sect. *Tragodes* ser. *Aphanopleura* K.-Pol. in Bull. Soc. Nat. Mosc. n. s. **29**: 199. 1915. （引自《中国植物志》55卷第2分册第2页。）

注释 该属是由 Boiss. 于 1872 年在《Fl. Or.》2 卷第 858 页上首次发表的。

《中国植物志》55 卷第 2 分册的作者们研究发现，Drude 于 1898 年在 Engl. 和 Prantl. 主编的《Pflanzenfam.》系列丛书 3 第 8 卷第 183 页上发表的 *Szovitsia* 属，其中有一部分是属于该属，故将其作为异名处理。（注意这里关于 ex parte"只是部分"的使用。）

同时，他们还研究发现，K.-Pol. 于 1915 年在《Bull. Soc. Nat. Mosc.》（新系刊）29 卷第 199 页上发表的 *Carum* 属 *Mesocarum* 亚属 *Tragodes* 组 *Aphanopleura* 系也应该属于该属，所以将其作为异名处理。（注意：在国外期刊上经常有 n. s. 的用法。）

例 3 果实侧裂组 Sect. **Hexapogon** (Bunge) Baker in Gard. Chron ser. 3, **5**: 787～788. 1876; em. Rodion. Род Ирис-Iris L. 198. 1961. ——*Iris* subgen. *Hexapogon* Bunge ex Alef. in Bot. Ztg. **21**: 296. 1863. p. p. （引自《中国植物志》16卷第1分册第186页。）

注释 这是关于"组"的引证，该组（Sect. Hexapogon）是由 Baker 于 1876 年在《Gard. Chron》系列丛书 3 第 5 卷第 787～788 页上发表的新组合，他把 Bunge 于 1863 年发表的亚属降为组。Rodion. 于 1961 年在《Род Ирис-Iris L.》第 198 页上对该组进行过修订。

该组的基本异名是 Alef. 替代 Bunge 于 1863 年在《Bot. Ztg.》21 卷第 296 页上发表的 *Iris* 属 *Hexapogon* 新亚属，只是该亚属的部分植物属于该组。（注意 p. p. 的用法。）

例 4 文殊兰 Crinum asiaticum L. var. **sinicum** (Roxb. ex Herb.) Baker, Handb. Amaryll. 75. 1888; C. H. Wright in Journ. Linn. Soc. Bot. **36**: 88. 1903; Bailey, Man. Cult. Pl. print. 2, 253. 1954; 广州植物志 699. 1956; 中国高等植物图鉴 **5**: 551, 图 7931. 1976; 海南植物志 **4**: 145, 图 1050. 1977. ——*C. sinicum* Roxb. ex Herb. in Curtis's Bot. Mag. sub. **47**: t. 2121. 1820; Herb. Amaryll. 244. 1837; Maxim. in Bot. Jahrb. 6: 77. 1885. （引自《中国植物志》16卷第1分册第8页。）

注释 该变种是由 Baker 于 1888 年在《Handb. Amaryll.》第 75 页上发表的新组合，把 Roxb. 和 Herb. 的种降为变种。C. H. Wright 于 1903 年在《Journ. Linn. Soc. Bot.》36 卷第 88 页上使用了该变种学名。Bailey 于 1954 年在《Man. Cult. Pl.》（第 2 次印刷）第 253 页上也使用了该变种学名。1956 年的《广州植物志》第 699 页、1976 年的《中国高等植物图鉴》5 卷第 551 页（图 7931）、1977 年的《海南植物志》4 卷第 145 页（图 1050）中都使用了该变种学名。

该变种的基本异名是由 Herb. 替代 Roxb. 于 1820 年在《Curtis's Bot. Mag.》上发表的新种，见增刊 47 卷图 2121。Herb. 于 1837 年在《Amaryll.》第 244 页上使用了该种学名。Maxim. 于 1885 年在《Bot. Jahrb.》6 卷第 77 页上也使用了该种学名。

例 5　光叶薯蓣　Dioacorea glabra Roxb. Hort. Beng. 72. 1814, nom. nud. et Fl. Ind. ed. 2, 3: 804. 1832, descr. R. Knuth in Engl., Pflanzenr. **87**(4~43): 276. 1924; Prain et Burkill in Ann. Bot. Gard. Calcutta **14**(2): 354. 1939, pl. 131. 1938.——*D. glabra* var. *longifolia* Prain et Burkill in Journ. Asiat. Soc. Bengal n. s. **10**: 37. 1914; R. Knuth l. c. 276.（引自《中国植物志》16 卷第 1 分册第 112 页。）

注释　本种由 Roxb. 于 1814 年在《Hort. Beng.》第 72 页上发表，当时属于裸名；Roxb. 于 1832 年在《Fl. Ind.》第 2 版第 3 卷第 804 页上使用了该裸名。R. Knuth 于 1924 年在 Engl. 主编的《Pflanzenr.》87(4~43)卷第 276 页上对该种进行描述，至此，该种才算是合格发表。Prain 和 Burkill 于 1938 年在《Ann. Bot. Gard. Calcutta》14 卷第 2 期第 354 页上也使用了该学名，见图版 131。（文献中出现了"1938"和"1939"，可能是作者笔误。但是，笔者发现多处都是这样写，也可能是文字描述在后，图版出现在前，"pl. 131. 1938."可能是指 13 卷中某一期杂志中的图版 131。）

《中国植物志》的作者们研究认为，Prain 和 Burkill 于 1914 年在《Journ. Asiat. Soc. Bengal》(新系刊)10 卷第 37 页上发表的新变种 *Dioacorea glabra* var. *longifolia* Prain et Burkill 应该作为异名（在 var. 前面漏写了 Roxb.）。R. Knuth 于 1924 年在 Engl. 主编的《Pflanzenr.》87(4~43)卷第 276 页上也使用了现在作为异名的该变种学名。（注意这里 l. c. 的意思，省略了很多信息。）

例 6　山薯　Dioacorea fordii Prain et Burkill in Journ. Asiat. Soc. Bengal n. s. **4**: 450. 1908 et **10**: 36. 1914, et Ann. Bot. Gard. Calcutta 14(2): 290. 1939, pl. 119. 1938; Dunn et Tutcher in Kew Bull. add. ser. 10: 276. 1912; R. Knuth in Engl., Pflanzenr. 87(4~43): 268. 1924.——*D. batatas* auct. non Decne.: Benth. Fl. Hongk. 368. 1861, quoad specim. Wright; C. H. Wright in Journ. Linn. Soc. Bot. **36**: 91. 1903, quoad specim. hongkong. (Wright)——*D. glabra* auct. non Roxb.: C. H. Wright l. c., quoad specim. guangdong. (Ford); 海南植物志 **4**: 152. 1977, p. p.——*D. hainanensis* Prain et Burkill in Kew Bull. 494. 1936, et l. c. **14**(2): 287. 1939, pl. 118. 1938. （引自《中国植物志》16 卷第 1 分册第 114 页。）

注释　本种是由 Prain 和 Burkill 于 1908 年在《Journ. Asiat. Soc. Bengal》(新系刊)4 卷第 450 页上发表的新种。Prain 和 Burkill 于 1914 年在《Journ. Asiat. Soc. Bengal》10 卷第 36 页上使用了该学名。Prain 和 Burkill 于 1939 年在《Ann. Bot. Gard. Calcutta》14 卷第 2 期第 290 页上使用了该学名，见 1938 年的图版 119。Dunn 和 Tutcher 于 1912 年在《Kew Bull.》增刊 10 卷第 276 页上使用了该学名。R. Knuth 于 1924 年在 Engl. 主编的（原文此处少了"，"，为笔者临时补加）《Pflanzenr.》87(4~43)卷第 268 页上也使用了该学名。

《中国植物志》的作者们研究发现，Benth. 于 1861 年在《Fl. Hongk.》第 368 页上使用的学名 *Dioacorea batatas* Decne. 属于错误鉴定，不是 Decne. 的 *D. batatas*，应该属于 *D. fordii*

Prain et Burkill 的异名,引证标本是 Wright 采集的。C. H. Wright 于 1903 年在《Journ. Linn. Soc. Bot.》36 卷第 91 页上也是错误鉴定,应该作为异名,引证标本由 Wright 采集于香港。

《中国植物志》的作者们通过研究还发现,C. H. Wright 于 1903 年在《Journ. Linn. Soc. Bot.》36 卷第 91 页使用的学名 *Dioacorea glabra* Roxb. 是错误鉴定,不是真正的 Roxb. 的 *D. glabra*,应该作为 *D. fordii* Prain et Burkill 的异名处理,引证标本由 Ford 采集自广东。1977 年出版的《海南植物志》4 卷第 152 页也出现了错误鉴定(指仅有部分内容符合)。

Prain 和 Burkill 于 1936 年在《Kew Bull.》第 494 页上使用的 *Dioacorea hainanensis* 应该作为异名。同时,Prain 和 Burkill 于 1939 年在《Ann. Bot. Gard. Calcutta》14 卷第 2 期第 287 页上也使用了 *D. hainanensis*,见 1938 年图版 118,现在作为异名处理。

例 7 中亚鸢尾 *Iris bloudowii* Ledeb. Icon. Fl. Ross. 2: 5, t. 101. 1830, et Fl. Alt. 4: 331. 1833, et Fl. Ross. 4: 102. 1853; Baker in Gard. Chron. ser. 2, 6: 710. 1876; Maxim. in Bull. Acad. Sci. St. Petersb. 24: 533. 1880; Dykes, Gen. Iris 138. 1913; B. Fedtsch. in Fl. URSS 4: 550. 1935.——*I. flavissima* Pall. β. *bloudowii* Baker, Handb. Irid. 29. 1892.——*I. flavissima* Pall. α. *umbrosa* Bunge in Ledeb. Fl. Alt. 1: 60: 1892. (引自《中国植物志》16 卷第 1 分册第 188 页。)

注释 本种由 Ledeb. 于 1830 年发表在《Icon. Fl. Ross.》2 卷第 5 页,见图 101。同时,Ledeb. 于 1833 年和 1853 年分别在《Fl. Alt.》4 卷第 331 页和《Fl. Ross.》4 卷第 102 页上使用了该学名。Baker 于 1876 年在《Gard. Chron.》系列丛书 2 第 6 卷第 710 页上使用了该学名。Maxim. 于 1880 年在《Bull. Acad. Sci. St. Petersb.》24 卷 533 页上使用了该学名。Dykes 于 1913 年在《Gen. Iris》第 138 页上使用了该学名。B. Fedtsch. 于 1935 年在《Fl. URSS》4 卷第 550 页上也使用了该学名。

《中国植物志》的作者们研究后认为,Baker 于 1892 年在《Handb. Irid.》第 29 页上发表的新变种 *Iris flavissima* Pall. β. *bloudowii* Baker 作为异名。

Bunge 于 1892 年在《Ledeb. Fl. Alt.》1 卷第 60 页上发表的新变种 *Iris flavissima* Pall. α. *umbrosa* Bunge 也应该作为异名处理。

在本例中,变种符号没有使用 var.,而是用了 α. 或 β.,这是因为在第 1 届国际植物学大会的命名法规中允许变种符号用 α., β., γ.,…代替 var.,《中国植物志》的作者们在使用该学名时保留了这种形式。

例 8 深裂鸭儿芹 *Cryptotaenia japonica* Hassk. f. *dissecta* (Yabe) Hara, Enum. Spermat. Jap. 3: 309. 1954.——*Cryptotaenia japonica* Hassk. var. *dissecta* Yabe in Journ. Coll. Sci. Imp. Univ. Tokyo 16(4): 40. 1902; de Boiss. in Bull. Soc. Bot. France 53: 430. 1906; 秦岭植物志 1(3): 397. 1981.——*Cryptotaenia canadensis* (L.) DC. var. *japonica* f. *dissecta* (Yabe) Makino in Bot. Mag. 22: 175. 1908; Walff in Pflanzenr. 90 (Ⅳ. 228): 113. 1927. (笔者注:在 *Cryptotaenia canadensis* (L.) DC. var. *japonica* 后面缺变种定名人。)(引自《中国植物志》55 卷第 2 分册第 20 页。)

注释 该变型由 Hara 于 1954 年发表在《Enum. Spermat. Jap.》3 卷第 309 页上,是一个新组合,他把 Yabe 的变种组合为变型。

作为该变型的基本异名，变种 *Cryptotaenia japonica* Hassk. var. *dissecta* Yabe 是 Yabe 于 1902 年在《Journ. Coll. Sci. Imp. Univ. Tokyo》16 卷第 4 期第 40 页上发表的。de Boiss. 于 1906 年在《Bull. Soc. Bot. France》53 卷第 430 页上使用了该变种学名。《秦岭植物志》的作者于 1981 年在 1 卷第 3 分册第 397 页上也使用了该变种学名。

　　作为该变型的另一个异名，变型 *Cryptotaenia canadensis* (L.) DC. var. *japonica* f. *dissecta* (Yabe) Makino 是 Makino 于 1908 年在《Bot. Mag.》22 卷第 175 页上发表的新组合，他把 Yabe 的变种进行降级，组合为变型。Walff 于 1927 年在《Pflanzenr.》90 卷（Ⅳ. 228）第 113 页上也使用了该异名。

　　例 9　竹叶西风芹　Seseli mairei Wolff in Fedde, Repert. sp. nov. **27**：301. 1930；Hand.-Mazz. Symb. Sin. **7**：721. 1933.——*Peucedanum bupleuroides* Wolff, l. c. **33**：245. 1933. syn. nov.——*Peucedanum bupleuriforme* Wolff, l. c. **33**：245. 1933. syn. nov.（引自《中国植物志》55 卷第 2 分册第 192 页。）

　　注释　该种由 Wolff 于 1930 年发表在 Fedde 主编的《Repert. Sp. Nov.》27 卷第 301 页上。Hand.-Mazz. 于 1933 年在《Symb. Sin.》7 卷第 721 页上使用了该种的学名。

　　《中国植物志》55 卷第 2 分册的作者研究发现，Wolff 于 1933 年在 Fedde 主编的《Repert. Sp. Nov.》33 卷第 245 页上发表的 *Peucedanum bupleuroides* 和 *P. bupleuriforme* 应该属于同一个种，所以《中国植物志》把它们均列为异名。（注意这里 l. c. 的意思和用法。）

　　例 10　龙师草　Heleocharis tetraquetra Nees in Wight, Contrib. (1834) 113; Diels, Fl. Gent.-China in Engl., Bot. Jahrb. ⅩⅩⅨ(1901) 229; C. B. Clarke in Journ. Linn. Soc. Bot. ⅩⅩⅩⅥ(1903) 228, pro parte et in Bull. Acad. Int. Géogr. Bot. ⅩⅣ(1904) 205; Merr. in Philipp. Journ. Sci. ⅩⅢ(1918) 132; Hand.-Mzt. Symb. Sin. Ⅶ(1936) 1250; Svens. in Rhodora ⅩLⅠ(1939) 99, pro parte.（引自《中国植物志》11 卷第 55 页。）

　　注释　该种由 Nees 于 1834 年在 Wight 主编的《Contrib.》第 113 页上发表。Diels 于 1901 年在 Engl. 主编的《Bot. Jahrb.》29 卷第 229 页的《Fl. Gent.-China》中使用了该学名。C. B. Clarke 于 1903 年在《Journ. Linn. Soc. Bot.》36 卷第 228 页上使用了该学名（仅部分内容符合要求）；同时，他于 1904 年在《Bull. Acad. Int. Géogr. Bot.》14 卷第 205 页上也使用了该学名。Merr. 于 1918 年在《Philipp. Journ. Sci.》13 卷第 132 页上使用了该学名。Hand.-Mzt.（笔者注：常见的写法是 Hand.-Mazz.）于 1936 年在《Symb. Sin.》7 卷第 1250 页上使用了该学名。Svens. 于 1939 年在《Rhodora》41 卷第 99 页上使用了该学名（仅部分内容符合要求）。（注意这里关于 pro parte 的使用。）

　　在这篇文献引证里，出现了多处罗马数词。罗马数词的书写有很强的规律性，各种字母代表的意义是：V=5；X=10；L=50；C=100；D=500；M=1 000。罗马数词是以Ⅰ、Ⅱ、Ⅲ为基本数，通过与上述各等级数的组合，按照"在左边减，在右边加"的方法来记数。罗马数词常用于各种编号，或用于年代和日期的记载（如，1654 年，记为 MDCLⅣ）。它们的大写形式是Ⅰ，Ⅱ，Ⅲ，Ⅳ，Ⅴ，Ⅵ，Ⅶ，Ⅷ，Ⅸ，Ⅹ，Ⅺ，Ⅻ，…；小写形式是ⅰ，ⅱ，ⅲ，ⅳ，ⅴ，ⅵ，ⅶ，ⅷ，ⅸ，ⅹ，…。由于罗马数词的用途广泛，现在介绍其书写规律，见附表 1.1。

附表1 罗马数词的书写规律

罗马数词	阿拉伯数词	罗马数词	阿拉伯数词
I	1	XXX	30
II	2	XL	40
III	3	XLV	45
IV	4	L	50
V	5	LI	51
VI	6	LX	60
VII	7	LXIII	63
VIII	8	LXX	70
IX	9	LXXX 或 XXC	80
X	10	XC	90
XI	11	XCIX 或 IC	99
XII	12	C	100
XIII	13	CC	200
XIV	14	CCC	300
XV	15	CCCX	310
XVI	16	CCCXL	340
XVII	17	CD	400
XVIII	18	CDLV	455
XIX	19	D	500
XX	20	DIV	504
XXIII	23	DC	600
XXIV	24	DCCCI	801
XXVI	26	CM	900
XXIX	29	M	1000

例 11　多裂阴地蕨　**Botrychium multifidum**(Gmel.) Rupr. Distr. Crypt. Vasc. in Beitr. Z. Pflanzenkunde XI (1859) 40; Fomin in Busch. Fl. Sibir. et Orient. Extr. V (1930) 210; Kom. et Alis. Key to Pl. Far East. Reg. USSR. I (1931) 99; Fomin in Kom. Fl. URSS. I (1934) 99. t. 4, f. 11; 王薇等, 东北草本植物志, 第一卷, (1958) 22 页, 24 图, non Trevis 1874——*Osmunda multifida* Gmel. in Nov. Comm. Acad. Petr. (1768) 517, t. 11, f. 1——*Botrychium matricariae* Spr., Syst. Veget. IV (1827) 23; Diels in Engl. u. Prantl., Nat. Pflanzenfam. I, iv (1899) 471; C. Chr. Ind. Fil. (1905) 163; Brit. & Br. Illustr. Fl. North. U. S. I (1913) 5, f. 11——*Osmunda matricariae* Schrank, Baiersche Fl. II (1789) 419. (引自《中国植物志》2 卷第 22 页。)

注释　该种是由 Rupr. 于 1859 年在《Beitr. Z. Pflanzenkunde》11 卷第 113 页上的《Distr. Crypt. Vasc.》一文中发表的新组合名。Fomin 于 1930 年在《Busch. Fl. Sibir. et Orient. Extr.》5 卷第 210 页上使用了该学名。Kom. 和 Alis. 于 1931 年在《Key to Pl. Far East. Reg. URSS.》1 卷第 99 页上使用了该学名。Fomin 于 1934 年在 Kom. 主编的《Fl. URSS.》1 卷第 99 页上使用了该学名, 见图版 4 中的图 11。王薇等于 1958 年在《东北草本植

物志》1卷第22页上的图24中使用了该学名。但是,Trevis于1874年所发表的学名 *Botrychium multifidum* Trevis,不属于此种。[一种植物不能有两个相同的学名,*Botrychium multifidum* Trevis 已经归并到其他种内。像这样的错误发表,还有很多例子。例如,*Botrychium ternatum*(Thunb.)Sw. 是种的正名,而 *B. ternatum* Kom. 则作为 *B. robustum*(Rupr.)Underw. 的异名。]

Gmel. 于 1768 年在《Nov. Comm. Acad. Petr.》第 517 页上发表的新种(*Osmunda multifida*)成为基本异名,见图版 11 中的图 1。

《中国植物志》的作者们研究认为,Spr. 于 1827 年在《Syst. Veget.》4 卷第 23 页上发表的新种 *Botrychium matricariae* 是多裂阴地蕨(*Botrychium multifidum*)的异名。Diels 于 1899 年在 Engl. 和 Prantl. 主编的《Nat. Pflanzenfam.》1 卷第 4 分册第 471 页上使用了这个异名。C. Chr. 于 1905 年在《Ind. Fil.》第 163 页上,以及 Brit. 和 Br. 于 1913 年在《Illustr. Fl. North. U. S.》1 卷第 5 页上都使用了这个异名,见图 11。

同样,Schrank 于 1789 年在《Baiersche Fl.》2 卷第 419 页上发表的 *Osmunda matricariae* 也作为多裂阴地蕨的异名处理。

例 12　枫香树　*Liquidambar formosana* Hance in Ann. Sci. Nat. ser. 5,**5**:215,1866;in Journ. Bot. **5**:110,1867;8:274,1870;Oliver in Hook. f. Ic. Pl. **11**:14,t. 1020;Guillaumin in Fl. Gen. Indo-Chine,**2**:712,1920. *L.* Maxim. in Bull. Acad. Sci. St. Petersb. **10**:386,1866. *L.* sp. Hemsl. in Journ. Bot. **14**:207,1876. *L.* Miquel in Ann. Mus. Lugd. -Bat. **3**:200,1877. *L.* Cheval. in Bull. Econ. Indo-Chine,**20**:839,1918. (引自《中国植物志》35 卷第 2 分册。)

注释　该种由 Hance 于 1866 年发表在《Ann. Sci. Nat.》系列丛书 5 第 5 卷第 215 页上。Hance 于 1867 年在《Journ. Bot.》5 卷第 110 页上,以及 1870 年在《Journ. Bot.》8 卷第 274 页上都使用了该学名。Oliver 在 Hook. f. 主编的《Ic. Pl.》(这里可能遗漏了",",应该是 Hook. f.,Ic. Pl.)11 卷第 14 页上也使用了该学名,见图 1 020(《中国植物志》作者遗漏了该期刊出版的年代)。Guillaumin 于 1920 年在《Fl. Gen. Indo-Chine》2 卷第 712 页上同样使用了该学名。

Maxim 于 1866 年在《Bull. Acad. Sci. St. Petersb.》10 卷第 386 页上发表的 *Liquidambar acerifolia* Maxim.,现在作为枫香树的异名处理。

Hemsl. 于 1876 年在《Journ. Bot.》14 卷第 207 页上描述的 *L.* sp. Hemsl.,经过《中国植物志》作者的研究,认为是枫香树,故作为异名。

Miquel 于 1877 年在《Ann. Mus. Lugd. -Bat.》3 卷第 200 页上发表的 *L.* Miquel,也应该作为枫香树的异名。

Cheval. 于 1918 年在《Bull. Econ. Indo-Chine》20 卷第 839 页上发表的 *L.* Cheval.,也是枫香树的异名。(在文献引证中,《中国植物志》作者在各异名之间遗漏了破折号"——"。)

关于枫香树的学名很有意思。Hance 在 1866 年发表采集自我国台湾的枫香树新种时,使用了 formosa 作为种加词,并进行拉丁化,formosa 原来的词意是"美丽的"。在 16 世纪中叶殖民地时期,葡萄牙人航海时登上了我国台湾岛,因为这里树木茂盛,景色秀丽,他们就把台湾岛称作 formosa。后来西班牙人和荷兰人陆续登上台湾岛后,一直把它称作 formosa,这就是

Hance 当时使用 formosana 的原因。

中国科学院植物研究所组织力量编写《中国高等植物图鉴》时,我国正处于"文化大革命"时期,学者们认为枫香树的学名带有殖民地痕迹,Hance 用 formosa 称呼我国台湾岛是不恭敬的,所以,在 1972 年科学出版社出版的《中国高等植物图鉴》第 2 册第 159 页上,枫香树的学名是 *Liquidambar taiwaniana* Hance, epith. mut. ,学名后面的 epith. mut. 是"变换了的加词"的意思。这样处理后,枫香树的命名人却没有变换,仅把种加词换了,直接用 taiwaniana 取代 formosa。但是,这样做违反了《国际植物命名法规》的条款,国际植物学界是不会接受这个学名的。所以,在以后再版的《中国高等植物图鉴》(1980 版,2002 版)第 2 册第 159 页上,枫香树的学名又恢复成了 *L. formosana* Hance。

我们今后在翻译 formosana 这个种加词时,应该称"美丽的",而摒弃"台湾的"的用法。

例 13 喜树 **Camptotheca acuminata** Decne. in Bull. Soc. Bot. Fr. **20**:157. 1873; Franch. in Nouv. Arch. Mus. Hist. Nat. Paris Ⅱ. **8**:241, t. 9(Pl. David. 2:59, t. 9)1866; Wanger, in Engl., Pflanzenr. **41**(Ⅳ. 220a):17, f. 3. 1910; Fang, Icon. Pl. Omeiens. **1**:pl. 15. 1942.——*C. yunnanensis* Dode, op. cit. **55**:551, f. c. 1908.(引自《中国植物志》52 卷第 2 分册第 145 页。)

注释 该种是由 Decne. 于 1873 年发表在《Bull. Soc. Bot. Fr.》20 卷第 157 页上的。Franch. 在 1866 年的《Nouv. Arch. Mus. Hist. Nat. Paris(Ⅱ)》8 卷第 241 页(引自《Pl. David.》2 卷第 59 页图版 9)上使用了该学名,见图版 9。Wanger 于 1910 年在 Engl. 主编的《Pflanzenr.》41(Ⅳ. 220a)卷第 17 页也使用了该学名,见图 3。Fang(方文培)于 1942 年在《Icon. Pl. Omeiens.》(峨眉山植物图谱)1 卷中也使用了该学名,见图版 15。

《中国植物志》的作者研究发现,Dode 于 1908 年在《Bull. Soc. Bot. Fr.》55 卷第 551 页上发表的 *Camptotheca yunnanensis*,见图 c.,应该作为该种的异名处理。(注意:op. cit. 的使用方法与 l. c. 的用法相同。)

例 14 珙桐 **Davidia involucrate** Baill. in Adansonia **10**:115. 1871; Wanger, in Engl., Pflanzenr. **41**(Ⅳ. 220a):18, f. 4. 1910; Fang, Icon. Pl. Omeiens. **1**:pl. 16. 1942.——*D. tibetana* David. in Nuov. Arch. Mus. Hist. Nat. Paris Ⅱ. **5**:1884. 1882, nom. nud.(引自《中国植物志》52 卷第 2 分册第 157 页。)

注释 该种是由 Baill. 于 1871 年在《Adansonia》10 卷第 115 页上发表的新种。Wanger 于 1910 年在 Engl. 主编的《Pflanzenr.》41(Ⅳ. 220a)卷第 18 页中也使用了该学名,见图 4。Fang(方文培)于 1942 年在《Icon. Pl. Omeiens.》(峨眉山植物图谱)1 卷上也使用了该学名,见图版 16。

《中国植物志》的作者研究发现,David. 于 1882 年在《Nuov. Arch. Mus. Hist. Nat. Paris(Ⅱ)》5 卷第 1884 页上发表的 *Davidia tibetana* David. 是一个裸名,应作为异名处理。(注意:nom. nud. 为裸名的缩写形式。)

由于篇幅所限,范例的分析仅选择以上 14 例。我们只要掌握了阅读《中国植物志》的文献引证的基本方法,对于阅读像《中国苔藓志》和《中国藻类志》等专著的文献引证,其原理和方法都是相同的。

二、《中国植物志》卷册索引

《中国植物志》由 80 卷 126 册组成,为了便于查找和使用,现列出卷册索引。其中,数字为卷号,括号内数字为册号。

1. 《中国植物志》各卷内容

1　总论
2,3(1)(2),4(1)(2),5,6(1)(2)　蕨类植物
7　裸子植物
8　香蒲科、露兜树科、黑三棱科、眼子菜科、茨藻科、水蕹科、水麦冬科、泽泻科、花蔺科、水鳖科、霉草科、冰沼草科(芝菜科)
9(1)(2)(3),10(1)(2)　禾本科
11,12　莎草科
13(1)　棕榈科
13(2)　天南星科、浮萍科
13(3)　须叶藤科、帚灯草科、刺鳞草科、黄眼草科、谷精草科、凤梨科、鸭跖草科、雨久花科、田葱科、灯心草科、百部科
14,15　百合科
16(1)　石蒜科、蒟蒻薯科、薯蓣科、鸢尾科
16(2)　芭蕉科、姜科、美人蕉科、竹芋科、水玉簪科
17,18,19　兰科
20(1)　木麻黄科、三白草科、胡椒草科、金粟兰科
20(2)　杨柳科
21　杨梅科、胡桃科、桦木科
22　壳斗科(山毛榉科)、榆科、马尾树科
23(1)　桑科
23(2)　荨麻科
24　川苔草科、山龙眼科、铁青树科、山柚仔科(山柚子科)、檀香科、桑寄生科、马兜铃科、大花草科、蛇菰科

25(1)　蓼科
25(2)　藜科、苋科
26　紫茉莉科、商陆科、番杏科、马齿苋科、落葵科、石竹科
27　睡莲科、金鱼藻科、昆栏树科、领春木科、连香树科、毛茛科
28　毛茛科
29　木通科、小檗科
30(1)　防己科、木兰科
30(2)　腊梅科、番荔枝科、肉豆蔻科
31　樟科、莲叶桐科
32　罂粟科、白花菜科
33　十字花科
34(1)　木犀草科、辣木科、伯乐树科(钟萼木科)、猪笼草科、茅膏菜科、景天科
34(2),35(1)　虎耳草科
35(2)　海桐花科、金缕梅科、杜仲科、悬铃木科
36,37　蔷薇科
38　蔷薇科、牛栓藤科
39,40,41,42(1)(2)　豆科
43(1)　酢浆草科、牻牛儿苗科、旱金莲科、亚麻科、古柯科、蒺藜科
43(2)　芸香科
43(3)　苦木科、橄榄科、楝科、金虎尾科、远志科、毒鼠子科
44(1)(2)(3)(4)　大戟科
45(1)　交让木科(虎皮楠科)、水马齿科、黄杨科、岩高兰科、马桑科、漆树科、五列木科
45(2)　冬青科

45(3)　卫矛科

46　翅子藤科、刺茉莉科、省沽油科、茶茱萸科、槭树科、七叶树科

47(1)　无患子科、清风藤科

47(2)　凤仙花科

48(1)　鼠李科

48(2)　葡萄科

49(1)　杜英科、椴树科

49(2)　锦葵科、木棉科、梧桐科、五桠果科、猕猴桃科、金莲木科

49(3),50(1)　山茶科

50(2)　藤黄科(金丝桃科)、龙脑香科、沟繁缕科、瓣鳞花科、柽柳科、半日花科、红木科

51　堇菜科

52(1)　大风子科、旌节花科、西番莲科、番木瓜科、四数木科、秋海棠科、沟枝藤科、仙人掌科、瑞香科

52(2)　胡颓子科、千屈菜科、海桑科、隐翼科、石榴科(番石榴科)、玉蕊科、红树科、蓝果树科(珙桐科)、八角枫科

53(1)　使君子科、桃金娘科、野牡丹科

53(2)　菱科、柳叶菜科、小二仙草科、杉叶藻科、假牛繁缕科、锁阳科

54　五加科

55(1)(2)(3)　伞形科

56　山茱萸科(四照花科)、岩梅科、山柳科(桤叶树科)、鹿蹄草科

57(1)(2)(3)　杜鹃花科

58　紫金牛科

59(1)(2)　报春花科

60(1)　蓝雪科、山榄科、柿树科

60(2)　山矾科、安息香科(野茉莉科)

61　木犀科、马钱科

62　龙胆科

63　夹竹桃科、萝藦科

64(1)　旋花科、花葱科、田基麻科

64(2)　紫草科

65(1)　马鞭草科

65(2),66　唇形科

67(1)　茄科

67(2),68　玄参科

69　紫葳科、胡麻科、角胡麻科、列当科、苦苣苔科、狸藻科

70　爵床科、苦槛蓝科、透骨草科、车前草科

71(1)(2)(3)　茜草科

72　忍冬科

73(1)　五福花科、败酱科、川续断科、葫芦科

73(2)　桔梗科、草海桐科、花柱草科

74~80(1)(2)　菊科

2. 《中国植物志》被子植物各科拉丁文科名卷册索引

以下按照各个科名的首字母顺序排列。

Acanthaceae　70

Aceraceae　46

Actinidiaceae　49(2)

Adoxaceae　73(1)

Aizoaceae　26

Alangiaceae　52(2)

Alismataceae　8

Amaranthaceae　25(2)

Amaryllidaceae　16(1)

Anacardiaceae　45(1)

Ancistrocladaceae　52(1)

Annonaceae　30(2)

Apocynaceae　63

Aponogetonaceae　8

Aquifoliaceae　45(2)

Araceae　13(2)

Araliaceae　54

Aristolochiaceae　24

Asclepiadaceae 63	Convolvulaceae 64(1)
Balanophoraceae 24	Coriariaceae 45(1)
Balsaminaceae 47(2)	Cornaceae 56
Basellaceae 26	Crassulaceae 34(1)
Begoniaceae 52(1)	Cruciferae 33
Berberidaceae 29	Crpteroniaceae 52(2)
Betulaceae 21	Cucurbitaceae 73(1)
Bignoniaceae 69	Cynomoriaceae 53(2)
Bixaceae 50(2)	Cyperaceae 11,12
Bombacaceae 49(2)	Daphniphyllaceae 45(1)
Boraginaceae 64(2)	Datiscaceae 52(1)
Bretschneideraceae 34(1)	Diapensiaceae 56
Bromelliaceae 13(3)	Dichapetalaceae 43(3)
Burmanniaceae 16(2)	Dilleniaceae 49(2)
Burseraceae 43(3)	Dioscoreaceae 16(1)
Butomaceae 8	Dipsacaceae 73(1)
Buxaceae 45(1)	Dipterocarpaceae 50(2)
Cactaceae 52(1)	Droseraceae 34(1)
Callitrichaceae 45(1)	Ebenaceae 60(1)
Calycanthaceae 30(2)	Elaeagnaceae 52(2)
Campanulaceae 73(2)	Elaeocarpaceae 49(1)
Cannaceae 16(2)	Elatinaceae 50(2)
Capparidaceae 32	Empetraceae 45(1)
Caprifoliaceae 72	Ericaceae 57(1),(2),(3)
Caricaceae 52(1)	Eriocaulaceae 13(3)
Caryophyllaceae 26	Erythroxylaceae 43(1)
Casuarinaceae 20(1)	Eucommiaceae 35(2)
Celastraceae 45(3)	Euphorbiaceae 44(1),(2),(3)
Centrollepidaceae 13(3)	Eupteleaceae 27
Ceratophyllaceae 27	Fagaceae 22
Cercidiphyllaceae 27	Flacourtiaceae 52(1)
Chenopodiaceae 25(2)	Flagellariaceae 13(3)
Chloranthaceae 20(1)	Frankeniaceae 50(2)
Cistaceae 50(2)	Gentienaceae 62
Clethraceae 56	Geraniaceae 43(1)
Combrctaceae 53(1)	Gesneriaceae 69
Commelinaceae 13(3)	Goodeniaceae 73(2)
Compositae 74～80(1),(2)	Gramineae 9,10
Connaraceae 38	Guttiferae 50(2)

Haloragaceae 53(2)
Hamamelidaceae 53(2)
Hernandiaceae 31
Hippocastanaceae 46
Hippocrateaceae 46
Hippuridaceae 53(2)
Hydrocharitaceae 8
Hydrophyllaceae 64(1)
Icacinaceae 46
Iridaceae 16(1)
Juglandaceae 21
Juncaceae 13(3)
Labiatae 65(2),66
Lardizabalaceae 29
Lauraceae 31
Lecythidaceae 52(2)
Leguminosae 39～42
Lemnaceae 13(2)
Lentibullariaceae 69
Liliaceae 14,15
Linaceae 43(1)
Loganiaceae 61
Loranthaceae 24
Lythraceae 52(2)
Magnoliaceae 30(1)
Malpighiaceae 43(3)
Malvaceae 49(2)
Marantaceae 16(2)
Martyniaceae 69
Melastomataceae 53(1)
Meliaceae 43(3)
Menispermaceae 30(1)
Moraceae 23(1)
Moringaceae 34(1)
Musaceae 16(2)
Myoporaceae 70
Myricaceae 21
Myristicaceae 30(2)
Myrsinaceae 58

Myrtaceae 53(1)
Najadaceae 8
Nepenthaceae 34(1)
Nyctaginaceae 26
Nymphaeaceae 27
Nyssaceae 52(2)
Ochnaceae 49(2)
Olacaceae 24
Oleaceae 61
Onagraceae 53(2)
Opiliaceae 24
Orchidaceae 17～19
Orobanchaceae 69
Oxalidaceae 43(1)
Palmae 13(1)
Pandanaceae 8
Papaveraceae 32
Passifloraceae 52(1)
Pedaliaceae 69
Pentaphyllaceae 45(1)
Philydraceae 13(3)
Phrymaceae 70
Phytolaccaceae 26
Piperaceae 20(1)
Pittosporaceae 35(2)
Plantaginaceae 70
Platanaceae 35(2)
Plumbaginaceae 60(1)
Podostemonaceae 24
Polemoniaceae 64(1)
Polygalaceae 43(3)
Polygonaceae 25(1)
Pontederiaceae 13(3)
Portulacaceae 26
Potamogetonaceae 8
Primulaceae 59(1),(2)
Proteaceae 24
Punicaceae 52(2)
Pyrolaceae 56

Rafflesiaceae　24
Ranunculaceae　27,28
Resedaceae　34(1)
Restionaceae　13(3)
Rhamnaceae　48(1)
Rhizophoraceae　52(2)
Rhoiteleaceae　22
Rosaceae　36～38
Rubiaceae　71(1),(2),(3)
Rutaceae　43(2)
Sabiaceae　47(1)
Salicaceae　20(2)
Salvadoraceae　46
Santalaceae　24
Sapindaceae　47(1)
Sapotaceae　60(1)
Saururaceae　20(1)
Saxifragaceae　34(2),35(1)
Scheuchzeriaceae　8
Scrophulariaceae　67(2),68
Simarubaceae　43(3)
Solanaceae　67(1)
Sonneratiaceae　52(2)
Sparganiaceae　8
Stachyuraceae　52(1)
Staphyleaceae　46

Stemonaceae　13(3)
Sterculiaceae　49(2)
Stylidiaceae　73(2)
Styracaceae　60(2)
Symplocaceae　60(2)
Taccaceae　16(1)
Tamaricaceae　50(2)
Theaceae　49(3),50(1)
Thelygonaceae　53(2)
Thymelaeaceae　52(1)
Tiliaceae　49(1)
Trapaceae　53(2)
Triuridaceae　8
Trochodendraceae　27
Tropaeolaceae　43(1)
Typhaceae　8
Ulmaceae　22
Umbelliferae　55(1),(2),(3)
Urticaceae　23(2)
Valerianaceae　73(1)
Verbenaceae　65(1)
Violaceae　51
Vitaceae　48(2)
Xyridaceae　13(3)
Zingiberaceae　16(2)
Zygophyllaceae　43(1)

附录二 常见植物学拉丁文词汇

在使用拉丁文对植物特征进行描述时,有些词汇是常用的。现将所搜集的词汇分为 16 类,依次为:植物科学、植物习性与花期、孢子植物、种子植物、根、茎、叶、花、果实、种子、形态、颜色、大小与长度、毛被与质地、位置关系和其他词类。为了方便大家查找和使用拉丁文词汇,在各部分常用的词汇列出后,还标注了词类以及名词的性和变格法(为了便于查找,各部分以第一个汉字的笔画为序)。最后,笔者绘制了 8 幅植物形态插图,并用拉丁文词汇进行了标注。

一、经常使用的植物学拉丁文词汇

1. 植物科学

一览表	nomenclator s. m. Ⅲ
人工的	artifactus adj. A
	factitius adj. A
	artificialis adj. B
儿子	filius s. m. Ⅱ
女儿	filia s. f. Ⅰ
干标本	exsiccatum s. n. Ⅱ
土壤	terra s. f. Ⅰ
大学	universitas s. f. Ⅲ
工作,劳动	opus s. n. Ⅲ
小册子	opusculum s. n. Ⅱ
山中的	montanus adj. A
山脉	jugum s. f. Ⅱ
山,山脉	mons s. m. Ⅲ. ix
山坡	clivus s. m. Ⅱ
山谷	vallis s. f. Ⅲ. viii
	convalliss. f. Ⅲ. viii
山民	monticola s. m. f. Ⅰ
广布的	cosmopolitus adj. A
天然的,自然的	naturalis adj. B
无名的	anonymus adj. A
无记载的,未描述的	indescriptus adj. A
不合法的	illegitimus adj. A
开会	concio s. f. Ⅲ
区,乡	comitatus s. f. Ⅳ
区域,地带	zona s. f. Ⅰ
日记	diarium s. n. Ⅱ
分类	classificatio s. f. Ⅲ
分类学	taxonomia s. f. Ⅰ
分类单位	taxon s. n. Ⅱ
分布	distributio s. f. Ⅲ
气候的	climaticus adj. A
手稿	manuscriptum s. n. Ⅱ
方言,土语	dialectus s. f. Ⅱ
方法,方式	methodus s. f. Ⅱ
订正	revisio s. f. Ⅲ. vi
双名	binomen s. n. Ⅲ
双子叶植物	dicotyledon s. m. Ⅲ
办法,帮助	ops s. f. Ⅲ

比例	proportio s. f. Ⅲ. ⅵ
	ratio s. f. Ⅲ. ⅵ
尺寸,标准	modus s. m. Ⅱ
平原	planum s. n. Ⅱ
	campus s. m. Ⅱ
生物学	biologia s. f. Ⅰ
生态型	oecotypus s. m. Ⅱ
生态学	oecologia s. f. Ⅰ
生境	sedes s. f. Ⅲ
	habitatio s. f. Ⅲ
外来的	alienus adj. A
	exoticus adj. A
	peregrinus adj. A
用途	usus s. m. Ⅳ
主模式	holotypus s. n. Ⅱ
半岛	peninsula s. f. Ⅰ
记录簿	syllabus s. m. Ⅱ
出版,版本	editio s. f. Ⅲ. ⅵ
札记,图稿	symbola s. f. Ⅰ
世代,代	generatio s. f. Ⅲ
世界	orbis s. m. Ⅲ. ⅶ
世界性分布的	cosmopolitus adj. A
本地生的	endemicus adj. A
	localis adj. B
本地的,土产的	vernaculus adj. A
本地特产的	indigenus adj. A
术语学	glossologia s. f. Ⅰ
未命名的	innominatus adj. A
古代	antiquitas s. f. Ⅲ
田野,田地	ager s. m. Ⅱ
母体的,母本的	matricalis adj. B
	maternus adj. A
发表	publicatio s. f. Ⅲ
写作	scriptum s. n. Ⅱ
目,序	ordo s. m. Ⅲ. ⅵ
目录	catalogus s. m. Ⅱ
页,页面	pagina s. f. Ⅰ
亚科	subfamilia s. f. Ⅰ
亚属	subgenus s. n. Ⅲ. ⅳ

亚种	subspecies s. f. Ⅴ
老师,先生	magister s. m. Ⅱ
扩大镜,透视镜	lens s. f. Ⅲ
动物	animal s. n. Ⅲ
地理分布区	area s. f. Ⅰ
地球	terra s. f. Ⅰ
地洞,地窟	crypta s. f. Ⅰ
合法的,合适的	legitimus adj. A
合模式	syntypus s. n. Ⅱ
后代	proles s. f. Ⅲ. ⅱ
	progenies s. f. Ⅴ
行政区	ditio s. f. Ⅲ. ⅵ
优先权	prioritas s. f. Ⅱ
农业	agricola s. f. Ⅰ
农民	agricultura s. m. Ⅰ
名录	nomenclator s. m. Ⅲ
名称,名字	nomen s. n. Ⅲ. ⅵ
	name s. n. Ⅲ. ⅵ
	nominatio s. f. Ⅲ
名录,列举	enumeratio s. f. Ⅲ
名单,登记本	syllabus s. m. Ⅱ
自然界	natura s. f. Ⅰ
庄稼,农田	sata s. n. Ⅱ pl.
字母	littera s. f. Ⅰ
论文,讨论	dissertatio s. f. Ⅲ. ⅵ
	opusculum s. n. Ⅱ
观察	observatio s. f. Ⅲ
同物异名	synonymum s. n. Ⅱ
异物同名	homonymum s. n. Ⅱ
导师	doctor s. m. Ⅲ
驯化的,归化的	inquilinus adj. A
形态学	morphologia s. f. Ⅰ
花园	hortus s. m. Ⅱ
花木学家	herbarius s. m. Ⅱ
花谱集	florilegium s. n. Ⅱ
村庄	vicus s. m. Ⅱ
投稿	symbola s. f. Ⅰ
附注	adnotatum s. n. Ⅱ
附录	appendix s. f. Ⅲ. ⅰ

附录二 常见植物学拉丁文词汇

纲要,概要	synopsis s. f. Ⅲ
怀疑	dubitatio s. f. Ⅲ. Ⅵ
判断	judicium s. n Ⅱ
园丁,园艺家	hortulanus s. m. Ⅱ
县,区	ager s. m. Ⅱ
	regio s. f. Ⅲ
作者,作家	auctor s. f. Ⅲ. Ⅴ
依靠	ops s. f. Ⅲ
岛屿	insula s. f. Ⅰ
宏观的	macroscopicus adj. A
补遗	supplementum s. n. Ⅱ
冷室,凉室	frigidarium s. n. Ⅱ
冻原	tundra s. f. Ⅰ
沙漠	desertum s. n. Ⅱ
	tesca s. n. Ⅱ (pl.)
沙地	sabuleta s. n. Ⅱ (pl.)
	sabulosum s. n. Ⅱ
苗圃	seminarium s. n. Ⅱ
苔藓学	bryologia s. f. Ⅰ
系统发育	phylogenesis s. f. Ⅲ
林学家	sylvarius s. m. Ⅱ
拉丁的	latinus adj. A
拉丁化	latinizatio s. f. Ⅲ
国外的	alienus adj. A
国际的	internationalis adj. B
居民,居住者	incola s. c. Ⅰ
	-cola s. f. Ⅰ
选模式	lectotypus s. m. Ⅱ
学术研讨会	symposium s. n. Ⅱ
学会,学术团体	societas s. f. Ⅲ. ⅱ
学院,机关	institutum s. n. Ⅱ
学报,期刊	acta s. n. Ⅱ (pl.)
实验室	laboratorium s. n. Ⅱ
卷,册	tomus s. m. Ⅱ
变种	varietas s. f. Ⅲ. ⅱ
变型	forma s. f. Ⅰ
单子叶植物	monocotyledon s. m. Ⅲ
注释,附注	annotatio s. f. Ⅲ
法规,法典	codex s. m. Ⅲ
河,溪流	flumen s. n. Ⅲ. Ⅵ
河口	aestuarium s. n. Ⅱ
河岸	ripa s. f. Ⅰ
沟,水渠	fossa s. f. Ⅰ
沼泽	palus s. f. Ⅲ. ⅱ
泥炭沼泽	turbarium s. n. Ⅱ
孢粉学	palynologia s. f. Ⅰ
物种	species s. f. Ⅴ
物种形成	speciatio s. f. Ⅲ
采集人	collector s. m. Ⅲ
命名,起名	nomenclatio s. f. Ⅲ
命名法	nomenclatura s. f. Ⅰ
肥料,粪	stercus s. n. Ⅲ
	fimus s. m. Ⅱ
岩石,石头	petra s. f. Ⅰ
图解,图谱,图表	diagramma s. n. Ⅲ
图说,图鉴	illustratio s. f. Ⅲ
图版,图	icon s. f. Ⅲ
草原	steppa s. f. Ⅰ
草场,牧场	pascuum s. n. Ⅱ
荒地	incultum s. n. Ⅱ
研究院,科学院	academia s. f. Ⅰ
研究者	explorator s. m. Ⅲ
	investigator s. f. Ⅲ
	tentator s. m. Ⅲ
标本	specimen s. n. Ⅲ. Ⅵ
	exemplar s. f. Ⅲ
标本室	herbarium s. n. Ⅱ
标本采集箱	vasculum s. n. Ⅱ
标签,定名签	scheda s. f. Ⅰ
	schedula s. f. Ⅰ
城市	urbs s. f. Ⅲ
城市的	urbicus adj. A
	urbanus adj. A
城,镇	oppidum s. n. Ⅱ
品种	cultivarietas s. f. Ⅲ
显微镜	microscopium s. n. Ⅱ
峡谷	fauces s. f. Ⅲ. ⅰ (pl.)
界	regnum s. n. Ⅱ

中文	拉丁文		中文	拉丁文
省	provincia s. f. I		基础,原理	principia s. n. II (pl.)
信,书信	epistola s. f. I		基原异名	basi(o)nymum s. n. II
科	familia s. f. I		勘误表	corrigenda s. n. II (pl.)
科学	scientia s. f. I			erratum s. n. II
科学,学说	doctrina s. f. I		教授	professor s. c. III. V
	disciplinas. f. I		教师	doctor s. m. III
种族	proles s. f. III. ii		教材,课本	dictata s. n. II (pl.)
修改,修订	emendatio s. f. III. vi		描述,描记	descriptio s. f. III. vi
亲本,父母亲	parens s. c. III. ix		检索表	clavis s. f. III. vii
亲缘关系	affinitas s. f. III. ii		野生的	ferus adj. A
语言	lingua s. f. I			sylvaticus adj. A
测量	mensura s. f. I		野生的	montanus adj. A
绘图,图	delineatio III. vi		遗传学	genetica s. f. I
树木学	dendrologia s. f. I		符号,记号	symbolus s. m. II
树木园	arboretum s. n. II		族	tribus s. f. IV
荒漠	desertum s. n. II		道路	via s. f. I
样品,样本	exemplar s. f. III		盖玻片	lamina s. f. I
原稿,手稿	authographus s. m. II		隐花植物的	cryptogamicus adj. A
原产地	patria s. f. I		森林,树木志	sylva s. f. I
原产地模式	topotypus s. m. II		森林草原	saltus s. m. IV
索引,名录	index s. m. III. i		植物	planta s. f. I
	delectus s. m. IV			vegetabile s. n. III
真菌学	mycologia s. f. I		植物的	vegetabilis adj. B
栽培	cultura s. f. I		植物性的	vegetativus adj. A
栽培的	sativus adj. A		植物学	phytologia s. f. I
栽培变种	cultivarietas s. f. III			botanica(拉) s. f. I
误写,误印	erratum s. n. II			botanice(希) s. f. I
流域	vallis s. f. III. viii		植物学家	botanicus s. m. II
海	mare s. n. III. X			botanista s. m. I
海滨	ora s. f. I		植物学的	botanicus adj. A
海峡	fretus s. m. IV		植被	vegetatio s. f. III. vi
	fretum s. n. II		植物志,植物区系	flora s. f. I
被子植物的	angiospermus adj. A		植物区系	viridarium s. n. II
特征简介	diagnosis s. f. III		期刊,报告	diarium s. n. II
特有的,土著的	indigenus adj. A		期,辑,号	fasciculus s. m. II
著作	opus s. n. III		博物馆	museum s. n. II
菜园	holerarium s. n. II		属	genus s. n. III. iv
	olerarium s. n. II		湖	lacus s. m. IV
营养	nutrimentum s. n. II		温床	pulvillum s. n. II

温室　caldarium s. n. Ⅱ
普通的　vulgatus part. B
　　　　vulgaris adj. B
　　　　universalis adj. B
等模式　isotypus s. n. Ⅱ
稀树干草原　savanna s. f. Ⅰ
模式　typus s. n. Ⅱ
蜡叶标本　exsiccatum s. n. Ⅱ
管理员，管理人　custos s. c. Ⅲ
新模式　neotypus s. n. Ⅱ
群落　consortium s. n. Ⅱ
　　　consortios. f. Ⅲ. ⅵ
解剖学　anatomia s. f. Ⅰ
意见，看法　opinio s. f. Ⅲ. ⅵ
　　　　　sententia s. f. Ⅰ

暖房，温室　caldarium s. n. Ⅱ
鉴定　identificatio s. f. Ⅲ
微观的　microscopicus adj. A
摘要，简标　indication s. f. Ⅲ
聚会，聚集　concio s. f. Ⅲ
蔬菜　legumen s. n. Ⅲ
横切面　transectio s. f. Ⅳ
稿件　symbola s. f. Ⅰ
潮　aestus s. m. Ⅳ
避难所　refugium s. n. Ⅱ
藻类学　phycologia s. f. Ⅰ
繁殖　propagatio s. f. Ⅲ. ⅵ
　　　multiplicatio s. f. Ⅲ. ⅵ
繁殖体　propagulum s. n. Ⅱ

2. 植物习性与花期

一年生的　annuus adj. A
　　　　　anniculus adj. A
一星期　hebdomas s. f. Ⅲ
一月　Januarius s. m. Ⅱ
一次结实的　monocarpus adj. A
　　　　　　hapaxanthus adj. A
二年生的　biennis adj. B
二月　Februarius s. m. Ⅱ
十月　October s. m. Ⅲ
十一月　November s. m. Ⅲ
十二月　December s. m. Ⅲ
七月　Julius s. m. Ⅱ
八月　Augustus s. m. Ⅱ
九月　September s. m. Ⅲ
三月　Martius s. m. Ⅱ
干燥　siccitas s. f. Ⅲ. ⅱ
干旱的，干的　aridus adj. A
　　　　　　　siccus adj. A
个体发育　ontogenesis s. f. Ⅲ
小乔木　arbuscula s. f. Ⅰ
小草本植物　herbula s. f. Ⅰ
小灌木　fruticulus s. m. Ⅱ

习性，外貌　habitus s. m. Ⅳ
开花期　anthesis s. f. Ⅲ
　　　　efflorescentias. f. Ⅰ
五月　Majus s. m. Ⅱ
木生的　lignatilis adj. B
不发育的　rudimentalis adj. B
六月　Junius s. m. Ⅱ
月份　mensis s. m. Ⅲ. ⅶ
气生的　aerius adj. A
水　aqua s. f. Ⅰ
水生的　aquaticus adj. A
　　　　aquatilis adj. B
未成熟的　crudus adj. A
　　　　　immaturus adj. A
石生的　saxatilis adj. B
　　　　ruptilis adj. B
　　　　lithoecius adj. A
四月　Aprilis s. m. Ⅲ
生于冰川的　pagobius adj. A
生于花园的　hortensis adj. B
禾草　gramen s. n. Ⅲ. ⅵ
白天　dies s. m. Ⅴ

冬天,冬至	bruma s. f. Ⅰ
冬季	hiems s. f. Ⅲ. ⅵ
半灌木	suffrutex s. m. Ⅲ. i
半灌木状的	suffrutescens adj. B
幼小,幼年	juventus s. f. Ⅲ. ⅱ
幼小的	juvenilis adj. B
幼苗	plantula s. f. Ⅰ
发芽	germinatio s. f. Ⅲ. ⅵ
发芽的	germinans part. B
在开花	florens part. B
亚灌木	suffrutex s. m. Ⅲ. i
有刺灌丛	dumus s. m. Ⅱ
有水的地方	aquosum s. n. Ⅱ
共生的	symbioticus adj. A
早落的	cadusus adj. A
早季的,先花后叶的	praecox adj. B
	primotinus adj. A
旧的,去年的	vetus adj. B
合生的,联合的	connatus part. A
多水的	aquosus adj. A
多年生多次结实的	perennis adj. B
多年生一次结实的	plietesialis adj. B
多主寄生的	polyphagus adj. A
年龄	aetas s. f. Ⅲ. ⅱ
花期	florescentia s. f. Ⅰ
	efflorescentia s. f. Ⅰ
成熟,完全发育	maturitas s. f. Ⅲ. ⅱ
成熟的	adultus part. A
老年	vetustas s. f. Ⅲ. ⅱ
	senectus s. f. Ⅲ
老的	vetus adj. B
乔木	arbor s. f. Ⅲ. ⅴ
休眠的	dormiens part. B
池塘生的	stagnarius adj. A
陆生的	terrestris adj. B
	terraneus adj. A
附生的	adhaerens part. B
沉水的	submersus part. A
	demersus part. A
时期	periodus s. f. Ⅱ
时间	tempus s. n. Ⅲ
完全发育	maturitas s. f. Ⅲ. ⅱ
直立的	erectus adj. A
变老的	senescens part. B
夜晚	nox s. f. Ⅲ
	arrectus adj. A
沼泽生的	paluster adj. B
	limnobius adj. A
	limnogenus adj. A
沼生的	uliginosus adj. A
	uliginarius adj. A
泥沼生的	turfaceus adj. A
败育	abortio s. f. Ⅲ. ⅵ
	abortus s. m. Ⅳ
树干生的	truncigenus adj. A
枯萎的	tabescens part. B
草地生的	pratensis adj. B
草本植物	herba s. f. Ⅰ
春季	ver s. n. Ⅲ. ⅴ
夏季	aestas s. f. Ⅲ. ⅱ
贴生的	adnatus part. A
	annexus part. A
星期,周	hebdomas s. f. Ⅲ
秋季	autumnus s. m. Ⅱ
匍匐的	prostratus adj. A
	pronus adj. A
	humifusus adj. A
胎生的,母体发芽的	viviparus adj. A
结一次果的	monotocus adj. A
	monocarpus adj. A
	hapaxanthus adj. A
结多次果的	polycarpicus adj. A
热带的	tropicalis adj. B
离生的	distinctus adj. A
凋存的,凋枯的	marcescens adj. B
凋枯的	marcidus adj. A
凋落的	deciduus adj. A

附录二　常见植物学拉丁文词汇

浮水的	natans part. B
海洋生的	oceanicus adj. A
海下生的	submarinus adj. A
喜根的	rhizophilus adj. A
喜阳光的	heliotropus adj. A
喜温的	thermophilus adj. A
喜旱的	xerophilus adj. A
喜水的	hydrophilus adj. A
喜沼泽的	heleocharis adj. A
喜森林的	hylophilus adj. A
喜树的	dendrophilus adj. A
喜盐的	halophilus adj. A
喜钙的	calcipetus adj. A
喜沙的	psammophilus adj. A
萌发	germinatio s. f. III. vi
常绿的	sempervirens adj. B
脱落的	deciduus adj. A
隐藏的	absconditus part. A
旋卷的	volutus part. A
寄主	hospes s. m. III. ii
寄生的	parasiticus adj. A
寄生植物	parasitus s. m. II
	parasita s. f. II
宿主	hospes s. m. III. ii
宿存的	persistens adj. B
森林生的	silvester adj. B
短命的	fugax adj. B
湖沼生的	lacustris adj. B
湿度	mador s. m. III
湿生的	humidus adj. A
滨海生的	littoreus adj. A
	littoralis adj. B
嗜木的	xylophilus adj. A
蔓生的	vitigenus adj. A
聚生的	socialis adj. B
腐生的	saprophyticus adj. A
静水生的	stagnarius adj. A
漂浮的	fluitans part B
潮湿的	humidus adj. A
	uvidus adj. A
	madidus adj. A
缠绕的	volubilis adj. B
壁上生的	parietinus adj. A
藤本植物	liana s. f. I
灌木	frutex s. f. III. i
灌丛,荆棘	dumetum s. n. II

3. 孢子植物

二倍体	diploideus adj. A
大孢子	macrospora s. f. I
大孢子囊	macrosporangium s. n. II
小孢子	microspora s. f. I
子实层	hymenium s. n. II
子实体	fructificatio s. f. III. vi
子实体,子囊果	sporocarpium s. n. II
子囊盘	apothecium s. n. II
子囊壳	peritheciun s. n. II
子囊	ascus s. m. II
子囊孢子	ascospora s. f. I
子囊座	ascoma s. n. III
子囊群盖	tegumentum s. n. II
无性的	agamicus adj. A
	asexualis adj. B
	vegetativus adj. A
无性系	clon s. m. III
无融合生殖的	apomicticus adj. A
无隔膜的	aseptatus adj. A
分生孢子	conidium s. m. II
分生孢子梗	conidiophorum s. n. II
分生孢子器	pycnidium s. n. II
叶柄(蕨类)	stipes s. m. III. ii
叶状体	phycoma s. n. III
生殖窠	conceptaculum s. n. II
冬孢子	teleutospora s. f. I
多倍体	polyploideus adj. A
有性繁殖	gamogenesis s. f. III

中文	拉丁文		中文	拉丁文
地衣植物	lichen s. m. Ⅲ		配子	gameta s. f. Ⅰ
地衣瘿	cephalodium s. n. Ⅱ		配子囊	gametangium s. n. Ⅱ
闭囊壳的	cleistocarpus adj. A		夏孢子	urediospora s. f. Ⅰ
产孢组织,产孢体	gleba s. f. Ⅰ			urediniosporas. f. Ⅰ
产孢枝	gonimoblastus s. m. Ⅱ		夏孢子堆	uredium s. n. Ⅱ
合子	zygota s. f. Ⅰ			uredosorus s. m. Ⅱ
异形胞	heterocysta s. f. Ⅰ		厚壁孢子	akinetum s. n. Ⅱ
卵孢子	oospora s. f. Ⅰ		厚垣孢子	chlamydospora s. f. Ⅰ
角质外皮	cutis s. f. Ⅲ		原丝体	protonema s. n. Ⅲ. ⅺ
卵囊,卵器	oogonium s. n. Ⅱ		原叶体	prothallus s. m.
	sporophydium s. n. Ⅱ		原生质	protoplasma s. n. Ⅲ. ⅺ
苔藓植物	muscus s. m. Ⅱ		原生质体	protoplastus s. m. Ⅱ
环带	annulus s. m. Ⅱ		粉芽	soredium s. n. Ⅱ
担子	basidium s. n. Ⅱ		粉芽堆	soralium s. n. Ⅱ
担孢子	basidiospora s. f. Ⅰ		根托	rhizophorum s. n. Ⅱ
果胞	carpogonium s. n. Ⅱ		根状毛	rhizina s. f. Ⅰ
侧丝	paraphysis s. f. Ⅲ. ⅶ		根状菌索	rhizomorpha s. f. Ⅰ
受精作用	fecundatio s. f. Ⅲ		菌丝	hypha s. f. Ⅰ
受精卵	oospora s. f. Ⅰ		菌丝体	mycelium s. n. Ⅱ
受精丝	trichogyna s. f. Ⅰ		菌丝束	ozonium s. n. Ⅱ
性器官	genitalia s. n. Ⅱ(pl.)		菌丝层	subiculum s. n. Ⅱ
性孢子(锈菌)	pycniospora s. f. Ⅰ		菌髓	trama s. f. Ⅰ
性孢子器	pycnium s. n. Ⅱ		菌盖	pileus s. m. Ⅱ
单倍体	haploideus adj. A		菌褶	lamella s. f. Ⅰ
单性孢子	azygospora s. f. Ⅰ		菌托	volva s. f. Ⅰ
细菌	bacterium s. n. Ⅱ		菌幕	velum s. n. Ⅱ
放线菌	actinomyces s. m. Ⅲ		菌核	sclerotium s. n. Ⅱ
孢子	microspora s. f. Ⅰ		菌柄	stipes s. m. Ⅲ. ⅱ
孢子囊群	sorus s. m. Ⅱ		接合孢子	zygospora s. f. Ⅰ
	sporothecium s. n. Ⅱ		颈卵器	archegonium s. n. Ⅱ
孢子叶	sporophyllum s. n. Ⅱ		颈部(颈卵器)	stylidium s. n. Ⅱ
孢子果,子囊果	sporocarpium s. n. Ⅱ		弹丝	elater s. m. Ⅲ. ⅴ
			假根	rhizoideum s. n. Ⅱ
孢丝	capillitium s. n. Ⅱ		假弹丝	pseudoelater s. m. Ⅲ. ⅴ
盾柄细胞	manubrium s. n. Ⅱ		假蒴柄	pseudopodium s. n. Ⅱ
真菌类植物	plagula s. f. Ⅰ		隔丝	paraphysis s. f. Ⅲ. ⅶ
真菌	fungus s. m. Ⅱ		腹叶	amphigastrium s. n. Ⅱ
	agaricus s. m. Ⅱ		腹部(颈卵器)	venter s. m. Ⅲ. ⅴ
浮游生物	plancton s. n. Ⅱ		植物体(藻,苔藓)	frons s. f. Ⅲ. ⅸ

附录二 常见植物学拉丁文词汇

雄孢子　androspora s. f. Ⅰ
雄孢子囊　androsporangium s. n. Ⅱ
蒴周层　amphithecium s. n. Ⅱ
蒴齿层　peristomatium s. n. Ⅱ
　　　　peristoma s. n. Ⅲ(gen. sing. -matis)
蒴帽,根冠　calyptra s. f. Ⅰ
蒴盖,囊盖　operculum s. n. Ⅱ
蒴托　apophysis s. f. Ⅲ. ⅶ
蒴柄(苔藓)　seta s. f. Ⅰ
静孢子　aplanospora s. f. Ⅰ
酵母菌　fermentum s. n. Ⅱ
蔽前式的(苔)　incubus adj. A
蔽后式的(苔)　posticus adj. A
精子囊　spermatangium s. n. Ⅱ
　　　　antheridium s. n. Ⅱ
雌器苞　perichaetium s. n. Ⅱ
　　　　perigynium s. n. Ⅱ
雌雄同序异苞的　paroicus adj. A
　　　　paroecius adj. A
蕨类植物　filix s. f. Ⅲ. ⅰ
藏卵器　oogonium s. n. Ⅱ
鞭毛　flagellum s. n. Ⅱ
藻丝　filum s. n. Ⅱ
藻体　phycoma s. n. Ⅲ
藻类植物　alga s. f. Ⅰ
囊群托,堆托　sorophorum s. n. Ⅱ
囊,孢子囊　cysta s. f. Ⅰ
囊果　cystocarpium s. m. Ⅱ

4. 种子植物

小裂片　lobulus s. m. Ⅱ
小羽片　pinnula s. f. Ⅰ
小腺体　glandula s. f. Ⅰ
小苞片　bracteola s. f. Ⅰ
小鳞片,浆片　squamellula s. f. Ⅰ
个体　individuum s. n. Ⅱ
木质部　xylema s. n. Ⅲ
木栓　suber s. n. Ⅲ. ⅴ
口,穴　porus s. m. Ⅱ
中央　centralium s. n. Ⅱ
　　　centrum s. n. Ⅱ
边缘　margo s. f. 或 m. Ⅲ. ⅵ
孔,洞　porus s. m. Ⅱ
　　　alveola s. f. Ⅰ
　　　apertura s. f. Ⅰ
气孔　spiramentum s. n. Ⅱ
气囊　aerophorum s. n. Ⅱ
气味　odor s. m. Ⅲ. ⅴ
分泌　secretio s. f. Ⅲ. ⅵ
可食用的　esculentus adj. A
未成熟的　immaturus adj. A
叶,叶状体　frons s. f. Ⅲ. ⅸ
叶绿素　chlorophyllum s. n. Ⅱ
叶绿体　chloroplastus s. m. Ⅱ
生物碱　alkaloidum s. n. Ⅱ
白斑　albugo s. f. Ⅲ
白化病　albinismus s. m. Ⅱ
幼苗　plantula s. f. Ⅰ
有黏性的　viscosus adj. A
有毒的　virosus adj. A
　　　　venenatus part. A
　　　　toxicarius adj. A
有剧毒的　venenosus adj. A
有气味的　odoratus part. A
　　　　odorifer adj. A
　　　　odorus adj. A
有香味的　aromaticus adj. A
有香气的　redolens part. A
纤维　fibra s. f. Ⅰ
纤维素　cellulosa s. f. Ⅰ
导管,管　vas s. n. Ⅲ. ⅳ
杂交　hybridatio s. f. Ⅲ
杂种,杂交种　hybrida s. c. Ⅰ
关节　articulus s. m. Ⅱ

羽片	frondula s. f. I
色素	pigmentum s. n. II
芳香的	aromaticus adj. A
形成层	combium s. n. II
韧皮部,内树皮	liber s. m. II
角质层	cuticula s. f. I
针晶体	rhaphis s. f. III. ii
顶,顶端	apex s. m. III. i
苦味的	amarus adj. A
苞鳞,苞片	bractea s. f. I
表皮	epidermis s. f. III. ii
味道	sapor s. m. III. V
	gustus s. m. IV
具球果的	conifer adj. A
具鳞脐的	umbonatus adj. A
油	oleum s. n. II
油脂	pingue s. n. III
油管(伞形科)	vitta s. f. I
细胞	cellula s. f. I
	cytus s. m. II
组织	tela s. f. I
	texturas. f. I
	contextus s. m. IV
药用的	officinalis adj. B
轴	axis s. m. III. vi
树皮	cortex s. f. III
树的内皮	liber s. m. II
树胶	gummi s. f.(不变格)
树脂	resina s. f. I
种子	-sperma s. n. III GK. comp.
	semen s. n. III. vi
种子植物	spermatophytica s. f. I
种鳞,鳞片	squama s. f. I
疤痕	cicatrix s. f. III
射线	radius s. m. II
结晶	crystallizatio s. f. III
结晶体	crystallus s. f. II
结实	fructificatio s. f. III
厚壁组织	sclerenchyma s. n. III
厚角组织	collenchyma s. n. III
染色体	chromosoma s. n. III
突变	mutatio s. f. III
钟乳体	cystolithus s. m. II
真叶,营养叶	euphyllum s. n. II
原生质	protoplasma s. n. III. xi
原生质体	protoplastus s. m. II
脂肪	sebum s. n. II
	adeps s. m. /f. III
胼胝	callus s. m. II
黏的	viscidus adj. A
被子植物	angiosperma s. n. III
臭的	foetidus adj. A
胶	gelatina s. f. I
通气组织	aerechyma s. n. III
载色体	chromatophorum s. n. II
球果	strobilus s. m. II
球果状的	strobiliformis adj. B
基部	basis s. f. III
	fundus s. m. II
	imum s. n. II
	infimum s. n. II
基生的	radicalis adj. B
假花被	pseudoperianthium s. n. II
维生素	vitaminum s. n. II
维管束的	vascularis adj. B
液泡	vacuola s. f. I
液,汁	succus s. m. II
淀粉	amylum s. n. II
淀粉核	pyrenoides s. f. III
遗传	hereditas s. f. III
遗传的	heriditarius adj. A
	geneticus adj. A
遗传性	hereditaritas s. f. III
甜的	dulcis adj. B
蛋白质	albumen s. f. III
	mucinum s. n. II
裂片	lobus s. m. II
斑点	macula s. f. I

葡萄糖	glycosa s. f. Ⅰ		樟脑	camphora s. f. Ⅰ
	glucosa s. f. Ⅰ		薄壁组织	parenchyma s. n. Ⅲ
裸子植物	gymnosperma s. n. Ⅲ		器官	organum s. n. Ⅱ
裸露(前缀)	gymno- s. n. Ⅲ *GK. comp.*		糖	sucrosum s. n. Ⅱ
蜡	cera s. f. Ⅰ		黏液	mucus s. m. Ⅱ
管胞	tracheida s. f. Ⅰ		繁殖器官	fructificatio s. f. Ⅲ
腺,腺体	glans s. f. Ⅲ. ii		鳞脐	umbo s. m. Ⅲ. vi
糊精	dextrinum s. n. Ⅱ		鳞盾	apophysis s. f. Ⅲ. vii

5. 根

小根,侧根,细根	radula s. f. Ⅰ			reptans part. B
	radicellas. f. Ⅰ		根	rhiza s. f. Ⅰ *GK.*
支柱根	rhizophorum s. n. Ⅱ		根状茎,根茎	rhizoma s. m. Ⅲ. xi
根,直根	radix s. f. Ⅲ. i		根状茎发达的	rhizomatosus adj. A
主根的	palaris adj. B		根冠	calyptra s. f. Ⅰ
生根的	radicans part. B		根被	velamen s. n. Ⅲ. vi
有根的	radicatus part. A		根生的	radicalis adj. B
	rhizophorus adj. A		根状的	rhizomorphus adj. A
多根的	radicosus adj. A		像根的	rhizoides adj. C
具细根的	radicellosus adj. A			rhizoideus adj. A
匍匐生根的	repens part. B			

6. 茎

小块茎,小瘤	tuberculum s. n. Ⅱ			phyllocladium s. n. Ⅱ
小枝	ramulus s. m. Ⅱ		生芽	gemmatio s. f. Ⅲ
小枝条	virgula s. f. Ⅰ		生芽的	gemmiparus adj. A
小鳞茎	bulbilus s. m. Ⅱ		冬芽	hibernaculum s. n. Ⅱ
木头,木材	lignum s. n. Ⅱ		皮孔	lenticella s. f. Ⅰ
木栓	suber s. n. Ⅲ. v		皮刺	aculeus s. m. Ⅱ
无树皮的	ecorticatus adj. A		幼枝,嫩枝	propagulum s. n. Ⅱ
分枝方式	ramificatio s. f. Ⅲ		芽	gemma s. f. Ⅰ
分枝的	ramosus adj. A		芽鳞	perula s. f. Ⅰ
长匍枝	sarmentum s. n. Ⅱ		花芽	alabastrum s. n. Ⅱ
节	nudus s. m. Ⅱ		块茎	tuber s. n. Ⅲ. v
	geniculum s. n. Ⅱ		枝	ramus s. m. Ⅱ
节间	internodium s. n. Ⅱ		刺	spina s. f. Ⅰ
压条	propago s. f. Ⅲ		茎	caulis s. m. Ⅲ. vii
叶状枝	cladodium s. n. Ⅱ		茎基,主轴	caudex s. m. Ⅲ
	cladophyllum s. n. Ⅱ		秆,杆	culmen s. n. Ⅲ. vi

	virga s. f. I		rhizoma s. n. III. xi
乳汁	lac s. n. III. ii	萌发枝条	surculus s. m. II
空心秆	culmus s. m. II	接穗	insitum s. n. II
卷须	cirrus s. m. II	球茎	cormus s. m. II
	cirrhus s. m. II		bulbotuber s. n. III
	capreolus s. m. II	常绿的	sempervirens adj. B
具根出枝的	sobolifer adj. A	假鳞茎	pseudobulbus s. m. II
具发达根茎的	rhizomatosus adj. A	棱角,角	angulus s. m. II
树干	truncus s. m. II	插条,扦插	talea s. f. I
树皮	cortex s. m. III. i	落叶	defoliatio s. f. III. vi
树皮剥落的	decorticans part. B	短枝	calcar s. n. III. x
匍匐枝	propagulum s. n II		brachyblastus s. m. II
匍匐茎	stolo s. m. III. vi	痕迹,痕	cicatrix s. f. III. i
珠芽	bulbilus s. m. II	新生枝条	renovatio s. f. III. vi
徒长枝	apoblastus s. m. II	鞭状茎,鞭毛	flagellum s. n. II
根出枝	soboles s. f. III. vi	鳞茎	bulbus s. m. II
根状茎,根生茎	caulorhiza s. f. I	髓	medulla s. f. I

7. 叶

二叉的	dichotomus adj. A	无叶的	aphyllus adj. A
二回羽状的	bipinnatus adj. A	无柄的	sessile adj. B
二回三出的	biternatus adj. A	分叉的	furcatus adj. A
七出脉的	septemnervis adj. B	双生叶的	bifoliolatus adj. A
三回羽状的	tripinnatus adj. A	平行脉的	parallelus adj. A
三回三出的	triternatus adj. A	叶	phyllum s. n. II
三出脉的	trinervis adj. B		folium s. n. II
三齿的	tridentatus adj. A	叶(苏铁类)	frons s. f. III. ix
叉状脉的	furcatus adj. A	叶片	lamina s. f. I
小叶	foliolum s. n. II	叶舌,舌瓣(菊科)	ligula s. f. I
小叶柄	petiolulus s. m. II	叶耳	auricula s. f. I
小托叶	stipella s. f. I	叶脉	vena s. f. I
小脉	nervulus s. m. II		nervus s. m. II
	nervillus s. m. II	叶柄	petiolus s. m. II
	venula s. f. I	叶柄的	petiolaris adj. B
小中脉	costula s. f. I	叶状叶柄	phyllodium s. n. II
五出脉的	quinquenervis adj. B	叶轴	rhachis s. f. III. ii
无脉的	enervis adj. B	叶枕	pulvinus s. m. II
	nullinervis adj. B	叶鞘,箨	vagina s. f. I
	avenius adj. A	生长不同叶子的	variifolius adj. A

附录二 常见植物学拉丁文词汇

半裂 fissura s. f. Ⅰ	具关节的 articulatus adj. A
半裂的 fissus part. A	具柄的 stipitatus adj. A
半抱茎的 semi-amplexicaulis adj. B	具假脉的 falsinervis adj. B
主脉,中脉 costa s. f. Ⅰ	具短喙的 rostellatus adj. A
关节 articulus s. m. Ⅱ	具短尖头的 mucronatus adj. A
鸟足状的 pedatus adj. A	具圆齿的 crenatus adj. A
鸟足状脉的 pedatinervis adj. B	具重锯齿的 biserratus adj. A
有锯齿的 serratus adj. A	具牙齿的 dentatus adj. A
有细锯齿的 serrulatus adj. A	具小牙齿的 denticulatus adj. A
托叶 stipula s. f. Ⅰ	具孔洞的 pertusus adj. A
paraphyllium s. n. Ⅱ	具钩的 uncatus adj. A
托叶状叶柄 stipulodium s. n. Ⅱ	具睫毛的 ciliatus adj. A
托叶状的 stipuliformis adj. B	具鞘的 vaginatus adj. A
托叶鞘 ochrea s. f. Ⅰ	vaginans adj. B
ocrea s. f. Ⅰ	具骤尖头的 cuspidatus adj. A
成对的 didymus adj. A	浅裂的 lobatus adj. A
网状脉的 reticulatus adj. A	单脉的 uninervis adj. B
retinervis adj. B	costatus adj. A
羽状脉的 pinnatus adj. A	贯顶的 excurrens part. B
羽状半裂的 pinnatifidus adj. A	弧状脉的 camptodromus adj. A
合生的 connatus adj. A	齿尖 cuspis s. f. Ⅲ
全缘的 integer adj. A	侧出羽状脉的 craspedromus adj. A
simplicissimus adj. A	细脉 nervulus s. m. Ⅱ
全裂的 perruptus part. A	歪斜的 obliquus adj. A
多回分裂的 decompositus adj. A	莲座叶丛 rosula s. f. Ⅰ
多叶的 frondosus adj. A	指状裂的 digitatus adj. A
foliaceus adj. A	弯脉的 curvinervis adj. B
多脉的 nervosus adj. A	穿叶的 perfoliatus adj. A
nervatus adj. A	星芒状的 stellatus adj. A
条裂的 laciniatus adj. A	显脉的 venosus adj. A
尾尖状的 caudatus adj. A	贴生的 adnatus adj. A
环状脉的 brochidodromus adj. A	急尖 acutus adj. A
环抱的 amplectens part. B	钝的 obtusus part. A
抱茎的 amplexicaulis adj. B	盾状的 peltatus adj. A
奇数羽状的 imparipinnatus adj. A	盾状脉的 peltinervis adj. B
具叶脉的 nervosus adj. A	脉序,脉式 nenatio s. f. Ⅲ. Ⅵ
nervatus adj. A	nervatura s. f. Ⅰ
具芒的 aristatus adj. A	脉间隙 intervenium s. n. Ⅱ
具卷须的 cirrhosus adj. A	复叶 amphigastrium s. n. Ⅱ

复合的	compositus adj. A
离基三出脉的	triplinervis adj. B
离基五出脉的	quintuplinervis adj. B
宽楔形的	late cuneatus
缺刻的	accisus part. A
皱波状的	crispus adj. A
偶数羽状的	paripinnatus adj. A
深波状的	sinuatus adj. A
深裂的	partitus part. A
渐尖的	acuminatus adj. A
啮蚀状的	erosus part. A
	praemorsus adj. A
掌状裂的	palmatus adj. A
掌状脉的	palmiformis adj. B
锐尖头的	pungens part. B
喙状的	rostratus adj. A
微凹的	retusus part. A
简单的	simplex adj. B
箨叶	vagina s. f. I
截形的	truncatus part. A
箭形的	toxophyllus adj. A
鞘的	vaginans adj. B
篦齿状的	pectinatus adj. A

8. 花

二强雄蕊的	didynamus adj. A
二体雄蕊的	diadelphus adj. A
二基数的	dimerus adj. A
二室的	bilocularis adj. B
二歧聚伞花序	dichasium s. n. II
三室的	tricamarum adj. A
三基数的	trimerus adj. A
下午开花的	pomeridianus adj. A
口部，入口，门	os s. n. III. iv
	ostium s. n. II
小花	flosculus s. m. II
小苞片	bracteola s. f. I
小佛焰苞	spathilla s. f. I
小伞花序	umbellula s. f. I
小穗	specula s. f. I
	anthoecium s. n. II
小穗轴	rhachilla s. f. I
	rhacheola s. f. I
	axis s. m. III. vi
子房	ovarium s. n. II
	germen s. n. III. vi
子房室	loculus s. m. II
子房基部	gynobasis s. f. III
不育雄蕊	staminodium s. n. II
不孕的,不结实的	sterilis adj. B
五基数的	pentamerus adj. A
五室的	quinquelocularis adj. B
无性的	agamicus adj. A
	asexualis adj. B
	vegetativus adj. A
无花柱的	astylus adj. A
无花瓣的	apetalus adj. A
内稃	palea s. f. I
	（外稃 palea exterior）
	（内稃 palea interior）
分枝花柱	stylodium s. n. II
爪,距	unguis s. m. III. xii
六室的	sexloculatus adj. A
心皮,果爿	carpidium s. n. II
	carpellum s. n. II
龙骨瓣	carina s. f. I
四分体	tetradium s. n. II
四强雄蕊的	tetradynamus adj. A
四室的	tetracamerus adj. A
四基数的	tetramerus adj. A
外稃	lemma s. n. III
生花冠上的	epicorollinus adj. A
头状花序	capitulum s. n. II
	anthodium s. n. II
	calathidium s. n. II

附录二 常见植物学拉丁文词汇

calathium s. n. II	花被片　tepalum s. n. II
半室的　semilocularis adj. B	花蕊等长　homogonium s. n. II
有花的　florifer adj. A	花盖　perigonium s. n. II
芒　arista s. f. I	花萼　calyx s. m. III.i
舌状花(菊),射线　radius s. m. II	花药　anthera s. f. I
舌形花的　liguliflorus adj. A	花丝　filum s. n. II
伞房花序　corymbus s. m. II	filamentum s. n. II
伞形花序　umbella s. f. I	花柱　stylus s. m. II
伞形花序梗　radius s. m. II	花柱道　styliductus s. m. III
先花后叶的　praecox adj. B	花柱基　stylopodium s. n. II
先叶后花的　proteranthus adj. A	花粉　pollen s. n. II
合花柱的　ststylus adj. A	花粉块　pollinium s. n. II
合子　zygota s. f. I	花粉块柄　caudicula s. f. I
合点　chalaza s. f. I	花与叶同时的　synanthus adj. A
合蕊冠　gynostegium s. n. II	极(面)　polus s. n. II
合瓣花的　sympetalus adj. A	佛焰苞　spatha s. f. I
sympetalicus adj. A	佛焰苞花序　spadix s. c. III.i
多花的　floridus adj. A	完全花的　teleianthus adj. A
多体雄蕊的　polyadelphus adj. A	苞片　bractea s. f. I
多雌蕊的　polygynus adj. A	苞片(菊科)　phyllarium s. n. II
闭花受精的　cleistogamus adj. A	杯状聚伞花序　cyathium s. n. II
杂性的　polygamus adj. A	轮状聚伞花序　verticillaster s. m. II
赤道(面)　aequator s. m. III.V	具重瓣花的　pleniflorus adj. A
两性的　hermaphroditus adj. A	具隔膜的　septifer adj. A
花　flos s. m. III.iv	具褶的　plicatus adj. A
花梗(果柄)　pedicellus s. m. II	具爪的　unguiculatus adj. A
花序梗　pedunculus s. m. II	单室的　unilocularis adj. B
花序轴,叶轴　rhachis s. f. III.ii	单边的　unilateralis adj. B
花瓣　petalum s. n. II	单体雄蕊的　monadelphus adj. A
花冠　corolla s. f. I	单性的　unisexualis adj. B
花葶　scapus s. m. II	diclinis adj. B
花序　inflorescentia s. f. I	单被花的　apetalus adj. A
花序(禾本科)　juba s. f. I	单歧聚伞花序　monochasium s. n. II
花盘　discus s. m. II	单歧聚伞花序的　monochasialis adj. B
花托　receptaculum s. n. II	性　sexus s. m. IV
thalamus s. m. II	夜里开花的　noctiflorus adj. A
calix s. m. III	孢粉外壁　episporium s. n. II
torus s. m. II	退化雄蕊　staminodium s. n. II
花被　perianthium s. n. II	柱头　stigma s. n. III.xi

柱头囊 stigmatocysta s. f. Ⅰ	喉部,喉 faux s. f. Ⅲ. i
柱头柄 stigmatopodium s. n. Ⅱ	稃片 lodicula s. f. Ⅰ
药室 theca s. f. Ⅰ	短枝 brachyblastus s. m. Ⅱ
loculus s. m. Ⅱ	隔膜 septum s. n. Ⅱ
药室内壁 endothecium s. n. Ⅱ	sepimentum s. n. Ⅱ
药隔 connectivum s. n. Ⅱ	diaphragma s. n. Ⅲ
药窝,药窠 clinandrium s. n. Ⅱ	雄蕊 stamen s. n. Ⅲ. vi
胎座 placenta s. f. Ⅰ	stamex s. n. Ⅲ
胎座式 placentatio s. f. Ⅲ. vi	雄蕊群 androecium s. n. Ⅱ
胎座框 replum s. n. Ⅱ	雄蕊柄 androphorum s. n. Ⅱ
胚珠 ovulum s. n. Ⅱ	雄蕊先熟的 proterandrus adj. A
胚被 tegmen s. n. Ⅲ	颖片 gluma s. f. Ⅰ
总状花序 racemus s. m. Ⅱ	(外颖 gluma exterior)
总苞 involucrum s. n. Ⅱ	(内颖 gluma interior)
冠毛 pappus s. m. Ⅱ	聚伞花序 cyma s. f. Ⅰ
柔荑花序 julus s. m. Ⅱ	聚伞圆锥花序 thyrsus s. m. Ⅱ
amentum s. n. Ⅱ	聚药雄蕊 synandrium s. n. Ⅱ
珠孔 micropyle s. f. Ⅰ GK.	聚药的 synanthericus adj. A
唇瓣 labellum s. n. Ⅱ	雌蕊 pistillum s. n. Ⅱ
圆锥花序 panicula s. f. Ⅰ	雌蕊群 synoecium s. n. Ⅱ
浆片 lodicula s. f. Ⅰ	雌蕊柄 gynophorum s. n. Ⅱ
squamula s. f. Ⅰ	雌雄蕊柄 androgynophorum s. n. Ⅱ
流苏 fimbria s. f. Ⅰ	雌雄蕊合体 gynandrium s. n. Ⅱ
离瓣花的 polypetalus adj. A	雌雄同株的 monoicus adj. A
副花冠 corona s. f. Ⅰ	雌雄异株的 dioecius adj. A
副花萼 epicalyx s. m. Ⅲ. i	雌雄同花序的 androgynus adj. A
calyculus s. m. Ⅱ	雌雄花同序混生的 synoicus adj. A
盔,盔瓣 galea s. f. Ⅱ	雌蕊先熟的 proterogynus adj. A
萌发孔 apertura s. f. Ⅰ	旗瓣 vexillum s. n. Ⅱ
距 calcar s. n. Ⅲ. X	蜜腺 nectarium s. n. Ⅱ
假隔膜 pseudoseptum s. n. Ⅱ	nectar s. n. Ⅲ. X
假花被 pseudoperianthium s. n. Ⅱ	蝎尾状聚伞花序 cincinnus s. m. Ⅱ
隐头花序 hypanthium s. n. Ⅱ	穗状花序 spica s. f. Ⅰ
萼片 sepalum s. n. Ⅱ	翼瓣,翅 ala s. f. Ⅰ
萼檐,冠檐,瓣片 limbus s. m. Ⅱ	

9. 果实

小坚果 nucula s. f. Ⅰ	小核果 drupeola s. f. Ⅰ
pyrena s. f. Ⅰ	长角果 siliqua s. f. Ⅰ

中文	拉丁文		中文	拉丁文
开裂	dehiscentia s. f. I		结果,结实	fructificatio s. f. III. vi
中果皮	mesocarpium s. n. II		结果的,有果的	frugifer adj. A
内果皮	endocarpium s. n. II		核果	drupa s. f. I
分果	schizocarpium s. n. II		核(果核)	putamen s. n. III
分果爿	coccus s. m. II		弹裂蒴果	regma s. n. III. xi
双悬果	cremocarpium s. n. II		翅果	samara s. f. I
节荚	lomentum s. n. II		瓠果	pepo s. m. III
外果皮	exocarpium s. n. II		梨果	pomum s. n. II
连萼瘦果	cypsela s. f. I		浆果	bacca s. f. I
合心皮果	syncarpium s. n. II			sarcocarpum s. n. II
多果实的	fructuosus adj. A		浆果状球果	galbulus s. m. II
壳斗,杯子	cupula s. f. I		假果	pseudocarpium s. n. II
坚果	nux s. f. III		盖果	pyxis s. f. III. ii
胞果	utriculus s. m. II			pyxidium s. n. II
荚果	legumen s. n. III. vi		宿萼瘦果	scleranthium s. n. II
果实	fructus s. m. IV		弹裂蒴果	regma s. n. III. xi
果核	putamen s. n. III		蓇葖果	folliculus s. m. II
果肉	pulpa s. f. I		裂片(果)	valva s. f. I
果皮	pericarpium s. n. II		喙	rostrum s. n. II
油管,油道	vitta s. f. I		短角果	silicula s. f. I
室背开裂的	loculicidalis adj. B		蒴果	capsula s. f. I
	loculicidus adj. A		瘦果	achenium s. n. II
室间开裂的	septicidalis adj. B		颖果	caryopsis s. f. III. ii
	septicidus adj. A		聚合果	etairium s. n. II
室轴开裂的	septifragus adj. A		橡子,槲果	glans s. f. III. ix

10. 种子

中文	拉丁文		中文	拉丁文
子叶	cotyledon s. f. III. vi		种阜	caruncula s. f. I
上胚轴	epicotylus s. m. II			strophiolums. n. II
	internodium s. n. II		种脊,珠脊	raphe s. f. III
外种皮	testa s. f. I		胚	embryo s. m. III. vi
具种子的	seminifer adj. A		胚乳	albumen s. n. III. vi
种子	semen s. n. III			endospermium s. n. II
种子的	seminalis adj. B		胚根	radicula s. f. I
种皮	spermodermium s. n. II		盾片	scutellum s. n. II
种脐	hilum s. n. II		假种皮	arillus s. m. II

11. 形状

中文	拉丁文		中文	拉丁文
十字形的	cruciformis adj. B			cruciatus adj. A

中文	拉丁文		中文	拉丁文	
丁字形的	aciniformis	adj. B	双丸状的	testiculatus	adj. A
七角形的	septangulatus	adj. A	平的	planus	adj. A
八角的	octogonus	adj. A	正常的	normalis	adj. B
匕首状的	pugioniformis	adj. B	节状的	gongylodeus	adj. A
三角形的	triangularis	adj. B	龙骨状的	carinatus	adj. A
	deltoideus	adj. A	四方形的	quadratus	adj. A
(三)棱形的	prismaticus	adj. A	四角的	quadrangulus	adj. A
三棱体	trigona	s. f. I		quadrangularis	adj. B
三棱的	trigonus	adj. A	叶状的	foliaceus	adj. A
	triqueter	adj. A		phylloides	adj. C
大头羽裂的	lyratus	adj. A	凹陷的	depressus	part. A
勺状的	cucullatus	adj. A	外弯的,下弯的	recurvus	adj. A
马蹄形的	lycotropus	adj. A	半圆形的	semicircularis	adj. B
	ungulatus	adj. A	半心形的	semicordatus	adj. A
马鞍状的	selliformis	adj. B	半月形的	semilunatus	adj. A
弓形的	arcuatus	adj. A	半球形的	semiglobosus	adj. A
	curvatus	adj. A	立方体形的	cubicus	adj. A
不等的	inaequalis	adj. B	丝状的	filiformis	adj. B
不对称的	ventricosus	adj. A	对称的	regularis	adj. B
不整齐的	asymmetricus	adj. A		symmetricus	adj. A
不典型的	atypicus	adj. A	耳形的	auriculatus	adj. A
五角的	quinquangulus	adj. A	芒	arista	s. f. I
	quinquecornis	adj. B	有芒的	aristatus	adj. A
无定形的	vagiformis	adj. B	有沟的	sulcatus	adj. A
无芒的	muticus	adj. A	有缝的	suturalis	adj. B
长条形的	vittatus	adj. A	压扁的	compressus	part. A
长方形的	rectangularis	adj. B	百合状的	liliaceus	adj. A
中空的	cavus	adj. A	地衣状的	licheniformis	adj. B
贝壳状的	conchiformis	adj. B	扫帚状的	muscariformis	adj. B
毛刷状的	aspergilliformis	adj. B	虫形的	anguilliformis	adj. B
爪状的	unguiculatus	adj. A	网眼状的	cancellatus	adj. A
反折的,反叠的	replicatus	adj. A	关节状的	condylodes	adj. C
方形的	quadratus	adj. A	羊肚菌状的	morchelliformis	adj. B
六角形的	sexangulus	adj. A	多曲折的	fractiflexus	adj. A
	sexangulatus	adj. A	伞状的	umbraculiformis	adj. B
心形的	cordatus	adj. A	近心形的	subcordatus	adj. A
水平压扁的	tabularis	adj. B	近圆形的	rotundus	adj. A
水泡状的	pustuliformis	adj. B		subrotundus	adj. A
水槽状的	alveiformis	adj. B		rotundatus	adj. A

舌形的	linguiformis	adj. B
舌状的	ligulaceus	adj. A
乔木状的	arboreus	adj. A
似叶状体的	thallinus	adj. A
	thallodialis	adj. B
似匍匐茎的	stoloniformis	adj. B
似托叶的	stipulaneus	adj. A
米粒状的	oryziformis	adj. B
如芽状的	gemmiformis	adj. B
羽毛状的	plumosus	adj. A
豆荚形的	leguminiformis	adj. B
花瓣状的	petaloideus	adj. A
芜菁状的	rapiformis	adj. B
形状	conformatio	s. f. III
杆状的	bacillaris	adj. B
扭曲的	supervolutus	part. A
折扇状的	plicatus	adj. A
坛状的	urniformis	adj. B
块茎状的	tuberculiformis	adj. B
卵形的	ovatus	adj. A
	oodes	adj. C
针状的	acerosus	adj. A
尾状叶的	urophyllus	adj. A
鸡冠状的	cristatus	adj. A
纺锤状的	fusiformis	adj. B
陀螺状的	turbinatus	adj. A
苔藓状的	muscosus	adj. A
杯状的	cyathiformis	adj. B
	cupuliformis	adj. B
	poculiformis	adj. B
	cotyloides	adj. C
	scyphoides	adj. C
环状的	annulatus	adj. A
	annularis	adj. B
轮廓	ambitus	s. n. IV
	circumscriptio	s. f. III. vi
披针形的	lanceolatus	adj. A
拖鞋状的	soleiformis	adj. B
具翅的	alatus	adj. A
具棱角的	angulosus	adj. A
具沟的	canaliculatus	adj. A
肾形的	reniformis	adj. B
	nephroides	adj. C
易裂开的	fissilis	adj. B
念珠状的	moniliformis	adj. B
金字塔形的	pyramidalis	adj. B
	metuliformis	adj. B
斧状的	dolabriformis	adj. B
肿胀的	tumidus	adj. A
乳头状的	papilliformis	adj. B
空管状的	fistulosus	adj. A
卷须状的	circinatus	adj. A
波状的	undulates	adj. A
线形的	linearis	adj. B
细颈瓶状的	ampullaris	adj. B
草鞋状的	soleiformis	adj. B
荚果状的	leguminaceus	adj. A
带状的,条形的	fasciarius	adj. A
	balteiformis	adj. B
相等的	aequalis	adj. B
树枝状的	dendriticus	adj. A
树状的	dendroideus	adj. A
栅栏状的	paliformis	adj. B
垫状的	stromatodes	adj. C
拱形的	fornicatus	adj. A
	fornicalis	adj. B
指状的	digitiformis	adj. B
珍珠状的	perlarius	adj. A
星状的	stellatus	adj. A
钟状的	campanulatus	adj. A
	campaniformis	adj. B
矩圆形的	oblongus	adj. A
盆状的	pelviformis	adj. B
剑形的	ensiformis	adj. B
钩状的	unciniformis	adj. B
	uncatus	adj. A
饼干状的	biscoctiformis	adj. B
穿叶的	perfoliatus	adj. A

扁平的	fasciatus adj. A		盔状的	galericulatus adj. A
疣状突起的	verrucosus adj. A		梯形的	scalaris adj. B
弯曲的	resupinus adj. A		匙形的	spathulatus adj. A
壶形的	urceolatus adj. A		喇叭状的	tubiformis adj. B
	ollarius adj. A			tubatus adj. A
蚕豆形的	fabiformis adj. B		蛇状的	serpentinus adj. A
翅状的	aliformis adj. B		啮蚀状的	praemorsus adj. A
唇形的	labiatus adj. A		梨形的	pyriformis adj. B
圆形的	orbicularis adj. B		船状的	navicularis adj. B
	rotundatus part. A			cymbiformis adj. B
圆锥形的	pyramidalis adj. B		盘状的	discoideus adj. A
	conicus adj. A		盒状的, 套状的	thecoides adj. C
	conoideus adj. A		铜钱状的	nummularoides adj. C
圆柱形的	cylindricus adj. A		渐狭的	attenuatus adj. A
	teres adj. B		绳索状的	funiculosus adj. A
圆球状的	sphaericus adj. A		葡萄状的	uvarius adj. A
	sphaeroideus adj. A			uviformis adj. B
倒羽状的	runcinatus adj. A		棍棒状的	clavatus adj. A
倒钩(刺)的	glochideus adj. A			claviformis adj. B
钻形的	subulatus adj. A		戟形的	hastatus adj. A
	subuliformis adj. B		塔形的	turriformis adj. B
铁砧状的	incudiformis adj. B		椭圆形的	ellipticus adj. A
铅笔状的	penicilliformis adj. B			ovalis adj. B
脐状的	omphaloides adj. C		提琴形的	panduratus adj. A
	umbilicatus adj. A		琴形的	lyriformis adj. B
胶状的	tremelloideus adj. A		葫芦状的	sicyoideus adj. A
高脚碟形的	hypocrateriformis adj. B		量杯状的	crateriformis adj. A
扇形的	flabelliformis adj. B		帽状的	pileatus adj. A
拳卷的	circinatus adj. A		筛状的	cribratus adj. A
粉末状的	pulveraceus adj. A		等长的	aequilongus adj. A
瓶状体	ascidium s. n. II		等边的	aequilaterus adj. A
瓶状的	vascularis adj. B		等距离的	aequidistans adj. B
	urceolatus adj. A		等厚度的	aequicrassus adj. A
浆果状的	baccatus adj. A		筒状的	tubiformis adj. B
球形的	globosus adj. A		滑车状的	trochlearis adj. B
	sphaericus adj. A		蒺藜状的	tribuliformis adj. B
菱形的	rhombeus adj. A		楔形的	cuneiformis adj. B
	rhomboidalis adj. C		辐射状的	rotatus adj. A
	rhomboides adj. C		碟状的	acetabuliformis adj. B

	cotyliformis adj. B	箭头形的	sagittatus adj. A
碗状的,盆状的	lebetiformis adj. B		sagittiformis adj. B
鼓状的	tympaniformis adj. B	撕裂的	findens part. B
畸形的	abnormis adj. B	豌豆状的	pisiformis adj. B
	monstrosus adj. A	膝曲状的	genuflexus adj. A
蜂巢状的	alveolaris adj. B		geniculatus adj. A
蜗牛壳状的	cochleatus adj. A	瘤状的	gongylodes adj. A
腊肠状的	farciminiformis adj. B	瘤状突起的	gangliiformis adj. B
	allantoides adj. C	篦齿状的	pectinatus adj. A
锚形的	anchoroides adj. C	螺旋形的	spiralis adj. B
锯屑状的	scobiculatus adj. A	螺壳状的	strombuliformis adj. B
新月形的	lunatus adj. A	螺旋卷曲的	cochleatus adj. A
缠绕的	volubilis adj. B	螺旋状扭转的	torsivus adj. A
截形的	truncatus part. A	膨大的,鼓胀的	inflatus part. A
像车轮的	trochoides adj. C		turgidus adj. A
像菊的	chrysanthemoides adj. C		tumefaciens part. B
像铃的	campanuloides adj. C	穗状的	spiciformis adj. B
像碗的	phialoides adj. C	糠麸状的	furfuraceus adj. A
膀胱状的	utriculatus adj. A	镰刀形的	acinaciformis adj. B
	utricularis adj. B		falcatus adj. A
蝶形的	papilionaceus adj. A	鞭状的	flagelliformis adj. B
漏斗状的	infundibularis adj. B	蘑菇状的	fungiformis adj. B
	infundibuliformis adj. B	鳞脐状的	umbonatus adj. A
管状的	tubulosus adj. A	蠕虫状的	vermicularis adj. B
	tubulatus adj. A	灌木状的	fruticosus adj. A

12. 颜色

无色的	diaphanus adj. A	杂色的	variicolor adj. B
	pellucidus adj. A		variegates adj. A
天蓝色的	azureus adj. A	苍白色的	pallens part. B
白色的	albus adj. A		glaucous adj. A
	dealbatus adj. A	杏黄色的	armeniacus adj. A
禾秆色的	stramineus adj. A	纯白色的	candidus adj. A
灰色的	cinereus adj. A	青黑色的	lividus adj. A
血红色的	sanguineus adj. A	青灰色的	caesius adj. A
色素	pigmentum s. n. II	枣红色的	spadiceus adj. A
红色的	erythraeus adj. A	玫瑰色的	roseus adj. A
	ruber adj. A	金黄色的	aureus adj. A
	rubidus adj. A	乳白色的	lacteus adj. A

变色的,不同色的	versicolor	adj. B
单色的	unicolor	adj. B
浅绿的	viridulus	adj. A
砖红色的	testaceus	adj. A
	lateritius	adj. A
品红色的	magenteus	adj. A
透明的	pellucidus	adj. A
铁锈色的	ferrugineus	adj. A
铅灰色的	plumbeus	adj. A
烟灰色的	fumeus	adj. A
雪白色的	niveus	adj. A
黄色的	flavus	adj. A
黄绿色的	flavo-viridis	adj. B
黄棕色的	fulvus	adj. A
银白色的	argenteus	adj. A
淡白色的	pallidus	adj. A
	pallescens	part. B
淡黄色的	flavidus	adj. A
	bubalinus	adj. A
淡褐色的,淡棕色的		
	brunneolus	adj. A
	infuscatus	adj. A
绿色的	viridis	adj. B
蛋黄色的	vitellinus	adj. A
硫黄色的	sulphureus	adj. A
紫罗兰色的	violaceus	adj. A
紫铜色的	aeneus	adj. A
黑色的	niger	adj. B
	ater	adj. A
蓝色的	caeruleus	adj. A
暗棕色的	fuscus	adj. A
微白的	albidus	adj. A
褐色的,棕色的	brunneus	adj. A
	spadiceus	adj. A
	badius	adj. A
	fuscus	adj. A
鲜红色的	puniceus	adj. A
漆黑色的	piceus	adj. A
橄榄绿的	pausiacus	adj. A
颜色	color	s. m. Ⅲ. v
橙黄色的	tangerinus	adj. A
	croceus	adj. A
	calendulinus	adj. A

13. 大小与长度

一半	dimidium	s. n. Ⅱ
一部分	pars	s. f. Ⅲ
一段	partitio	s. f. Ⅲ
大的	magnus	adj. A
大小	amplitudo	s. f. Ⅲ. vi
大小,程度	quantitas	s. f. Ⅲ. ii
小	parvitas	s. f. Ⅲ
小的	parvus	adj. A
	exiguus	adj. A
长的	longus	adj. A
巨大的,极大的	giganteus	adj. A
公尺,米	metrum	s. n. Ⅱ
极高的	exaltatus	adj. A
低的	humilis	adj. B
体积	dimensio	s. f. Ⅲ. vi
直径	diameter	s. m. Ⅲ
英尺,脚	pes	s. m. Ⅲ. ii
范围	dimensio	s. f. Ⅲ. vi
空间	spatium	s. n. Ⅱ
	distantia	s. f. Ⅰ
细瘦的,纤细的	gracilis	adj. B
	tenuis	adj. B
厘米	centimetrum	s. n. Ⅱ
厚度	crassities	s. f. v
狭窄的	angustatus	part. A
较大的	major	adj. compar.
较小的	minor	adj. compar.
较长的	longer	adj. compar.
高大的	grandis	adj. B
高的	elatus	adj. A

附录二　常见植物学拉丁文词汇

	procerus adj. A
	altus adj. A
高度，深度	altum s. n. Ⅱ
	altitudo s. f. Ⅲ
宽的	latus adj. A
被毛，具毛	indumentum s. n. Ⅱ
距离	distantia s. f. Ⅰ
粗大的	grossus adj. A
最大的	maximus adj. superpl.
最小的	minimus adj. superpl.
最微小的	minutissimus adj. superpl.
最长的	longissimus adj. superpl.
最短的	brevissimus adj. superpl.
短	brevitas s. f. Ⅲ
短的	brevis adj. B
微小的	minutus part. A
矮小的	pumilus adj. A
	pygmaeus adj. A
数量，程度	quantitas s. f. Ⅲ. ii

14. 毛被与质地

干膜质的	scariosus adj. A
小瘤	verruca s. f. Ⅰ
不透明的	opacus adj. A
木质的	lignosus adj. A
木栓质的	suberosus adj. A
长柔毛	villis. m. Ⅱ（pl.）
无刺的	inermis adj. B
毛被	indumentum s. n. Ⅱ
水泡状的	physodes adj. C
平滑的	aequatus adj. A
	glaber adj. B
半透明的	semipellucidus adj. A
发亮的	politus adj. A
有柔毛的	hirtus adj. A
	villosus adj. A
坚硬的，坚挺的	rigidus adj. A
网状的	reticulatus adj. A
	aeolatus adj. A
肉质的	carnosus adj. A
刚毛	seta s. f. Ⅰ
多汁的	succulentus adj. A
多皱的	rugosus adj. A
多疣的	phymatodeus adj. A
多泡状的	vesiculosus adj. A
似雪的	niphetodes adj. C
羽毛状的	plumosus adj. A
羽毛	plumula s. f. Ⅰ
角质的	corneus adj. A
纤维质的	fibrosus adj. A
纸质的	papyraceus adj. A
	chartaceus adj. A
环纹状的	annulatus adj. A
松软的	laxus adj. A
软骨质的	cartilagineus adj. A
具小泡的	vesicularis adj. B
具鳞片的	lepidotus adj. A
	paleaceus adj. A
具白粉的	pruinosus adj. A
具腺体的	glandulosus adj. A
具光泽的	splendens part. B
	nitidus adj. A
	vernicosus adj. A
具条纹的	striatus adj. A
具孔点的	punctatus adj. A
具黏性的	viscidus adj. A
	glutinosus adj. A
具黏汁的	mucosus adj. A
具纵沟槽的	sulcatus adj. A
具刺的	spinosus adj. A
	echinatus adj. A
具皮刺的	aculeatus adj. A
具乳头的	papillosus adj. A
	papulosus adj. A
具灰白毛的	incanus adj. A

具短柔毛的	pubescens part. B
具疏柔毛的	pilosus adj. A
具刚毛的	setosus adj. A
具长柔毛的	villosus adj. A
具蛛丝状毛的	arachnoideus adj. A
具糙硬毛的	hispidus adj. A
具髯毛的	crinitus adj. A
	barbatus adj. A
具绢毛的	sericeus adj. A
具睫毛的	ciliatus adj. A
具螫毛的	urens part. B
具螫刺的	stimulosus adj. A
具髓质的	medullosus adj. A
质地	consistentia s. f. I
乳头	papilla s. f. I
乳头状突起的	papilliformis adj. B
乳头状的	theloides adj. C
变黑的	nigerescens part. B
泡	bulla s. f. I
泡状的	vesicularis adj. B
油质的	oleaginosus adj. A
草质的	herbaceus adj. A
革质的	coriaceus adj. A
厚皮的	pachydermus adj. A
	pachyphloeus adj. A
星状毛的	stellipilis adj. B
骨质的	osseus adj. A
骨质化的	ossificatus adj. A
透明的,玻璃质的	vitreus adj. A
	perspiccus adj. A
毡毛状的	velutinus adj. A
疣	verruca s. f. I
柔毛	pubes s. f. III. viii
绒毛	velluss. n. III

胶质的	gelatinosus adj. A
被粉的	farinosus adj. A
被绒毛的	tomentosus adj. A
被短绒毛的	velutinus adj. A
被厚绒毛的	peronatus adj. A
被糙伏毛的	strigosus adj. A
被白霜的	glaucus adj. A
流苏状的	fimbriatus adj. A
海绵质的	spongiosus adj. A
硅质的	silicieus adj. A
粗厚的	crassus adj. A
粗糙的	scaber adj. B
	asper adj. B
	muricatus adj. A
密度	consistentia s. f. I
绵毛	lana s. f. I
绵毛状的	lanatus adj. A
最薄的	tenuissimus adj. superpl.
短绒毛	velvetums. n. II
睫毛,缘毛	cilium s. n. II
蜂巢状的	scrobiculatus adj. A
暗色的	opacus adj. A
裸露的	nudus adj. A
	denudatus adj. A
蜡质的	ceraceus adj. A
膜质的	membranaceus adj. A
髯毛	barba s. f. I
瘤状的	tylodes adj. C
	vesiculatus adj. A
薄皮的	leptodermaticus adj. A
	leptodermicus adj. A
薄的	tenuis adj. B
鳞片	squama s. f. I

15. 位置关系

| 二列的 | bifarius adj. A |
| | distichus adj. A |

| 丁字着生的 | versatilis adj. B |
| 三列的 | triserialis adj. B |

附录二 常见植物学拉丁文词汇

中文	拉丁文		
三列生的	triplostichus	adj.	A
三行排列的	trifarius	adj.	A
三叶轮生的	ternus	adj.	A
上位的	epigynus	adj.	A
	superjectus	part.	A
上升的	assurgens	part.	B
	ascendens	part.	B
下降的	descendens	part.	B
下位的	hypogynus	adj.	A
互生的	alternativus	adj.	A
开展的	patens	part.	B
无定向的	vagus	adj.	A
内向镊合状的	induplicatus	adj.	A
内向的	introrsus	adj.	A
	anticus	adj.	A
内折的	introflexus	adj.	A
中间的	medius	adj.	A
反向的	antitropus	adj.	A
反向的,反转的	conversus	part.	A
反叠的	replicatus	adj.	A
反折的	reflexus	part.	A
	recurvus	adj.	A
方向	cursus	s. m.	IV
	directio	s. f.	III
水平的	horizontalis	adj.	B
双生的	geminatus	adj.	A
	duplicatus	adj.	A
双盖覆瓦状的	quincuncialis	adj.	B
边着生的	palaceus	adj.	A
	marginalis	adj.	B
布局,排列	ordinatio	s. f.	III
东方	oriens	s. m.	III . ix
东方的	orientalis	adj.	B
北方	septentrio	s. m.	III
北方的	borealis	adj.	B
叶生的	epiphyllus	adj.	A
	foliaris	adj.	B
叶腋生的	axillaris	adj.	B
丛生的	caespitosus	adj.	A
外面的	externus	adj.	A
外向的	posticus	adj.	A
	extrorsus	adj.	A
对,成对	par	s. n.	III
对生的	oppositus	adj.	A
对折的	conduplicatus	adj.	A
出土的	epigaeus	adj.	A
西方	occidens	s. m.	III . ix
西方的	hesperius	adj.	A
	occidentalis	adj.	B
在四面八方	omnifariam	adv.	
连续的	continuus	adj.	A
远离的	remotus	adj.	A
地上的	epigaeus	adj.	A
地下的	subterraneus	adj.	A
	hypogaeus	adj.	A
地上生的	supraterraneus	adj.	A
各个方向	quoquoversus	adv.	
各处都无	nullibi	adv.	
合生的	connatus	part.	A
	accretus	part.	A
	consociatus	part.	A
多列的	multifarius	adj.	A
多列地	multifariam	adv.	
多行的	polystichus	adj.	A
向外卷的	revolutus	part.	A
向内卷的	involutus	part.	A
	involvens	part.	B
向右缠绕地	dextrorsum	adv.	
向左缠绕地	sinistrorsum	adv.	
交互对生的	decussatus	adj.	A
并列的,并生的	collateralis	adj.	B
花被卷迭式	aestivatio	s. f.	III . vi
	praefloratio	s. f.	III . vi
扭转的	spiraliter	adj.	B

	contortus	part.	A
折扇状的	plicatus	adj.	A
里面的	internus	adj.	A
	penitus	adj.	A
周位的	perigynus	adj.	A
位置	positio	s. f.	III. vi
间断的	interruptus	adj.	A
附生的	adhaerens	part.	B
	epiphyticus	adj.	A
直生的	orthotropus	adj.	A
茎生的	caulinus	adj.	A
顶生的	terminalis	adj.	B
顶部生的	apicalis	adj.	B
轮生的	verticillatus	adj.	A
	verticillaris	adj.	B
侧着生的	laterlis	adj.	B
单生的,单独的	solitarius	adj.	A
单列的	unifarius	adj.	A
单侧的	unilateralis	adj.	B
	secundus	adj.	A
底着生的	innatus	adj.	A
居中的	intermedius	adj.	A
南方	meridies	s. m.	V
南方的	meridionalis	adj.	B
	australis	adj.	B
莲座状的	rosulatus	adj.	A
	rosulans	adj.	B
背着生的	dorsalis	adj.	B
贴生的	adnatus	adj.	A
结合的	cohaerens		

	coalitus	adj.	A
根生的	radicalis	adj.	B
倒置的	resupinatus	part.	A
倒向的	retrorsus	adj.	A
皱褶的	corrugatus	part.	A
留土的	subterraneus	adj.	A
离生的	distinctus	adj.	A
基着生的	basilaris	adj.	B
排列	dispositio	s. f.	III. vi
	collocatio	s. f.	III. vi
悬垂的	dependens	part.	B
旋卷的	convolutus	part.	A
密集的	confertus	part.	A
散生的	sparsus	adj.	A
腋生的	alaris	adj.	B
腋上生的	superaxillaris	adj.	B
腋下生的	subaxillaris	adj.	B
叠置的	superpositus	part.	A
蓆卷的(席卷)	convolutus	part.	A
聚集的	aggregatus	adj.	A
	conglomeratus	adj.	A
聚合的	symphorosus	adj.	A
横生的	amphitropus	adj.	A
靠合的	connivens	part.	B
镊合状的	valvaris	adj.	B
膝曲的	geniculatus	adj.	A
簇生的	cespitosus	adj.	A
	fasciculatus	adj.	A
覆瓦状的	imbricatus	part.	A
攀援的	scandens	part.	B

16. 常用的其他词汇

一致的	conveniens	part.	B
一般的	vulgatus	part.	A
人工的,人为的	artifactus	adj.	A
大量,丰富的	scatens	part.	B
小心的	diligens	part.	B

不同,区别	discrimen	s. n.	III. vi
不同的,不相等的	dispar	adj.	B
	discrepans	part.	B
不同色的	versicolor	adj.	B
不活动的	sedentarius	adj.	A

附录二　常见植物学拉丁文词汇

不必要的	superfluus adj. A
分离的,分开的	dissocians part. B
	discedens part. B
分散的,分开的	dissitus adj. A
	distans part. B
	dispersus part. A
	displicatus part. A
气味	odor s. m. Ⅲ. ∨
无气味的	inodorus adj. A
正确的	accuratus adj. A
古老的,古代的	antiquus adj. A
可食用的	edulis adj. B
可区别的	distinguibilis adj. B
可证明的	demonstrabilis adj. B
可疑的	dubius adj. A
生动的,光亮的	vividus adj. A
主要的	primarius adj. A
发现的	inventus part. A
发育了的,完成了的	effectus part. A
发霉的	mucidus adj. A
出版的	evulgatus part. A
有限的	determinatus part. A
有限数的	definitus part. A
有区别的	distinguibilis adj. B
有气味的	odoratus part. A
	odorus adj. A
有害的,有毒的	sceleratus part. A
有病的	morbidus adj. A
	morbosus adj. A
	aeger adj. A
	aegrotus adj. A
有虫瘿的	cecidiophorus adj. A
死的	mortuus part. A
	defunctus part. A
成双的,成对的	geminus adj. A
	gemellus adj. A
扩张的,膨胀的	distentus part. A
扩大的,放大的	ampliatus adj. A
连续不断的	continuus adj. A
虫瘿	galla s. f. Ⅰ
合适的,相宜的	idoneus adj. A
	aptus part. A
会变色的	versicolor adj. B
	versicolorus adj. A
多的,丰富的	scatens part. B
	abundans part. B
	largus adj. A
	abundus adj. A
多余的	superfluus adj. A
休眠着的	dormiens part. A
次要的	accesorius adj. A
收缩的	contractus part. A
扭转的,旋转的	contortus part. A
困难的	difficilis adj. B
每天,通常	quotidianus adj. A
完成的,终了的	terminatus part. A
完全相似的	consimilis adj. B
张开的,裂口的	ringens part. B
奇特的	mirus adj. A
范围,体积,度	dimensio s. f. Ⅲ. Ⅵ
明显的,显然	visibilis part. B
	manifestus adj. A
明晰的	distinctus part. A
非常的	mirus adj. A
注意的	diligens part. B
废弃的,否决的	rejectus part. A
附加的	accesorius adj. A
	adjectus part. A
退化的,缩小的	redactus part. A
枯萎的	emarcidus adj. A
	marcidus adj. A
规定的	dictus part. A
相近的,近亲的	affinis adj. B
相反的	conversus part. A
残余物	reliquiae s. f. Ⅰ(pl.)
保留的	retinens part. B
	retentus part. A
复杂的	contortuplicatus adj. A

美丽的	amoenus adj. A		锄草的,除草的	sarritus part. A
	scitulus adj. A		碱性的	alcalinus adj. A;
	concinnus adj. A		聚积的,集合的	aggregatus part. A
	formosus adj. A		聚成球的	agglomeratus part. A
活的	vegetus adj. A		静止的	sedentarius adj. A
真的,实在的	verus adj. A			immobilis adj. B
缺失	absentia s. f. Ⅰ			quietus adj. A
容易的	facilis adj. B			tranquillus adj. A
符合的	conveniens part. B		漂亮的	amoenus adj. A
清洁的,雅致的	mundus adj. A		腐烂	caries s. f. Ⅲ
	venustus adj. A		腐烂的	cariosus adj. A
清楚的	distinctus part. A			putrefactus part. A
储藏的	conditus part. A			putrescens part. B
富有	scatens part. B		增长的,增大的	auctus part. A
普通的	vulgatus part. A			accrescens part. B
	vulgaris adj. B			increscens part. B
新鲜的	vegetus adj. A		颠倒的	conversus part. A
	vivus adj. A			contrarius adj. A
谨慎的	accuratus adj. A		膨大,扩大	dilatatio s. f. Ⅲ
需氧的,需气的	aerobius adj. A		糖	saccharum s. n. Ⅱ
盐	sal s. m. Ⅲ. Ⅴ		繁茂的	vigens part. B
盐分	salsitudo s. f. Ⅲ			

二、来自希腊文的古拉丁文词汇(主要是植物学词汇)

在拉丁文中有一些词汇,是由希腊文译成的。为了便于大家学习和记忆,这里将一部分与植物学有关的来自希腊文的古拉丁文词汇列出来,并在名词的后面用 m.,f.,n. 对其性属进行标注。

acantha f.	刺	bios m. (life)	生命
aden, adenos f.	腺体	botrys m.	一串葡萄
agrostis f.	禾草	broma n.	食物
ampelos f.	藤本植物	bryon n.	苔藓
anthemon n.	花	calamos m.	芦苇
anthera f.	花药	calyx f.	花萼
antheros	开花	carpos m.	果实
anthos n.	花	carya f.	结坚果的树
balanos f.	橡子	caryon n.	坚果
batos f.	荆棘	caulos m.	茎

clados m.	枝条	myces m.	蘑菇
coccos m.	种子	myron n.	芳香油
crinon n.	百合	nomos m.	草场,牧场
daphne f.	月桂树	nothos	杂种的
dendron n.	树	nyctios	夜里的
derma n.	皮	osme f.（odour）	香味,气味
discos m.	圆盘	petalon n.	花瓣
dry（xeros）	干旱的	phloios m.	树皮
ectos	外面的	phyllon n.	叶
entos	里面的	phyton n.（plant）	植物
gymnos（naked）	裸露的	pitys	松树
hydor n.	水	prason n.	韭菜
hygros	潮湿的	pteris f.	蕨
hyle f.	森林	pyren m.	果核
hyper	在……之上	pyros m.	麦
hypo	在……之下	rhiza f.	根
ios	有毒的	rhodon f.	蔷薇花
isos	相等的	semia f.	旗瓣(蝶形花科)
lichen m.	地衣	spathe f.	佛焰苞
lobos m.	蒴果	sperma n.	种子
mecon f.	罂粟花	spora f.	孢子
meli n.	蜜	stelma n.	花冠
melon n.	苹果	stemon m.	雄蕊
monos	单独的	stylos m.	花柱
morphe f.	形态	xylon n.	木材

三、希腊文和拉丁文重要的前缀与后缀

1. 前缀

mono-(希)uni-(拉) 一,如 monanthos 一朵花,uniflorus 单花的
di-(希)bi-(拉) 二,如 diphyllus 具二叶的,bifoliatus 具二叶的
tri-(希,拉) 三,如 triacanthos 具3刺的, triangularis 具三角的
tetra-(希)quadri-(拉) 四,如 tetraphyllus 具四叶的,quadrifolius 具四叶的
penta-(希)quinque-(拉) 五,如 pentaphyllus 具五叶的,quinquefolius 具五叶的
hexa-(希)sex-(拉) 六,如 hexagonus 六面的,sexangularis 六角的
hepta-(希)septem-(拉) 七,如 heptapetalus 具七花瓣的,septemlobus 七裂的
octo-(希,拉) 八,如 octandrus 具八雄蕊的,octoflorus 具八朵花的

ennea-（希）novem-, noven-（拉）　九，如 enneafolius 具九花的，novemnervis 具九条脉的
deca-（希）decem-（拉）　十，如 decapetalus 具十花瓣的，decemlobus 具十裂片的
hendeca-（希）undecim-（拉）　十一（以下略去例子）
dodeca-（希）duodecim-（拉）　十二
icos-（希）viginti-（拉）　二十
hecto-, hecato-（希）centi-（拉）　一百
dicha-, dicho-（希）bi-（拉）　二分的
myrio-（希）pluri-（拉）　无数的
oligo-（希）pauci-（拉）　少数的
poly-（希）multi-（拉）　许多的
pleio-（希）pauci-（拉）　稀少
panto-（希）pan-（拉）　所有
macro-, mega-, megalo-（希）grandi（拉）　大
micro-（希）parvi-（拉）　小
lepto-（希）tenui-（拉）　薄，弱
platy-（希）lati-（拉）　阔
brachy-（希）brevi-（拉）　短的
dolicho-（希）longi-（拉）　长的
steno-（希）angusti-（拉）　狭窄
pachy-（希）crassi-（拉）　厚的
leio-（希）laevi-（拉）　光滑
gymno-（希）nudi-（拉）　裸露
e-, ex-（希）a-, an-（拉）　缺，无
chloro-（希）viridi-（拉）　绿色
melano-（希）atri-, atro-（拉）　黑色
ochro-, zantho-（希）flavi-（拉）　黄色
dasy-（希）tricho-（拉）　具毛的
erio-, lasio-（希）lani-（拉）　羊毛状的
apo-（希）a-, ab-, ex-（拉）　离开
anti-（希，拉）　反，抵抗
hypo-（希）infra-, sub,（拉）　在下
endo-（希）intro-, intra-（拉）　在内
epi-（希）super-, supra-（拉）　在上
hetero-（希）aniso-（拉）　不同的，不等的

值得注意的是，有几个前缀在组合新的单词时具有规律性的变化。

a-, ab-（拉）：无，缺，反，背，分离。a- 一般位于以辅音开始的音节前；ab- 一般位于以元音或辅音 h 开始的音节前。

ad-（拉）：向着，朝着，在上，增强，在旁边。当该前缀用在以 c, f, g, l, n, p, r, s, t 开始的词

前时,ad-中的 d 变为后随的字母,例如,affinitas(亲缘关系),agglomeratus(聚集成球的),appendix(附录)。

com-(拉):合,同,一起,同……一起。com-仅用于以 b,m,p,f(一部分)开始的词前;用在以元音及以 h,gn 开始的词前,变为 co-;用在以 c,d,f,g,i,n,q,s,t,w 开始的词前,变为 con-;用在以 l 开始的词前,变为 col-;用在以 r 开始的词前,则变为 cor-。

ex-(拉):向外,外,去。用在以 b,d,g,h,l,m,n,p,r 开始的词根前,有时简写成 e-;用在以 f 开始的词根前,一般变成 ef-。

in-(拉):向内,无,进入。用在以 l 开始的词干前,变成 il-;用在以 r 开始的词干前,变成 ir-;用在以 b,m,p 开始的词干前,变成 im-。

sub-(拉):略,稍微,近乎,几乎,附近,下,亚。有时 sub-中的 b 要随前缀后面紧随的音节的第一个辅音字母发生变化,例如,在以 c 开始的音节前,可变为 suc-;在以 f 开始的音节前,可变为 suf-;依此类推,分别可变为 sul-,sum-,sup-,sur-,sus-等。

syn-(希):共,一起,合。在以 b,m 和 p 开始的音节前,变为 sym-;在以 l 开始的音节前,变为 syl-;在以 r 开始的音节前,变为 syr-;在以 s 开始的音节前,变为 sy-或 sys-。

2. 后缀

(1) 形容词性的词尾

-aeus, -a, -um; -eus, -a, -um; -icus, -a, -um(希)-anus, -a, -um(拉)　属于……的

-aticus, -a, -um; atilis,-is, -e;-estris (-ester), -is, -e(希)(拉)　表示生长在……地方

-arius, -a, -um(拉)　表示联系或占有

-ascens(拉)　表示转变的过程

-bilis, -is, -e; -ilis, -is, -e(拉)　表示具能力

-ius, -a, -um(希)　具有……特性的

-ineus, -a, -um(希,拉)　表示带有颜色的或具材质的

-ivus, -a, -um(拉)　表示具能力,具有……性状

-oides, -des; -otus, -a, -um(希)-oideus, -a, -um(希,拉)　像……样的,类似的

-osus, -a, -um; ulentus, -a, -um; -olentus, -a, -um(拉)　表示丰富的,充分的,或显著发展的

(2) 名词性的词尾

-aster (m. Ⅱ); -astra (f. Ⅰ); -astrum (n. Ⅱ)(拉)　表示次等级或不完全相似性

-bulum (n. Ⅱ), -bula (f. Ⅰ)(拉)　表示一种工具或方法

-carpa(s. f. Ⅰ);-carpus(s. m. Ⅱ);-carpum(s. n. Ⅱ)(希)表示果

-cella (f.. Ⅰ), -cellus (m. Ⅱ), -cellum (n. Ⅱ)(拉)　表示小的,称为小词

-cilla (f. Ⅰ), -cillus (m. Ⅱ), -cillum (n. Ⅱ)(拉)　表示小的,称为小词

-cula (f. Ⅰ), -culus (m. Ⅱ), -culum (n. Ⅱ)(拉)　表示小的,称为小词

-etum (n. Ⅱ)(拉)　表示一个植物种群生长的地方

-ella (f. Ⅰ), -ellus (m. Ⅱ), -ellum (n. Ⅱ)(拉)　表示小的,称为小词

-ias (m. Ⅰ);-is (f. Ⅲ); -ites (m. Ⅰ); -itis (m. Ⅲ)(希)-ago (f. Ⅲ)(拉)　表示密切联系

-ides (f. Ⅲ)(希),-ago (f. Ⅲ)(拉)　表示相似
-idium (n. Ⅱ); -ium (n. Ⅱ); -iscus (m. Ⅱ)(希)　表示小的,称为小词
-illa (f. Ⅰ), -illus (m. Ⅱ), -illum (n. Ⅱ)(拉)　表示小的,称为小词
-ion (n. Ⅱ)(希)　表示出现
-ma (n. Ⅲ)(希)　表示一个动作的结果
-sis (f. Ⅲ)(希)-io (f. Ⅲ)(拉)　表示抽象的或一般性质的动作
-orium (m. Ⅱ)(拉)　表示工作或动作发生的地方
-ugo (f. Ⅰ)(拉)　表示物质或具有的性质
-ula (f. Ⅰ), -ulus (m. Ⅱ), -ulum (n. Ⅱ)(拉)　表示小的,称为小词

注意,形容词性的后缀词尾-limus 是 6 个以-ilis 结尾的形容词最高级的结尾,即 facillimus(最容易的),difficillimus(最困难的),simillimus(最相似的),dissimillimus(最不同的),gracillimus(最细的),humillimus(最矮的)。

四、常见生物的拉丁文名称

1. 微生物名称

actinomyces, -etis　s. m. Ⅲ　放线菌　　　　fungulus s. m. Ⅱ　真菌
agaricus s. m. Ⅱ　真菌　　　　　　　　　　microbus s. m. Ⅱ　微生物,细菌
bacillus s. m. Ⅱ　杆菌　　　　　　　　　　anaerobia-orum s. n. Ⅱ (pl.)　嫌气性细菌
bacterium s. n. Ⅱ　细菌(希)　　　　　　　cerobia-orum s. n. Ⅱ (pl.)　好气性细菌
blastomycetes s. m. Ⅲ　酵母菌　　　　　　saccharomyces,-etis s. m. Ⅲ　酵母菌
cordiceps, -ipis s. m. Ⅲ　冬虫夏草　　　　tetanus s. m. Ⅱ　破伤风菌
ergota s. f. Ⅰ　麦角菌　　　　　　　　　　typhus s. m. Ⅱ　伤寒菌
faex, -cis s. f. Ⅲ　酵母菌　　　　　　　　virus s. n. Ⅱ　病毒

2. 植物名称

在拉丁文词汇中,绝大多数植物的名称就是其学名所属的属名,但作为一种植物的名称时,拉丁文单词的第一个字母不能大写,在正式出版物中也不排斜体。另外,有些木本植物的拉丁文名称是以-us 结尾的,属于阳性名词,使用时必须按第 Ⅱ 变格法进行变格,这与其学名中属名的性属是不同的。还有些植物名称的性属与其他植物学名的性属不同。

agastachis, -idis s. f. Ⅲ　藿香　　　　　　apium s. n. Ⅱ　芹菜
agrimonia s. f. Ⅰ　龙芽草(仙鹤草)　　　　arachis, -idis s. f. Ⅲ　花生
alfalfa s. f. Ⅰ　苜蓿　　　　　　　　　　　areca s. f. Ⅰ　槟榔
alga s. f. Ⅰ　藻　　　　　　　　　　　　　avena s. f. Ⅰ　燕麦
alhag s. n. Ⅲ　骆驼棘　　　　　　　　　　beta s. f. Ⅰ　甜菜
allium s. n. Ⅱ　葱　　　　　　　　　　　　bombax, -cis s. m. Ⅲ　棉花
anisum s. n. Ⅱ　茴香　　　　　　　　　　　brassica s. f. Ⅰ　甘蓝

附录二 常见植物学拉丁文词汇

cacao s. n. Ⅲ 可可豆	myrica s. f. Ⅰ 杨梅
canna s. f. Ⅰ 美人蕉	napus s. m. Ⅱ 芜菁,萝卜
capsicum s. n. Ⅱ 辣椒	nicotiana s. f. Ⅰ 烟草
carica s. f. Ⅰ 番木瓜	oryza s. f. Ⅰ 水稻
carota s. f. Ⅰ 胡萝卜	panax, -acis s. f. Ⅲ 人参
cepa s. f. Ⅰ 洋葱	panicum s. n. Ⅱ 黍
cerasus s. f. Ⅱ 樱桃树	persica s. f. Ⅰ 桃
cerasum s. n. Ⅱ 樱桃	phaseolus s. m. Ⅱ 菜豆
cinas. f. Ⅰ 山道年蒿	pinellia s. f. Ⅰ 半夏
citrus s. m. Ⅱ 柑橘	pinus s. f. Ⅱ 松
coptis, -idis s. f. Ⅲ 黄连	piper, -eris s. n. Ⅲ 胡椒
crambe, -es s. f. Ⅲ 白菜(希)	pirus s. f. Ⅱ 梨树
cucumis, -eris s. m. Ⅲ 黄瓜	pirum s. n. Ⅱ 梨
cucurbita s. f. 南瓜	pisum s. n. Ⅱ 豆
cyanus s. m. Ⅱ 矢车菊	plantago, -inis s. f. Ⅲ 车前草
cynacantha s. f. Ⅰ 野蔷薇	platycodon s. n. Ⅲ 桔梗
dahlia s. f. Ⅰ 大丽菊	polygala s. f. Ⅰ 远志
daucus s. m. Ⅱ 胡萝卜	polygonum s. n. Ⅱ 蓼
faba s. f. Ⅰ 蚕豆	populus s. f. Ⅱ 白杨
fragaria s. f. Ⅰ 草莓	prunus s. f. Ⅱ 李
gramen, -inis s. n. Ⅲ 麦类	punica s. f. Ⅰ 石榴
granatum s. n. Ⅱ 石榴	pyrethrus s. f. Ⅱ 除虫菊
helianthus s. m. Ⅱ 向日葵	quercus s. f. Ⅳ 栎树
herpes, -etis s. m. Ⅲ 苔藓	raphanus s. m. Ⅱ 萝卜
herpetica s. f. Ⅰ 地衣	rhododendron s. n. Ⅱ 杜鹃,石南花
hordeum s. n. Ⅱ 大麦	ricinus s. n. Ⅱ 蓖麻
juglans, -andis s. f. Ⅲ 胡桃	rosa s. f. Ⅰ 蔷薇
kaki s. n. Ⅱ 柿	ruta s. f. Ⅰ 芸香草
lactuca s. f. Ⅰ 莴苣	saccharum s. n. Ⅱ 甘蔗(pl. gen.)
leguminosae s. f. Ⅰ 豆类(复数)	salix, -lcis s. f. Ⅲ 柳
lens s. f. Ⅲ 扁豆	sambucus s. f. Ⅱ 接骨木
linum s. n. Ⅱ 亚麻	santalum s. n. Ⅱ 白檀
luffa s. f. Ⅰ 丝瓜	sapinus s. f. Ⅱ 松柏
lycopersicum s. n. Ⅱ 番茄	secale s. n. Ⅲ 黑麦
malus s. f. Ⅱ 苹果树	senna s. f. Ⅰ 番泻叶(一种决明)
malum s. n. Ⅱ 苹果	sesamum s. n. Ⅱ 芝麻
mays, maydis s. f. Ⅲ 玉蜀黍	siser, -eris s. n. Ⅲ 甜菜
metel s. n. Ⅲ 颠茄	solanum s. n. Ⅱ 马铃薯
mais, -idis s. f. Ⅲ 玉蜀黍	sorghum s. n. Ⅱ 高粱

spinacia s. f. Ⅰ 菠菜
tabacum s. n. Ⅱ 烟草
taraxacum s. n. Ⅱ 蒲公英
thea s. f. Ⅰ 茶
trifolium s. n. Ⅱ 三叶豆
triticum s. n. Ⅱ 小麦
tulipa s. f. Ⅰ 郁金香
ulmus s. f. Ⅱ 榆树

uva s. f. Ⅰ 葡萄
vanilla s. f. Ⅰ 香草
veratrum s. n. Ⅱ 藜芦
verbena s. f. Ⅰ 马鞭草
viola s. f. Ⅰ 紫罗兰
vitis s. f. Ⅲ 葡萄
zea s. f. Ⅰ 玉蜀黍

3. 动物名称

alauda s. f. Ⅰ 百灵鸟
anas, -atis s. f. Ⅲ 鸭
anguis s. m. / f. Ⅲ 蛇
aphis, -idis s. Ⅲ 蚜虫
apis s. f. Ⅲ 蜜蜂
aquila s. f. Ⅰ 鹰
aranea s. f. Ⅰ 蜘蛛
avis s. f. Ⅲ 鸟
barrus s. m. Ⅱ 象
blatta s. f. Ⅰ 蟑螂
bos, bovis s. m. / f. Ⅲ 牛
brutum s. n. Ⅱ (pl.) 禽兽,牲畜
bubalus s. m. Ⅱ 野牛
bufo, -onis s. m. Ⅲ 蟾蜍
caballus s. m. Ⅱ 马
cancer s. m. Ⅱ 蟹
canis s. m. / f. Ⅲ 狗
capra s. f. Ⅰ 山羊
cervus s. m. Ⅱ 鹿
chelys s. f. Ⅲ 龟
colubra s. f. Ⅰ 蛇
concha s. f. Ⅰ 贝壳
corvus s. m. Ⅱ 乌鸦
culex, cuicis s. m. Ⅲ 蚊子
cuniculus s. m. Ⅱ 家兔
curculio s. m. Ⅲ 甲虫
cycnus s. m. Ⅱ 天鹅
elephas, -antis s. m. Ⅲ 象
equus s. m. Ⅱ 马

felis s. f. Ⅲ 猫
formica s. f. Ⅰ 蚂蚁
gallina s. f. Ⅰ 母鸡
gallus s. m. Ⅱ 公鸡
hippopotamus s. m. Ⅱ 河马
hirundo s. f. Ⅲ 燕子
homo, -inis s. m. Ⅲ 人
hystrix s. f. Ⅲ 豪猪
insectum s. n. Ⅱ 昆虫
limax s. m. / f. Ⅲ 蛞蝓
mus, muris s. m. / f. Ⅲ 鼠
musca s. f. Ⅰ 苍蝇
ostrea s. f. Ⅰ 牡蛎
ovis s. f. Ⅲ 绵羊
pectunculus s. m. Ⅱ 螺蛳
pediculus s. m. Ⅱ 虱
pica s. f. Ⅰ 喜鹊
piscis s. m. Ⅲ 鱼
polypus s. m. Ⅱ 水螅
porcus s. m. Ⅱ 猪
psistacus s. m. Ⅱ 鹦鹉
rana s. f. Ⅰ 青蛙
rhinoceros s. m. Ⅲ 犀牛
sanguisuga s. f. Ⅰ 水蛭
scolopendra s. f. Ⅰ 蜈蚣
scorpio, -onis s. m. Ⅲ 蝎子
sus, suis s. m. / f. Ⅲ 猪
taenia s. f. Ⅰ 绦虫
sciurus s. m. Ⅱ 松鼠

taurus s. m. Ⅱ 公牛	veapertilio, -onis s. m. Ⅲ 蝙蝠
testudo, -inis, s. f. Ⅲ 龟	vespertilios s. m. Ⅱ 蝙蝠
tigris s. m. Ⅲ 虎	vitula s. f. Ⅰ 母牛犊
ursa s. f. Ⅰ 母熊	vitulus s. m. Ⅱ 公牛犊
ursus s. m. Ⅱ 公熊	vulpes s. f. Ⅲ 狐
vacca s. f. Ⅰ 母牛	vultur, -uris s. m. Ⅲ 鹞鹰

五、附图

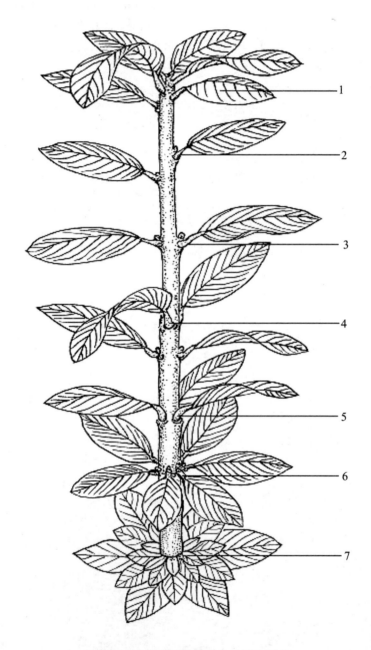

附图 2.1　植物叶的着生方式示意图

1. 簇生的 cespitosus，或称密集的 fasciculatus 或 confertus；　2. 互生的 alternativus；
3. 对生的 oppositus；　4. 交互对生的 decussatus；　5. 三叶轮生的 ternus；　6. 轮生的 verticillatus；　7. 莲座状的 rosulatus（或称聚集的 coacervatus；丛生的 caespitosus）

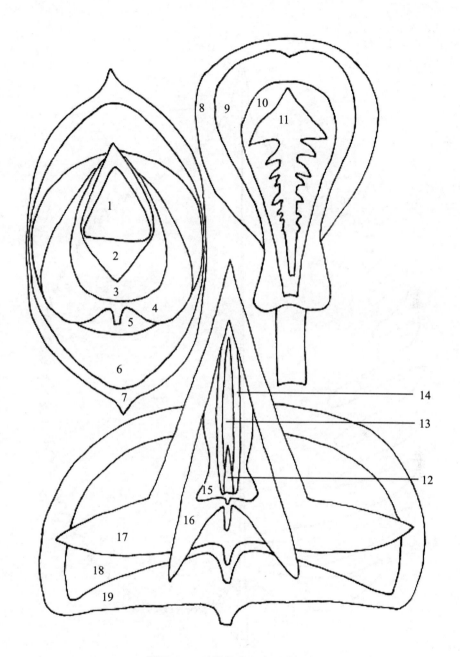

附图 2.2　叶片轮廓形态示意图

1. 三角形的 triangularis；　2. 菱形的 rhombeus(rhomboideus)；　3. 卵形的 ovatus；　4. 心形的 cordatus(cordiformis)；　5. 圆形的 orbicularis；　6. 椭圆形的 ellipticus 或 ovalis；　7. 矩圆形的 oblongus；　8. 匙形的 spathulatus；　9. 提琴形的 panduratus(panduriformis)；　10. 楔形的 cuneiformis；　11. 倒羽状的 runcinatus；　12. 钻形的 subulatus；　13. 线形的 linearis；　14. 剑形的 ensiformis(gladiatus)；　15. 耳形的 auriculatus；　16. 箭头形的 sagittatus；　17. 戟形的 hastatus；　18. 新月形的 lunatus(lunulatus; semilunatus)；　19. 肾形的 reniformis

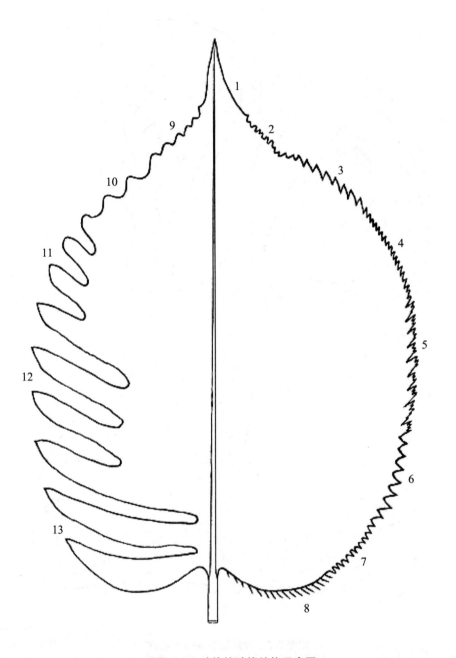

附图 2.3　叶片的叶缘结构示意图

1. 全缘的 integer；　2. 啮蚀状的 erosus；　3. 有锯齿的 serratus；　4. 有细锯齿的 serrulatus；
5. 具重锯齿的 biserratus；　6. 有牙齿的 dentatus；　7. 具小牙齿的 denticulatus；　8. 具睫毛的 ciliatus；　9. 具圆齿的 crenatus；　10. 皱波状的 crispus；　11. 浅裂的 lobatus；　12. 半裂的 fissus；　13. 深裂的 partitus(二深裂的 bipartitus；三深裂的 tripartitus；羽状浅裂的 pinnatilobtus；羽状半裂的 pinnatifidus；羽状深裂的 pinnatipartitus；羽状全裂的 pinnatisectus)

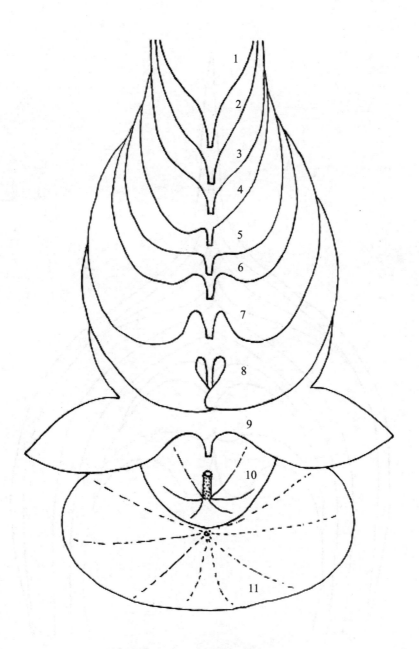

附图 2.4 叶片基部形态示意图

1. 狭窄的 angustatus； 2. 楔形的 cuneatus 或 coneiformis； 3. 宽楔形的 late cuneatus； 4. 歪斜的 obliquus 或 inaequalis； 5. 截形的 truncatus； 6. 近心形的 subcordatus； 7. 心形的 cordatus； 8. 耳形的 auriculatus 或 auriformis； 9. 戟形的 hastatus； 10. 穿叶的 perfoliatus； 11. 盾状的 peltatus

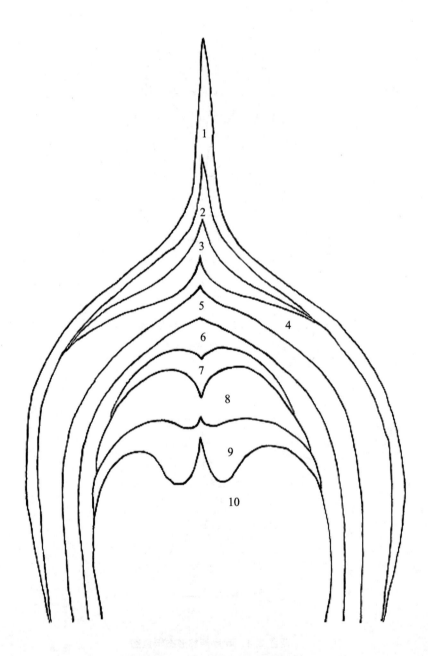

附图 2.5 叶片顶端形态示意图

1. 尾尖状的 caudatus； 2. 喙状的 rostratus； 3. 具骤尖头的 cuspidatus； 4. 具短喙的 rostellatus,或具短尖头的 mucronatus； 5. 急尖的 acutus； 6. 钝的 obtusus； 7. 微凹的 retusus； 8. 缺刻的 accisus； 9. 截形的 truncatus； 10. 三齿的 tridentatus

附录二 常见植物学拉丁文词汇 231

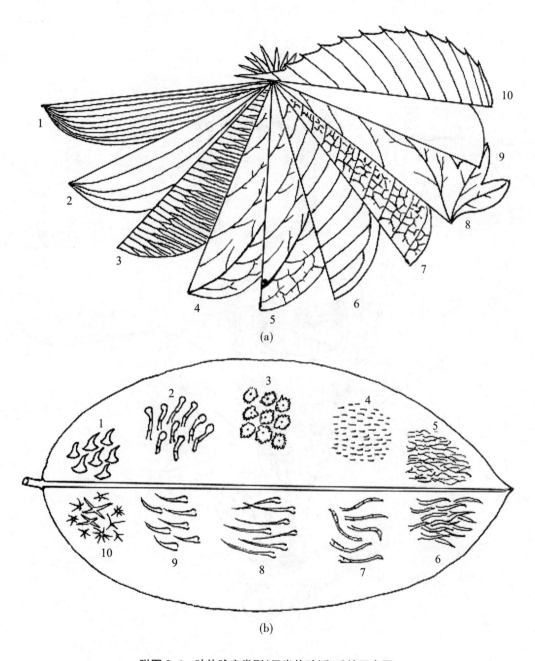

附图2.6 叶片脉序类型(示半片叶)和毛被示意图

(a) 1. 平行脉的 parallelus； 2. 弧状脉的 camptodromus； 3. 叉状脉的 furcatus； 4. 三出脉的 trinervis； 5. 离基三出脉的 triplinervis； 6. 环状脉的 brochidodromus； 7. 网状脉的 reticulatus； 8. 掌状脉的 palmiformis； 9. 无脉的 enervis； 10. 羽状脉的 pinnatus，或直出羽状脉的 craspedromus

(b) 1. 具皮刺的 aculeatus； 2. 具腺毛的 glandulosus； 3. 具鳞片状毛的 leprosus； 4. 具短柔毛的 pubens； 5. 具棉毛的 lanatus； 6. 具茸毛的 tomentosus； 7. 具疏柔毛的 pilosus； 8. 具绢毛的 sericeus； 9. 具糙伏毛的 strigosus； 10. 具星状毛的 asterotrichus

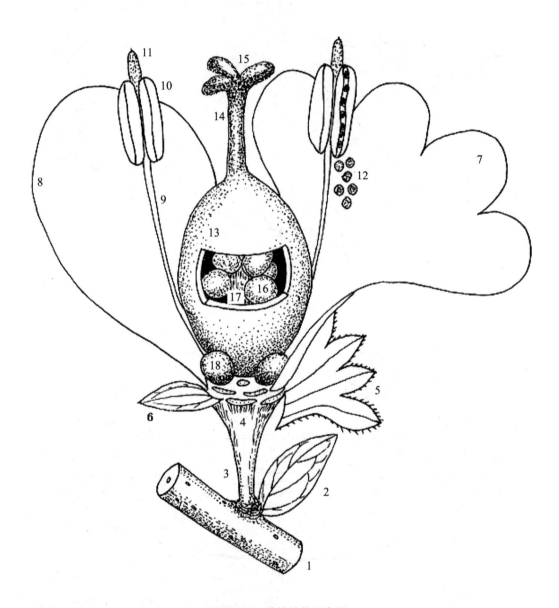

附图 2.7　花的结构示意图

1. 花序梗 pedunculus；2. 苞片 bractea；3. 花柄 pedicellus；4. 花托 receptaculum；5. 花萼 calyx；6. 萼片 sepalum；7. 花冠 corolla；8. 花瓣 petalum；9. 花丝 filum；10. 花药 anthera；11. 药隔 connectivum；12. 花粉 pollen；13. 子房 ovarium；14. 花柱 stylus；15. 柱头 stigma；16. 胚珠 ovulum；17. 胎座 placenta（边缘胎座 placentatio parietalis；中轴胎座 placentatio axilis；顶生胎座 placentatio apicalis；侧膜胎座 placentatio parietalibus；基生胎座 placentatio basalis；特立中央胎座 placentatio centralis libera）；18. 蜜腺 nectarium

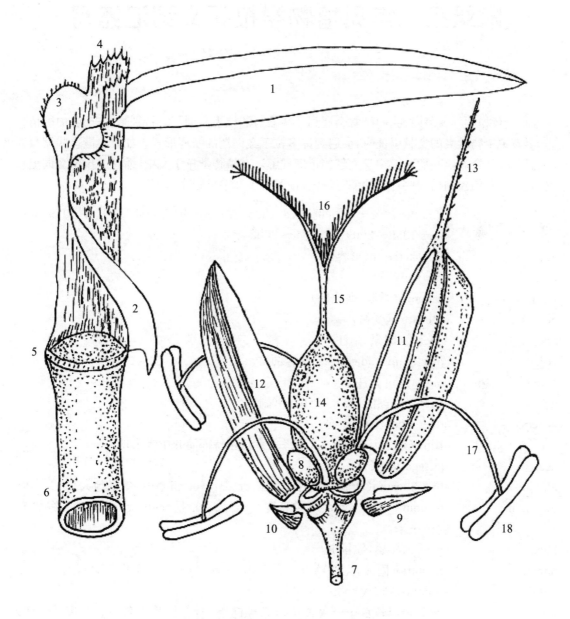

附图2.8 禾本科植物的小穗结构示意图

1. 叶片 lamina； 2. 叶鞘 vagina； 3. 叶耳 auricula； 4. 叶舌 ligula； 5. 节 geniculum； 6. 节间 internodium； 7. 小穗轴 rhachilla 或 axis； 8. 浆片 lodicula； 9. 外颖 valva； 10. 内颖 penitus gluma (9,10. 颖片 gluma)； 11. 外稃 lemma； 12. 内稃 palea (11,12. 稃片 lodicula)； 13. 芒 arista； 14. 子房 ovarium； 15. 花柱 stylus； 16. 柱头 stigma； 17. 花丝 filum； 18. 花药 anthera(8,12,14,15,16,17,18 小花 flosculus)

附录三　常见植物学拉丁文词汇缩写

在阅读植物学文献时,我们经常会遇到一些缩写的拉丁文词汇。特别是在查阅《中国植物志》等有关植物学名的文献引证时,会遇到许多拉丁文词汇的缩写形式。如果不懂这些缩写词汇的词义,就会影响我们对植物学文献的正确理解。在植物学拉丁文中,缩写的拉丁文词汇有很多,下面我们仅列出一些常用的缩写词汇(按照拉丁文字母顺序排列)。

a.	① anno(在……年),例如,a. 1888(在 1888 年);anni 1919(在 1919 年);annis 1999~2002(在 1999~2002 年) ② adiectivum(形容词)
abl.	ablative(夺格)
acad.	academia(学院,研究院)
acc.	accusative(受格)
add.	addenda(附录,附注)
adj.	adiectivum＝adjectives(形容词)
adnot.	adnotatum(附注)
adv.	advena(外国的)或 adverbium(副词)
advers.	adversaria(注释,杂录)
aff.	affinis(近于),affinitate(亲缘关系),在特征简介中常出现
agg.	aggregatio(聚合)
al.	alii / aliorum(其他的人们),例如,et al. ＝ et alii(……等其他人)
alt. s. m.	altitudine supra mare(海拔高度),m. s. m. 是 metre supra mare(海拔高度……米)
ann.	annales(年鉴,编年史)
annot.	annotatio(附注,注释)
ant.	antiquitas(古代)
ap.	apud(同,与,在……著作中),它等同于 et,在植物学名中会出现。例如,*Carex contigua* Hoppe ap. Surm.
app.	appendix(附录)
arch.	archivum(文库,档案)

auct.		auctorum(作者们的),例如:auct. non= auctorum nonnullorum[某些作者们的,而不是……(错误鉴定)](参见第九章第四节"新组合的发表"和《中国植物志》文献引证,有些作者用 non 代替 auct. non)。此外,auct. al. (aliorum)(其他作者的); auct. div. (diversorum)(各个作者的); auct. omn. (omnium)(所有作者的);auct. plur. (plurirum)(多数作者的)
austr.		australis(南方的)
b. / **beat.**		beatus(故亡的)
bor.		borealis(北方的)
bot.		botanica(植物学),botanicus(植物学的)
brev.		brevis(简短的)
bull.		bullarium(通论汇编,集刊)
c.		coensexus(通性名词,或共性名词,共有性别),coen-为希腊文前缀,指即可为阳性,又可为阴性的词类,但这类词与中性名词是不同的
c. / **ca.** / **cr.** / **circ.**		circa, circiter, circum(大约), c. 也常是 cum(与,具,同,和)的缩写,如: c. ic. = cum icone(有一个图); c. fr. = cum fructibus(具一些果实)
cap.		caput(章)
cat.		catalogus(名录,目录)
cet.		ceterus(其他的,其余的),ceterae(其他)
cf.,**cfr.**		confer, conferatur(作比较,作参考,查看,近似于),例如,*Bromus* cf. *brauni* Sennen,是近似该种的意思,但不能确定。另外,cf. lit. speciei(lit. = literaturam)(参考其种的文献)
char.		character(性状,特征)
chron.		chronologia(年鉴)
cit.		citatus(引证的,引用的,转载的)
cm.		centimetrum(厘米),在中国的植物学期刊中的拉丁文描述中都写成 cm,而西方刊物却一直写成 cm.。同样,mm. 是 millimetrum(毫米)
coll.		collectaneus(杂录,汇编,抄录),collectio(采集,采集标本),collectum(采集样品),collector(采集人),例如,coll. no. (numerus)(标本编号)
comb.		combinatio(组合,联合),例如,comb. nov. / n. comb. = combinatio nova(新组合名)(参见第九章第四节"新组合的发表")
comm.		commentarius(说明,注释)
comp.		complexus(复合词)
compar.		comparetivus(比较级的) 或 comp.
conf.		confunditur(混淆)
conj.		coniunctio / coniunctiones=conjectives(连接词)
cons.		conservandus(保留的,保存的)或 conserv.
corr.		correxit,correcttus(他改正了……),或 correct. (改正)
cult.		cultus(栽培的),cultura(栽培)

cv.	cultivarietas(栽培变种)，例如，杭白芷 *Angelica dahurica*(Fisch.) Benth. et Hook. cv. 'Hangbaizhi' Hort.。根据《中国植物志》第 9 卷，将其改译为"栽培型"，这样可能更合适。因为"变种"是指在自然环境条件下发生的变异结果，而栽培型是在人工环境条件下产生的变异
d.	dator, datoris(赠送者)
dat.	dative(与格)
ded.	dedit(赠送)
del. / delin.	delineatio(绘图)
depict.	depictus(绘彩色图)
descr.	descriptio(描述，描记)
design.	designavit(指定)
det.	determinavit(鉴定)
diagn.	diagnosis(特征集要，特征鉴别)
diam.	diametro(直径)
diff.	differentia(区别)
diss.	dissertatio(学位论文)
distr.	districtus(地区，区域)
distrib.	distributio(分布，分布区)
div.	diversus(不同的，各种的)
ed. / edit.	editio(版本)，ed. 不同于 print.，后者指重版、重印
e. g.	exempli gratia(例如)
ejusd.	ejusdem(同一作者的)
el.	elaboravit(修订)
em. / emend.	emendatus(修正的，修订的)，例如，Subgen. *Limniris*(Tausch) Spach em. Rodion.
emen.	emenato(修正，修订)
enum.	enumeratio(名录，列举)
e. p.	ex parte(部分地)
epist.	epistola(书信)
epith. mut.	epitheta mutati(变更了的加词或名称，曾改变的名称)，参见附录一中关于枫香树的文献引证
err.	erratum(误差，勘误表)
ess.	essentialis(重要的)
etc.	et cetera, et coetera(等等)
exam.	examinavit(已研究过，已检查过)
exc.	exceptus(除外，除……以外)
exclude.	excludendus(不应该包括……)
excl.	exclusa, exclusis, excluso(不包括……，除……外)
exempl.	exemplar, exemplaris(标本，样品)

expl.	explanatio, explicatio(说明,解释)
explor.	explorator, exploratoris(研究者)
f.	① forma(变型),为种下单位符号。例如,白玫瑰 *Rosa rugosa* Thunb. f. *alba* (Ware) Rehd.。f. n. = forma nova(新变型)
	② filius(儿子),位于人名的后面。例如,Hook. f. 是 W. J. Hooker 的儿子 J. D. Hooker。Carolus Linnaeus 的儿子是 Carl von Linne,其缩写为 L. f. 或 Linn. f.。Ait.(William Aiton)的儿子是 Ait. f.(William Townsend Aiton)
	③ fide(根据,按照),f. 位于人名的前面。例如,f. Thunb.(按照 Thunb. 的意见)
	④ feminine(阴性)
	⑤ fasciculus(辑,期,册,号)
	⑥ figura(图)
fam.	familia(科)
fasc.	fasciculus(辑,期,册,号)
fem.	femineus(雌性)
fig. / f.	figura(图),figs. 是指 2 幅以上的图。关于 f. 或 fig. 的用法,各作者对图的标注方法不同,例如,f. 282e~f. 283e~h. , f. AA′, f. 2b, f. c. , fig. c~g. 等
fil.	filia(女儿),位于人名的后面
fl.	floret(开花),例如,fl. pl. = flore pleno(具有重瓣花)
f. n.	familia nova(新科)
fol.	folio(具一片叶)或 foliis(具多叶)
foss.	fossilis(化石的)
fr.	fructus(果实)
gen. / g.	genus(属),genericus(属的);例如,g. n. = genus novum(新属)。gen. 也是 genitive(所有格)
ger.	gerundium(动名词)
gerundiv.	gerundivum(将来时被动分词)
GK.	Greek(希腊文)
gr.	grege(类群),grupo(类型)
grad.	gradus(等级)
h.	hortus(花园,园艺),herbarium(标本室)
hab.	habitus(外貌,特征),habitatio(生境,产地)
hb. / herb.	herbarium(标本室)
hist.	historia(历史)
hol.	holotypus(主模式)
hom.	homonymum(同名,异物同名)

hort.	hortulanorum(园艺学家们的)，例如，hort. var. = hortensis varietas(园艺变种)
i. a.	inter alia(其中尤其是)
i. e.	id est(即，就是)
i. q.	idem quod(与……相同的，和……一样)
ib. / ibid.	ibidem(同上，相同的，与前面相同的)
ic.	icon, icones(图，图谱)
icon. / iconogr.	iconographia, ichnographia(图志，图说)
id.	idem(m., n.), eadem(f.)(同样的，相同的)
ign.	ignotus(未知，不详)
ill. / illustr.	illustratio(图鉴，图说)，illustris(著名的)，illustrissimus(最著名的)
illegit.	illegitimum(不合法的)
immat.	immataturus(未成熟的)
imp.	imperialis(帝国的，帝王的)
inadnot.	in adnotatione(在注释中)
inlitt.	in litteris(在通信中)
insched.	in schedula(于标签上)
incert.	incertae, incerti(不确定)
inc. sed.	incertae sedis(分类位置不定的)
incl.	incluso, inclusa, inclusis, inclusus(包括)
ind.	index(索引)
indecl.	indeclension(不变格的)
indet. / ind.	indeterminatus(未能鉴定的，不确定的)
ined.	ineditus(未发表的)
infl.	infloresentia(花序)
inq. / inquil.	inquiinus(引种的)
ins.	insinuatio(报告，公告，宣讲)，insula(岛)
irreg.	irregulare(不规则的)
iuv.	iuvencus(年幼的)
juv.	juvenus(年幼的)
l. c. / loc. cit.	loco citato(见引证过的地方，文献同前)，例如，*Dioscorea acerifolia* Uline ex Diels in Engl. Bot. Jahrb. 29:261. 1900.——*D. giraldii* R. Kunth, l. c. 315. (这里，l. c. 代表 Engl. Bot. Jahrb. 29 卷，1900 年)in loc. cit. = in loco citato(在引证过的地方)(注意区分 l. c. 和 ibid. 的用法)
L.	Latin(拉丁文)；若为正体，是 Linnaeus 的缩写
laps. cal.	lapsus calami(笔误，书写错误)
lg.	longitudo, longus(长度)
lect.	lectus(被……采集的)
leg.	legit(采集)

legit.	legitimum(合法的)
lit. / litt.	littera / litterae(字母,信札)
loc.	locus(产地,地方,出处,原引证自),例如,loc. s. c. =loco supra citato(上面印证的出处)
lt. / lat.	latitudo(宽度)
m. / masc.	masculus(雄性,阳性)
m.	mihi(我),或 metrum(米)
mag.	magnitudo(大小)
man. / ms.	manuscriptum(手稿),或为 msc. / manscr. / mss. (pl.)
mat.	maturus(成熟的)
max.	maximum(最大的)
med.	medius(中等的)
mer.	meridionalis(南方的)
min.	minimus(最小的)
mt. / m.	montes, mons(山脉,山)
mm.	millimetrum(毫米)
m. n.	magnitudo naturalis(原大,自然大小)
m. s.	manu scriptum(手稿)
ms., msc., mss.	manuscriptum(手稿)
mult.	multus(许多,多数)
mus.	museum(博物馆)
mut.	mutatio(突变,异种),或 mutata(改变)
n. / num.	numerus(数,号码),numerale(数词),另外,n. = neuter(中性);n. = nomen(名称);n. =novus(新的),当遇到 n. 缩写时,一定要根据前后文内容才能准确地理解其词义
N. B.	nota bene(注意)
n. g.	novum genus(新属)
n. n.	nomen novum(新名),nomen nudum(裸记名称),nec non(以及)
neg.	negatio(否定),negatum(拒绝使用的)
nm.	nothomorphs(假型,指通过种下单位杂交获得的新分类群)
no.	numerus(数,号码,期),nos. (pl.)
non al.	non aliorum(不是别的作者们)
nob.	nobis(自己的)
nom.	nomen(名称,名),例如,nom. nov. =nomen novum(新改名);nom. cons. =nomen conservandum(保留名,指国际植物命名法规中要求保留的名称);nom. alt. =nomen alternatum(互用名);nom. illeg. =nomen illegitimum(不合法名称,指违反命名法规的名称)。另外,nom. 也是 nominative(主格)

nom. nud.	nomen nudus(裸名),指在发表新分类群时,没有拉丁文特征概要描述,也未指出模式标本,而是用其他文字进行描述的,这样的名称不受命名优先律的保护。例如,*Agave cantala* Roxb. Hort. Beng. 25. 1814. nom. nud.(引自《中国植物志》);sine nom. sp. 无种名(缺种名)
nom. subnud.	nomen subnudus(近裸名)
noth- /notho- /n-	假(GK. comp.)
n. s.	novus series(新系列刊物,新增刊,新丛刊),常见于外国期刊名后面。例如,*Dioscorea nipponica* Makino var. *rosthornii* Prain et Burkill in Journ. Asiat. Soc. Bengal n. s. 10:13. 1914。另外,n. s. =nomen subnudum / nomen seminudum(半裸名),常见于学名的后面
n. sp.	nova species(新种)
n. v.	non vide, non visum(未参阅过)
null.	nullum(无用的,缺少的)
occ. / occid.	occidentalis(西方的)
op. cit.	opus citatum(在引证的著作中)
opp.	oppositus(相反的,相对的)
opt.	optimus(最好的)
or.	orientalis(东方的)
orb.	orbis(世界,全球)
orb. nov.	orbis novus(新世界,新大陆)
orb. vet.	orbis vetus(旧世界,旧大陆)
orth. mut.	orthographia mutata(改变了的拼缀),常见于名称之后
p. / pg.	pagina(页码),或常为 pg. 的形式
part.	participium(分词)
patr. ign.	patria ignota(原产地不详)
p. d.	proprie dicta(其实,直言之)
ped.	pedalis(英尺)
perf.	perfectum(完整的)
pf.	participium futurum(将来时分词)
phil.	philosophia(哲学)
pict.	pictura(彩色图)
pl.	plate(图版),planta(植物),plurea(pl.)。pls. 是指两个以上的图版
plur.	plurimus(多数,复数)
pl. v. m.	plus vel minus(或多或少)
p. m.	plus minisve(或多或少),或为 pl. m.
p. mag. p.	pro magna parte(大部分地),pr. mag. p. 或 p. p. mag.(大部分)
p. maj. p.	pro majore parte(大部分地),pr. maj. p. 或 p. p. maj.(大部分)
p. max. p.	pro maxima parte(绝大部分地),pr. max. p. 或 p. p. max.(绝大部分)

p. min. p.	pro minore parte(小部分地)，pro minima parte(极小部分)；pr. min. p. 或 p.
p. min.	(小部分，极小部分)
poll.	pollen(花粉)，pollicaris(英寸)
p. p.	pro parte(部分地)，例如，*Iris tigridia* Bunge in Ledeb. Fl. Alt. 1:60. 1829；中国高等植物图鉴 5:575. 1976. p. p.(引自《中国植物志》)
pp.	participium perfectum(过去分词)或 paginae(页)(pl.)，praepositio(介词)
ppr.	participium praesens(现在分词)
praeoccup.	praeoccupatum(被占先的，早出的)
praep.	praepositio / praepositiones(介词，前置词)
pron.	pronomen(代名词)
prop.	propositus(建议)
prov.	provincia(省)，provisorius(暂时的，临时的)或 provis.
p. s.	post scriptum(又及，位于信末的附言)
pro syn.	pro synonym(原作为异名)；类似地，有 pro sp.(原作为种)，pro var.(原作为变种)，pro f./forma(原作为变型)，pro hybr.(原作为杂种)。例如，*Myrtus serratus* Koenig ex Steudel, Nomencl. 321. 1821. pro syn.(引自《中国植物志》)
pt.	partim(部分地)
pte.	ex parte(部分地)
q. v.	quod vide(详见，参见，参阅)
quor.	quorumdam(一些作者的)
r., rr.	rarus, rarissimus(稀少，极少)
recent.	recentiorum(近来作者们的，目前作者们的)
reg.	regio(地区，区)
reg. no.	regestum numerus(登记号码)
rejic.	rejiciendum(废弃的)
repert.	repertor(创始人，发明人)，repertorium(清单，记录簿)
rescr.	rescribo, rescriptum(重新描述)
s.	substantiva(名词)或 seu, sive(或)
s. a.	sine anno(未注明年代)，sensu ampliore(广义的)
sc. /scil.	scilicet(即，就是)
sch. / sched.	scheda(标签)
sec.	secundum, secus(根据，按照)，secundus(重复，再次)
sect.	sectio(组)，是属下的一个分类等级
s. ampl.	sensu amplo(广义的)
s. lat.	sensu lato(广义的)
s. ang.	sensu angustiore(狭义的)
s. str.	sensu stricto(狭义的)

sem.	semen(种子)
sens. / s.	sensu(在……意义上,在……理解下)
sept.	septentrionalis(北方的)
ser.	series(系,丛刊,期),是属下的一个分类等级,或者是丛书系列
sin.	sinica, sina(中国的,中国)
sing.	singular(单数)
s. descr.	sine descriptione(没有描述)
s. l.	sensu lato(广义的),例如,*Carex japonica* s. l.(指该种的大种概念)
s. n.	sine numero(无采集号码),sine nomine(没有名称),species nova(新种)
soc.	societas(协会,联盟,团体)
spermat.	spermatophytica(种子植物)
sphalm.	sphalmate(由于错误,错误地)
sp.	species(种, sing.),例如,*Morus* sp.(指桑属的某一种植物);另外,sp. = specimen(标本)
sp. n. / sp. nov.	species nova(新种)
sp. nov. ined.	species nova inedita(未发表的新种)
spp.	species(多个种, pl.),例如,*Morus* spp.(指桑属的多个或许多种植物)
spec.	specimen(标本)
seq.	sequens(以下的,如下的,后面的)
sqq.	sequentes(如下一些)
sub.	subjungo(增补,附录,附注)
subg. / s-g.	subgenus(亚属),或为 s-gg.(pl.)
subs.	subsectio(亚组)
subst.	substitutum(替代的)
sup. cit.	supra citato(上面的引证)
suppl.	supplementum(增刊,附录,补遗)
ssp. / subsp.	subspecies(亚种),为种下单位符号。例如,鄂西清风藤 *Sabia campanulata* Wall. ex Roxb. ssp. *ritchieae* (Rehd. et Wils.) Y. F. Wu
stat. /st. nov.	status novus(新等级)
st. nov.	status novus(新级次)
symb.	symbolae(札记),symbolus(符号)
syn.	synonymum(异名),syn. nov. =synonymum novum(新异名)
s. s. / s. str.	sensu stricto(狭义的)
t.	tomus(卷),tabula(图版),teste(根据,证实)
tab.	tabula(图版,表格)
t. c.	tomus citatus(引证的卷数)
tentat.	tentator(研究者)
tom.	tomus(卷)
transl.	translatium(转移的)

typ. / T.	typus(模式),例如,typ. cons.＝typus conservandus(保留模式)
typogr.	typographico(印刷的)
u.	una(一起,共同,同时)
univ.	universitas(大学)
u. s.	ut supra(如前面,同上,与前面相同)
usu.	usualis(通常的,普遍的)
ut seqq.	ut sequentes(如下),或为 ut seq.
v.	vel(或),vide(参阅),volumen(卷),versus(对,比,向),vulgo(通常地),valva(壳瓣),verbum(动词)
v. a. / v. t.	verbum activum / transitivum(及物动词)
v. n. / v. i.	verbum neutrum / intransitivum(不及物动词)
v. et.	vide etiam(也参阅,同样参见)
v. infra	vide infra(见下面)
v. post	vide post(见后面)
v. supra	vide supra(见上面)
val. /valid.	validum(有效的,生效的)
van.	vanum(妄改的,乱改的)
var. / v.	varietas(变种),为种下单位符号。例如,绿柄白鹃梅 *Exochorda giraldii* Hesse var. *wilsonii* (Rehd.) Rehd.
var. nov.	varietas nova(新变种)
varr.	varietates(多个变种,pl.)
veg.	vegetabilis(植物的),vegetativus(营养体的)
ver.	veritas, veritatis(真正,真实)
vernac.	vernaculum(通俗的)
vetit.	vetitum(禁止的,禁用的)
vid. / v.	vide(参见,参看,参考)
viz.	videlicet(即,就是)
vol. / v.	volumen(卷,册)
voll.	volumina(卷,册,pl.)
vs.	versus(对,比)

参 考 文 献

[1] 胡先骕. 植物分类学简编[M]. 北京:高等教育出版社,1955.
[2] 谢大任. 拉丁文语法[M]. 北京:商务印书馆,1959.
[3] 中国科学院编译出版委员会名词室. 俄拉汉种子植物名称[M]. 北京:科学出版社,1959.
[4] 中国植物志编辑委员会. 中国植物志:第2卷[M]. 北京:科学出版社,1959.
[5] 中国植物志编辑委员会. 中国植物志:第11卷[M]. 北京:科学出版社,1961.
[6] 匡可任. 国际植物命名法规(1959年蒙特利尔通过)[M]. 北京:科学出版社,1965.
[7] 中国科学院植物研究所. 中国高等植物图鉴:第2册[M]. 北京:科学出版社,1972.
[8] 中国科学院编译出版委员会名词室. 拉汉种子植物名称[M]. 2版. 北京:科学出版社,1974.
[9] 方文培. 拉丁文植物学名词及术语[M]. 成都:四川人民出版社,1980.
[10] 刘彦华. 拉丁文(油印)[Z]. 牡丹江:牡丹江师范学院教材科,1980.
[11] 侯宽昭. 中国种子植物科属词典[M]. 北京:科学出版社,1982.
[12] 梁畴芬. 植物学拉丁语基本知识讲义(油印)[Z]. 南宁:广西植物研究所,1982.
[13] 任波涛. 植物学拉丁文基础课本(油印)[Z]. 北京:北京林学院,1982.
[14] 吴宝铃. 拉汉海洋生物名称[M]. 青岛:海洋出版社,1983.
[15] 中国植物志编辑委员会. 中国植物志:第52卷:第1分册[M]. 北京:科学出版社,1983.
[16] JEFFREY C. 植物分类学入门[Z]. 胡征宇,译. 武汉:武汉师范学院,1983.
[17] 海吾德 V H. 植物分类学[M]. 柯植芬,译. 北京:科学出版社,1983.
[18] 关克俭. 拉汉英种子植物名称[M]. 北京:科学出版社,1983.
[19] 张永辂. 古生物命名拉丁语[M]. 北京:科学出版社,1983.
[20] 李鲸石. 农科拉丁文[M]. 北京:农业出版社,1984.
[21] STEARN W T. 植物学拉丁文[M]. 秦仁昌,译. 北京:科学出版社,1984.
[22] STAFLEU F A. 国际植物命名法规(1975年通过)[M]. 赵士洞,译. 北京:科学出版社,1984.
[23] 中国植物志编辑委员会. 中国植物志:第16卷:第1分册[M]. 北京:科学出版社,1985.
[24] 中国植物志编辑委员会. 中国植物志:第53卷:第2分册[M]. 北京:科学出版社,1985.
[25] 彭泰尧. 拉汉词典[M]. 贵阳:贵州人民出版社,1986.
[26] 丁广奇,王学文. 植物学名解释[M]. 北京:科学出版社,1986.
[27] 赵毓棠,吉金祥. 拉汉植物学名词典[M]. 长春:吉林科学技术出版社,1988.
[28] 谢大任. 拉丁语汉语小词典[M]. 上海:上海外语教育出版社,1988.
[29] 张润莲. 《邱园索引》及其检索方法[J]. 草原与草坪,1988(1):45-48.
[30] 沈显生. 中国葡萄属一新种[J]. 植物分类学报,1989,27(4):304-305.
[31] 吴国芳,冯志坚,马炜梁,等. 植物学:下册[M]. 北京:高等教育出版社,1992.
[32] 谭弓. 拉丁语[M]. 南京:江苏科学技术出版社,1980.
[33] 傅立国. 中国植物标本馆索引[M]. 北京:中国科学技术出版社,1993.

[34] 沈显生. 植物学拉丁文的起源与发展[J]. 安徽教育学院学报:自然版,1997(1):48-52.
[35] GREUTER W, McNEIL J, BARRIE F R, et al. 国际植物命名法规(圣路易斯法规)[M]. 朱光华,译. 北京:科学出版社,2001.
[36] TREHANE P,国际栽培植物命名委员会. 国际栽培植物命名法规[M]. 向其柏,臧德奎,译. 北京:中国林业出版社,2004.
[37] McNEIL J, BARRIE F R, BURDER H M, et al. 国际植物命名法规(维也纳法规)[M]. 张丽兵,译. 北京:科学出版社,2007.
[38] 张丽兵,杨亲二,TURLAND N J,等. 新版国际植物命名法规(维也纳法规)中的主要变化[J]. 植物分类学报,2007,45(2):251-255.
[39] 张丽兵,SILVA P C,McNEILL J,等. 国际植物命名法规中的术语介绍[J]. 植物分类学报,2007,45(4):593-598.
[40] 国家药典委员会. 中华人民共和国药典二部[M]. 北京:中国医学科技出版社,2010.
[41] 叶创兴,石祥刚. 植物学拉丁文教程[M]. 北京:高等教育出版社,2012.
[42] KNAPP S,McNEILL J, TURLAND N J. 在墨尔本召开的第18届国际植物学大会做出的有关名称发表要求的变化:电子出版物对你意味着什么?[J]. 张丽兵,译. 植物分类与资源学报,2011,33(5):514-517.
[43] 国家药典委员会. 中华人民共和国药典注释[M]. 2版,北京:中国医学科技出版社,2016.
[44] 国家药典委员会. 中华人民共和国药典一部[M]. 北京:中国医学科技出版社,2020.
[45] SMITH W. First Latin Course[M]. London:John Murray, 1876.
[46] SARGENT C S. Plantae Wilsinianae[M]. Cambridge:Cambridge University Press, 1913.
[47] SMITH M L. Latin Lesson[M]. Boston:Allyn and Bacon, 1913.
[48] HANDEL-MAZZETTI H. Symbolae Sinicae. Ⅶ:Anthophyta [M]. Berlin:Verlag van Julius Springer, 1929.
[49] REHDER A. Manual of Cultivated Trees and Shrubs[M]. 2nd edition. New York:Macmillan Co., 1940.
[50] STEARN W T. Botanical Latin[M]. London:Nelson, 1966.
[51] BRUMMITT R K,Powell C E. Authors of Plant Names[M]. KEW:Royal Botanic Gardens, 1992.
[52] CRAMER J. Dictionary of Plant Names in Latin[M]. German, English and French. Berlin:der Gebrüder Borntraeger Verlagsbuchhandlung, 1996.
[53] AUSTIN C. Irises, a Gardener's Encyclopedia[M]. Portland:Timber Press Inc., 2005.
[54] ALLEN W S. Vox Latina:A Guide to Pronuniciation of Classical Latin[M]. 2nd edition. Cambridge:Cambridge University Press, 1978:83-94.
[55] TRAINA A. L'alfabeto e la Pronunzia del Latino[M]. 5th edition. Bologna:Pàtron, 2002.
[56] STEARN W T. Botanical Latin[M]. 4th edition. Newton Abbot:David & Charles, 2004:51-54.
[57] TRAINA A,BEMARDI PERINI G. Propedeutica al Latino Universitario[M]. 6th edition. Bologna:Pàtron, 2007:75-113.

相关网站:

http://www.ipni.org./searches/query-ipni.shtml(国际植物学名索引,IPNI).
https://en.wikipedia.org/wiki/index_kewensis(邱园索引)
http://species.enviroweb.org/(世界物种名录).
www.plantsoftheworldonline.org(POWO——Plants of the World Online 世界植物在线)
http://www.theplantlist.org/(植物清单)
http://www.inform.umd.edu/PBIO/pb250/prin.html(植物分类学原则).

http://www.ishs.org/sci/icracpco.htm(国际栽培植物命名法规).

http://www.anbg.gov.au/anbg/names.html(澳大利亚植物名录).

http://www.bgbm.fu-berlin.de/iapt/nomenclature/code/tokyo-e/default.htm(第15届国际植物学大会——国际植物命名法规)(东京法规).

http://www.bgbm.org/iapt/nomenclature/code/SaintLouis/0000St.Luisritle.htm(第16届国际植物学大会——国际植物命名法规)(圣路易斯法规).

http://www.bgbm.org/iapt/nomenclature/code/default.htm(第16届国际植物学大会——国际植物命名法规)(圣路易斯法规).

http://www.bgbm.fu-berlin.de/iapt/nomenclature/code(第16届国际植物学大会——国际植物命名法规)(圣路易斯法规).

http://ibot.sav.sk/icbn/main.htm(第17届国际植物学大会——国际植物命名法规)(维也纳法规).

http://www.iapt-taxon.org/nomen/main.php(第18届国际植物学大会——国际藻类、真菌和植物命名法规)(墨尔本法规).